Lindsay S. Nixon

HAPPY VEGAN

Lindsay S. Nixon

HAPPY VEGAN

150 Rezepte zum Abnehmen und Glücklich-Sein

Impressum

Lindsay S. Nixon
Happy Vegan
150 Rezepte zum Abnehmen und Glücklich-Sein
1. deutsche Ausgabe 2015
2. deutsche Ausgabe 2016
ISBN 978-3-944125-54-1
© 2015, Narayana Verlag GmbH

1. englische Ausgabe 2013
Happy Herbivore Light & Lean –
Over 150 low-calorie recipes with workout plans for looking and feeling great
© 2013 Lindsay S. Nixon
First published in the United States by BenBella Books, Inc., Dallas, Texas, USA,
represented by Perseus Books Group, Boston, USA

Übersetzung aus dem Englischen: Ilona Meier
Layout: Kit Sweeney
Satz: Nicole Laka, www.nima-typografik.de

Coverabbildung (Vorderseite) © Jörg Wilhelm, Wilhelm Media
Coverabbildungen (Rückseite): oben © Lindsay S. Nixon, Mitte, unten © Jackie Sobon,
Illustrationen © Marina99 – shutterstock.com

Herausgeber:
Unimedica im Narayana Verlag GmbH,
Blumenplatz 2, 79400 Kandern
Tel.: +49 7626 974970-0
E-Mail: info@unimedica.de
www.unimedica.de

Alle Rechte vorbehalten. Ohne schriftliche Genehmigung des Verlags darf kein Teil dieses Buches in irgendeiner Form – mechanisch, elektronisch, fotografisch – reproduziert, vervielfältigt, übersetzt oder gespeichert werden, mit Ausnahme kurzer Passagen für Buchbesprechungen.

Sofern eingetragene Warenzeichen, Handelsnamen und Gebrauchsnamen verwendet werden, gelten die entsprechenden Schutzbestimmungen (auch wenn diese nicht als solche gekennzeichnet sind).

Die Empfehlungen dieses Buches wurden von Autor und Verlag nach bestem Wissen erarbeitet und überprüft. Dennoch kann eine Garantie nicht übernommen werden. Weder der Autor noch der Verlag können für eventuelle Nachteile oder Schäden, die aus den im Buch gegebenen Hinweisen resultieren, eine Haftung übernehmen.

Für Scott & Lindsey

LOB FÜR
Happy Vegan

„Mit *Happy Vegan* ist Lindsay Nixon wieder eine Glanznummer gelungen. Genießen Sie ihre leckeren Rezepte, versuchen Sie sich an ihren einfachen Fitnessübungen und werden Sie Zeuge Ihrer eigenen Verwandlung."
—RIP ESSELSTYN, *NEW YORK TIMES* BESTSELLERAUTOR VON *MY BEEF WITH MEAT*

„Lindsay Nixon ist zum Pseudonym für Kochbücher voller gesunder, leckerer einfach nachzukochender und zukunftsweisender Rezepte geworden. Dieses Buch ist keine Ausnahme und sollte in Ihrer Sammlung auf keinen Fall fehlen."
—T. COLIN CAMPBELL, MITVERFASSER DER *CHINA STUDY* UND DEM NEW-YORK-TIMES-BESTSELLER *WHOLE*, UND KAREN CAMPBELL

„Worte können Lindsays Küchenzauber gar nicht beschreiben! Mit *Happy Vegan* beweist sie uns wieder einmal, dass eine rein pflanzliche Ernährung nicht nur lecker, sondern auch sowohl kalorienarm als auch sehr gut sättigend sein kann."
—DR. CALDWELL B. ESSELSTYN, JR., AUTOR VON *PREVENT AND REVERSE HEART DISEASE*, UND ANN CRILE ESSELSTYN

„*Happy Vegan* ist ein wundervolles Buch mit einfachen, leckeren Gerichten, mit denen Ihnen gesundes, veganes Kochen ganz leicht fallen wird. In Lindsays Buch finden Sie nicht nur zahlreiche kreative, pflanzliche Rezepte, sondern auch tolle Tipps, wie Sie abnehmen, mehr Energie bekommen und sich rundum wohlfühlen können. Ich empfehle allen, dieses ausgezeichnete neue Buch zu lesen und sich auf den Weg zur eigenen Gesundheit zu machen."
— DR. NEAL BARNARD, GRÜNDER UND PRÄSIDENT VON THE PHYSICIANS COMMITTEE FOR RESPONSIBLE MEDICINE

„Lindsay Nixon hat es mal wieder geschafft! Ein weiteres fantastisches Kochbuch voller einfacher, leckerer und fettarmer Rezepte, die garantiert jedem schmecken. Ausdrücklich empfohlen für Nutzer des ‚McDougall Program', aber auch für alle anderen, die ihr Leben gesünder gestalten möchten."
—JOHN UND MARY MCDOUGALL, BESTSELLERAUTOREN UND GRÜNDER VON THE MCDOUGALL PROGRAM

„Ich habe erst jetzt in ihrem neuen Kochbuch begeistert feststellen dürfen, was viele von euch schon lange wissen – Lindsay Nixon kann kochen!"
—DEL SROUFE, AUTOR VON BETTER THAN VEGAN UND GABEL STATT SKALPELL–DAS VEGAN-KOCHBUCH

„In *Happy Vegan* finden Sie erfinderische, einfache Rezepte und sinnvolle Fitnessübungen für Zuhause; Ihr erster Schritt auf dem Weg in ein gesundes Leben."
—BRIAN WENDEL, EXECUTIVE PRODUCER VON *GABEL STATT SKALPELL*

Inhalt

EINLEITUNG
Ein paar Worte von Lindsay 1
Erste Schritte 2
Einkaufsliste 3
Kaloriendichte 6
Der Faktor 100 – Kalorien 9
Mein Weg zu Gesundheit & Fitness 11
Erklärungen der Symbole 18

REZEPTE
Frühstück 23
Muffins & Brot 43
Sandwiches, Tacos & mehr 61
Deftige Burger 75
Bowls & Wraps 87
Suppen, Eintöpfe & herzhafte Pies 107
Salate & Dressings 129
Pasta, Gemüsepfannen & Asianudeln 149
Sättigende Beilagen 175
Dips, Snacks & Vorspeisen 195
Desserts 223
Drinks 247
Selbstgemacht 263

SPORT
Sport – ein notwendiges Übel? 280
Der Faktor 100 – Fitness 282
Fitnessübungen 285
Sport Marsch! 286
Lindsays Ganzkörper-Durchlauf 293
Meinungen 294

ANHANG
Zutatenverzeichnis 300
Zutatenalternativen 305
Küchenjargon 307
Zum Nachschlagen 309
Stichwortverzeichnis 310
Danksagung 316
Über die Autorin 317
Bezugsquellen 318
Abbildungsverzeichnis 318

Rezepte nach Kalorien

Auf den folgenden Seiten finden Sie sämtliche in diesem Buch vorkommenden Rezepte nach Kalorien (in Klammern) geordnet. Rechts daneben steht die jeweilige Seitenzahl. Die Kalorienwerte von Brühen, Gewürzsaucen und Dressings können stark variieren, doch liegen alle diese Rezepte in Happy Vegan bei weniger als 50 Kalorien pro Portion.

BIS ZU 25 KALORIEN

Balsamico-Dijon-Vinaigrette (1)	141
Eiskaffee über Nacht (2)	251
Vegane Worcestershire-Sauce (6)	270
Ketchup (8)	265
Rotes Pesto (9)	160
Vegane Mayo (10)	266
Geflügel-Gewürzmischung (10)	272
Italienisches Dressing (11)	141
Keine-Hühnerbrühe (Pulver) (12)	268
Schoko-Überraschungsfrosting (12)	231
Vegane Sour Cream (13)	266
Thai-Erdnuss-Dressing (19)	144
Goldenes Dressing (21)	145
Hummus (21)	273
Zucchini-„Mozzarella"-Stäbchen (21)	196
Kichererbsen-„Streichkäse"(25)	216

26–50 KALORIEN

Erbsenguacamole (27)	213
Keine-Rinderbrühe (27)	268
Ahorn-Vinaigrette (30)	144
„Käse"-Kugel (30)	204
Tempeh-Flügelchen (30)	208
Bloody Mary (33)	255
Tofu-Jerky (33)	218
Tomatensauce (35)	267
Tempeh-Speck (36)	40
Zitronenspargel (38)	187
Dunkle Schokopralinen (39)	234
Carols Kohlsuppe (42)	111
AJs veganer Parmesan (45)	275
Brodys glutenfreie Mehlmischung (46)	271
Fertige Gemüsebrühe (49)	269

51–75 KALORIEN

Zitronencouscous (51)	190
Süßkartoffelchips (51)	209
Quinoa-Tacohack (55)	71
Pilzsauce für jede Gelegenheit (60)	193
Chocolate Chip Cookies (61)	224
Grünkohlchips (67)	210
Rosa Limonade (67)	261
Russische „Eier"(69)	207
Sangria-Schorle (70)	248
Olivensauce (72)	38
Ananas-Möhren-Muffins (72)	51
Taco-Burger (72)	78
Schnelle braune Sauce (73)	192
Pumpkin Spice Latte (74)	260

76–100 KALORIEN

Thailändische Süßkartoffel-Curry-Sauce (78)	170
Sonoma-„Hühnchen"-Salat (79)	64
Zitronen-Zucchini-Muffins (81)	48
Schnelle Nachosauce (83)	216
Kürbispfannkuchen (89)	24
Ofenkartoffel-Samosas (90)	214
Kleine Salzbrötchen (93)	34
Ananas-Pfannkuchen (94)	26
Obstauflauf (97)	232
Hafer-Pfannkuchen (97)	33
Erdnuss-„Mogel"-Muffins (99)	47

Kürbispfannkuchen

Grünes Thai-Curry

101–125 KALORIEN

Maismuffins fürs Frühstück (101)	55
Hackbraten-Häppchen (101)	83
Süßkartoffel-Eis (103)	240
Tofu-Eis (103)	241
Schokomuffins mit Rubinsprenkeln (105)	45
„Eierpunsch"(107)	250
Knuspermüsli (107)	34
Grünes Thai-Curry (111)	168
Bananeneis (112)	238
Irish Stew (112)	117
Mojito (112)	257
Pesto-Burger (112)	76
Geröstete Kichererbsen (114)	217
Überraschungs-Gewürzkuchen (114)	227
Linsen-Hafer-Burger (115)	84
Blaubeer-Joghurt-Muffins (116)	52
Süßer Grünkohlsalat (118)	184
Bangkok-Curry (119)	167
Pizza-Burger (124)	77
Bananen-Scones mit Schokotropfen (125)	56

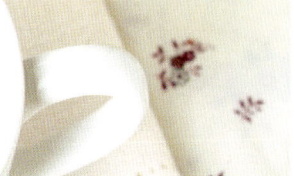

Haferbrei 300

126–150 KALORIEN

Quinoa-Curry-Küchlein (128)	72
Brownies (128)	235
Schokoladenkuchen (128)	228
Heiße Schokolade (135)	258
Chipotle-Süßkartoffel-Salat (129)	178
Klassisches Maisbrot (131)	59
Schonend gegarte Ofenkartoffeln (131)	272
Linsen-Joes (131)	63
Ofenpommes (131)	192
Skinny Mac 'n' Cheese (131)	154
Linsen-Tomatensauce (133)	159
Chocolate Chip Muffins (135)	48
Mikrowellen-Pfirsichauflauf (137)	237
Dublin (138)	252
Butternusskürbis-Suppe (140)	110
Skinny Cupcake (140)	244
Cremiger Grünkohlsalat (142)	184
Frühstücks-Tacos (145)	26
Grünkohlsalat (147)	181
Einfaches Kartoffelpürree & braune Sauce (147)	191
Haferbrei 300 (150)	31

151–175 KALORIEN

Chipotle-Pasta (152)	157
Thai-Tacos (152)	68
Gartenchili (153)	124
Blattgemüse mit Parmesan (156)	185
Spinat-Love-Wrap (159)	102
Kleine Salzbrötchen & Olivensauce (165)	34-38
Minz-Mocha (167)	258
Sirup-Kuchen (167)	225
Verkaterte Mary (169)	255
Rauchige Baked Beans mit Apfelmus (169)	176
Tempeh-Burger (169)	81

176–200 KALORIEN

Mediterraner Quinoa-Salat (177)	131
Gelbes Curry-Dal (177)	113
Kichererbsen-Schnitzel (183)	67
Amerikaner (184)	243
Zitrus-Couscous (185)	188
Sahnesauce (189)	161
Kürbismuffin (189)	54
Jerk-Tofu (193)	70
Blaubeermuffin (193)	54
Spinat-Artischocken-Dip (195)	203
BBQ-Wrap (200)	99
Scotts Burrito (200)	105

BBQ-Wrap

201–250 KALORIEN

Auberginenauflauf (202)	152
Herbst-Salat (205)	137
Klassischer Gemüsewrap (207)	100
Asiatischer Orangen-Grünkohlsalat (209)	183
BBQ-Salat (211)	137
Ananas-Pfanne (215)	172
Rührtofu (219)	39
Mexikanische Kartoffel (223)	199
Chipotle-Chili (228)	119
Möhrensuppe (236)	109

Möhrensuppe

251–300 KALORIEN

Mango-Quinoa-Salat mit Kick (257)	146
Kürbis-Chili (262)	122
Erdnuss-Soba (274)	162
Wrap mit geröstetem rotem Paprika (278)	100
Italienische Bowl (294)	99
Skinny Pad Thai (296)	165
Knackiger Thai-Salat (300)	143
Tropischer Taco-Salat (300)	134

301–350 KALORIEN

Nacho-Bowl (301)	97
„Mogelbowl" aus der Vorzeit (304)	91
Skinny Puttanesca (304)	151
Selleriesuppe (305)	114
Karibik-Chili (308)	120
Restefest-Potpie (314)	125
Shepherd's Pie mit einfachem Kartoffelpüree (328)	126
Asiatische Bowl (330)	92
Burrito-Bowl (337)	93
Endspiel-Kartoffel (338)	200
Ingwer-Kohl-Pfanne (339)	171
Linsen-Birnen-Salat (340)	132
Waldorf-Salat (341)	134
Karibische Bowl (347)	94
Wrap mit weißen Bohnen (350)	104
Sämige Cajun-Maissuppe (350)	115

Waldorf-Salat

EINLEITUNG

Ein paar Worte von Lindsay

Mit Happy Vegan wollte ich immer beweisen, wie einfach, erschwinglich, verständlich, realitätsnah und vor allen Dingen lecker gesunde Ernährung sein kann.

Alles begann damit, dass ich mir Rezepte ausdachte – einfache, unkomplizierte Rezepte, die selbst in die vollsten Terminpläne passen (weil sie nämlich in höchstens 30 Minuten zubereitet sind) und in denen ganz normale, alltägliche Zutaten zum Einsatz kommen, die in den meisten Haushalten bereits im Küchenschrank stehen oder wenigstens im nächsten Supermarkt erhältlich sind.

Aber dann wollte ich gleich noch einen Schritt weiter gehen und gesunde Ernährung noch einfacher gestalten. Meine Rezepte sollten ohne viel Rätselei und Planung zuzubereiten sein. Schließlich weiß ich aus eigener Erfahrung, dass Zeitmangel oft das Hauptproblem ist, wenn es um gesunde Ernährung geht.

Aus dem Grund erdachte ich die von meinem eigenen unkomplizierten Kochstil und meiner ganz persönlichen Einstellung zum Essen inspirierten Wochenpläne „7-Day Meal Plans" (getmealplans.com). Da die Mehrheit meiner Leserinnen und Leser mithilfe der Meal Plans sowohl Zeit sparen als auch abnehmen wollte, begann ich, in meinen Rezepten mehr auf Kalorien zu achten. Ich ersann Mahlzeiten, die schmecken und satt machten, aber gleichzeitig eine geringe Kaloriendichte hatten und auf fragwürdige Zutaten wie künstliche Süßstoffe verzichteten. **Meine Rezepte sind gesund, vollwertig, simpel und lecker.**

Zwar finden Sie in diesem Kochbuch andere Rezepte als in den „7-Day Meal Plans", doch auch die Gerichte in diesem Buch sind meinem neuen „light"-Ansatz verpflichtet. Alle Rezepte liegen bei 350 Kalorien oder darunter – und das ganz ohne geschmackliche Einbußen! Wie in meinen Rezepten üblich, werden hier nur vollwertige, alltägliche Zutaten ohne zugesetzte Fette wie Öle verwendet. Zusätzlich achte ich in diesem Buch nun auch auf die Kalorienzahl und biete Ihnen mit meinen „Skinny"-Rezepten noch leichtere und trotzdem ausgewogene Versionen meiner beliebtesten Küchenhits.

Aber das ist noch nicht alles: Da dieses Buch „Happy Vegan – 150 Rezepte zum Abnehmen und Glücklichsein" heißt, finden Sie am Schluss auch „Rezepte" für sportliche Aktivitäten, darunter mein „Basic Workout", aber auch Übungen für jeden Fitnesslevel von „Anfänger" bis „Fortgeschrittene". Es ist nie zu spät, in Bewegung zu kommen!

Lasst uns zusammen abnehmen und glücklich sein!

Erste Schritte

Sich gut zu ernähren wird gleich viel leichter, wenn Sie zu Hause immer gesunde Zutaten vorrätig haben. Im Hinblick auf meine „7-Day Meal Plans" (getmealplans.com) empfehle ich immer, sämtliche Mahlzeiten für die kommende Woche an einem freien Tag vor- oder sogar komplett zuzubereiten und dann nach Bedarf im Laufe der Woche wieder aufzuwärmen. Wenn Sie sich daran gewöhnen, mehrere Mahlzeiten gleichzeitig zu kochen, dauert es am Ende nur etwa zwei bis drei Stunden, sämtliche Gerichte für die ganze Woche fertigzustellen. Und wenn Sie wissen, dass zu Hause eine gesunde Mahlzeit auf Sie wartet, kommen Sie nicht so leicht in Versuchung, sich auf dem Nachhauseweg etwas Schnelles zu kaufen oder einen Umweg zum nächsten Imbiss zu machen.

Aber auch wenn Sie Ihre Mahlzeiten nicht im Voraus zubereiten können oder wollen, wird alles gleich viel einfacher, wenn Sie grundsätzlich immer alle Zutaten auf Lager haben. Dann können Sie sofort loslegen, sobald Sie nach Hause kommen. **Viele der beschriebenen Mahlzeiten sind in spätestens 20 Minuten fertig.** Ein Spaziergang zum nächsten Fast-Food-Laden oder das Warten auf den Bringdienst dauert länger!

Im Zutatenverzeichnis („Zutatenverzeichnis" auf Seite 300) können Sie nachschlagen, was Sie brauchen und wie Sie es einsetzen können. Die meisten der in diesem Buch verwendeten Zutaten sollten in jedem Supermarkt erhältlich sein, für das eine oder andere spezielle Produkt müssen Sie eventuell einen Trip zum Naturkostladen einkalkulieren. Viele dieser Zutaten können Sie aber auch online in großen Mengen (und häufig günstiger) kaufen. Informationen zu Bezugsquellen finden Sie auf Seite 318.

Einkaufsliste

Trockene Zutaten
- ☐ Brauner Reis
- ☐ Couscous
- ☐ Gelbe Spalterbsen
- ☐ Linsen
- ☐ Quinoa
- ☐ Rote Linsen

Zutaten in Dosen
- ☐ Ananas (in Stücken)
- ☐ Bohnenmus
- ☐ Grüne Chilischoten
- ☐ Kichererbsen
- ☐ Kidneybohnen
- ☐ Kokosnussmilch
- ☐ Kürbispüree (lässt sich aber auch ganz leicht selbst zubereiten)
- ☐ Schwarze Bohnen
- ☐ Tomaten (in Stücken)
- ☐ Tomatenmark
- ☐ Tomatensauce
- ☐ Weiße Bohnen (z. B. Cannellini- oder Limabohnen)

Gewürzsaucen & Dressings
- ☐ Ananas-Salsa
- ☐ Apfelessig
- ☐ Asiatische Chilisauce (z. B. Cholula, Sriracha)
- ☐ Balsamico-Essig
- ☐ Barbecue-Sauce
- ☐ Chilisauce (z. B. Tabasco)
- ☐ Dijon-Senf
- ☐ Hummus
- ☐ Ketchup
- ☐ Mayonnaise (vegan; optional)
- ☐ Misopaste (gelbe oder weiße, *nicht* braune)
- ☐ Mittelscharfer Senf
- ☐ Salsa (normal)
- ☐ Sojasauce (natriumarm)*
- ☐ Süße Chilisauce
- ☐ Worcestershire-Sauce (vegan; optional)

Sojaprodukte und Milchalternativen
- ☐ Pflanzendrink (z. B. Soja, Reis, Mandel)
- ☐ Tempeh
- ☐ Tofu (fest)
- ☐ Veganer Joghurt

Frisches Obst & Gemüse
- ☐ Äpfel
- ☐ Avocados (optional)
- ☐ Bananen
- ☐ Basilikum
- ☐ Blaubeeren (auch tiefgekühlt)
- ☐ Brokkoli (auch tiefgekühlt)
- ☐ Eisbergsalat
- ☐ Erdbeeren (auch tiefgekühlt)
- ☐ Frühlingszwiebeln
- ☐ Grünes Blattgemüse (z. B. Blattkohl, Spinat)
- ☐ Grünkohl

- ☐ Gurke
- ☐ Ingwer
- ☐ Jalapeño
- ☐ Junger Spinat
- ☐ Kartoffeln
- ☐ Knoblauch
- ☐ Kohl
- ☐ Koriander (optional)
- ☐ Limetten
- ☐ Mango (auch tiefgekühlt)
- ☐ Minze
- ☐ Möhren
- ☐ Orangen
- ☐ Oregano
- ☐ Paprika
- ☐ Pilze
- ☐ Sellerie
- ☐ Spaghettikürbis
- ☐ Süßkartoffeln
- ☐ Thymian
- ☐ Tomaten
- ☐ Trauben
- ☐ Zitronen
- ☐ Zucchini
- ☐ Zwiebeln

Tiefkühlkost

- ☐ Ananasstücke
- ☐ Blattgemüse (z. B. Spinat)
- ☐ Edamame (optional)
- ☐ Erbsen
- ☐ Gemischtes Gemüse
- ☐ Mais
- ☐ Nüsse (optional)
- ☐ Obst (z. B. Blaubeeren)
- ☐ Pfannengemüse

Vorratsschrank

- ☐ Ahornsirup
- ☐ Apfelessig
- ☐ Apfelmus (ungesüßt)
- ☐ Artischockenherzen
- ☐ Asianudeln (Vollkorn; z. B. Buchweizen)
- ☐ Balsamico-Essig
- ☐ Brauner Reisessig
- ☐ Datteln
- ☐ Erdnussbutter
- ☐ Flüssiges Rauchextrakt
- ☐ Fertige Gemüsebrühe (natriumarm)
- ☐ Geröstete rote Paprika (in Wasser eingelegt, nicht Öl)
- ☐ Grüne Oliven
- ☐ Haferflocken (zart oder instant)
- ☐ Kalamata-Oliven
- ☐ Mandelextrakt
- ☐ Pasta (verschiedene Sorten)
- ☐ Pizzasauce oder Tomatensauce
- ☐ Rosinen
- ☐ Schwarze Oliven
- ☐ Tofu (weich, haltbar)

Gewürze & getrocknete Kräuter

- ☐ Cayennepfeffer
- ☐ Chiliflocken
- ☐ Chilipulver
- ☐ Chipotle-Chilipulver
- ☐ Currypulver (mild)
- ☐ Garam Masala
- ☐ Geflügelgewürz (Granulat, *nicht* Pulver)

- ☐ Gemahlener Oregano
- ☐ Gemahlener Zimt
- ☐ Gemahlener Koriander
- ☐ Gemahlener Kreuzkümmel
- ☐ Gemahlener Ingwer
- ☐ Gemahlener Muskat
- ☐ Gerebelter Salbei
- ☐ Grüne Thai-Currypaste (Glas)
- ☐ Hefeflocken
- ☐ Kala Namak („Schwarzes Salz", S. 302)
- ☐ Knoblauch (Granulat/Pulver)
- ☐ Kräuter der Provence
- ☐ Kürbiskuchen-Gewürzmischung (ersatzweise Lebkuchengewürz)
- ☐ Kurkuma
- ☐ Lorbeerblätter
- ☐ Paprikapulver (edelsüß und geräuchert)
- ☐ Piment
- ☐ Rote Thai-Currypaste (Glas)
- ☐ Salz
- ☐ Schwarzer Pfeffer
- ☐ Taco-Gewürz (Tütchen)
- ☐ Zwiebelflocken
- ☐ Zwiebeln (Granulat/Pulver)

Backen

- ☐ Agavendicksaft (optional)
- ☐ Ahornsirup
- ☐ Backnatron
- ☐ Backpulver
- ☐ Bananenextrakt (optional)
- ☐ Brauner Zucker
- ☐ Maismehl
- ☐ Melasse
- ☐ Minz- oder Pfefferminzöl
- ☐ Puderzucker
- ☐ Rohrohrzucker
- ☐ Schokoladentropfen (vegan)
- ☐ Schokoladenextrakt (optional)
- ☐ Speisestärke (Maisstärke oder Pfeilwurzelstärke)
- ☐ Ungesüßtes Kakaopulver
- ☐ Vanilleextrakt
- ☐ Vital Weizengluten*
- ☐ Weizenvollkornmehl (Type 1600)
- ☐ Zitronenschale oder -öl (optional)

Spirituosen und andere Getränke – für die Zubereitung von Drinks

- ☐ Cola
- ☐ Dunkles Bier
- ☐ Dunkler Rum
- ☐ Kahlua (Kaffeelikör)
- ☐ Mineralwasser (Natur und mit Geschmack)
- ☐ Rotwein
- ☐ Vodka

*Glutenfreie Alternativen

- ☐ Glutenfreie Mehlmischung
- ☐ Glutenfreie Tamari-Sojasauce
- ☐ Orgran Gluten-Ersatz (glutenfrei)

*Sojafreie Alternativen

- ☐ Coconut Aminos
- ☐ Kichererbsen-Miso

Kaloriendichte

Vor ein paar Jahren haben zwei Bücher mein Leben und meine Einstellung zum Essen für immer umgekrempelt. Das erste Buch war *The Volumetrics Weight-Control Plan: Feel Full on Fewer Kalorien* von Barbara Rolls und Robert A. Barnett (HarperTorch, 2000), und das zweite *Essen ohne Sinn und Verstand: Wie die Lebensmittelindustrie uns manipuliert* (im Original: *Mindless Eating: Why We Eat More Than We Think*) von Brian Wansink (Bantam Books, 2006). Durch *Volumetrics* lernte ich sehr viel über Kaloriendichte und Energiedichte – also die Konzentration von Kalorien in einer Portion. Ein Beispiel: Wodurch würden Sie sich gesättigter fühlen, durch 2 Esslöffel Nüsse oder 360 g Melone? Beides entspricht in etwa 106 Kalorien. Nüsse haben eine hohe Kaloriendichte, Cantaloupe-Melonen und viele andere Obst- und Gemüsesorten, die viel Wasser und Ballaststoffe enthalten, haben eine viel geringere. Stellen Sie es sich so vor: Wie schnell können Sie 25 kleine Brezeln essen? Können Sie 3 ½ Paprika genauso schnell essen? 5 Möhren? 45 Stangen Staudensellerie? Es ist kaum zu glauben, aber diese verschieden großen Portionen enthalten alle etwa die gleiche Menge an Kalorien!

LEBENSMITTEL (1 CUP = 250 ML)	KALORIEN		
Spinat (1 Cup)	7	Haferflocken, ungekocht (1 Cup)	310
Eisbergsalat (1 Cup)	8	Rosinen (1 Cup)	434
Brokkoli (1 Cup)	31	Mehl (1 Cup)	455
Möhren (1 Cup)	45	Mandeln (1 Cup)	546
Erdbeeren (1 Cup)	49	Schwarze Bohnen, ungekocht (1 Cup)	662
Apfel (1 Cup)	57	Linsen, ungekocht (1 Cup)	678
Ananas (1 Cup)	78	Brauner Reis, ungekocht (1 Cup)	688
Tofu (1 Cup)	176	Garbanzobohnen, ungekocht (1 Cup)	728
Schwarze Bohnen, gekocht (1 Cup)	210	Zucker (1 Cup)	774
Hühnerfleisch (140 g)	214	Cashewnüsse (1 Cup)	786
Brauner Reis, gekocht (1 Cup)	218	Olivenöl (1 Cup)	1.728
Linsen, gekocht (1 Cup)	226		
Rindfleisch (140 g)	263		
Garbanzobohnen, gekocht (1 Cup)	269		

Wenn Sie wie ich einen unersättlichen Appetit haben oder (auch wie ich) einfach gern essen, kann es für Ihre Ernährung und Ihre Einstellung zum Essen entscheidend sein, auf die Kaloriendichte zu achten. Meine „7-Day Meal Plans" (getmealplans.com) basieren ebenfalls auf diesem Prinzip. Ich bekomme viel mehr E-Mails von Leuten, die sich von den üblichen, großen Portionen komplett vollgestopft fühlen, als von Leuten, die nicht satt werden. Genau genommen hat sich bislang noch niemand beschwert, dass er oder sie nicht satt wird! Unsere Kunden können kaum glauben, wie viel sie für 1.200 Kalorien essen können. Die „7-Day Meal Plans" sind deshalb so sättigend, weil sie auf dem Konzept der Kaloriendichte basieren: mehr essen bei weniger Kalorien. Wenn Sie sich darauf konzentrieren, Lebensmittel mit niedriger Kaloriendichte zu kaufen, müssen Sie sich weniger darum sorgen, wie viel Sie essen – und Sie nehmen ab, ohne sich hungrig und unzufrieden zu fühlen. Es ist wirklich so einfach!

Werfen Sie einen Blick auf die Kaloriendichte alltäglicher Lebensmittel, um dieses Prinzip besser nachvollziehen zu können (siehe gegenüberliegende Tabelle). Wenn Sie abnehmen möchten, ohne Ihre

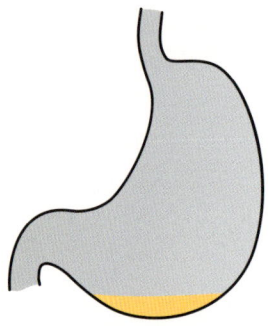
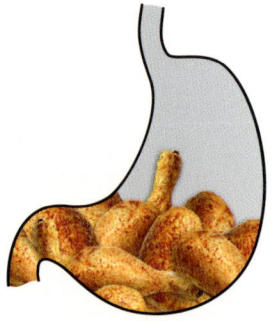
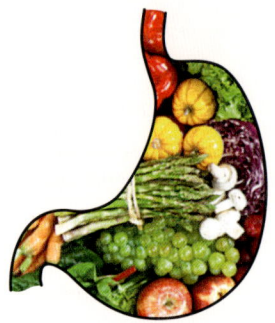

400 Kalorien aus Öl **400 Kalorien aus Hühnerfleisch** **400 Kalorien aus Gemüse**

Portionen zu halbieren, müssen Sie Ihre Ernährung nur um die richtigen Lebensmittel herum aufbauen: Gemüse, frisches Obst, Vollkorngetreide und Hülsenfrüchte. Ein kleiner Hinweis dazu: 180 g Kichererbsen haben ungefähr die gleiche Anzahl an Kalorien wie 140 g Hühnerfleisch, machen jedoch sehr viel satter. Hühnerfleisch enthält kein Wasser und auch keinerlei Ballaststoffe, weshalb man ganz problemlos zwei bis drei Extraportionen essen kann – mit Kichererbsen dagegen ginge das nicht. Lebensmittel, die viel Wasser und viele Ballaststoffe enthalten – also Gemüse, Vollkorngetreide, Hülsenfrüchte und Obst –, helfen Ihnen nicht nur dabei, Ihren Hunger in Zaum zu halten, weil Sie lange satt bleiben, sondern enthalten gleichzeitg auch noch weniger Kalorien. (Was für ein Glück, dass genau diese Lebensmittel die Hauptzutaten für die Rezepte dieses Buches sind!)

Der Faktor 100 – Kalorien

Ich bin nicht eines Tages 20 Kilo schwerer aufgewacht, sondern mein Gewicht hat sich ganz allmählich und scheinbar unbemerkt über mehrere Jahre hinweg verändert. Meine Ernährung war zwar nicht perfekt, doch ich habe mich auch nicht ausschließlich von Käsekuchen oder Eis ernährt und nur selten fettiges Fast Food gegessen. Mit anderen Worten: Ich dachte, um zuzunehmen, müsste ich mich völlig anders verhalten.

Nachdem ich *Essen ohne Sinn und Verstand: Wie die Lebensmittelindustrie uns manipuliert* von Brian Wansink gelesen hatte, verstand ich endlich, weshalb ich an Gewicht zugelegt hatte und warum so viele von uns zunehmen, ohne es zu merken. Man braucht dafür nicht ausschließlich Junk Food in sich hineinzustopfen. Es ist nicht einmal nötig, überhaupt etwas in sich hineinzustopfen.

100 KALORIEN. MEHR NICHT.

Man kann im Jahr 5 Kilo abnehmen, indem man einfach jeden Tag 100 Kalorien weniger zu sich nimmt – das entspricht etwa einem Esslöffel Mayonnaise, einer Scheibe Brot, einem Esslöffel Erdnussmus oder 6 Keksen. Das ist wirklich nicht viel. Auf der anderen Seite muss man täglich auch nur 100 Kalorien mehr essen, um im Jahr 5 Kilo zuzunehmen.

Warum ist das so?

Wenn Sie jeden Tag 100 Kalorien weniger zu sich nehmen, essen Sie im Jahr ganze 36.500 Kalorien weniger (100 Kalorien / Tag x 365 Tage = 36.500 Kalorien). Um 1 Pfund Fett zu verlieren, müssen Sie 3.500 Kalorien weniger konsumieren. Wenn Sie also Ihre Kalorienaufnahme um 36.500 Kalorien reduzieren, verlieren Sie ungefähr 5 kg (10 Pfund) Fett.

Auf der anderen Seite jedoch essen Sie im Jahr 36.500 Kalorien mehr, wenn Sie jeden Tag nur 100 Kalorien zusätzlich zu sich nehmen. Und wenn Sie 36.500 durch 3.500 teilen (das ist die Anzahl an Kalorien in 1 Pfund Fett), haben Sie am Ende 10,4 Pfund – und das entspricht wiederum einer jährlichen Gewichtszunahme von etwa 5 kg. Wenn Sie das Ganze noch etwas weiter denken und mit 10 Jahren multiplizieren, sind wir schon bei einer Zunahme von fast 50 kg!

In seinem Buch erklärt Wansink: „An den meisten Tagen bemerken wir 50, ja manchmal sogar 200 oder 300 Kilokalorien mehr oder weniger nicht. [...] Wenn wir deutlich zu wenig oder zu viel essen, merken wir es. Aber es gibt einen Bereich – den unbewussten Spielraum –, innerhalb dessen wir uns wohlfühlen und kleine Unterschiede nicht wahrnehmen. Das bedeutet: Die Differenz zwischen 1.900 und 2.000 beziehungsweise 2.000 und 2.100 Kilokalorien fällt uns nicht auf, auch wenn sie uns im Verlauf eines Jahres zu einer Gewichtszunahme oder -abnahme von 10 Pfund verhilft."

Täglich 100 Kalorien weniger zu essen ist ganz einfach, insbesondere, wenn Sie auf die Kaloriendichte Ihrer Lebensmittel achten. Zusätzlich können Sie weitere 5 Kilo im Jahr abnehmen, wenn Sie täglich durch Bewegung 100 Kalorien mehr verbrennen – indem Sie zum Beispiel 100 Minuten Fahrrad fahren, in Ihrer Mittagspause 30 Minuten spazieren gehen, das Haus putzen usw. (Unter „Sport" finden Sie in diesem Buch 42 Möglichkeiten, 100 Kalorien zu verbrennen, S. 283). Wenn Sie beides machen – also 100 Kalorien weniger zu sich nehmen und ein wenig mehr Bewegung in Ihren Alltag einbauen –, verlieren Sie im Jahr ganz locker 10 Kilo!

Mein Weg zu Gesundheit & Fitness

Von Fans und Medien werde ich häufig nach meiner „Story" gefragt: nach meinem persönlichen Weg zu Gesundheit und Fitness. Über die Jahre habe ich immer mal wieder die eine oder andere Anekdote erzählt, aber ich habe mich nie hingesetzt und alles aufgeschrieben – die ganze Geschichte. Ich glaube, dass ich dazu einfach noch zu zurückhaltend war. *Bin ich wirklich bereit dazu, meine innersten, düstersten Gedanken und Unsicherheiten mit der ganzen Welt zu teilen?* Mit diesem Buch entschied ich, dass es dazu jetzt endlich an der Zeit war.

Ich erinnere mich sehr genau an den Tag, an dem ich begann, meinen Körper in Frage zu stellen. Ich war etwa 8 Jahre alt und zu einer Pool Party eingeladen. Ich trug einen zweiteiligen Badeanzug, den ich damals unbedingt haben wollte. (Meine Mom war der Ansicht, dass ich viel zu jung dafür war, aber ich beharrte darauf, dass alle anderen Mädchen in meinem Alter einen hätten und sich kleine Wasserbomben ins Oberteil steckten, damit es so aussähe, als hätten sie schon einen Busen.)

Ich war so überglücklich in meinem Bikini. Mein Bauch war fast gar nicht zu sehen, aber ich fühlte mich cool, wie ein *Teenager*. Ich saß auf der Veranda und mampfte Wassermelone, als ein erwachsener Partygast mich auf meine Fettröllchen aufmerksam machte.

Wenn ich mir jetzt alte Fotos anschaue, glaube ich gar nicht mal, dass ich je ein dickes Kind war, aber ich war auch nicht sonderlich schlank. Wahrscheinlich wäre ich dünner gewesen, wenn ich mich mehr körperlich betätigt hätte, doch als Kind war meine Gedankenwelt aktiver als mein Körper. Während andere Kinder gern Sport machten, schrieb ich Gedichte und Kurzgeschichten. Ich glaube, ich war wahrscheinlich eher ein kleiner Wonneproppen mit Babyspeck. Aber von dem Tag an begann ich, mich um mein Äußeres zu sorgen. Ich bin mittlerweile über 30, aber ich werfe immer noch einen Blick nach unten, wenn ich mich in einem Bikini hinsetze.

Dennoch bin ich das, was man eine Erfolgsgeschichte nennt, denn ich bin den Babyspeck losgeworden (und den Erwachsenenspeck ebenso). Nachdem ich jahrelang mit meinem Gewicht gekämpft und mich mit unzähligen Diäten und den aktuellsten Fitnesstrends abgequält hatte, fand ich endlich

eine Lösung – und zwar eine echte Lösung. Ich nahm ab und blieb (ganz mühelos!) schlank, indem ich mich auf eine fettarme, rein pflanzliche Ernährung umstellte. Mit diesem Entschluss veränderte ich auch meine gesamte Beziehung zu Lebensmitteln, zum Essen und zu Diäten, und das ist der Erfolg, auf den ich besonders stolz bin. Genau so einen Erfolg wünsche ich auch Ihnen, und deshalb möchte ich meine Geschichte – meinen Weg zu echter Gesundheit – mit Ihnen teilen.

Ich wurde Vegetarierin, weil ich Tiere liebte. Mit sieben Jahren aß ich einen Hamburger, als wir gerade an einem Feld mit grasenden Kühen vorbeifuhren – den Rest reimte ich mir zusammen. In dem Augenblick war meine Entscheidung gefallen. Als Teenager wurde mir der Druck meiner Familie und Mitschüler zu viel und ich begann wieder Fleisch zu essen, woraufhin sich meine Gesundheit augenblicklich verschlechterte. Ich bekam Akne und immer wiederkehrende, geradezu lähmende Migräneanfälle. Außerdem nahm ich zu. Mein Arzt schob alles auf die Pubertät.

Als Teenager in Florida zu leben war spannend, aber auch schwierig, da ich mich beinahe das ganze Jahr über in einem Badeanzug aufhalten musste. Ich verbarg meine Unsicherheiten hinter einer selbstbewussten und vielleicht etwas egoistischen Maske. Doch insgeheim hasste ich meine Oberschenkel und Rettungsringe und verfluchte innerlich meine hübschen Freundinnen mit ihren schlanken, „perfekten" Körpern. *Warum sie und nicht ich?*

An der Uni hatte ich dann mit meinem Teilzeitjob, Unterricht, Wahlveranstaltungen und meinem Freund unheimlich viel zu tun und da ich nicht nur ein sehr hektisches Leben führte, sondern auch noch die meiste Zeit pleite war, ließ ich (unabsichtlich) häufig Mahlzeiten aus. Schon im ersten Jahr nahm ich merklich ab und genoss die Komplimente und die Aufmerksamkeit, die mein neuer Körper auf sich zog. Das erste Mal in meinem Leben waren andere neidisch auf *mich*.

In meinem Abschlussjahr lernte ich meinen jetzigen Mann kennen. Ein paar Wochen später erwähnte Scott ganz nebenbei, dass er nach unserem ersten Date gedacht hätte, ich sei magersüchtig und würde deshalb nichts essen. Das war mir schrecklich unangenehm. Bei unserem ersten (und zweiten und dritten!) Date hatte ich fast gar nichts bestellt, weil ich so nervös war und ein schlechtes Gewissen hatte, dass er (als jemand, der auch nicht gerade in Geld schwamm) so großzügig für mein Essen bezahlte. Aber ich mochte ihn sehr und bekam plötzlich Angst, dass er mich nicht mögen würde, weil ich immer nur an meinem Essen knabberte. Also aß ich. Irgendwo in meinem Kopf riss ein Faden und plötzlich aß ich hemmungslos. Nicht dass ich einfach alles in mich hineingestopft hätte, aber ich aß (und trank) einfach alles, was ich wollte, ohne darüber nachzudenken, ob das gut für mich war. Ich redete mir ein, dass es egal sei, wenn ich zunähme, da Scott mich so oder so lieben würde.

Als es auf unseren ersten Jahrestag zuging, waren wir beide molliger, als wir je zuvor gewesen waren. Wie sagt man? Wir waren fett und glücklich.

Scott und ich lernten uns im Januar kennen. Ich erinnere ich mich noch genau, wie ich im Herbst darauf meine Wintersachen aus dem Schrank nahm und verwundert – richtig verwundert – feststellte, dass ich in nichts mehr reinpasste. Ich probierte alles an und verstand beim besten Willen nicht, wo das Problem lag. Wie konnten alle meine Klamotten im Kleiderschrank geschrumpft sein? Vor acht Monaten hatten sie mir doch noch gepasst! Mir kam gar nicht in den Sinn, dass ich an Gewicht zugelegt haben könnte. Nein, ich hatte mich nicht verändert. Ich lebte weiter gedankenlos vor mich hin, bis mich eine Diagnose in Schrecken versetzte und alles veränderte.

Wie zuvor war mein Jurastudium an der Uni sehr hektisch. Irgendwie musste ich einen Vollzeitjob, Unterricht, Recherchearbeit und meine Fernbeziehung unter einen Hut bekommen. Ich wusste, dass ich mal wieder eine Routineuntersuchung beim Arzt machen lassen sollte, aber ich hatte einfach keine Zeit dafür. Außerdem war ich erst Mitte 20 und völlig gesund. *Wozu die Eile? Ich lag ja nicht im Sterben!*

Irgendwann schaffte ich es dann doch, einen Termin zu machen (zugegeben, ich hatte keine Migränetabletten mehr und brauchte ein Rezept, um eine neue Packung zu bekommen). Nach der Untersuchung wusste ich, dass irgendetwas nicht stimmte. Wenn alles in bester Ordnung ist, bittet einen der Arzt nicht mit besorgter Miene, so bald wie möglich wieder zu kommen. Schließlich erklärte er mir, dass mein Gebärmutterhals Besucher hatte: präkanzeröse Zellen – und zwar sehr viele. Ich war absolut schockiert. Wie konnte ich in meinem Alter Krebs haben, wenn mein ganzes Leben noch vor mir lag? Zum Glück hatte mein Arzt sie früh genug entdeckt und die Zellen konnten noch ohne größere Umstände entfernt werden. Doch die Erfahrung (und die Operation!) brachten mich völlig aus dem Konzept. Ich wachte auf.

Ein paar Jahre zuvor war meine Großmutter an Krebs gestorben – und das sehr langsam und qualvoll. Ich weigerte mich, dasselbe Schicksal zu erleiden. Ich beschloss, dass der Krebs nicht wiederkommen dürfe. Also begann ich mein Leben zu verändern: Ich trat einem Fitnessstudio bei. Ich begann, mein

Essen selbst zu kochen, anstatt außer Haus zu essen. Ich las Bücher über Ernährung und nach nicht allzu langer Zeit fand ich meinen Weg zurück zu der vegetarischen Ernährung meiner Kindheit. Ich dachte, dass es mir dabei helfen würde, mich besser zu ernähren – und das tat es. Ich begann abzunehmen und mich ganz allgemein besser zu fühlen.

Etwa ein Jahr später entschied ich, die vegane Ernährung auszuprobieren. Ich hatte gehört, dass dies beim Abnehmen sehr helfen solle, und ich hatte immer noch ein paar Pfunde zu viel auf den Rippen. Vegane Ernährung sollte außerdem dabei helfen, Pickel und andere Hautunreinheiten loszuwerden. Nachdem ich ein ganzes Jahrzehnt mit unansehnlicher Akne gekämpft hatte, war ich zu allem bereit. Ich hatte aber auch andere Beweggründe: Ich war auf die erbärmlichen Umstände, unter denen sogenannte Nutztiere gehalten werden, und die drastischen ökologischen Konsequenzen von Tierprodukten aufmerksam geworden. Während eines Trips nach San Francisco – bekannt als sehr veganfreundliche Stadt – beschloss ich, die vegane Ernährung einfach einmal auszuprobieren.

Als ich wieder zu Hause in Boston war, blieb ich dabei, doch gleichzeitig begann ich, mich um meine Gesundheit zu sorgen. *Wo bekomme ich als Veganerin Eiweiß und Kalzium her?*, fragte ich mich. Also las ich noch mehr Bücher. Insbesondere zwei Bücher festigten meine Entscheidung, die rein pflanzliche Ernährungsweise beizubehalten, und brachten mich dazu, sogar noch einen Schritt weiter zu gehen. Diese Bücher waren *Skinny Bitch*[1] und *China Study*[2]. Ich strich Öl und die meisten zugesetzten Fette aus meiner Ernährung und beschloss, nicht nur vegan, sondern auch vollwertig zu essen.

Das veränderte meine ganze Welt. Plötzlich nahm ich ganz schnell und völlig mühelos ab. Ich schlief besser. Meine Akne und meine Magenprobleme, die ich immer für „normal" gehalten hatte, verschwanden. Ich hatte praktisch keine Migräne mehr. Dafür hatte ich auf einmal so viel Energie, dass ich 10 Monate später einen Marathon lief, obwohl ich noch ein Jahr zuvor nicht einmal fit genug war, 5 Kilometer zu Fuß zu gehen. Ich lernte Snowboarding und Mountainbiking – zwei Sportarten, die mir zuvor noch viel zu extrem und für mich unerreichbar erschienen waren.

Meine Veränderungen blieben nicht unbemerkt. Meine Freunde fragten nach meinem Geheimnis. Fremde auf der Straße fragten mich, wie

---

[1] *Skinny Bitch: Die Wahrheit über schlechtes Essen, fette Frauen und gutes Aussehen – Schlanksein ohne Hungern!* Rory Freedman und Kim Barnouin. Goldmann Verlag, 2008.
[2] *China Study: Die wissenschaftliche Begründung für eine vegane Ernährungsweise.* Colin T. Campbell, PhD, und Thomas M. Campbell II, Systemische Medizin, 2011.

ich so glänzendes, langes Haar und einen gesunden Teint bekäme. Es war wieder genau wie damals in der ersten Zeit an der Uni, nur dass ich diesmal auf einem viel besseren Weg zu meinem gesunden Aussehen gekommen war.

Dennoch befürchtete der unsichere Anteil in mir, dass ich das Gewicht, das ich abgenommen hatte, bald wieder zunehmen würde. Also ging ich ins Fitnessstudio. Und zwar ständig. Ein paar Jahre lang war ich praktisch süchtig danach. Ich musste fünf Tage die Woche ins Fitnessstudio, um mich wohl zu fühlen. Manchmal ging ich sogar sieben Tage die Woche. Am Ende war ich so gerne dort, dass ich begann, als Fitnesstrainerin zu arbeiten.

Doch dann geschah irgendetwas mit mir. Ich weiß nicht genau, was oder wie, aber irgendwie verlor ich meine Motivation. Die Veränderung ging langsam vonstatten, aber irgendwann ging ich nur noch so unregelmäßig ins Fitnessstudio, dass ich darüber nachdachte, meine Mitgliedschaft zu kündigen. Der Gedanke daran machte mir jedoch richtig Angst. Wenn ich meine Mitgliedschaft beendete, würde ich gar nicht mehr hingehen, und was würde dann wohl mit meinem Bauch geschehen? Also kündigte ich nicht und hoffte, dass dadurch meine Motivation zurückkehren würde. Doch dann kam mir der Alltag in die Quere. Wir zogen in die Karibik um und dort gab es keine Fitnessstudios. Das Gebäude, in dem wir eine Wohnung mieteten, hatte zwar einen Trainingsraum, aber der war winzig und umfasste gerade mal zwei Laufbänder, einen Crosstrainer und ein paar Hanteln. Ich ging ein paar Mal hin, aber nicht regelmäßig. Eine Zeitlang ging ich sogar monatelang nicht ein einziges Mal dorthin.

Ein Jahr später zogen wir zurück nach Colorado. Ich redete mir ein, dass ich nicht ins Fitnessstudio gehen musste, da ich ja ständig Snowboarden würde. Und das tat ich auch, mehrere Tage die Woche und normalerweise immer gleich für mehrere Stunden (wobei ich einen Großteil der Zeit im Sessellift auf meinem Hintern verbrachte). Doch in dem Jahr hatten wir einen sehr trockenen und warmen Winter, also wochenlang überhaupt keinen Schnee, und das Snowboarden musste ausfallen. In Wirklichkeit war ich also nicht viel aktiver als in der Zeit davor.

Mittlerweile waren zwei Jahre vergangen, in denen ich weder ein Fitnessstudio betreten noch mich anderweitig regelmäßig sportlich betätigt hatte. Als mir das klar wurde, beschloss ich, Sport wieder zu einem Bestandteil meines Alltags zu machen, und trat einem Fitnessstudio bei, als wir nach Kalifornien umzogen. Zur Aufnahme gehörte dort eine Fitnessuntersuchung, vor der ich furchtbar scheute. Als ich schließlich allen Mut zusammengenommen hatte und zu der Untersuchung gegangen war, stellte sich heraus, dass mein Gewicht und mein BMI nach zwei Jahren sich immer noch am unteren Ende des gesunden Spektrums für meine Körpergröße bewegten. Mein Körperfettanteil hatte ebenfalls einen niedrigen Durchschnittswert. Trotzdem war ich immer noch geradezu paranoid, was meine Rettungsringe anging (mit denen ja alles angefangen hatte!). Ich blickte nach unten. Ich hatte nicht mehr Röllchen als zu der Zeit, als ich noch fast täglich Sport gemacht hatte, nicht verändert ...

Endlich hatte ich mein Gleichgewicht gefunden. Ich hatte herausgefunden, was für mich funktionierte. Selbst als ich mich eine Zeitlang gar nicht körperlich betätigte hatte, war es mir gelungen, mein Gewicht – und meine Gesundheit – konstant zu halten. Ich war nicht auf Diät aus Eitelkeit und meine Ernährungsweise musste nicht durch krampfhafte Fitnessanstrengungen ergänzt werden. Ich musste mich nur ein bisschen bewegen und mich richtig ernähren, also fettarm und vollwertig essen. Genau diese Ernährung – und das daraus entstehende Gleichgewicht – möchte ich in diesem Kochbuch feiern.

Erklärungen der Symbole

✓ SCHNELL

Rezepte, die innerhalb von 30 Minuten gemacht sind. Bei manchen Rezepten bedarf es Multitasking, damit Sie in 30 Minuten fertig werden.

Karibische Schüssel

✓ FETTARM

Rezepte, die bei weniger als 1 g Fett pro Portion liegen.

Taco-Burger

Klassischer Gemüsewrap

✓ GLUTENFREI

Rezepte, in denen weder Vollkornweizenmehl, Vital Weizengluten noch Gerste verwendet wird. Da ich nicht bei allen Zutaten garantieren kann, dass sie glutenfrei sind, sollten Sie darauf achten, dass alle Produkte, die Sie verwenden, als glutenfrei gekennzeichnet sind. Anstelle von Sojasauce können Sie glutenfreie Tamari-Sauce oder Coconut Aminos verwenden. Von Orgran gibt es ein glutenfreies Ersatzprodukt für Vital Weizengluten. Zum Backen können Sie anstelle von Vollkornweizenmehl eine glutenfreie Mehlmischung verwenden (siehe Rezept auf S. 271). Beachten Sie, dass Haferflocken zwar glutenfrei sind, aber häufig durch Kreuzkontamination Gluten enthalten können. Zur Sicherheit sollten Sie Haferflocken verwenden, die als glutenfrei ausgezeichnet sind.

✔ SOJAFREI

Rezepte, in denen weder Tofu, Sojasauce, Tempeh noch andere Sojaprodukte verwendet werden. Falls in Rezepten von Pflanzendrink die Rede ist, nehmen Sie einfach Mandel- oder Reisdrink. Falls veganer Joghurt benötigt wird, verwenden Sie einen Mandel-, Kokosnuss- oder Reisjoghurt anstelle von Sojajoghurt. Außerdem können Sie anstelle von Miso Kichererbsen-Miso und Coconut Aminos anstelle von Soja- oder Tamarisauce-Sauce verwenden.

Mango-Quinoa-Salat

✔ GÜNSTIG

Rezepte, die weniger als € 4 kosten, wenn Sie einen gut gefüllten Vorrats- und Gewürzschrank haben.

Bangkok-Curry

✔ VORRAT

Rezepte, die hauptsächlich auf haltbaren Zutaten, Gewürzen und Gewürzsaucen sowie frischen Basiszutaten wie Zwiebeln, Knoblauch, Ingwer, Kartoffeln und Zitrusfrüchten beruhen. In diesen Rezepten können Sie anstelle von frischen oder tiefgekühlten Zutaten auch Dosen verwenden. Einige Rezepte, in denen frisches Basilikum verwendet wird, sind dennoch mit „Vorrat" gekennzeichnet, da viele Leute in der Küche oder im Garten Basilikumpflänzchen haben.

✔ EINE PORTION

Rezepte für eine Person oder für eine Einheit, z. B. einen Wrap.

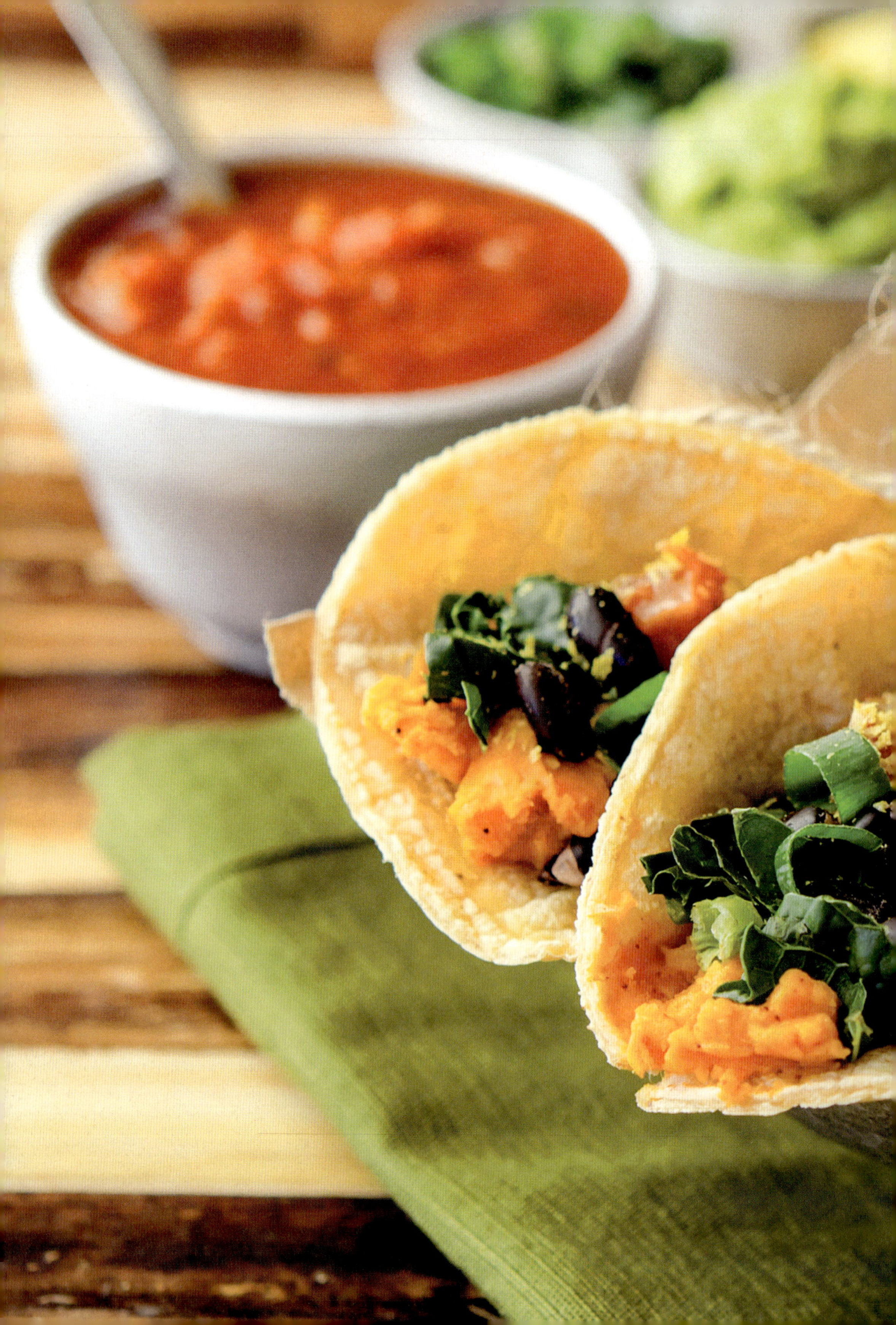

REZEPTE

FRÜHSTÜCK

✓ SOJAFREI ✓ FETTARM ✓ SCHNELL ✓ GÜNSTIG ✓ VORRAT

UNTER 100 KALORIEN

Kürbispfannkuchen

PRO PFANNKUCHEN
(OHNE TOPPINGS)

- **Kalorien** 89
- Fett . . . . 0,8 g
- Kohlenhydrate . . . . . 18,3 g
- Zucker . . . . 1 g
- Ballaststoffe . . . . 1,1 g
- Eiweiß . . . . 2,4 g
- Weight-Watcher-Punkte . . 2

6 PORTIONEN

- 130 g Vollkornweizenmehl
- 1 EL Backpulver
- ½ TL Kürbiskuchen-Gewürzmischung
- 1 Prise Salz
- 4 EL Kürbispüree (selbst gekocht oder aus der Dose)
- 250 ml Pflanzendrink (beliebige Geschmacksrichtung)
- 1 EL brauner Zucker (optional)
- Ahornsirup (zum Servieren)

Im Herbst gehört Kürbis für mich einfach zu jeder Mahlzeit dazu! Ich mag den reinen Kürbisgeschmack. Daher finden Sie Kürbis in so ziemlich jedem meiner Rezepte, zu dem Kürbis passt – einschließlich meiner Pfannkuchen!

In einer Schüssel Mehl, Backpulver, Kürbiskuchen-Gewürzmischung und Salz vermischen. Kürbispüree, Pflanzendrink und Zucker (optional) einrühren. Den Pfannkuchenteig 10 Minuten ruhen lassen. Währenddessen eine beschichtete Pfanne erhitzen. Die Pfanne hat die richtige Temperatur, wenn ein Tropfen Wasser darin anfängt zu zischen. Die Hitze reduzieren und eine kleine Menge Pfannkuchenteig mit einem Suppenlöffel o. Ä. in die Pfanne geben. Etwa 2 Minuten backen, bis sich Bläschen bilden, dann vorsichtig wenden und die andere Seite weitere 2 bis 3 Minuten backen. Mit dem Rest des Teigs genauso vorgehen. Mit Ahornsirup servieren.

> Es heißt immer, Frühstück sei die wichtigste Mahlzeit des Tages. Ich persönlich esse das, was es sonst zum Frühstück gibt, am liebsten zum Abendessen! Insbesondere Pfannkuchen sind den ganzen Tag über der Hit.

HAPPY VEGAN

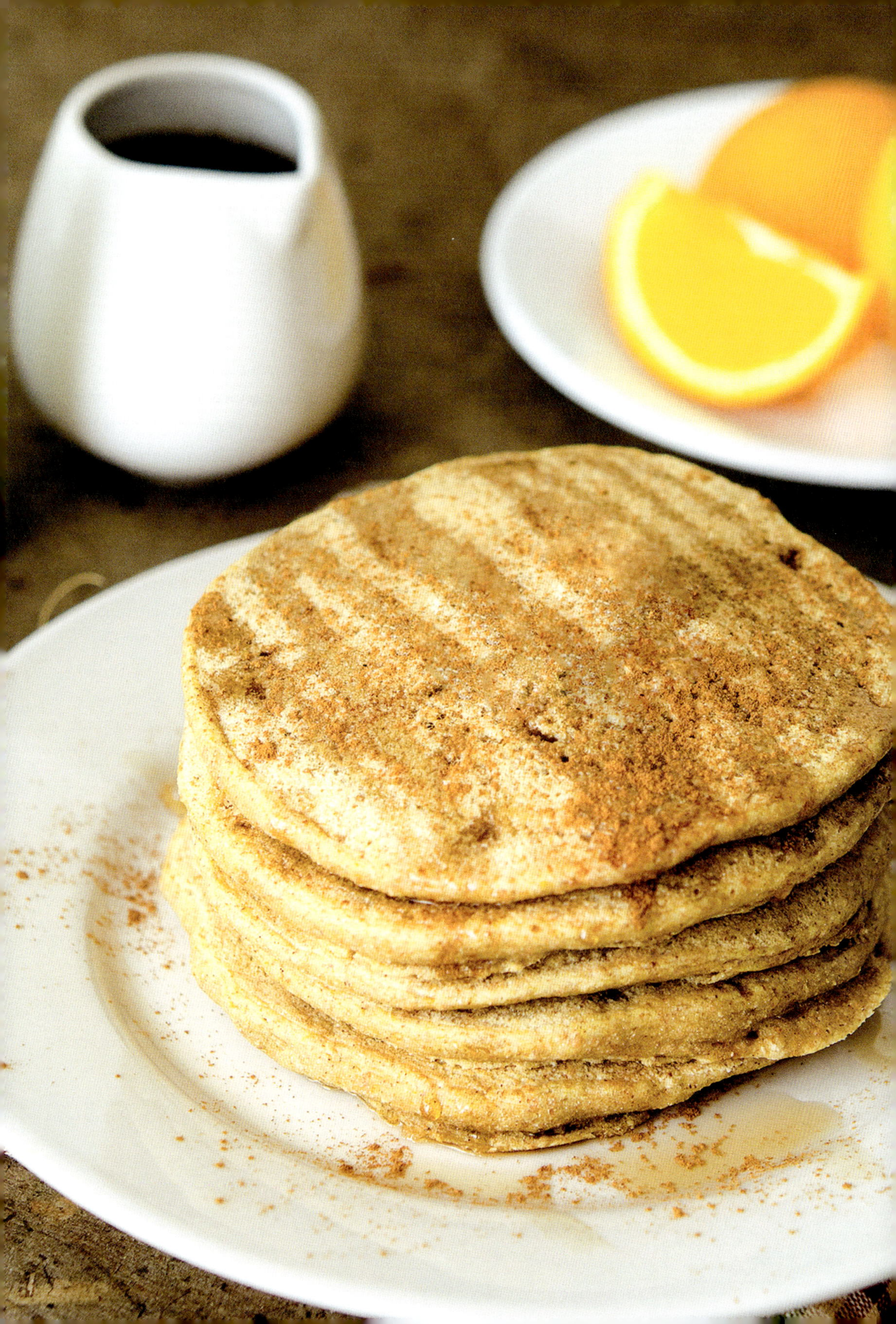

✓ SOJAFREI ✓ FETTARM ✓ SCHNELL ✓ GÜNSTIG ✓ VORRAT

UNTER 100 KALORIEN

Ananas-Pfannkuchen

PRO PFANNKUCHEN
(OHNE TOPPINGS)

Kalorien 94
Fett . . . . 0,7 g
Kohlenhydrate . . . . . 19,8 g
Ballaststoffe . . . . 1 g
Zucker . . . . 1,9 g
Eiweiß . . . . 2,4 g
Weight-Watcher-Punkte . . 2

6 PORTIONEN

130 g	Vollkornweizenmehl
1 EL	Backpulver
1	Prise Salz
	gemahlener Ingwer (optional)
250 ml	Pflanzendrink (Natur oder Vanille)
2 EL	Ananassaft (aus der Dose) oder Wasser
1–2 EL	Rohzucker (optional)
80 g	Ananasstücke

Von diesen Pfannkuchen kann es nie genug geben … Mit Ananassaft begossen sind sie besonders lecker (sie werden dadurch so schön saftig wie Biskuit). Apfelmus, veganer Vanillejoghurt oder Ahornsirup passen aber auch hervorragend dazu.

In einer Schüssel Mehl, Backpulver, Salz und gemahlenen Ingwer (optional) vermischen. Pflanzendrink und Ananassaft (oder Wasser) einrühren. Für süßere Pfannkuchen 1 bis 2 EL Rohzucker hinzugeben. Den Pfannkuchenteig 10 Minuten ruhen lassen. Wenn der Teig zu dick ist, noch etwas Pflanzendrink oder Wasser einrühren. Eine beschichtete Pfanne erhitzen. (Sie hat die richtige Temperatur, wenn ein Tropfen Wasser darin anfängt zu zischen.) Hitze reduzieren und vorsichtig 4 EL Teig hineingeben. Ein paar Ananasstücke auf jeden Pfannkuchen legen, etwa 2 Minuten backen, bis sich Bläschen bilden, dann vorsichtig wenden und die andere Seite weitere 1 bis 2 Minuten backen.

Anmerkungen

» Ich fand schon immer, dass Ananas und gemahlener Ingwer sich super ergänzen. Für einen Hauch Hawaii können Sie außerdem etwas Kokosnussextrakt hinzugeben.

» Die Ananasstücke aus Dosen oder aus der Tiefkühlabteilung sind häufig zu groß für dieses Rezept, gegebenenfalls müssen sie daher noch etwas kleiner geschnitten werden.

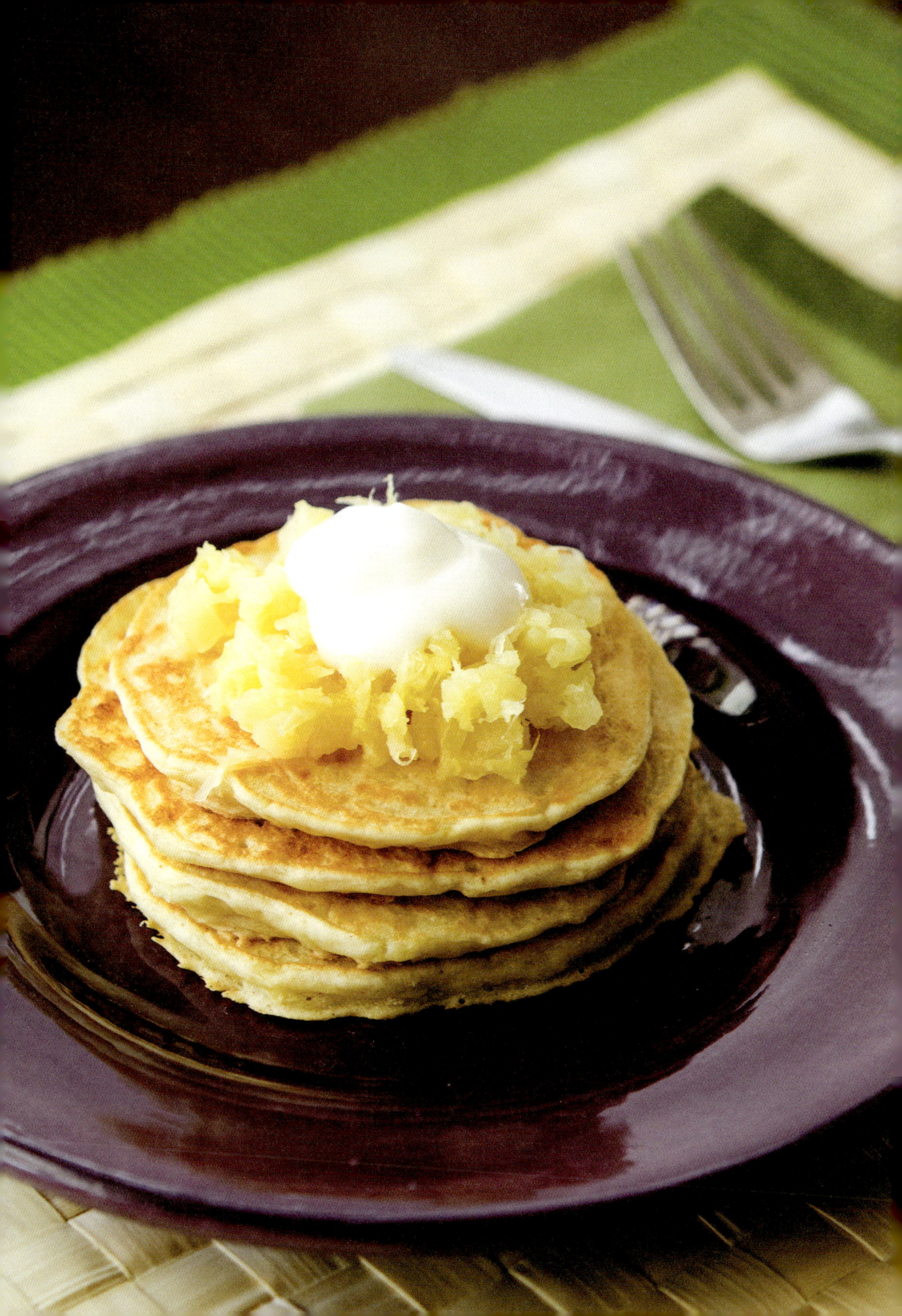

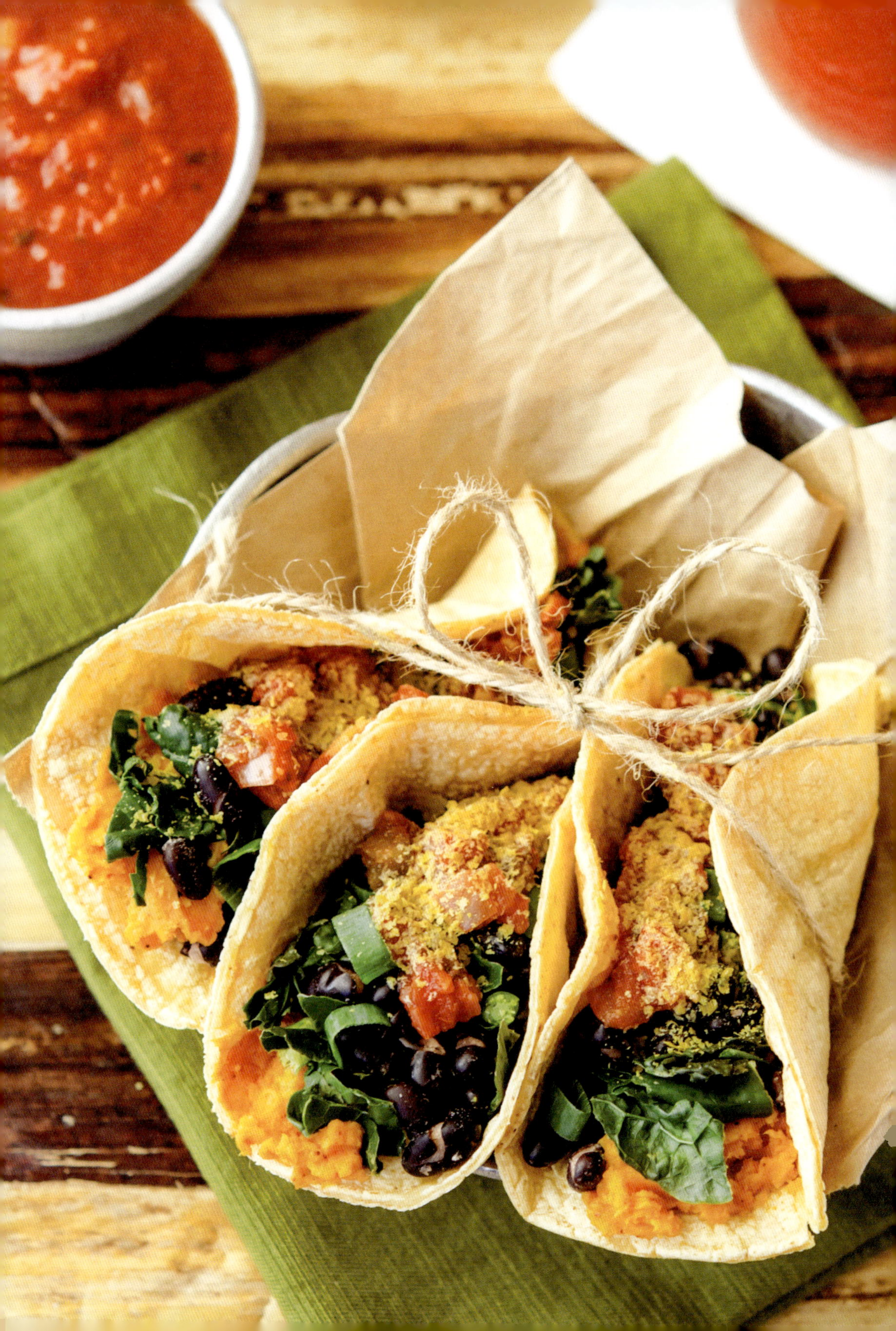

UNTER 150 KALORIEN

✓ SOJAFREI ✓ GLUTENFREI ✓ GÜNSTIG

Frühstücks-Tacos

Ich versuche, immer neue Wege zu gehen und mehr Gemüse zu essen – auch zum Frühstück. Diese Tacos treffen in jeder Hinsicht den Nagel auf den Kopf: grünes Blattgemüse, Bohnen und Süßkartoffeln zum Frühstück? Nie mehr ein schlechtes Gewissen! Und der Bonus: Diese Tacos machen richtig satt. In der Regel mache ich sie mir immer dann zum Frühstück, wenn ich gekochtes Blattgemüse und Süßkartoffeln vom Vortag übrig habe und aufbrauchen möchte.

Die Tortillas aufwärmen, falls sie vorher im Kühlschrank waren. Ich erhitze sie auf niedriger Flamme etwa 10 bis 15 Sekunden auf meinem Gasherd, doch mit einem feuchten Papiertuch abgedeckt, tun es ein paar Sekunden in der Mikrowelle auch. Süßkartoffel mit einer Gabel zerdrücken und ganz nach Belieben Gewürze wie gemahlenen Kreuzkümmel, Chilipulver, Knoblauchpulver, Zwiebelpulver und Cayennepfeffer oder sogar etwas Fajita- oder Taco-Gewürz und einen Spritzer Pflanzendrink einrühren. Die Mischung in der Mitte der Tortilla verteilen. Bohnen, Blattgemüse und Frühlingszwiebeln darauf geben und mit Chilisauce, Salsa, Hefeflocken und Guacamole abschmecken. (Ich fülle meine Tacos gern bis zum Überquellen!) Guten Appetit!

PRO TACO

Kalorien 145
Fett . . . . 1,3 g
Kohlenhydrate . . . . . 29,1 g
Ballaststoffe . . . . 5,6 g
Zucker . . . . 3 g
Eiweiß . . . . 5,2 g
Weight-Watcher-Punkte . . 4

3 PORTIONEN

- 3 Maistortillas
- 1 Süßkartoffel, gekocht
- 80 g schwarze Bohnen, gekocht
- 180 g grünes Blattgemüse, gekocht (z. B. gedünsteter Grün- oder Blattkohl)
- 2 Frühlingszwiebeln, in Ringe geschnitten
- Chilisauce
- Salsa (optional)
- Hefeflocken (optional)
- Guacamole (optional)

Anmerkung Sie haben zum Brunch geladen? Eine „Taco-Bar" eignet sich super für viele Gäste. Rührtofu (S. 39) ist ebenfallls toll zum Brunchen geeignet.

FRÜHSTÜCK

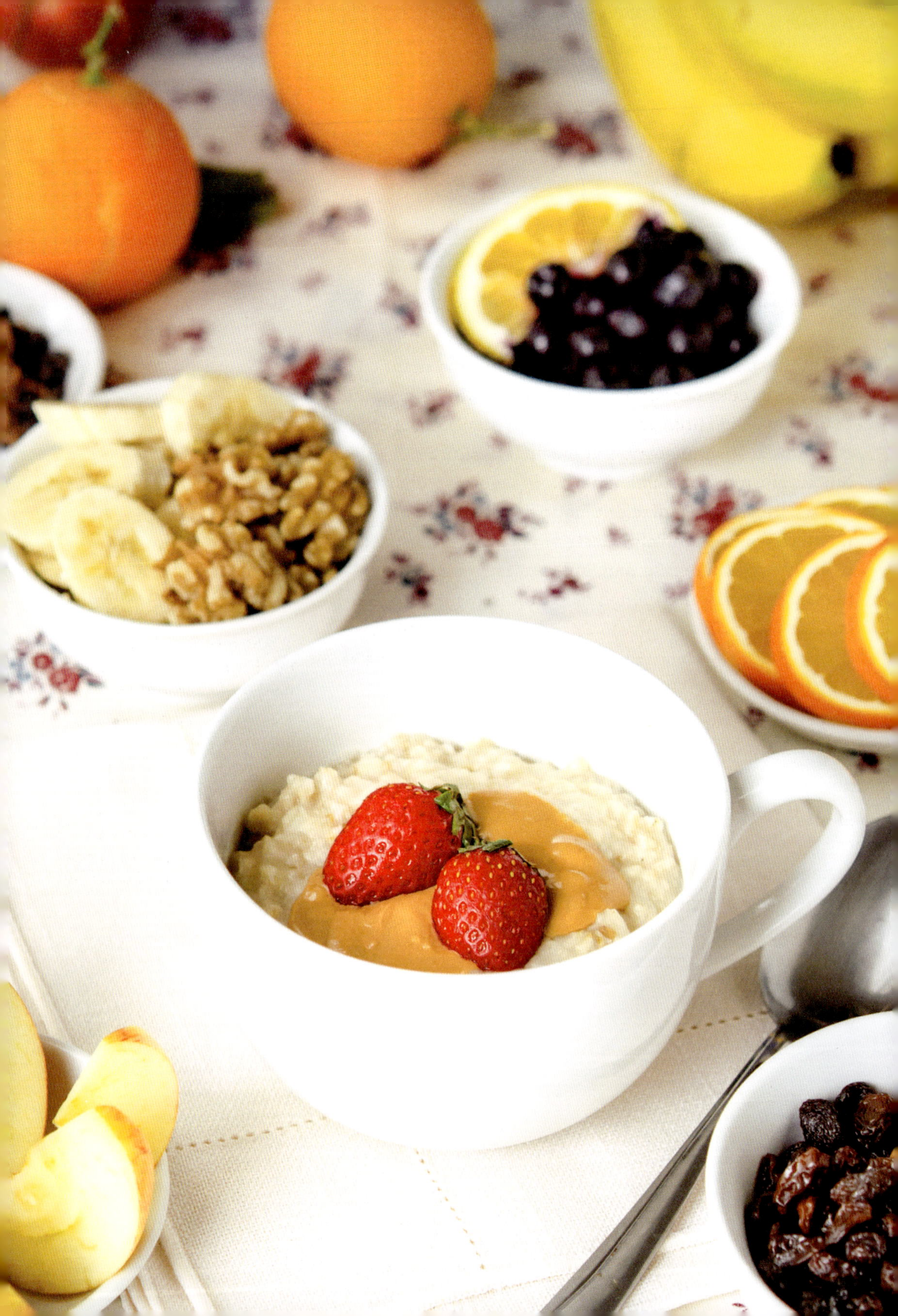

UNTER 200 KALORIEN

✔ SOJAFREI ✔ GLUTENFREI ✔ SCHNELL ✔ GÜNSTIG ✔ VORRAT ✔ EINE PORTION

Haferbrei 300

Es ist kein Geheimnis, dass Haferflocken als gesundes Frühstück gelten. Ich habe ja wirklich versucht, Haferflocken zu mögen, aber ich fand sie immer so … langweilig. Also kippte ich am Ende eine Wagenladung Erdnussbutter oder Zucker darüber, nur um sie runterzubekommen. Dadurch ähnelten sie am Ende allerdings eher einem Nachtisch als einem gesunden Frühstück. Ich hatte Haferflocken längst aufgegeben, als ich begann, meine „7-Day Meal Plans" (getmealplans.com) im Internet anzubieten. Ich wusste, dass viele Leute Haferflocken wirklich gern essen, und wollte Rezepte entwickeln, die so lecker sind, dass selbst ich sie mag. Dabei herausgekommen ist dieses Grundrezept für Haferbrei. Auf der nächsten Seite finden Sie leckere Ergänzungen, die alle bei maximal 300 Kalorien liegen!

Haferflocken und Wasser in einen kleinen Topf geben. Für einen flüssigeren Brei etwas mehr Wasser hinzugeben. (Falls Sie tiefgekühltes, getrocknetes oder frisches Obst verwenden, ebenfalls in den Topf geben.) Aufkochen, dann die Hitze reduzieren und unter ständigem Rühren köcheln lassen, bis ein geschmeidiger Brei entstanden ist. Die übrigen Zutaten hinzugeben (siehe Ergänzungen), verrühren und servieren.

PRO SCHÜSSEL
(OHNE ERGÄNZUNGEN)

Kalorien 150
Fett . . . . 3 g
Kohlenhydrate . . . . . . 27 g
Ballaststoffe . . . . 4 g
Zucker . . . . 1 g
Eiweiß . . . . 5 g
Weight-Watcher-Punkte . . 4

EINE PORTION

50 g   Haferflocken
180 ml Wasser

Anmerkungen

» Für einen cremigeren Haferbrei können Sie am Ende etwas Pflanzendrink einrühren.

» Haferflocken sind zwar glutenfrei, viele Produkte enthalten aber trotzdem Spuren davon. Falls Sie eine Allergie oder Unverträglichkeit haben, achten Sie darauf, nur ausdrücklich als glutenfrei gekennzeichnete Haferflocken zu kaufen.

SIEHE NÄCHSTE SEITE FÜR ZUSÄTZLICHE REZEPTE »

HAFERBREI-ERGÄNZUNGEN

APFEL
½ Apfel, gewürfelt
Zimt, gemahlen (nach Belieben)
3 EL ungesüßtes Apfelmus
2 EL brauner Zucker oder 1 ¼ EL Ahornsirup (zum Garnieren)

Kalorien: 298

BANANE
3 EL ungesüßtes Apfelmus
1–2 Tropfen Vanilleextrakt
Zimt, gemahlen
1 Prise Muskat, gemahlen
½ Banane, in Scheiben geschnitten (zum Garnieren)
1 ¼ EL Wal- oder Pekannüsse (zum Garnieren)

Kalorien: 296

BLAUBEER
3 EL ungesüßtes Apfelmus
160 g tiefgekühlte Blaubeeren
1 TL Zitronenschale (mehr oder weniger nach Belieben)

Kalorien: 293

KIRSCH-VANILLE
125 g entkernte Kirschen (tiefgekühlt)
Vanilleextrakt (nach Belieben)
1 EL brauner Zucker oder 1 ¾ TL Ahornsirup (zum Garnieren)
3 EL ungesüßtes Apfelmus

Kalorien: 300

SUPER-SCHOKO
2 EL ungesüßtes Kakaopulver
1 EL ungesüßtes Apfelmus
Zimt, gemahlen (optional)
½ Banane, in Scheiben geschnitten (zum Garnieren)
1 EL Schokotropfen (zum Garnieren)

Kalorien: 296

ROSINE-ZIMT
3 EL Rosinen (10 Minuten in heißem Wasser einweichen)
3 EL ungesüßtes Apfelmus
2 TL Ahornsirup (zum Garnieren)
Zimt, gemahlen (nach Belieben)

Kalorien: 297

ORANGE
180 ml Orangensaft (anstelle von Wasser)
1 TL Orangenschale (mehr oder weniger nach Belieben)
2/3 Orange, in Scheiben, oder Blaubeeren (zum Garnieren)

Kalorien: 284

ERDNUSSBUTTER
3 EL ungesüßtes Apfelmus
3 ¼ TL Erdnussbutter (zum Garnieren)
2 Erdbeeren, in Scheiben (zum Garnieren)

Kalorien: 298

KÜRBISKUCHEN
2-3 EL Kürbispüree (selbst gekocht oder aus der Dose)
¼ TL Kürbiskuchen-Gewürzmischung
2 EL Rosinen
1 ¼ EL Ahornsirup (zum Garnieren)

Kalorien: 297

HIMBEERCREME
75 g tiefgekühlte Himbeeren
½ Banane, in Scheiben
60 g veganer Joghurt, am besten Vanille (zum Garnieren)

Kalorien: 290

✓ SOJAFREI ✓ FETTARM ✓ SCHNELL ✓ GÜNSTIG ✓ VORRAT

UNTER 100 KALORIEN

Hafer-Pfannkuchen

Falls Sie Haferbrei (S. 31) übrig haben, machen Sie einfach diese Pfannkuchen. An diesem Rezept mag ich besonders, dass ich bereits von zwei oder drei Pfannkuchen richtig satt werde, und zwar stundenlang.

In einem Mixer oder einer kleinen Küchenmaschine die Banane mit dem Wasser pürieren und beiseitestellen. In einer Schüssel Mehl, Backpulver und eine großzügige Prise Kürbiskuchen-Gewürzmischung oder gemahlenen Zimt vermischen. Die Bananenmischung einrühren. Den Haferbrei unterrühren und 50 ml Pflanzendrink hinzugeben. Wenn der Pfannkuchenteig zu dickflüssig ist, weitere 1 bis 2 EL Flüssigkeit einrühren. Eine beschichtete Pfanne auf hoher Flamme erhitzen. Die Pfanne hat die richtige Temperatur, wenn ein Tropfen Wasser darin anfängt zu zischen. Die Hitze etwas reduzieren und 4 EL Teig in die Pfanne geben. Mit der Rückseite eines Löffels etwas flach drücken und verteilen (sodass der Pfannkuchen gleichmäßig dick wird). Sobald sich viele Bläschen bilden (nach etwa 1 Minute), den Pfannkuchen mit einem Antihaft-Pfannenwender wenden. Weitere 2 Minuten backen. Dabei den Pfannkuchen gelegentlich mit dem Pfannenwender platt drücken. Noch einmal wenden und für weitere 15 bis 30 Sekunden backen. Mit Apfelmus, Ahornsirup oder frischem Obst servieren.

PRO PFANNKUCHEN

Kalorien 97
Fett . . . . 0,8 g
Kohlenhydrate . . . . . 19,9 g
Ballaststoffe . . . . 1,7 g
Zucker . . . . 1,5 g
Eiweiß . . . . 2,8 g
Weight-Watcher-Punkte . . 2

9 PORTIONEN

1	kleine, reife Banane
175 ml	Wasser
130 g	Vollkornweizenmehl
2 TL	Backpulver
	Kürbiskuchen-Gewürzmischung oder gemahlener Zimt
250 ml	Haferbrei
50 ml	Pflanzendrink (Natur oder Vanille)
	Toppings

Anmerkung Die Pfannkuchen nicht stapeln, da sie durch den aufsteigenden Dampf feucht und matschig werden.

FRÜHSTÜCK **33**

✓ SOJAFREI ✓ GLUTENFREI ✓ SCHNELL ✓ GÜNSTIG ✓ VORRAT

UNTER 150 KALORIEN

Knuspermüsli

PRO PORTION
(ETWA 30 G)

Kalorien	107
Fett	2,1 g
Kohlenhydrate	19,7 g
Ballaststoffe	2,3 g
Zucker	5,9 g
Eiweiß	2,9 g
Weight-Watcher-Punkte	3

250 G

180 g	Haferflocken
1 TL	gemahlener Zimt
4 EL	ungesüßtes Apfelmus
60 ml	Ahornsirup
1–2 EL	Erdnussbutter (cremig)
1 TL	Bananen- oder Vanilleextrakt
25 g	Rosinen (optional)

Anmerkung Wenn das Müsli nach 30 Minuten Backzeit noch immer nicht knusprig ist, verteilen Sie es ganz dünn auf einem mit Backpapier ausgelegten Backblech und backen Sie es noch ein paar Minuten länger. Wenn das Müsli zu dicht beieinander liegt, wird es nicht knusprig.

Ich bekomme sehr viele E-Mails, in denen ich um ein fettarmes Müsli-Rezept gebeten werde. Nachdem ich mir schließlich die Nährwertangaben auf den Müslipackungen im Supermarkt angeschaut hatte, wusste ich auch, wieso! Mit nur 107 Kalorien pro Portion können Sie dieses fettarme (ölfreie!) Müsli ohne schlechtes Gewissen genießen. Es schmeckt super mit veganem Joghurt, ist aber auch ein toller Snack für Zwischendurch.

Den Backofen auf 150° C vorheizen. Ein tiefes Backblech mit Backpapier auslegen. Alternativ können Sie auch eine große (23 × 33 cm), rechteckige Auflaufform aus Glas verwenden. Beiseitestellen. In einer Schüssel Haferflocken und gemahlenen Zimt vermischen. In einer kleinen Schüssel oder einem Messbecher Apfelmus, Ahornsirup, Erdnussbutter und Bananen- oder Vanilleextrakt vermischen, dann über die Haferflocken gießen. Mit einem Spatel alles gut vermengen. Die Mischung auf das Backblech oder in die Auflaufform geben, ausbreiten und 10 Minuten backen. Anschließend wenden, größere Stücke mit einem Pfannenwender zerbrechen und weitere 10 Minuten backen. Noch einmal wenden, weitere 5 bis 10 Minuten backen, bis das Müsli goldbraun und knusprig ist. (Hinweis: Das Müsli wird beim Abkühlen noch etwas fester und knuspriger.) Falls Sie Rosinen verwenden, nach dem Backen untermischen. Das Müsli in einem luftdichten Behälter bei Zimmertemperatur aufbewahren.

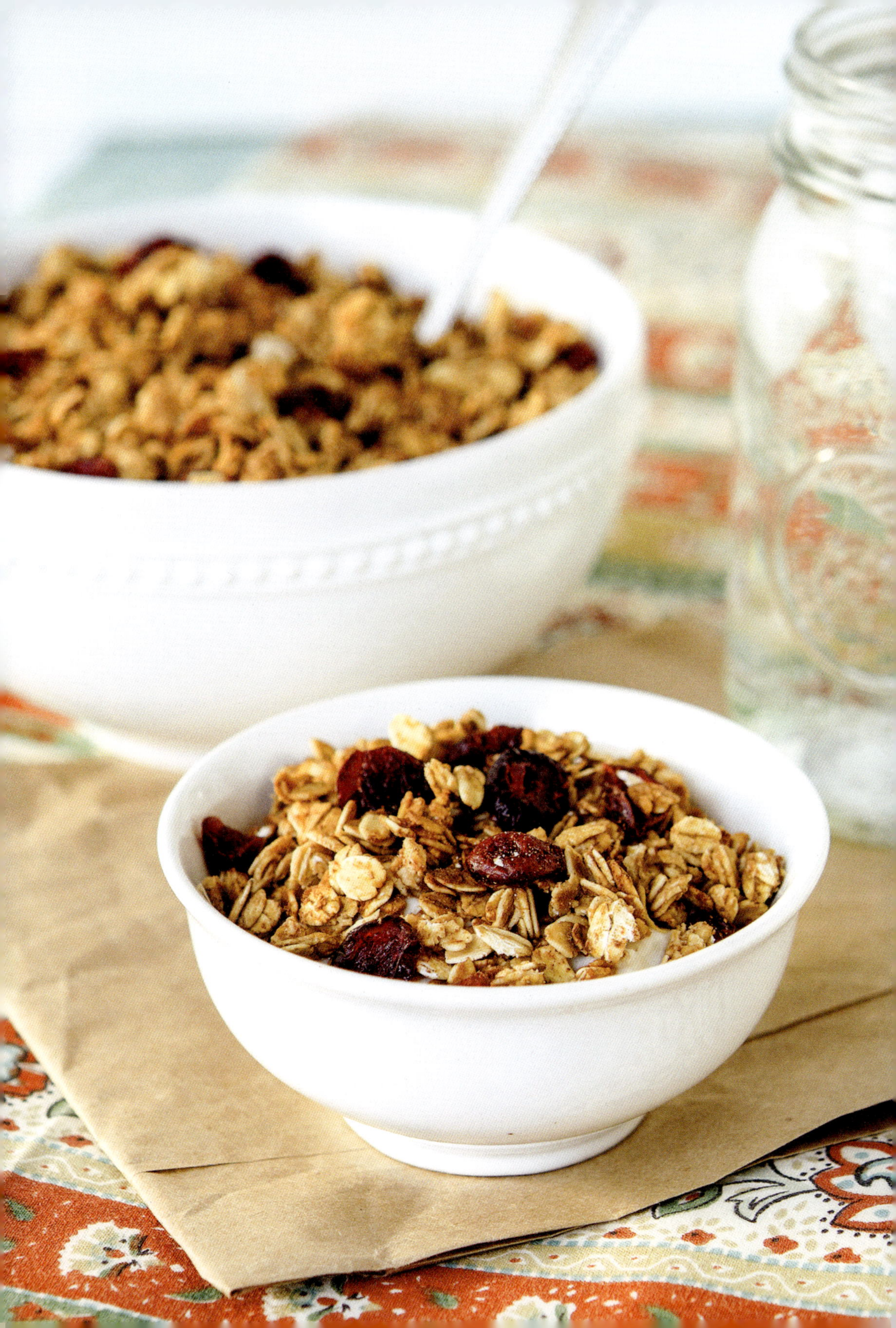

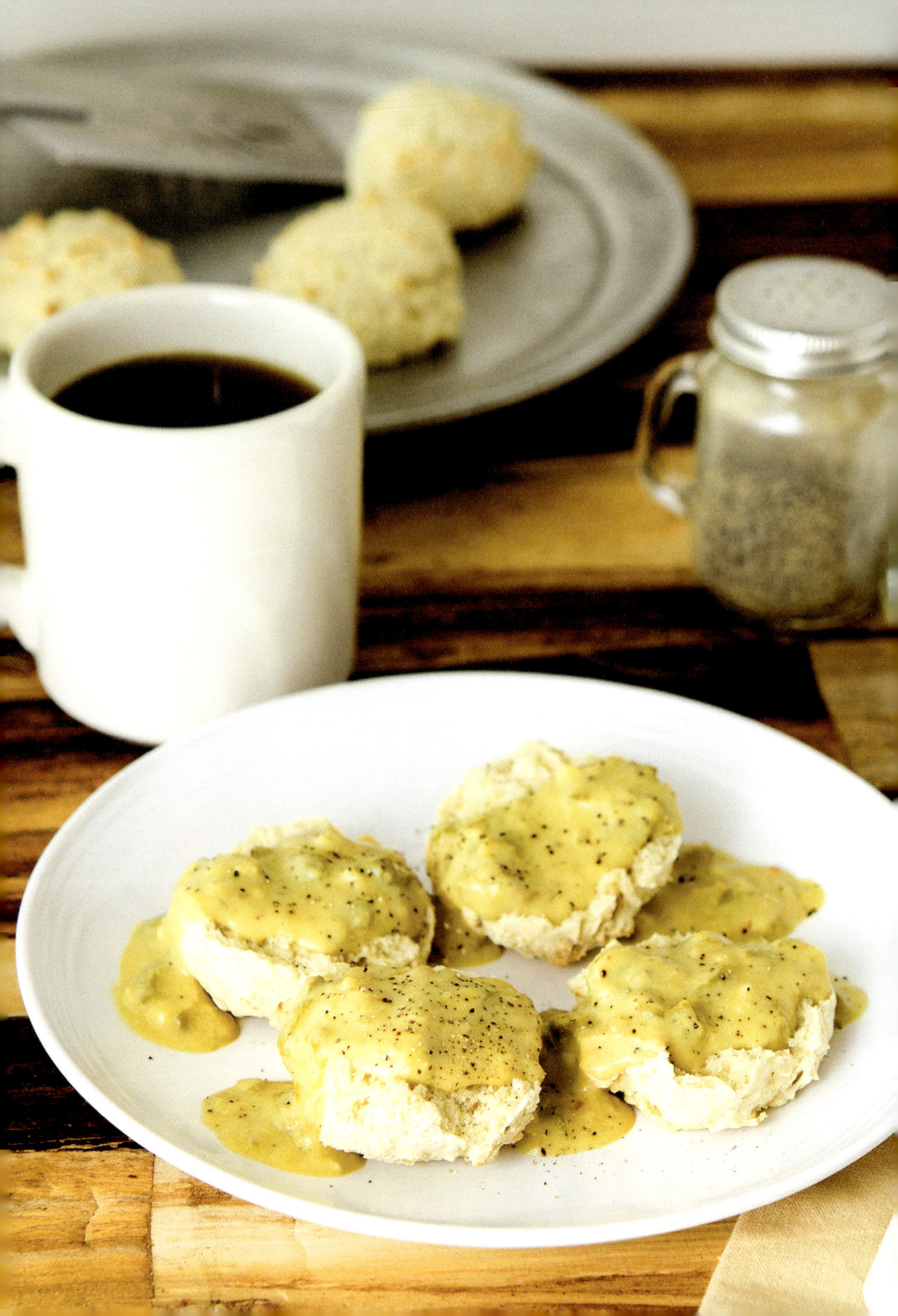

UNTER 100 KALORIEN ✓ SOJAFREI ✓ FETTARM ✓ SCHNELL ✓ GÜNSTIG ✓ VORRAT

Kleine Vollkorn-Salzbrötchen

Diese Vollkorn-Salzbrötchen werden in den USA. als „Drop Biscuits" bezeichnet. Sie sind superschnell und einfach zuzubereiten und können zum Beispiel zum Brunch in Olivensauce (S. Variable) gedippt oder mit Tempeh-Speck (S. Variable) serviert werden. Auch lecker dazu sind Rührtofu (S. Variable), Spinat und Oliven. Diese Brötchen sind auch eine gute Beilage zum Abendessen und machen richtig satt und zufrieden.

PRO BRÖTCHEN

Kalorien 93
Fett . . . . 0,4 g
Kohlenhydrate . . . . . 19,4 g
Ballaststoffe . . . . 2,6 g
Zucker . . . . 2,5 g
Eiweiß . . . . 3,6 g
Weight-Watcher-Punkte . . 2

5 BRÖTCHEN

130 g	Vollkornweizenmehl
1 TL	Backpulver
1	Prise Salz
3 EL	ungesüßtes Apfelmus
60 ml	Pflanzendrink

Den Backofen auf 220° C vorheizen. Ein Backblech mit Backpapier auslegen und beiseitestellen. In einer großen Schüssel Mehl, Backpulver und Salz vermischen. Das Apfelmus einrühren, sodass große Klumpen entstehen. Am Boden der Schüssel sollten keine größeren Mengen Mehl mehr übrig sein, aber eine dünne Schicht ist in Ordnung. Pflanzendrink hinzugeben und einrühren, sodass ein feuchter, zäher Teig entsteht. Gegebenenfalls etwas mehr Flüssigkeit hinzugeben. Mit einem Löffel fünf Portionen Teig auf das Backblech häufen. Zwischen ihnen etwas Abstand lassen. Jede Portion mit sauberen Fingern glatt streichen und zu einem runden Brötchen formen. 7 bis 10 Minuten backen, bis die Brötchen goldbraun werden und sich fest anfühlen.

FRÜHSTÜCK

✓ SOJAFREI ✓ GLUTENFREI ✓ SCHNELL ✓ VORRAT

UNTER 100 KALORIEN

Olivensauce

PRO PORTION	
Kalorien	72
Fett	2,4 g
Kohlenhydrate	10 g
Ballaststoffe	3 g
Zucker	0,5 g
Eiweiß	4,4 g
Weight-Watcher-Punkte	2

3 PORTIONEN

	Fertige Gemüsebrühe
3	Knoblauchzehen, gehackt
3 EL	(ca. 20 g) grüne Oliven, gehackt
½ TL	Zwiebelpulver
125 ml	Pflanzendrink
2 EL	Vollkornweizenmehl oder braunes Reismehl
2 EL	Hefeflocken
	Schwarzer Pfeffer (nach Belieben)
	Saft von 2 Zitronenscheiben
	Kleine Vollkorn-Salzbrötchen (S. Variable)

Anmerkung Für eine glutenfreie Variante anstelle von Weizenmehl braunes Reismehl verwenden.

Normalerweise serviere ich diese herzhafte Sauce zu meinen kleinen Vollkorn-Salzbrötchen (S. 34), doch Sie können sie genauso gut als tolle Alternative zu Bratensauce oder herkömmlicher brauner Sauce auf Kartoffelpüree, Bohnen, Getreide, Gemüse und vielen anderen Gerichten genießen.

Den Boden eines Topfes dünn mit Brühe bedecken und Knoblauch und grüne Oliven darin dünsten, bis der Knoblauch goldbraun wird und die Brühe verdampft ist. Zwiebelpulver hinzugeben und umrühren. In einer Schüssel Pflanzendrink mit Mehl und Hefeflocken verrühren. Über die Olivenmischung gießen und auf hoher Flamme erhitzen. Kurz bevor die Mischung kocht, die Hitze reduzieren und stetig weiterrühren, während die Sauce andickt. Mit Zitronensaft und reichlich schwarzem Pfeffer abschmecken. Wenn die Sauce zu dickflüssig wird, einfach etwas mehr Pflanzendrink hinzugeben.

Abbildung auf Seite 36 mit kleinen Vollkorn-Salzbrötchen.

UNTER 250 KALORIEN

✓ GLUTENFREI ✓ SCHNELL ✓ GÜNSTIG

Rührtofu

Das Rezept für Rührtofu findet in irgendeiner Form immer den Weg in meine Kochbücher, und zwar aus gutem Grund: Es ist günstig, schnell und einfach zuzubereiten, sehr anpassungsfähig, sättigend und hat relativ wenige Kalorien. Wenn Sie vom Vortag Blattgemüse, Gemüse, Bohnen oder Ähnliches übrig haben, mischen Sie sie einfach unter, dadurch wird dieses Rezept noch etwas gehaltvoller. Mein bester Freund Jim mischt seinem Rührtofu beispielsweise immer verschiedenes Tiefkühlgemüse unter, wodurch aus zwei Portionen ganz einfach vier werden. Sie können dieses Rezept auch in großen Mengen zubereiten und über die nächsten Tage wieder aufwärmen. (Ich esse dieses Gericht auch gerne kalt, vor allem in Wraps oder Burritos.)

Überschüssige Flüssigkeit vorsichtig aus dem Tofu herauspressen. Dann den Tofu in einer Pfanne mit einem Kartoffelstampfer zerstampfen (oder einfach mit den Händen zerkrümeln). Alle Zutaten von Hefeflocken bis Kurkuma einrühren und auf hoher Flamme erhitzen. Gegebenenfalls etwas Wasser oder Pflanzendrink hinzugeben, um zu vermeiden, dass die Zutaten an der Pfanne haften bleiben. Köcheln lassen, bis der Tofu gelblich und heiß ist. Gemüsemischung oder Blattgemüse hinzugeben und mitbraten, bis das Gemüse warm ist oder das Blattgemüse zerfällt. Nach Belieben Kala Namak (für den „Ei"-Geschmack), Chilisauce und Salsa unterrühren und mit Salz und Pfeffer abschmecken.

PRO PORTION

Kalorien 219
Fett . . . . 10,2 g
Kohlenhydrate . . . . . 13,3 g
Ballaststoffe . . . . 6,3 g
Zucker . . . . 2,1 g
Eiweiß . . . . 25,1 g
Weight-Watcher-Punkte . . 6

2 PORTIONEN

450 g	Tofu (fest)
3 EL	Hefeflocken
1 EL	Dijon-Senf
1 TL	Zwiebelpulver
1 TL	Knoblauchpulver
½ TL	gemahlener Kreuzkümmel
¼ TL	Kurkuma
	Gemüse, Blattgemüse oder Ähnliches (optional)
	Kala Namak (optional)
	Chilisauce (optional)
	Salsa (optional)

Anmerkung Hier können Sie sich austoben! Mir schmecken zum Beispiel diese Kombinationen am besten: Schwarze Bohnen, Süßkartoffeln, Spinat (mit oder ohne Salsa); Pilze mit Pizzasauce; Spinat und schwarze Oliven; Tomaten und Spinat; schwarze Bohnen, Mais und Tomaten; schwarze Bohnen, Grünkohl und Süßkartoffeln; schwarze Bohnen, Grünkohl und Mais; Süßkartoffeln mit Chilisauce; geröstete Kartoffeln mit frischem Schnittlauch. Manchmal mische ich auch Grünkohl, roter Paprika oder frischen Dill hinein!

FRÜHSTÜCK

✓ GLUTENFREI

UNTER 50 KALORIEN

Tempeh-Speck

PRO STREIFEN

Kalorien 36
Fett . . . . 1,6 g
Kohlenhydrate . . . . . . 2,8 g
Ballaststoffe . . . . 0 g
Zucker . . . . 0,9 g
Eiweiß . . . . 3,1 g
Weight-Watcher-Punkte . . 1

ETWA 15 STREIFEN

1	Packung Tempeh (250 g)
3–4 EL	natriumarme Soja- oder glutenfreie Tamarisauce
1 EL	Ahornsirup
1–2 EL	Gemüsebrühe
1 EL	Apfelessig
2 TL	flüssiges Rauchextrakt
½ TL	Knoblauchpulver
¼ TL	Zwiebelpulver
¼ TL	Paprikapulver (geräuchert)

Anmerkung Verwenden Sie 4 EL Soja- oder Tamarisauce, wenn Sie „Speck" gern etwas salziger mögen. Dann jedoch nur 1 EL Brühe verwenden.

Dieser Tempeh-Speck kann jedem gekauften vegetarischen Speck locker das Wasser reichen (wenn ich das so sagen darf!). Er macht sich super als Snack zum Frühstück oder Brunch, aber auch auf einem Sandwich mit Salat und Tomaten. Und bei gerade mal 36 Kalorien (und das ganz ohne gesättigte Fettsäuren) können Sie unbesorgt zuschlagen!

Den Tempeh der Länge nach in 14 bis 18 sehr dünne Streifen schneiden und in einer Auflaufform aus Glas so auslegen, dass sich die Streifen nicht überlappen. Beiseitestellen. In einer kleinen Schüssel alle Zutaten (außer dem Tempeh) zu einer Marinade verrühren. Anschließend die Mischung über die Streifen gießen und den Tempeh vier Stunden in der Marinade ziehen lassen. Wenn möglich, nach 2 Stunden wenden. (Am besten so lange marinieren, bis der Tempeh braun ist und den Großteil der Marinade aufgesogen hat.) Den Backofen auf 150° C vorheizen. Ein Backblech mit Backpapier auslegen und die Speckstreifen so darauf verteilen, dass sie einander nicht überlappen. 10 Minuten backen, dann wenden und weitere 5 bis 10 Minuten backen, bis der Tempeh dunkelbraun, knusprig und an den Rändern leicht angeschwärzt ist.

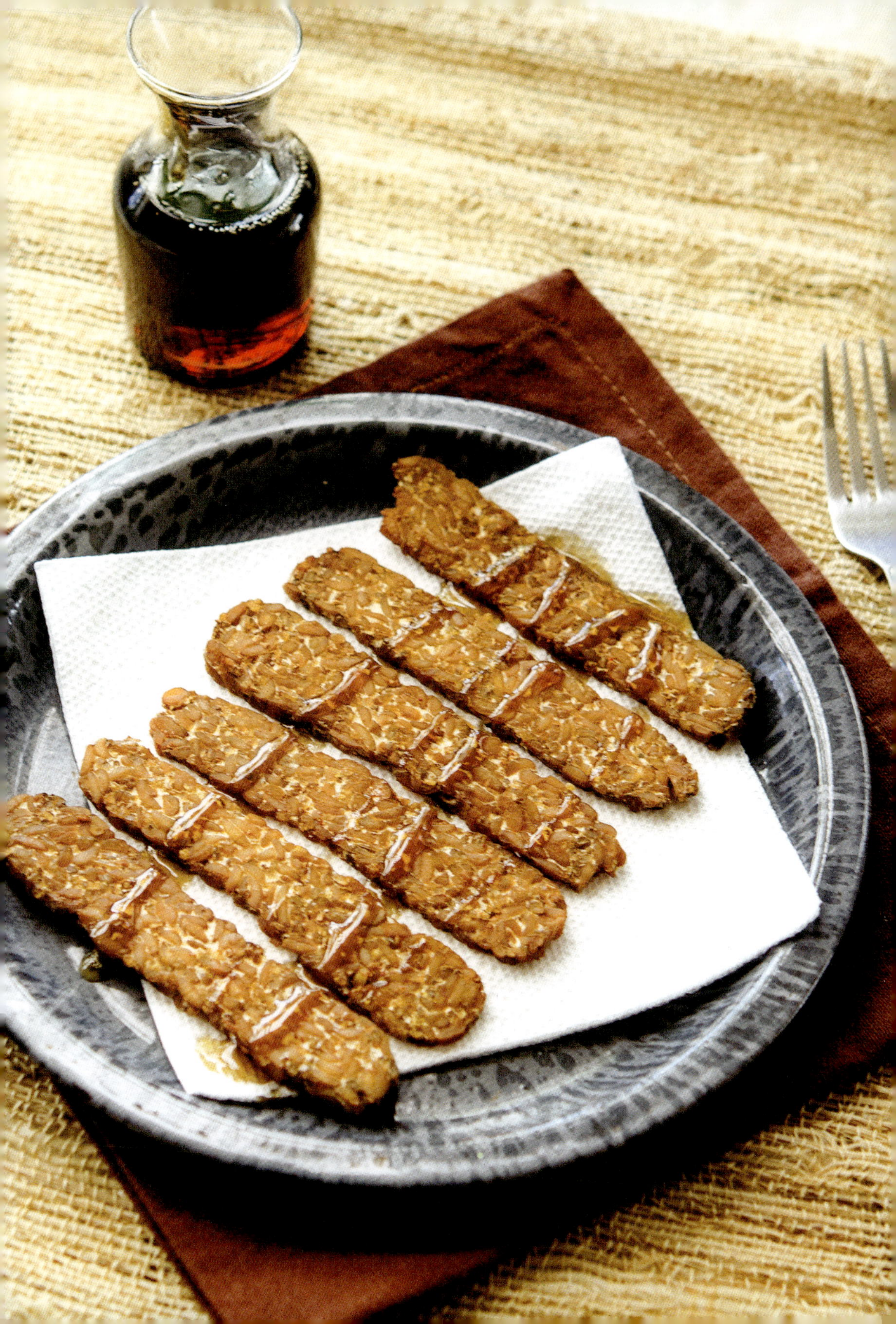

MUFFINS & BROT

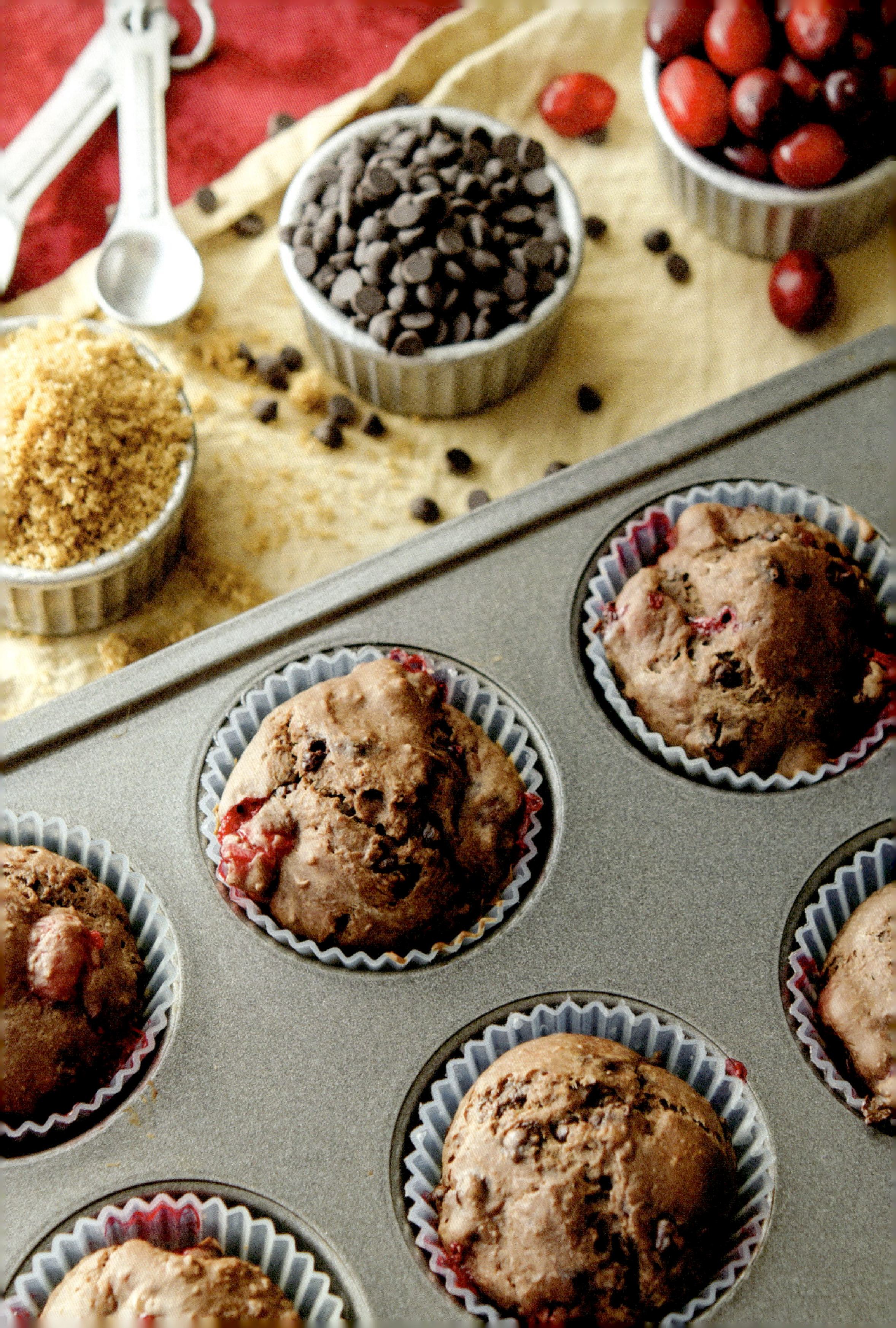

UNTER 150 KALORIEN

✓ SOJAFREI ✓ SCHNELL ✓ GÜNSTIG

Schokomuffins mit Rubinsprenkeln

PRO MUFFIN	
Kalorien	105
Fett	1,9 g
Kohlenhydrate	21,1 g
Ballaststoffe	3 g
Zucker	6,7 g
Eiweiß	3,1 g
Weight-Watcher-Punkte	3

Die frischen Cranberrys sind die „Rubine" in diesen Muffins. Es ist wirklich faszinierend, was der leicht säuerliche Geschmack der Cranberrys aus einem gewöhnlichen Schokomuffin machen kann. Ganz ehrlich – wer hätte geahnt, dass Schokolade und Cranberrys so gut zusammenpassen? PS: Diese Muffins eignen sich auch super als Party-Mitbringsel!

12 PORTIONEN

200 g	Vollkornweizenmehl
35 g	ungesüßtes Kakaopulver
1 EL	Backpulver
25–65 g	brauner Zucker
125 g	ungesüßtes Apfelmus
250 ml	Pflanzendrink (Natur oder Schokogeschmack)
40-70 g	vegane Schokoladentropfen
120 g	frische Cranberrys
1 TL	Schokoladenextrakt (optional)

Den Backofen auf 175° C vorheizen. Ein Muffinblech mit Papier- oder Silikonförmchen auslegen oder ein Antihaft-Blech verwenden. Beiseitestellen. In einer Schüssel Mehl, Kakaopulver, Backpulver und Zucker vermischen. Apfelmus und Pflanzendrink untermischen, sodass ein homogener Teig entsteht. Die Schokoladentropfen, Cranberrys und das Extrakt (optional) einrühren. Den Teig portionsweise mit einem Löffel in die vorbereiteten Muffinförmchen füllen und 15 bis 20 Minuten backen, bis sich die Muffins fest anfühlen. Einen Zahnstocher in die Mitte eines Muffins stechen und herausziehen; wenn kein Teig daran haftet, sind die Muffins fertig.

Für alle Vielbeschäftigten sind Muffins toll als Snack, Dessert oder Frühstück „to go".

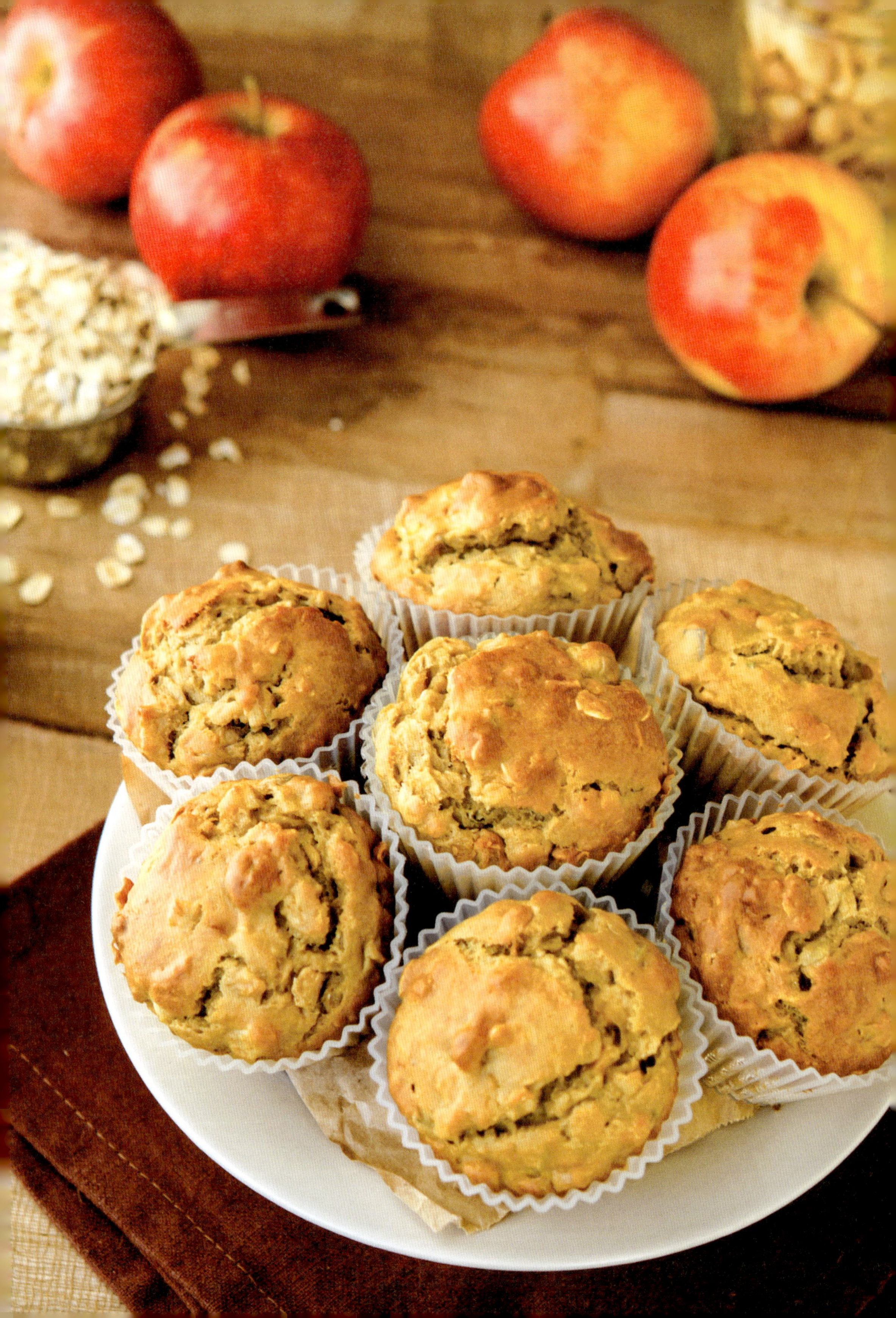

UNTER 100 KALORIEN ✓ SOJAFREI ✓ SCHNELL ✓ GÜNSTIG

Erdnuss-„Mogel"-Muffins

Diese Muffins stecken voller gesunder Früchte und allem Guten aus den Haferflocken. Ich nenne sie „Mogel"-Muffins, weil ich in diesem Rezept nur ein kleines bisschen Erdnussbutter verwende – mit verblüffendem Ergebnis!

Den Backofen auf 175° C vorheizen. Ein Muffinblech mit Papier- oder Silikonförmchen auslegen oder ein Antihaft-Blech verwenden. Beiseitestellen. Den Apfel entkernen und würfeln. Ca. 150 g abwiegen und den Rest in eine Küchenmaschine oder einen Mixer geben. In einer Schüssel Mehl, Haferflocken, Backpulver und Backnatron vermischen. Die Apfelstücke hinzugeben und die Schüssel beiseitestellen. Ahornsirup oder Agavendicksaft, Vanilleextrakt, Wasser, Pflanzendrink und Banane zu den Apfelstücken in den Mixer geben und glatt pürieren. Die Bananenmischung zu der Apfel-Mehl-Mischung geben und unterrühren. Die Erdnussbutter hinzugeben und erneut rühren, bis ein homogener Teig entsteht. Falls der Teig zu trocken ist (je nachdem, wie saftig der Apfel ist), etwas mehr Pflanzendrink einrühren. Mit einem Löffel portionsweise in die vorbereiteten Muffinförmchen füllen und 15 bis 20 Minuten backen.

PRO MUFFIN

Kalorien 99
Fett . . . . 1,8 g
Kohlenhydrate . . . . . 19,1 g
Ballaststoffe . . . . 2,1 g
Zucker . . . . 7,4 g
Eiweiß . . . . 2,6 g
Weight-Watcher-Punkte . . 3

12 PORTIONEN

1	roter Apfel
130 g	Vollkornweizenmehl
50 g	Haferflocken
2 TL	Backpulver
1 TL	Backnatron
60 ml	Ahornsirup oder Agavendicksaft
2 TL	Vanilleextrakt
60 ml	Wasser
2 EL	Pflanzendrink
1	reife Banane
2 EL	Erdnussbutter (cremig)

MUFFINS & BROT

✓ SOJAFREI ✓ SCHNELL ✓ GÜNSTIG ✓ VORRAT

UNTER 150 KALORIEN

Chocolate Chip Muffins

Was als Cookie jedem schmeckt, geht auch als Muffin! Das Tolle an diesen Muffins ist, dass sie fast gar keinen Zucker enthalten. Die Süße kommt fast ausschließlich von den Bananen.

PRO MUFFIN

- **Kalorien** 135
- Fett . . . . .2,5 g
- Kohlenhydrate . . . . .25,4 g
- Ballaststoffe . . . . .1,4 g
- Zucker . . . . .8,2 g
- Eiweiß . . . . .2,7 g
- Weight-Watcher-Punkte . .4

12 PORTIONEN

- 200 g Vollkornweizenmehl
- 1 EL Backpulver
- 2 EL brauner Zucker
- 1 Prise Salz (optional)
- 120 ml Pflanzendrink (Natur oder Vanillegeschmack)
- 2 sehr reife Bananen
- 1 EL Vanilleextrakt
- 3 EL ungesüßtes Apfelmus
- 70 g vegane Schokoladentropfen

Anmerkung Die verwendeten Bananen müssen sehr reif sein; sie sollten braune Punkte und einen intensiven Duft haben.

Den Backofen auf 175° C vorheizen. Ein Muffinblech mit Papier- oder Silikonförmchen auslegen oder ein Antihaft-Blech verwenden. Beiseitestellen. In einer Schüssel Mehl, Backpulver und Zucker vermischen. In einem Mixer 60 ml Pflanzendrink mit den Bananen und dem Vanilleextrakt glatt pürieren. Anschließend zu der Mehlmischung geben. Ein paarmal umrühren, dann das Apfelmus und die übrigen 60 ml Pflanzendrink hinzugeben und unterrühren. Die Schokoladentropfen vorsichtig unterheben. 15 bis 20 Minuten backen, bis die Muffins goldbraun sind und sich fest anfühlen. Einen Zahnstocher in die Mitte eines Muffins stechen und herausziehen; wenn kein Teig daran haftet, sind die Muffins fertig.

UNTER 100 KALORIEN

✓ SOJAFREI ✓ FETTARM ✓ SCHNELL ✓ GÜNSTIG

Zitronen-Zucchini-Muffins

Den Backofen anzuheizen gehört im Sommer zwar nicht zu meinen Lieblingsbeschäftigungen, aber diese leichten Muffins mit gartenfrischen Zucchini sind es allemal wert. Außerdem können Sie Ihre Freunde und Kinder mit diesen Muffins dazu überlisten, Gemüse zu essen!

Den Backofen auf 175° C vorheizen. Ein Muffinblech mit Papier- oder Silikonförmchen auslegen oder ein Antihaft-Blech verwenden. Beiseitestellen. In einer Schüssel Mehl, Backpulver und Salz vermischen. In einem Mixer oder einer Küchenmaschine die Banane mit 60 ml Pflanzendrink glatt pürieren. Die Bananenmischung zu der Mehlmischung geben, dann den übrigen Pflanzendrink, Joghurt, Zitronenschale und Extrakt (optional) hinzugeben und unterrühren. Zucchini und Zucker hinzugeben und erneut rühren, sodass ein homogener Teig entsteht. Mit einem Löffel portionsweise in die Muffinförmchen füllen und 18 bis 25 Minuten backen.

Anmerkungen

» Zucchini mit einer Käsereibe raspeln. Wird das Ergebnis sehr flüssig, legen Sie die Raspel für ein paar Minuten auf ein sauberes Küchen- oder Papiertuch, um die überschüssige Flüssigkeit aufsaugen zu lassen.

» Diese Muffins haben eine sehr milde Süße. Wenn Sie es gern süßer hätten, verwenden Sie 4-6 EL Zucker.

PRO MUFFIN

Kalorien 81
Fett . . . . 0,6 g
Kohlenhydrate . . . . . 18,1 g
Ballaststoffe . . . . 2,2 g
Zucker . . . . 5,2 g
Eiweiß . . . . 2,4 g
Weight-Watcher-Punkte . . 2

12 PORTIONEN

200 g	Vollkornweizenmehl
1 EL	Backpulver
1	Prise Salz
1	kleine, sehr reife Banane
180 ml	Pflanzendrink (Natur oder Vanille)
125 ml	veganer Joghurt (Natur, Zitrone- oder Vanillegeschmack)
	Schale von 2 kleinen Zitronen
1–2 TL	Zitronenextrakt (optional)
140 g	fein geschnittene oder geraspelte Zucchini
3 EL	brauner Zucker

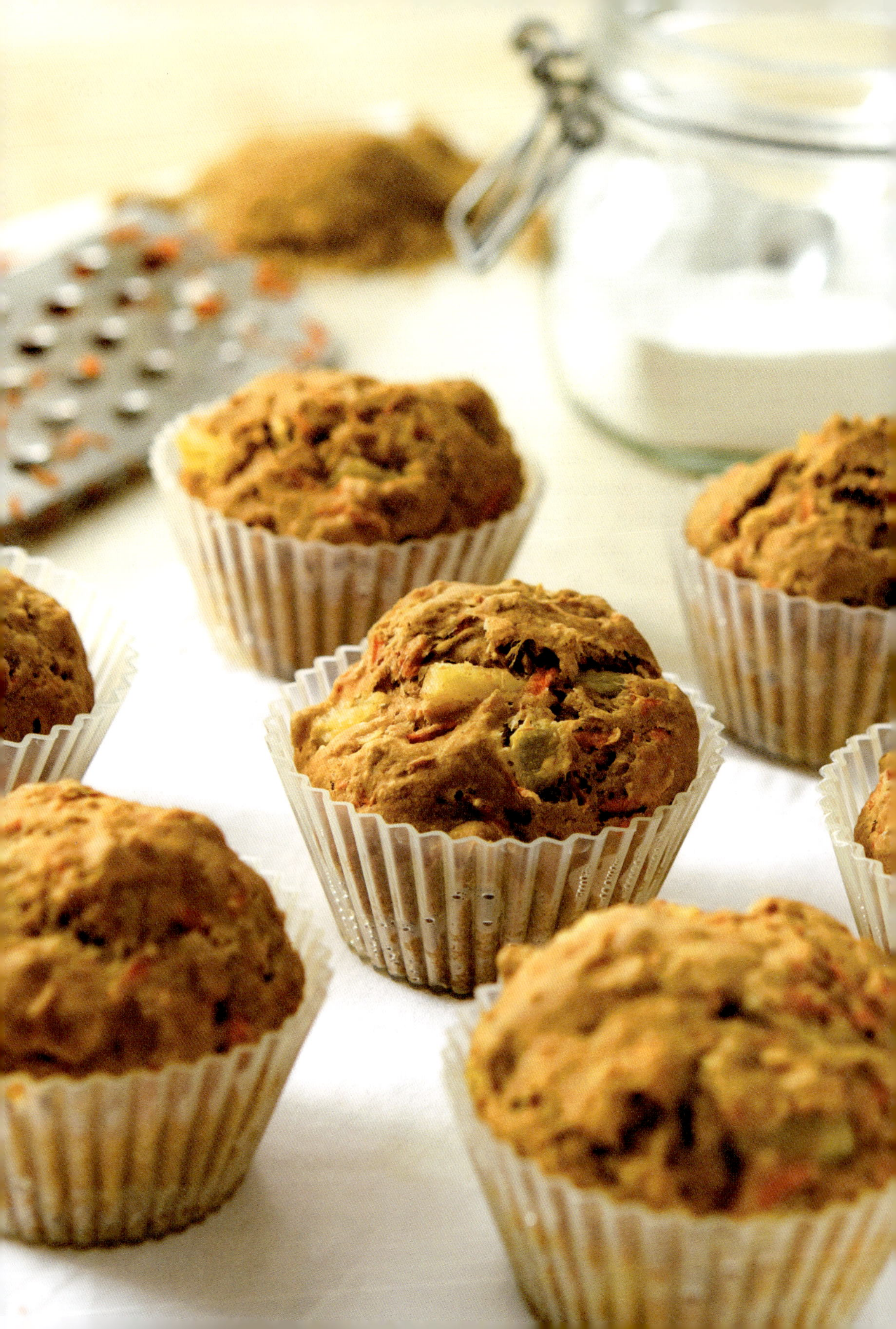

UNTER 100 KALORIEN

✓ SOJAFREI ✓ FETTARM ✓ SCHNELL ✓ GÜNSTIG

Ananas-Möhren-Muffins

In vielen traditionellen Rezepten für Möhrenkuchen wird Ananas verwendet, sodass ich mit der Idee zu experimentieren begann, mithilfe von Ananas eine zuckerfreie Variante meiner Möhrenkuchen-Cupcakes zu kreieren. Zwar wird für dieses Rezept immer noch ein wenig Zucker benötigt, aber ansonsten haben Sie garantiert noch nie so leckere zuckerarme Muffins gegessen (die noch dazu voller Obst und Gemüse sind!). Diese Muffins sind saftig, leicht süß und unheimlich sättigend.

Den Backofen auf 175° C vorheizen. Ein Muffinblech mit Papier- oder Silikonförmchen auslegen oder ein Antihaft-Blech verwenden. Beiseitestellen. In einer Schüssel Mehl, Backpulver, Backnatron, gemahlenen Zimt und Zucker vermischen. Anschließend Möhrenraspel, Vanilleextrakt, Ananassaft, Ananasstücke und Apfelmus (optional) untermischen. Wenn der Teig zu trocken ist, einen weiteren EL Ananassaft hinzugeben. Teig mit einem Löffel portionsweise in die Muffinförmchen füllen und 15 bis 25 Minuten backen, bis sich die Muffins fest anfühlen. Einen Zahnstocher in die Mitte eines Muffins stechen und herausziehen; wenn kein Teig daran haftet, sind die Muffins fertig.

PRO MUFFIN

Kalorien 72
Fett . . . . 0,3 g
Kohlenhydrate . . . . . 15,9 g
Ballaststoffe . . . . 1,9 g
Zucker . . . . 4,5 g
Eiweiß . . . . 2,2 g
Weight-Watcher-Punkte . . 2

12 PORTIONEN

200 g	Vollkornweizenmehl
1 TL	Backnatron
1 TL	Backpulver
1 ¼ TL	gemahlener Zimt
2 EL	brauner Zucker
1	Möhre, geraspelt
2 TL	Vanilleextrakt
150 ml	Ananassaft (Dose)
150 g	Ananasstücke (zerdrückt)
2 EL	Apfelmus (optional, für sehr saftige Muffins)

Anmerkung Für dieses Rezept schenke ich es mir normalerweise, die Möhre zu schälen. Wenn Sie im Laden nur ganze Ananasstücke bekommen können, zerkleinern Sie sie einfach mit einem Messer.

MUFFINS & BROT

✓ SOJAFREI ✓ FETTARM ✓ SCHNELL

UNTER 150 KALORIEN

PRO MUFFIN

Kalorien 116
Fett . . . . 0,8 g
Kohlenhydrate . . . . . 25,6 g
Ballaststoffe . . . . 2,9 g
Zucker . . . . 8,8 g
Eiweiß . . . . 3,5 g
Weight-Watcher-Punkte . . 3

12 PORTIONEN

250 g	Vollkornweizenmehl
1 TL	Backpulver
½ TL	Backnatron
1	Prise Salz
3 EL	Rohzucker
1	reife Banane (mit braunen Punkten)
120 ml	Pflanzendrink Vanille
180 g	veganer Joghurt (Natur, Vanille- oder Blaubeergeschmack)
3 EL	ungesüßtes Apfelmus
150 g	Blaubeeren (aufgetaut, wenn Sie tiefgekühlte Beeren verwenden)
3–4 EL	geriebene Zitronenschale

Blaubeer-Joghurt-Muffins

Wenn man mich nach meinen Lieblingsmuffins fragen würde, dann würde ich wahrscheinlich Blaubeermuffins wählen. Diese Muffins haben außerdem einen ganz milden Zitronengeschmack und erinnern an entspannte, sonnige Vormittage. Und es wird noch besser: Sie enthalten nämlich veganen Joghurt (für die Extraportion Eiweiß!) und nur ganz wenig Zucker.

Den Backofen auf 175° C vorheizen. Ein Muffinblech mit Papier- oder Silikonförmchen auslegen oder ein Antihaft-Blech verwenden. Beiseitestellen. In einer Schüssel Mehl, Backpulver, Backnatron, Salz und Zucker vermischen. In einem Mixer die Banane mit 60 ml Pflanzendrink glatt pürieren. Die Bananenmischung unter die Mehlmischung rühren, dann Joghurt, Apfelmus und den restlichen Pflanzendrink hinzugeben. Ein paarmal umrühren, dann Blaubeeren und Zitronenschale hinzugeben und vorsichtig unterheben. Mit einem Löffel portionsweise in die Muffinförmchen füllen und 15 bis 20 Minuten backen, bis die Muffins goldbraun sind und sich fest anfühlen. Einen Zahnstocher in die Mitte eines Muffins stechen und herausziehen; wenn kein Teig daran haftet, sind die Muffins fertig.

Falls Sie nur einen einzigen Muffin backen möchten, verwenden Sie das Rezept auf Seite 54.

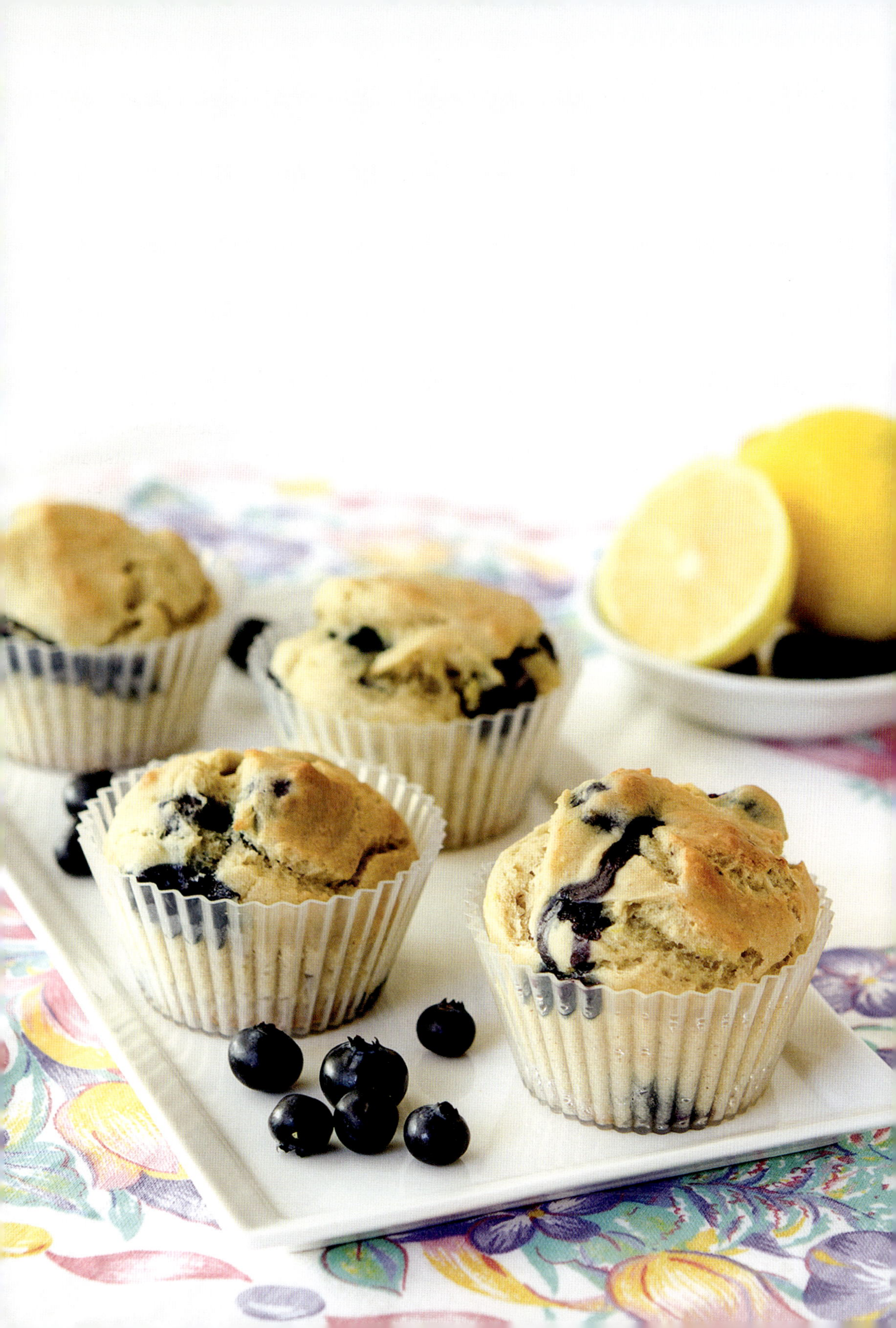

✓✓ SOJAFREI   ✓✓ FETTARM   ✓✓ SCHNELL   ✓✓ GÜNSTIG   ✓✓ VORRAT   ✓✓ EINE PORTION

UNTER 200 KALORIEN

Kürbismuffin

PRO MUFFIN
KÜRBIS / BLAUBEER

Kalorien 189/193
Fett . . . . 0,6 g/0,5 g
Kohlenhydrate . 44,3 g/46,3 g
Ballaststoffe . . . 2,2 g/1,1 g
Zucker . . . . . . 21,7 g/27,1 g
Eiweiß . . . . 2,9 g/2,6 g
Weight-Watcher-Punkte 5/5

Ein Vorgeschmack auf den Herbst – ohne gleich 12 Stück backen zu müssen.

Den Backofen oder Minibackofen auf 175° C vorheizen. Ein Muffinförmchen oder eine ofenfeste Tasse (250 ml) mit einem Papierförmchen auslegen. Alternativ können Sie auch ein Backförmchen aus Metallfolie, das stehen bleibt und die Form hält, oder ein Silikonförmchen verwenden. In einer kleinen Schüssel die trockenen Zutaten vermischen, dann die flüssigen Zutaten hinzugeben. Gut verrühren und bei Bedarf etwas mehr Pflanzendrink hinzugeben. Vorsichtig mit einem Löffel in das Muffinförmchen füllen und 15 bis 18 Minuten backen, bis sich der Muffin fest anfühlt. Einen Zahnstocher in die Mitte stechen und herausziehen; wenn kein Teig daran haftet, ist der Muffin fertig.

EINE PORTION

- 3 EL Vollkornweizenmehl
- ¼ TL Backpulver
- ½ TL Kürbiskuchen-Gewürzmischung
- 1 EL brauner Zucker
- 2 EL Kürbispüree (Dose)
- 1 EL Ahornsirup
- 1 EL Pflanzendrink

Blaubeermuffin

Dieser Muffin ist so wahnsinnig lecker, dass das Rezept in diesem Buch auf keinen Fall fehlen durfte. Ich habe es leicht verändert, um die Kalorien (etwas) zu reduzieren.

Den Backofen oder Minibackofen auf 175° C vorheizen. Ein Muffinförmchen oder eine ofenfeste Tasse (250 ml) mit einem Papierförmchen auslegen. Alternativ können Sie auch ein Backförmchen aus Metallfolie, das stehen bleibt und die Form hält, oder ein Silikonförmchen verwenden. Alle Zutaten der Reihe nach in eine kleine Schüssel geben, dann alles gut vermischen, bis ein glatter Teig entsteht. Den Teig in das Muffinförmchen füllen und 15 bis 20 Minuten backen. Einen Zahnstocher in die Mitte stechen und herausziehen; wenn kein Teig daran haftet, ist der Muffin fertig.

EINE PORTION

- 3 EL Vollkornweizenmehl
- 2 TL Rohzucker
- 1 EL Agavendicksaft oder Ahornsirup
- 1 EL Pflanzendrink
- ¼ TL Backpulver
- 1½ EL Blaubeeren
- 1 Prise geriebene Zitronenschale (optional)

UNTER 150 KALORIEN

✓ SOJAFREI ✓ FETTARM ✓ SCHNELL ✓ VORRAT

Maismuffins fürs Frühstück

Diese Maismuffins haben eine milde Süße und werden mit geraspelten Möhren zubereitet. Da sag ich nur: „Guten Morgen!"

Den Backofen auf 175° C vorheizen. Ein Muffinblech mit Papier- oder Silikonförmchen auslegen oder ein Antihaft-Blech verwenden. Beiseitestellen. In einer Schüssel Maismehl, Mehl, Backpulver und Salz vermischen. Die übrigen Zutaten der Reihe nach hinzugeben und unterrühren. Mit einem Löffel portionsweise in die Muffinförmchen füllen und 15 bis 20 Minuten backen, bis sich die Muffins fest anfühlen. Einen Zahnstocher in die Mitte eines Muffins stechen und herausziehen; wenn kein Teig daran haftet, sind die Muffins fertig.

Anmerkung Wenn Sie möchten, können Sie 200 g Mais unter den Teig mischen. Dann erhalten Sie wahrscheinlich ein oder zwei Muffins mehr. Falls Sie tiefgekühlten Mais verwenden, verlängern Sie die Backzeit um ein paar Minuten.

PRO MUFFIN
(OHNE ZUCKER)

Kalorien 101
Fett . . . . 0,8 g
Kohlenhydrate . . . . . 21,9 g
Ballaststoffe . . . . 1,4 g
Zucker . . . . 4,5 g
Eiweiß . . . . 2,1 g
Weight-Watcher-Punkte . . 3

---

12 PORTIONEN

130 g	gelbes Maismehl
130 g	Vollkornweizenmehl
1 EL	Backpulver
1	Prise Salz (optional)
2	Möhren, fein gehackt
250 ml	Pflanzendrink
60 ml	Ahornsirup oder Agavendicksaft
	geriebene Schale einer kleinen Zitrone
2 EL	Rohzucker (optional)

✓ SOJAFREI ✓ SCHNELL ✓ GÜNSTIG ✓ VORRAT

UNTER 150 KALORIEN

Bananen-Scones mit Schokotropfen

PRO SCONE
[OHNE GLASUR]

Kalorien	125
Fett	2,7 g
Kohlenhydrate	23,5 g
Ballaststoffe	2,8 g
Zucker	6,7 g
Eiweiß	3,5 g
Weight-Watcher-Punkte	3

6 PORTIONEN

- 130 g Vollkornweizenmehl
- 2 TL Backpulver
- 1 Prise Salz
- 1 Banane (mit braunen Pünktchen)
- 60–125 ml Pflanzendrink
- 2-3 EL vegane Schokoladentropfen (wenn Sie eine Naschkatze sind, gerne auch mehr!)

Anmerkungen

» Anstatt der Schokotropfen können Sie auch Rosinen verwenden.

» Wenn Sie möchten, können Sie die Scones glasieren. Dafür Puderzucker mit etwas Pflanzendrink und eventuell ein, zwei Tropfen Mandel- oder Vanilleextrakt vermischen.

Okay, diese leckeren Dinger sind eigentlich Salzbrötchen, die aber viel lieber Scones wären (und das wollen wir ihnen doch nicht verwehren, oder?). Sie sind göttlich!

Den Backofen auf 200° C vorheizen. Ein Backblech mit Backpapier auslegen und beiseitestellen. In einer Schüssel Mehl, Backpulver und Salz vermischen. Die Banane halbieren und beide Hälften zu der Mehlmischung geben, dann alles mit den Händen vermischen, indem Sie die Bananenhälften mit den Fingern zerdrücken. Vermischen Sie die Banane mit dem Mehl, bis Sie eine Schüssel voll kleiner Mehlbällchen haben. 60 ml Pflanzendrink und die Schokoladentropfen hinzugeben und gut untermischen. Gegebenenfalls mehr Drink hinzugeben (wenn Sie unsicher sind, lieber etwas zu viel als zu wenig!). 6 gleich große Portionen auf das vorbereitete Backblech löffeln und 10 bis 12 Minuten backen, bis die Scones fest sind und die Ränder goldbraun werden.

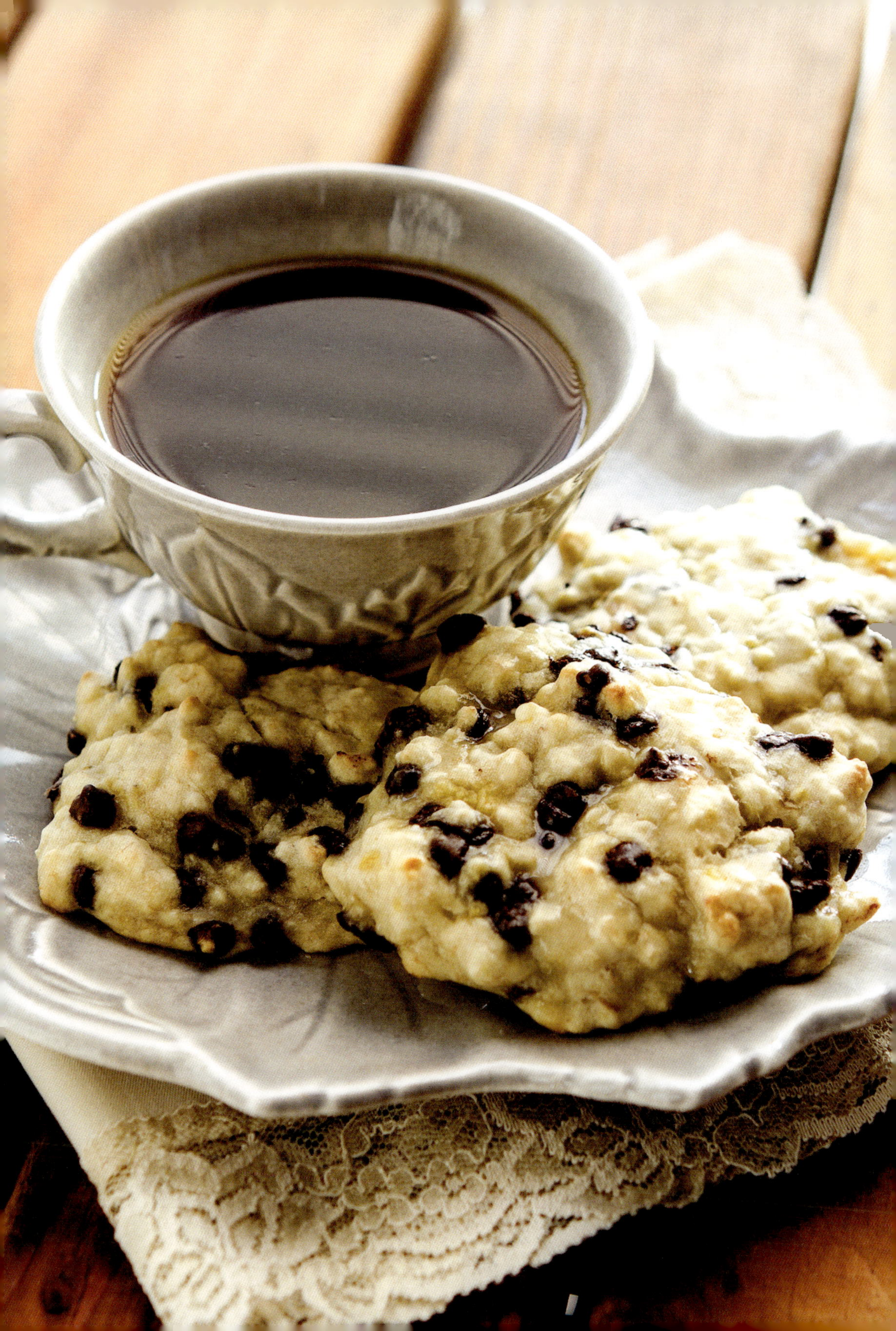

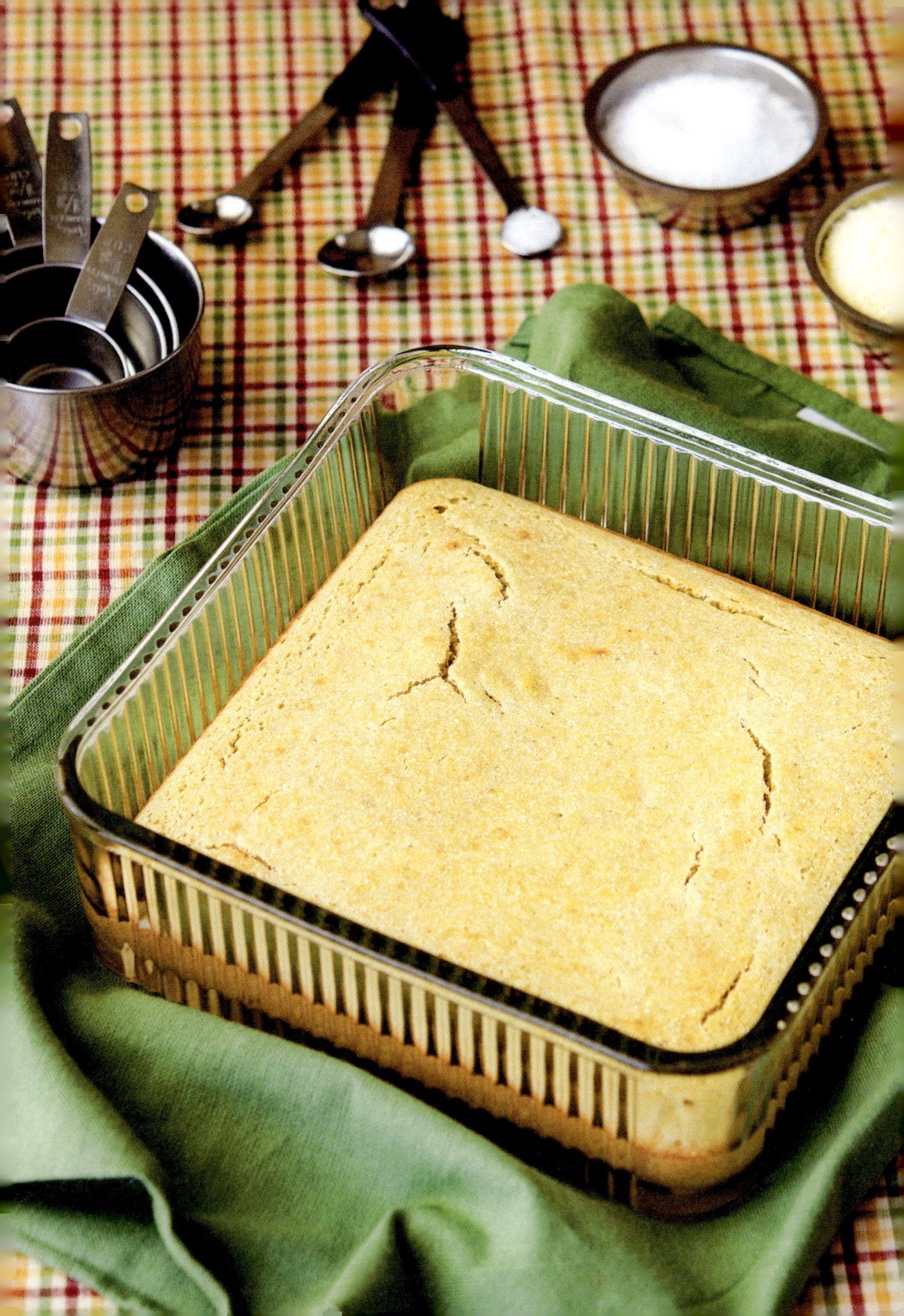

UNTER 150 KALORIEN

✓ SOJAFREI ✓ SCHNELL ✓ GÜNSTIG ✓ VORRAT

Klassisches Maisbrot

Vielleicht kommt Ihnen dieses Rezept aus einem meiner anderen Kochbücher bekannt vor ... Es ist eins meiner Lieblingsrezepte – und das aus gutem Grund: Sie benötigen nur Zutaten, die Sie wahrscheinlich ohnehin immer vorrätig haben, es ist absolut idiotensicher und kann an jede Gelegenheit angepasst werden: Für ein würzig-scharfes Maisbrot Jalapeños untermischen. Für ein „Fiesta"-Maisbrot gewürfelte Paprika untermischen. Sie können auch tiefgefrorenen oder gerösteten Mais mit einer Prise geräuchertem Paprikapulver oder Ähnlichem unterrühren. Zum Beispiel habe ich das Apfelmus einmal durch Kürbis ersetzt, was superlecker war. Und durch die Ballaststoffe aus den beiden vollwertigen Mehlsorten ist bereits ein einziges Stück dieses Maisbrots sehr sättigend.

Den Backofen auf 200° C vorheizen und eine quadratische Auflaufform aus Glas (22 cm) oder eine entsprechend große Antihaft-Backform bereitstellen (für dieses Rezept eignet sich auch eine Springform.) In einer Schüssel Maismehl, Mehl und Backpulver vermischen. Pflanzendrink, Apfelmus, Ahornsirup oder Agavendicksaft und Zucker (optional) hinzugeben und unterrühren. Gegebenenfalls restliche Zutaten hinzugeben und erneut alles gut vermischen, bis ein homogener Teig entsteht. Den Teig in die Backform geben und etwa 20 Minuten backen – das Maisbrot sollte eine goldgelbe, leicht eingerissene Oberfläche haben und sich fest anfühlen. Einen Zahnstocher in die Mitte stechen und herausziehen; wenn kein Teig daran haftet, ist das Maisbrot fertig.

PRO PORTION

Kalorien 131
Fett . . . . 1 g
Kohlenhydrate . . . . . 28,7 g
Ballaststoffe . . . . 1,6 g
Zucker . . . . 6 g
Eiweiß . . . . 2,6 g
Weight-Watcher-Punkte . . 3

9 PORTIONEN

150 g	gelbes Maismehl
130 g	Vollkornweizenmehl
1 EL	Backpulver
250 ml	Pflanzendrink
3 EL	ungesüßtes Apfelmus
4 EL	Ahornsirup oder Agavendicksaft
2 EL	Rohrohrzucker (optional)

Anmerkung Anstatt von 2 EL Ahornsirup können Sie zusätzliche 2 bis 3 EL Pflanzendrink verwenden, dann wird das Maisbrot weniger süß.

MUFFINS & BROT

SANDWICHES, TACOS & MEHR

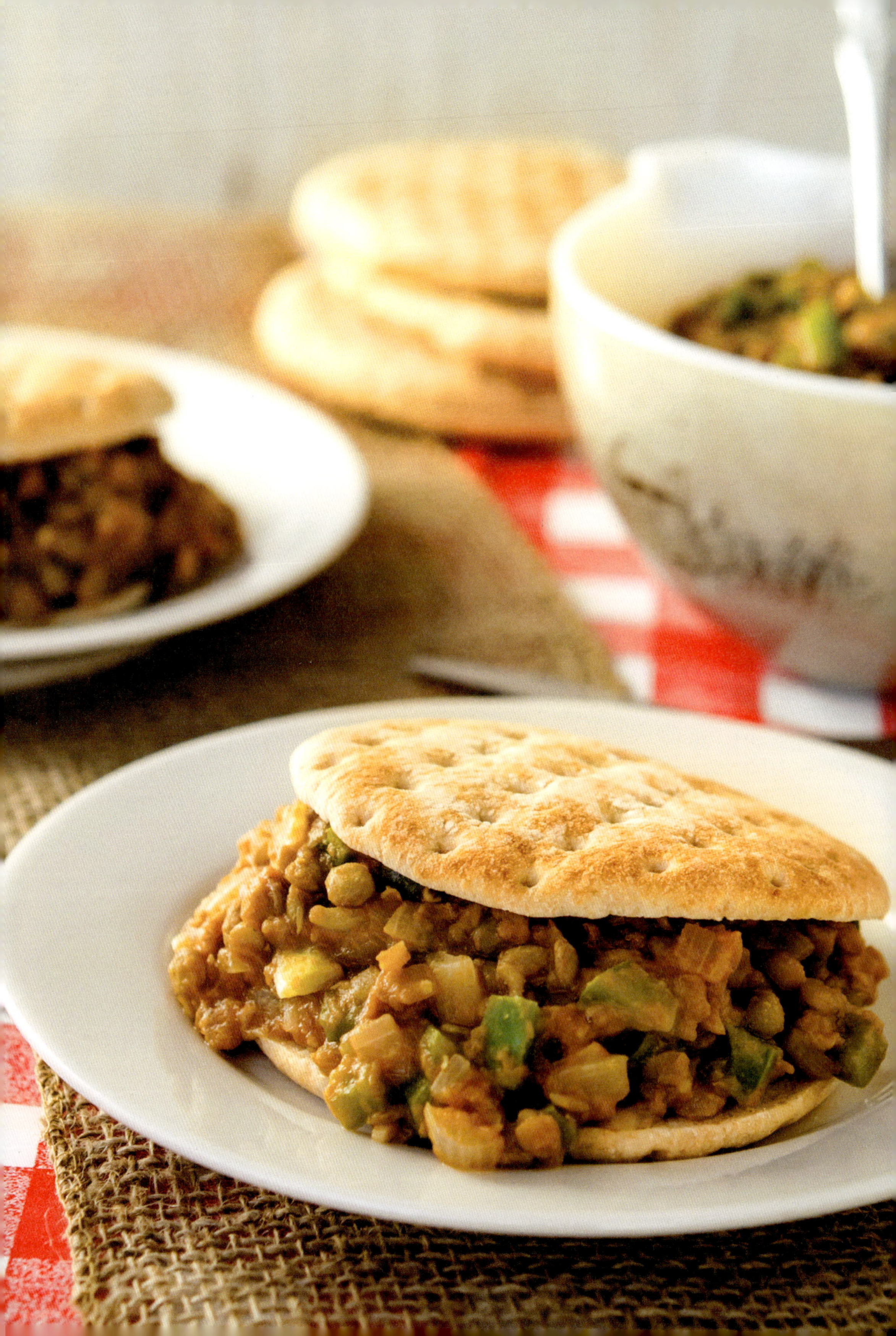

UNTER 150 KALORIEN

✓ GLUTENFREI ✓ FETTARM ✓ SCHNELL ✓ GÜNSTIG ✓ VORRAT

Linsen-Joes

„Sloppy Joes"–oder „Wimpies", wie sie in meiner Familie heißen – sind Brötchen, die mit einer deftigen Hackfleischsauce serviert werden, und waren als Kind eins meiner Lieblingsgerichte, ehe ich Vegetarierin wurde. Mir gelang es nie so recht, das Rezept meiner Mutter nachzukochen (egal ob vegan oder nicht – ich wette, sie enthält mir irgendeine geheime Zutat vor!), also habe ich mich an einen völlig neuen Ansatz gewagt und mit Linsen experimentiert. Was dabei herauskam, ist zwar nicht der Hackbraten – äh, der Sloppy Joe – meiner Mutter, aber dieses Rezept ist wundervoll anders, sättigend und sehr leicht zuzubereiten!

Den Boden einer Pfanne dünn mit Gemüsebrühe bedecken und Zwiebel, Knoblauch und Paprika darin andünsten, bis die Zwiebeln glasig sind, die Paprika weich und zartgrün ist und der Großteil der Brühe verdampft ist. Die übrigen Zutaten hinzugeben und untermischen (Chilisauce oder Cayennepfeffer nach Belieben und eine großzügige Prise geräuchertes Paprikapulver verwenden). Auf niedriger Flamme erhitzen, dabei gelegentlich umrühren. Zwischen zwei Brötchenhälften servieren.

> Jahrelang aß ich immer Sandwiches zu Mittag. In den letzten (rein pflanzlichen) Jahren bin ich zwar etwas kreativer geworden, doch das klassische Sandwich mit zwei Belägen oder Aufstrichen ist immer noch eins meiner Favoriten.

PRO PORTION

Kalorien	131
Fett	0,7 g
Kohlenhydrate	23,9 g
Ballaststoffe	7,8 g
Zucker	6,7 g
Eiweiß	8,7 g
Weight-Watcher-Punkte	3

6 PORTIONEN

	Gemüsebrühe
1	Zwiebel, gewürfelt
2	Knoblauchzehen, gehackt
1	grüne Paprika, entkernt und gewürfelt
125 ml	Tomatensauce
2 EL	Ketchup
1 EL	mittelscharfer Senf
1 EL	Dijon-Senf
1 EL	natriumarme Soja- oder glutenfreie Tamarisauce
1 TL	vegane Worcestershire-Sauce (S.Variable)(optional)
600 g	gekochte Linsen
¼ TL	gemahlener Kreuzkümmel
1–2 EL	brauner Zucker
	Chilisauce oder Cayennepfeffer
	geräuchertes Paprikapulver

SANDWICHES, TACOS & MEHR

✓ GLUTENFREI ✓ SCHNELL ✓ GÜNSTIG ✓ VORRAT

UNTER 100 KALORIEN

Sonoma- „Hühnchen"-Salat

PRO PORTION

Kalorien........... 79
Fett .... 2,7 g
Kohlenhydrate ..... 10,1 g
Ballaststoffe .... 1,9 g
Zucker .... 6,9 g
Eiweiß .... 5,8 g
Weight-Watcher-Punkte .. 2

5 PORTIONEN

250 g	Tofu (sehr fest), gewürfelt
2	Stangen Staudensellerie, gewürfelt oder in Ringe geschnitten
150 g	rote Weintrauben, halbiert
150 g	grüne Weintrauben, halbiert
2–3 EL	vegane Mayo (S. 266)
2 EL	Hefeflocken
1 TL	Kräuter der Provence oder Geflügel-Gewürzmischung (S. 272)
¼ TL	Knoblauchpulver
½ TL	Zwiebelpulver
	Schwarzer Pfeffer, nach Belieben
	Pekannüsse, kandierte Pekannüsse, Walnüsse oder Mandelsplitter (optional)

Hühnchensalat ist in Kalifornien einfach anders! Als Kind war mir Hühnchensalat völlig unbekannt; erst an der Uni kam ich damit in Berührung: eine Mischung aus Hühnerfleisch aus der Dose, Relish, Mayo, Sellerie und Senf. Bis ich nach Kalifornien zog, war das alles, was ich kannte. Zu der Zeit ernährte ich mich bereits vegan, doch hatte ich nie zuvor einen Hühnchensalat mit Trauben und Nüssen gesehen. Ich erfuhr, dass diese Variante aus dem Sonoma Valley (Wine Country) stammt. Sofort wollte ich unbedingt eine vegane Version kreieren. Und zum Glück hab ich das auch getan! Dieser Salat ist knackig, frisch und so richtig vollmundig. Er eignet sich als Sandwichbelag, kann aber auch einfach direkt aus der Schüssel gelöffelt oder auf Eisbergsalat oder Spinat serviert werden.

Alle Zutaten vermischen. Nach Belieben mit zusätzlichem schwarzem Pfeffer, Hefeflocken, Kräutern der Provence oder Geflügelgewürz abschmecken.

Anmerkungen

» Tofu mit sehr hohem Eiweißgehalt ist für dieses Rezept am besten geeignet.

» Für einen authentischeren Hühnchengeschmack können Sie den Tofu in 125 ml Keine-Hühnerbrühe (S. 268) dünsten, bis die Brühe verkocht ist und der Tofu einen goldenen Farbton annimmt. Den Tofu abkühlen lassen, ehe Sie den Salat zubereiten.

» Für eine sojafreie Salatvariante 450 g Kichererbsen aus der Dose (abgetropft und abgespült) anstatt des Tofus und veganen Naturjoghurt (vorzugsweise ungesüßt) anstelle der Mayo verwenden. Vermischen Sie den Joghurt mit etwas Zitronensaft; dadurch erhält er einen leicht herben Geschmack, der an Mayo erinnert.

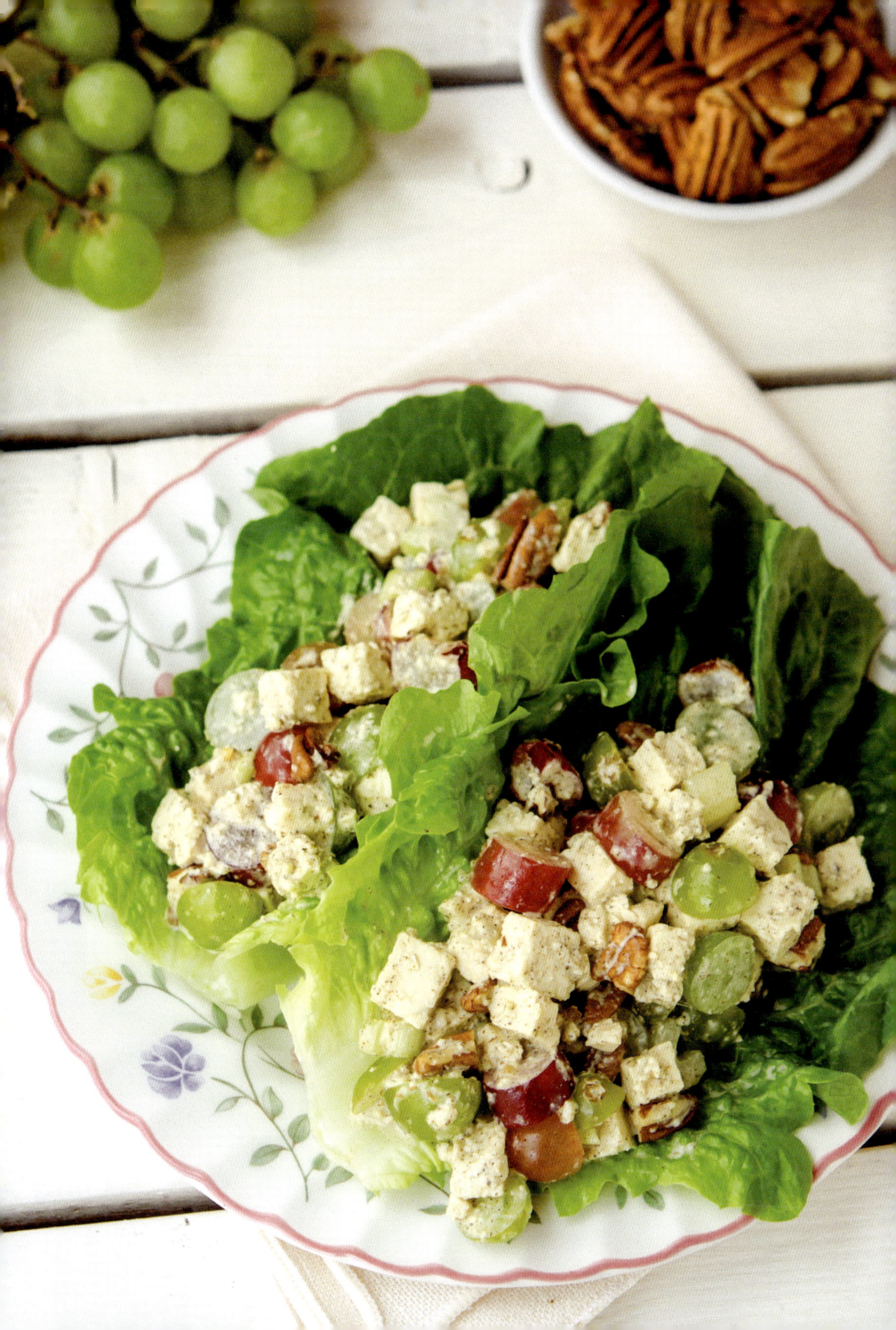

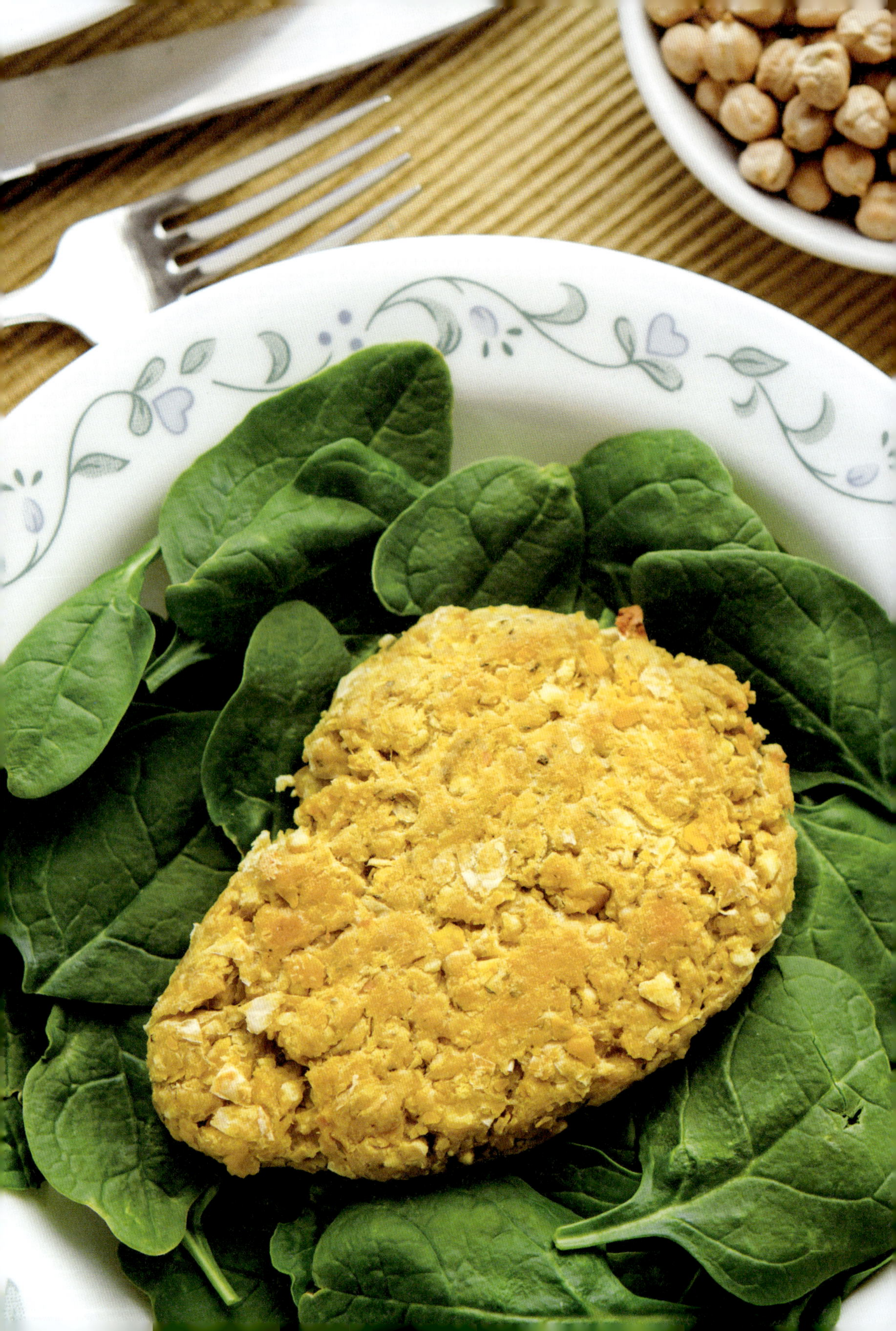

UNTER 200 KALORIEN

✓ SOJAFREI ✓ SCHNELL ✓ GÜNSTIG ✓ VORRAT

Kichererbsen-Schnitzel

Sie kennen meine Kichererbsen-Schnitzel vielleicht schon. Dieses Rezept ist eine vereinfachte Version, aber mindestens genauso sättigend und unglaublich vielseitig! Ich verwende sie gern für „Hühnchen"-Sandwiches, als Salattopping oder einfach zum Dippen in Barbecue-Sauce.

Den Backofen auf 175° C vorheizen. Ein Backblech mit Backpapier auslegen und beiseitestellen. In einer Schüssel die Kichererbsen mit einer Gabel zerdrücken. Kräutermischung, Hefeflocken, Dijon-Senf und Hummus hinzugeben und gut untermischen. Gluten und fertige Gemüsebrühe hinzugeben und mit den Händen zu einem geschmeidigen Teig vermengen. Gegebenenfalls noch etwas mehr Brühe hinzugeben, der Teig sollte allerdings nicht zu feucht sein. 5 Minuten ruhen lassen. Dann in vier gleich große Stücke zerteilen. Jedes Stück zu einer Kugel formen und mit der Handfläche flach drücken. 10 Minuten backen, wenden, weitere 10 Minuten backen, erneut wenden und noch einmal 10 Minuten backen. Falls erforderlich, noch einmal wenden und weitere 5 bis 10 Minuten backen. Die Schnitzel sollten fest und außen knusprig und goldbraun sein, aber achten Sie darauf, dass sie nicht austrocknen oder an den Rändern verbrennen.

PRO SCHNITZEL

Kalorien 183
Fett . . . . 2,1 g
Kohlenhydrate . . . . . 28,9 g
Ballaststoffe . . . . 6,2 g
Zucker . . . . 0 g
Eiweiß . . . . 13,7 g
Weight-Watcher-Punkte . . 4

4 PORTIONEN

450 g	Kichererbsen (Dose), abgetropft und abgespült
1 TL	Geflügel-Gewürzmischung (S. 272) oder Kräuter der Provence
2 EL	Hefeflocken
1½ TL	Dijon-Senf
1 EL	Hummus
5 EL	Vital Weizengluten
3 EL	natriumarme Gemüsebrühe

Anmerkung Sie können vegane Mayo (S. 266), veganen Joghurt oder Seidentofu anstelle von Hummus verwenden.

SANDWICHES, TACOS & MEHR

✓ SOJAFREI ✓ GLUTENFREI ✓ SCHNELL ✓ GÜNSTIG

UNTER 200 KALORIEN

Thai-Tacos

PRO TACO	
Kalorien	152
Fett	1,4 g
Kohlenhydrate	28,4 g
Ballaststoffe	5,8 g
Zucker	3,7 g
Eiweiß	6,1 g
Weight-Watcher-Punkte	4

Hier handelt es sich um eine Neuerfindung meiner geliebten Kichererbsen-Tacos mit Thai-Gewürzen und Krautsalat. Die Tacos sind im Handumdrehen zusammengesetzt, sehen ansprechend aus und sind die perfekte Sommermahlzeit, wenn es fürs Kochen einfach zu heiß ist. Der Krautsalat ist auch als Beilage super geeignet!

6 PORTIONEN

450 g	Kichererbsen (Dose), abgetropft und abgespült
	Chilipulver
400 g	Kohl, gehackt (Weiß- oder Rotkohl oder eine Mischung aus beiden)
1 EL	vegane Mayo (S. 266) oder veganer Naturjoghurt
2–3 EL	süße Chilisauce
	Limettenschale
	Saft von 1 kleinen Limette
	Meersalz (optional)
1–2	Frühlingszwiebeln, in Ringe geschnitten
	Asiatische Chilisauce (z. B. Sriracha; optional)
6	Maistortillas
	Koriander (optional)

In einer kleinen Schüssel die Kichererbsen mit einer Gabel zerdrücken. Nach Belieben mit Chilipulver würzen, alles gut vermischen und beiseitestellen. In einer zweiten Schüssel den Kohl mit Mayo, 2 EL Chilisauce, 1 TL Limettenschale (etwa der Hälfte einer kleinen Limette) und dem Saft aus einer Limettenscheibe vermischen. Gegebenenfalls mit mehr Chilisauce, Limettensaft oder -schale abschmecken. Ich mische auch gern eine Prise Meersalz unter. Die Frühlingszwiebel unterrühren, eine kleine Menge aber für die Garnitur aufbewahren. (Wenn Sie es gern schärfer mögen, können Sie die Taco-Füllung mit einer asiatischen Chilisauce wie Sriracha abschmecken.) Die Kichererbsen-Mischung in Tortillas füllen und den Krautsalat auf die Tortillas setzen. Mit Frühlingszwiebeln und Koriander garnieren. Nach Belieben Chilisauce über die Tortillas träufeln (hier gilt: Weniger ist mehr!).

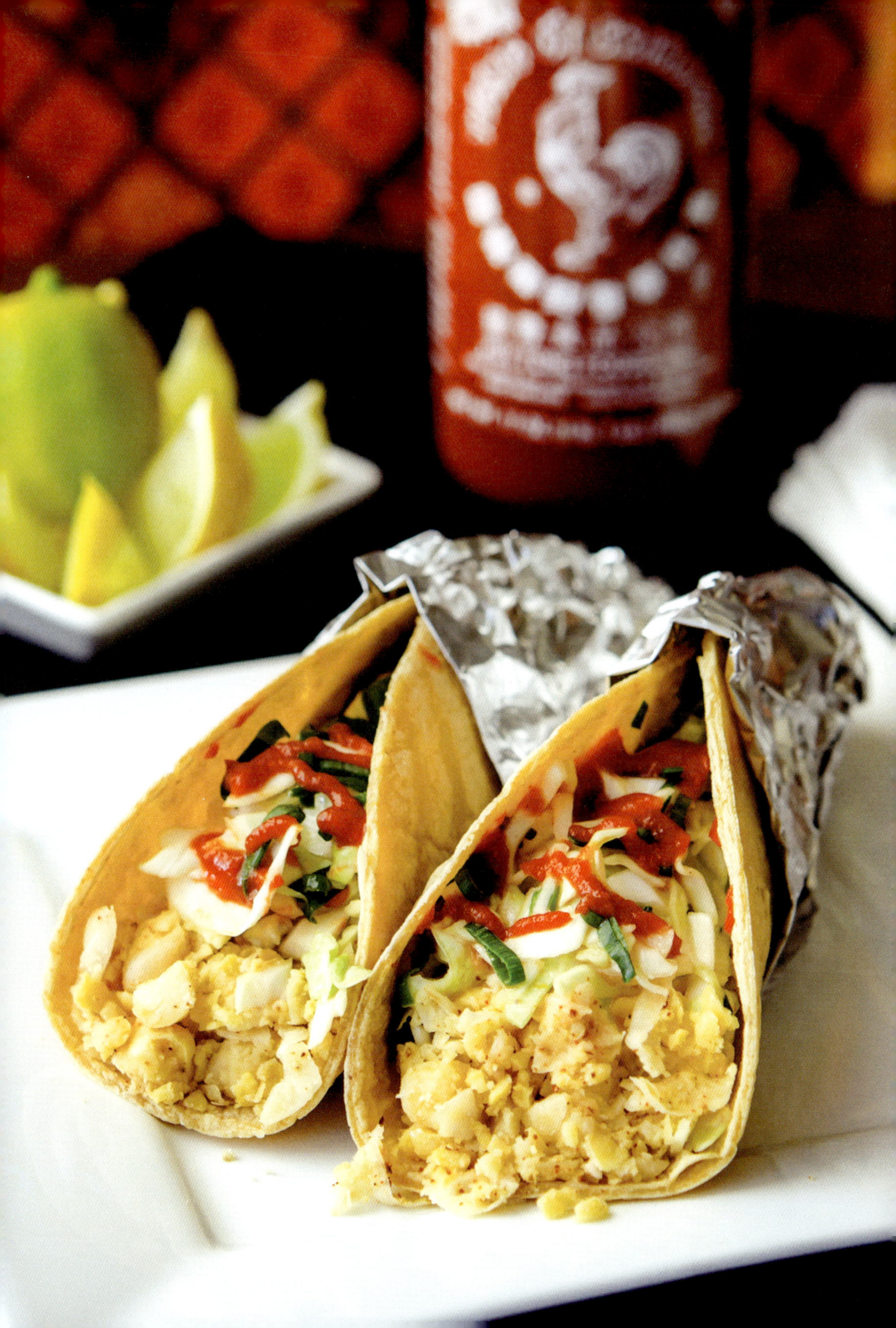

✓ GLUTENFREI ✓ GÜNSTIG

UNTER 200 KALORIEN

Jerk-Tofu

PRO PORTION

Kalorien 193
Fett . . . . 9,1 g
Kohlenhydrate . . . . . 14,1 g
Ballaststoffe . . . . 3,1 g
Zucker . . . . 5,4 g
Eiweiß . . . . 18,2 g
Weight-Watcher-Punkte . . 5

2 PORTIONEN

450 g	Tofu (sehr fest), ausgepresst
	Limettenscheiben (zum Garnieren)

JERK-SAUCE

3	Frühlingszwiebeln, in Ringe geschnitten
1–2 TL	Piment
⅛ TL	gemahlener Zimt
2 TL	frischer Thymian
1 EL	Apfelessig
2 EL	Ketchup
½–1 TL	flüssiges Rauchcharoma
50 ml	Gemüsebrühe
1 EL	Speisestärke
1	Prise gemahlener Muskat

Jerk ist eine Zubereitungsart, die der jamaikanischen Küche entstammt. Jerk-Gewürz besteht hauptsächlich aus Piment (auch Jamaikapfeffer genannt). Es geht um das kleine Döschen in Ihrem Gewürzschrank, das die meiste Zeit des Jahres ignoriert wird, wenn Sie nicht gerade für die Feiertage backen. (Jetzt hat es endlich einen Nutzen!) Jerk-Gewürz hat einen ungewöhnlichen Geschmack, der nichts anderem ähnelt, aber es ist soo lecker! Ich serviere diesen Tofu gern zu Reis mit einem Stückchen Limette.

Den Tofu in 8 bis 10 Scheiben schneiden und 10 Minuten backen. Wenden und weitere 10 Minuten backen. Nach Bedarf wiederholen, bis der Tofu goldbraun ist. Sie können selbst bestimmen, wie knusprig Sie ihn gern hätten. (Ich mag meinen sehr goldbraun und fest). Währenddessen alle Zutaten für die Sauce vermischen und auf niedriger Flamme erhitzen, sodass die Sauce andickt. (Kochen soll sie allerdings nicht.). Den gebackenen Tofu in der Sauce wenden und mit einer Limettenspalte servieren.

UNTER 100 KALORIEN ✓ GLUTENFREI ✓ SCHNELL ✓ GÜNSTIG ✓ VORRAT

Quinoa-Tacohack

Vielleicht ist es Ihnen schon aufgefallen: Tacos gehören zu unseren absoluten Lieblingsgerichten. Dieses „Taco-Hackfleisch" ist gesund und schmeckt auch super in einem Salat oder zu Nachos (zum Beispiel mit meiner schnellen Nachosauce (S. 216). Geradezu grandios macht es sich aber in einer weichen Maistortilla oder in einem Burrito. So genießen Sie sämtliche Gesundheitsvorteile der Quinoa – und dazu noch einen Hauch Mexiko!

Alle Zutaten in einen Topf geben und vermischen. Abdecken und zum Kochen bringen, dann die Hitze reduzieren und etwa 15 Minuten köcheln lassen, bis die Flüssigkeit verdampft und die Quinoa locker luftig ist. Gegebenenfalls mit noch etwas mehr Chilisauce oder Cayennepfeffer abschmecken.

PRO PORTION

Kalorien	55
Fett	1 g
Kohlenhydrate	9,3 g
Ballaststoffe	1,7 g
Zucker	0 g
Eiweiß	2,6 g
Weight-Watcher-Punkte	...

7 PORTIONEN

250 ml	Keine-Rinderbrühe (S. 268)
100 g	ungekochte Quinoa
1 EL	Chilipulver
1 TL	gemahlener Kreuzkümmel
½ TL	Paprikapulver
¼ TL	Zwiebelpulver
¼ TL	Knoblauchpulver
½ TL	getrockneter Oregano
	Cayennepfeffer oder Chilisauce (nach Belieben)

> Für die „7-Day Meal Plans" denke ich mir gern Beilagen aus, die sich nicht wie „Beilagen" oder Snacks anfühlen: eine Backofenkartoffel mit Salsa, Hummus auf Toast mit ein paar Tomatenscheiben, eine gedünstete Süßkartoffel mit Zimt, gedünsteter Brokkoli mit Hefeflocken oder AJs veganem Parmesan (S. 275). Tofu mit Teriyaki-Sauce ist ein weiterer Favorit!

SANDWICHES, TACOS & MEHR

✓ SOJAFREI ✓ GÜNSTIG ✓ VORRAT

UNTER 150 KALORIEN

Quinoa-Curry-Küchlein

PRO BRATLING

Kalorien	128
Fett	1,4 g
Kohlenhydrate	17,8 g
Ballaststoffe	3,9 g
Zucker	0,1 g
Eiweiß	9,9 g
Weight-Watcher-Punkte	2

6 PORTIONEN

450 g	weiße Bohnen (Dose), abgetropft und abgespült
3 EL	vegane Mayo (alternativ veganer Joghurt, Seidentofu oder Hummus)
2 EL	Dijon-Senf
1 EL	Hefeflocken
1 TL	Zwiebelpulver
1 TL	Knoblauchpulver
1 ½ TL	mildes Currypulver
200 g	gekochte Quinoa
40 g	Vital Weizengluten
2–3 EL	Gemüsebrühe

Anmerkung Für dieses Rezept sind alle Arten von weißen Bohnen geeignet; z. B. Cannellini- oder Limabohnen.

Diese Küchlein sind toll mit einem Klecks Hummus oder veganem Joghurt zu frischem, gedünstetem Blattgemüse (mit ein paar Tropfen Zitronensaft), aber auch als Sandwichbelag sind sie grandios.

Den Backofen auf 230° C vorheizen. Ein Backblech mit Backpapier auslegen und beiseitestellen. In einer Schüssel die Bohnen mit einer Gabel zu Bohnenmus zerdrücken. Die übrigen Zutaten der Reihe nach hinzugeben und untermischen. Nach Bedarf fertige Gemüsebrühe hinzugeben. Mit nassen Händen 1/6 der Bohnenmischung zu einer Kugel rollen, flach drücken und zu einem Bratling formen. Dann mit der übrigen Mischung genauso vorgehen. Waschen Sie gelegentlich Ihre Hände, damit der Teig nicht daran klebt. 8 Minuten backen, wenden, weitere 8 Minuten backen, erneut wenden und (falls notwendig) noch einmal 5 Minuten backen. Die Küchlein sind fertig, wenn sie an den Rändern braun und außen knusprig sind.

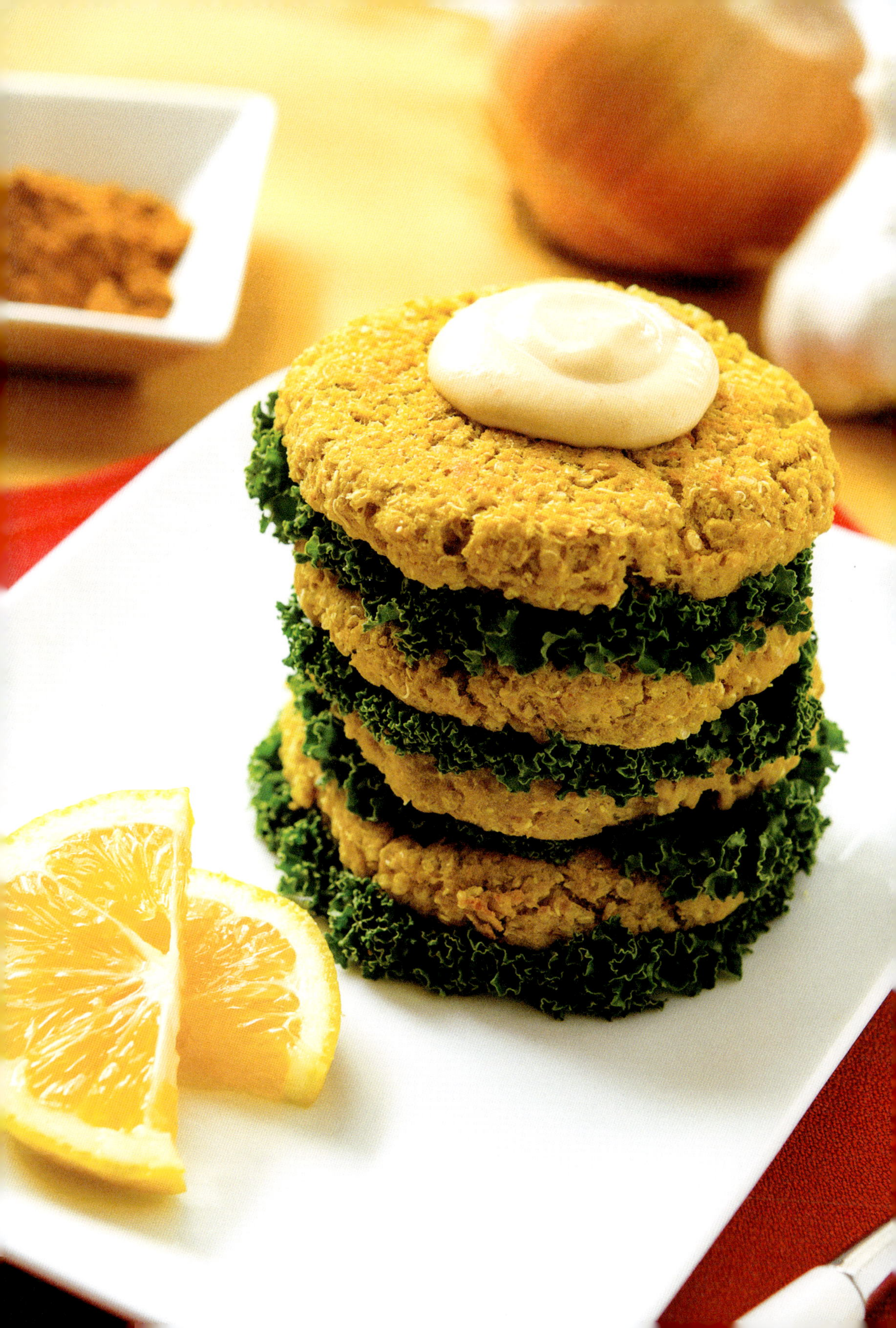

DEFTIGE BURGER

✓ SOJAFREI ✓ GLUTENFREI ✓ SCHNELL ✓ GÜNSTIG

UNTER 150 KALORIEN

Pesto-Burger

PRO BRATLING

Kalorien 112
Fett . . . . 1,4 g
Kohlenhydrate . . . . . 18,5 g
Ballaststoffe . . . . 5 g
Zucker . . . . 1,2 g
Eiweiß . . . . 7,1 g
Weight-Watcher-Punkte . . 3

4 PORTIONEN

450 g	weiße Bohnen (Dose), abgetropft und abgespült
½	Handvoll frisches Basilikum, gehackt
1 EL	Hefeflocken
1 TL	Zwiebelpulver
1 TL	Knoblauchpulver
¼ TL	Kräuter der Provence
2 ½ EL	vegane Mayo (S. 266) oder veganer Naturjoghurt
1 TL	Dijon-Senf
30 g	Haferflocken (zart oder instant)

Anmerkung Für dieses Rezept sind zwar alle Arten von weißen Bohnen geeignet (z. B. Limabohnen), aber ich verwende am liebsten Cannellini-Bohnen (auch weiße Kidneybohnen genannt).

Bohnenburger Gourmet-Style! (Erstaunlich, was für einen Unterschied schon eine kleine Menge frisches Basilikum ausmachen kann.) Ich esse diese Burger gern „einfach so" – ohne Brötchen, „ohne gar nichts" – aber sie sind superlecker, ganz egal wie Sie sie servieren, und sie machen gut satt. Manchmal streiche ich noch etwas rotes Pesto (S. 160) oder Tomatensauce auf die Burger.

Den Backofen auf 200° C vorheizen. Ein Backblech mit Backpapier auslegen und beiseitestellen. In einer Schüssel die Bohnen mit einer Gabel zu einer geschmeidigen Masse zerdrücken, dabei einige Bohnen jedoch etwas gröber oder ganz lassen. Basilikum einrühren (ich püriere es vorher immer mit einer kleinen Kräutermühle), dann Hefeflocken und Gewürze zugeben und alles gut vermischen. Nach Belieben mit Salz und Pfeffer abschmecken. Haferflocken untermischen, die Mischung in vier gleich große Portionen aufteilen und jeweils zu Bratlingen formen. Die Bratlinge 10 Minuten in Ofen backen, wenden, weitere 5 bis 7 Minuten backen, bis sie außen goldbraun und leicht knusprig sind.

UNTER 150 KALORIEN

✓ SOJAFREI ✓ GLUTENFREI ✓ FETTARM ✓ SCHNELL ✓ GÜNSTIG ✓ VORRAT

Pizza-Burger

Normalerweise essen wir diese Burger einfach als Bratlinge mit Tomatensauce und AJs veganem Parmesan (S. 275). Sie können sie aber auch als „Burger" in einem aufgeschnittenen Brötchen servieren: Dann einfach mit Tomatensauce, Spinat und einer Scheibe veganem Mozzarella oder einem Klecks Sahnesauce (S. 161) anrichten.

Den Backofen auf 200° C vorheizen. Ein Backblech mit Backpapier auslegen und beiseitestellen. In einer Schüssel die Bohnen mit einer Gabel zu einer geschmeidigen Masse zerdrücken, dabei einige Bohnen jedoch etwas gröber oder ganz lassen. Die Sauce untermischen und nach Belieben mit italienischer Gewürzmischung abschmecken. Haferflocken unterziehen, den Teig in vier gleich große Portionen aufteilen und zu flachen Bratlingen formen. 10 Minuten backen, wenden und weitere 5 bis 7 Minuten backen, bis sie außen goldbraun und knusprig sind.

> Auf Bohnenburger greife ich gern zurück, wenn ich abends keine Lust zu kochen habe, was leider recht häufig der Fall ist (und auch mal zwei Tage hintereinander vorkommen kann). Von meinem Mann muss ich mir dann „Schon wieder Burger?" anhören, aber was Burger angeht, bin ich mittlerweile ziemlich kreativ. Ich komme dann auch schon mal auf so ungewöhnliche Kombinationen wie Taco- oder Pizzaburger.

PRO BRATLING

Kalorien	124
Fett	0,5 g
Kohlenhydrate	22,6 g
Ballaststoffe	6,9 g
Zucker	1 g
Eiweiß	7,1 g
Weight-Watcher-Punkte	3

4 PORTIONEN

450 g	weiße Bohnen (Dose), abgetropft und abgespült
60 ml	Pizza- oder Tomatensauce (S. 267)
1 TL	Zwiebelpulver
1 TL	Knoblauchpulver
	Italienische Gewürzmischung
30 g	Haferflocken (zart oder instant)

Anmerkung Für dieses Rezept sind alle Arten von weißen Bohnen geeignet; z. B. Cannellini-Bohnen.

DEFTIGE BURGER

✓ SOJAFREI ✓ GLUTENFREI ✓ FETTARM ✓ SCHNELL ✓ GÜNSTIG ✓ VORRAT

UNTER 100 KALORIEN

Taco-Burger

PRO BRATLING

Kalorien	72
Fett	0,5 g
Kohlenhydrate	12,9 g
Ballaststoffe	4,9 g
Zucker	2,1 g
Eiweiß	4,5 g
Weight-Watcher-Punkte	2

8 PORTIONEN

450 g	schwarze Bohnen (Dose), abgetropft und abgespült
450 g	Kidneybohnen (Dose), abgetropft und abgespült
1	Päckchen Taco-Gewürz
3 EL	Ketchup oder Tomatensauce
2 EL	mittelscharfer Senf
2 EL	vegane Mayo (S. 266) oder veganer Naturjoghurt
60 g	Haferflocken (zart oder instant)
8	Brötchen oder Maistortillas
	Toppings

Am liebsten essen wir diese Burger in einer Maistortilla mit frischem Mais direkt vom Kolben, dazu Ketchup oder Salsa und Guacamole.

Den Backofen auf 200° C vorheizen. Ein Backblech mit Backpapier auslegen und beiseitestellen. In einer Schüssel die Bohnen mit einer Gabel zu einer geschmeidigen Masse zerdrücken, dabei einige Bohnen jedoch etwas gröber oder ganz lassen. Taco-Gewürz, Ketchup, Senf und Mayo einrühren, dann die Haferflocken untermischen. Die Mischung in vier gleich große Portionen aufteilen und jeweils zu Bratlingen formen. (Es macht nichts, wenn sie noch etwas feucht oder klebrig wirken. Spülen Sie regelmäßig Ihre Hände ab.) Die Bratlinge 10 Minuten backen, wenden und weitere 5 bis 7 Minuten backen, bis sie außen leicht knusprig sind. In einem aufgeschnittenen Brötchen oder einer Tortilla servieren und mit den gewünschten Toppings garnieren.

Anmerkung Beachten Sie, dass einige Taco-Gewürzmischungen sehr scharf oder salzig sein können. Am besten probieren Sie die Mischung vorher aus und verwenden gegebenenfalls nur die Hälfte der angegebenen Menge. Sie können den Teig für die Bratlinge dann nach Belieben nachwürzen.

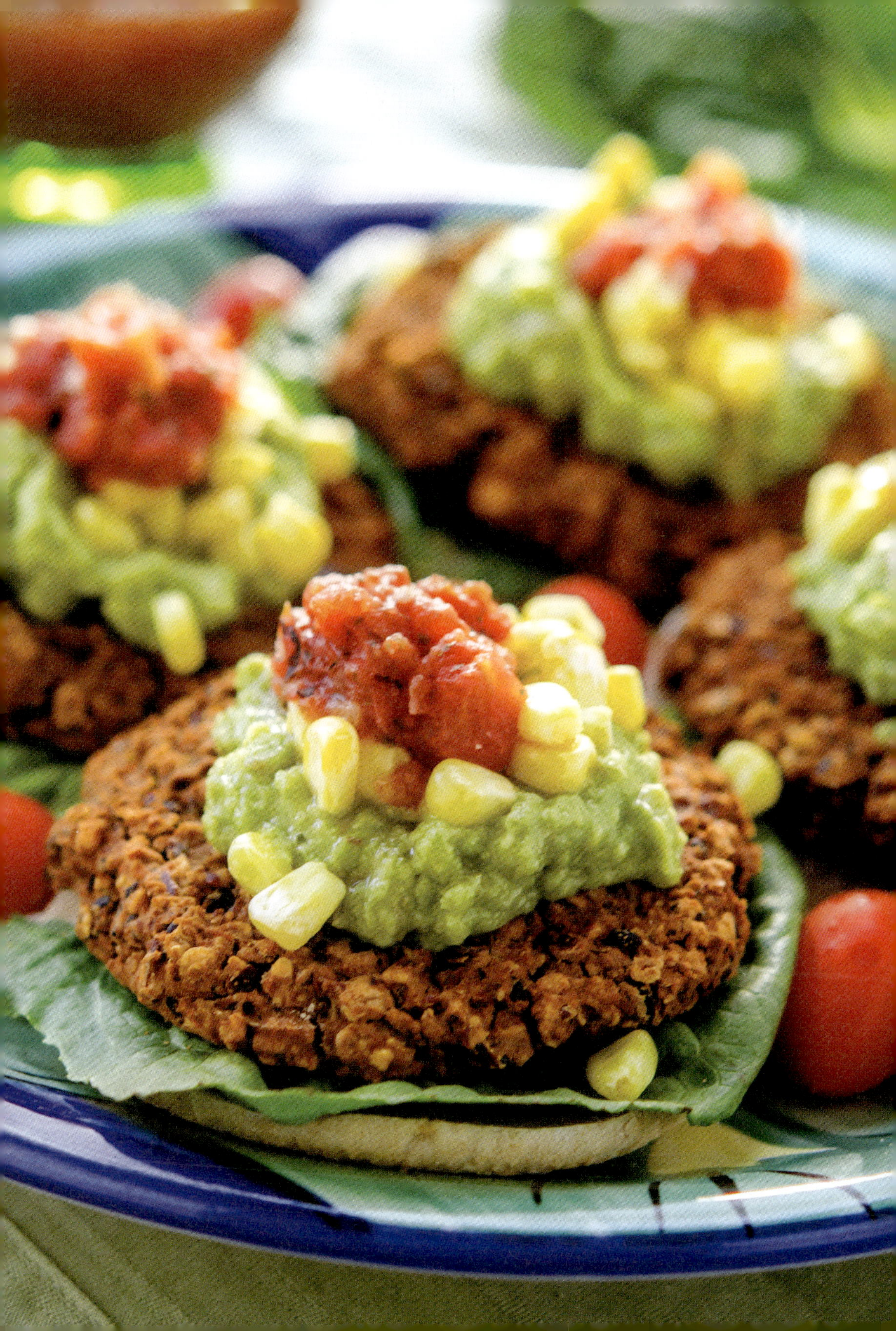

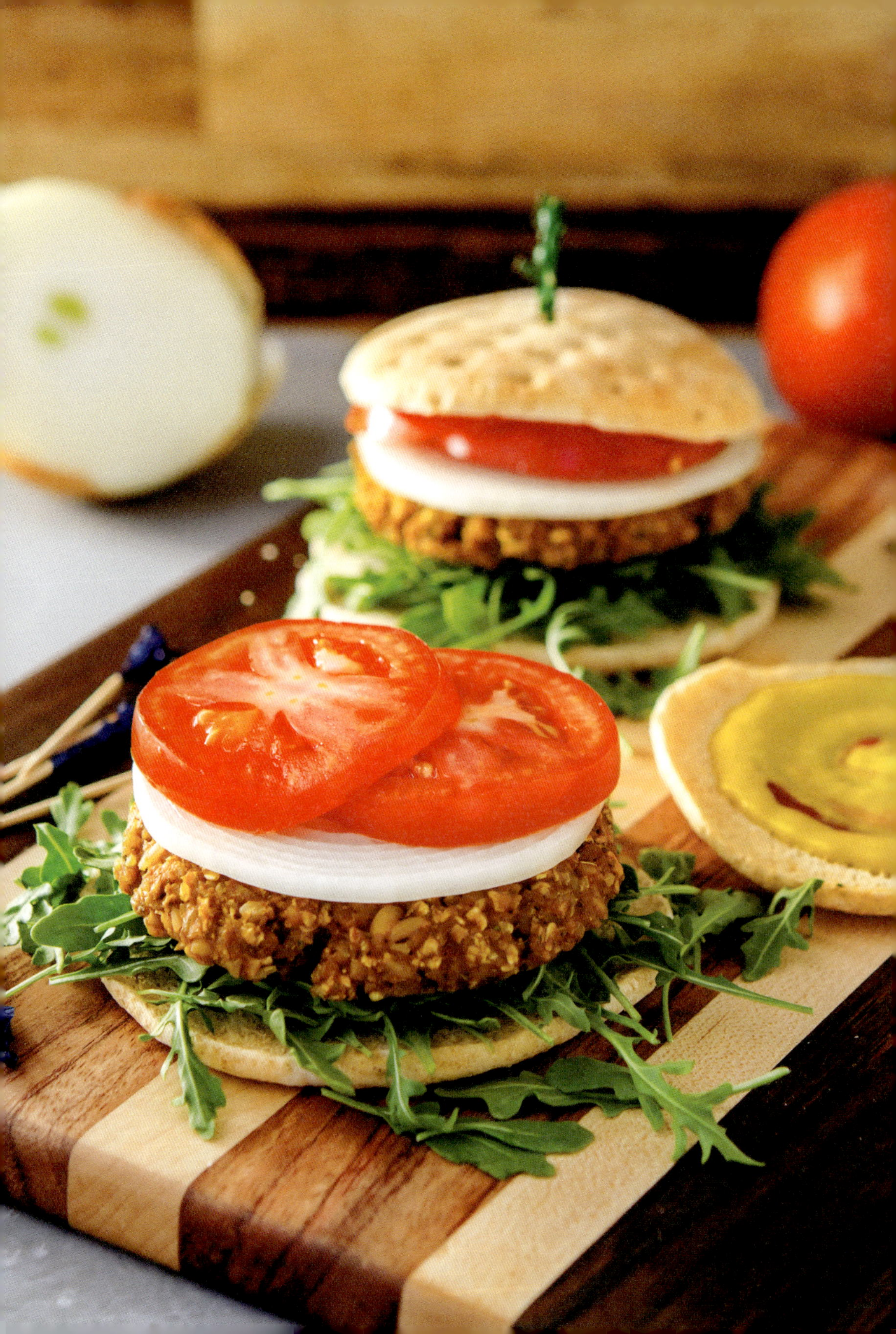

Tempeh-Burger

UNTER 200 KALORIEN

✓ SCHNELL

Als Grundzutat für meine Veggieburger ziehe ich eigentlich Bohnen vor, doch ich wollte Tempeh zumindest eine Chance geben. Und das hat sich gelohnt! Ich liebe den nussigen Geschmack, den der Tempeh diesen Burgern verleiht. Sie sind tolle „Basis"-Burger, zu denen absolut alles passt. Wenn Sie sich zum ersten Mal an fleischlosen Burgern versuchen, sind diese Tempeh-Burger ein guter erster Schritt!

Den Backofen auf 175° C vorheizen. Ein Backblech mit Backpapier auslegen und beiseitestellen. Den Tempeh mit einer Käsereibe raspeln und in eine Schüssel geben. Ketchup, Senf, Barbecue-Sauce, Soja- oder Tamarisauce, Zwiebel- und Knoblauchpulver, italienische Gewürzmischung, Worcestershire-Sauce, Currypulver und gemahlenen Kreuzkümmel (jeweils etwa 8 bis 10 Prisen) zugeben. Alles mit einem Löffel oder Spatel vermischen, dann die Haferflocken untermischen. Vital Weizengluten und 2 EL Brühe hinzugeben und erneut gut verrühren. Nach Bedarf mehr Brühe hinzugeben, sodass der Teig feucht und geschmeidig ist. Es sollten keine trockenen Anteile mehr zu sehen sein. Den Teig in sechs gleich große Portionen aufteilen und zu Bratlingen formen. 10 Minuten backen, wenden und weitere 5 bis 7 Minuten backen, bis sie so fest und knusprig sind wie gewünscht. (Beim Abkühlen werden sie noch etwas fester.)

PRO BURGER

Kalorien 169
Fett . . . . 7,2 g
Kohlenhydrate . . . . . 15,2 g
Ballaststoffe . . . . 1,4 g
Zucker . . . . 4,8 g
Eiweiß . . . . 13,2 g
Weight-Watcher-Punkte . . 3

6 PORTIONEN

250 g	Tempeh
3 EL	Ketchup
3 EL	Senf
3 EL	Barbecuesauce
1 EL	natriumarme Soja- oder glutenfreie Tamarisauce
1 TL	Zwiebelpulver
1 TL	Knoblauchpulver
1 ½ EL	italienische Gewürzmischung
1 TL	vegane Worcestershire-Sauce (S. 270)
	Mildes gelbes Currypulver
	Gemahlener Kreuzkümmel
50 g	Haferflocken (zart oder instant)
5 EL	Vital Weizengluten
2–4 EL	Gemüsebrühe

DEFTIGE BURGER

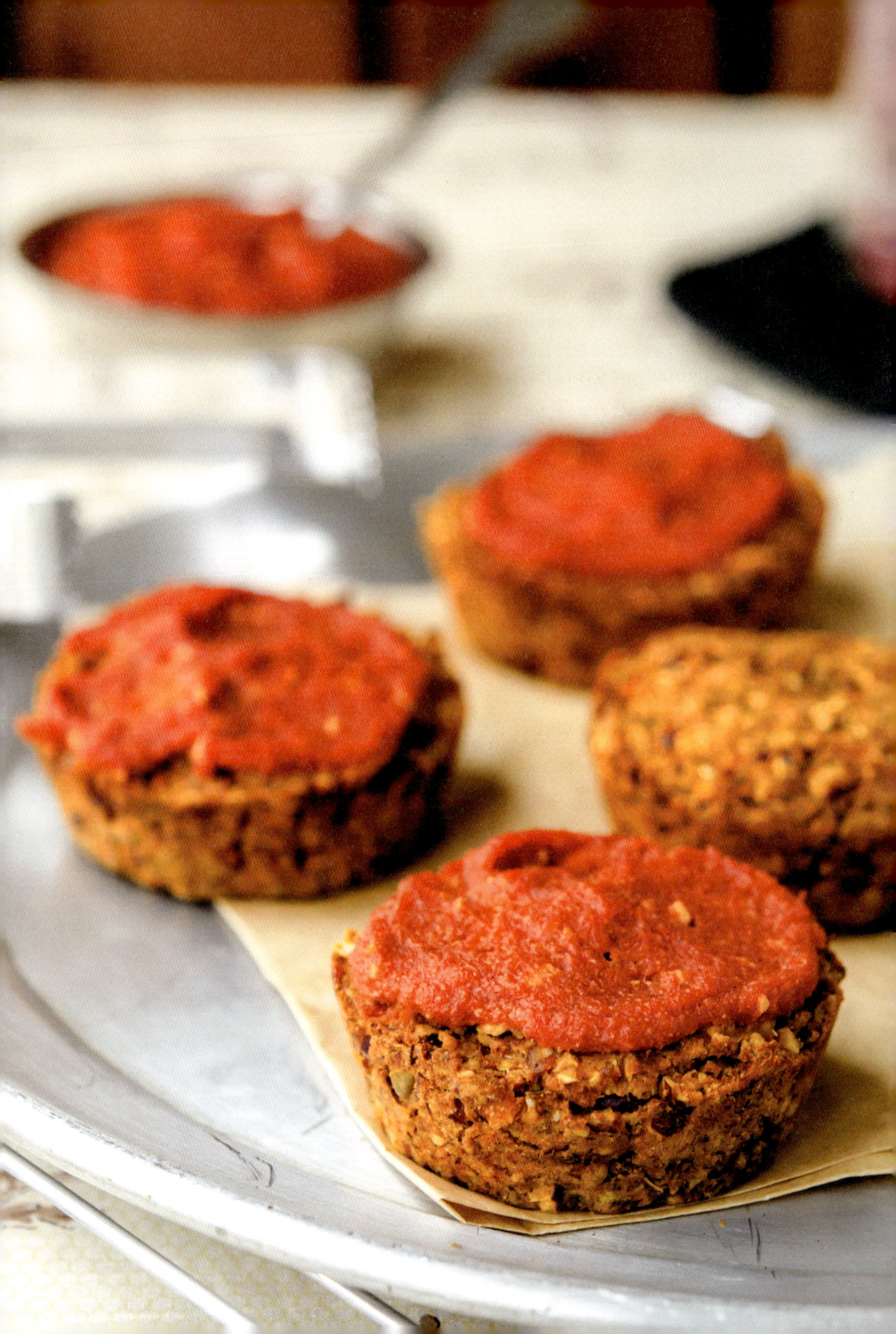

Hackbraten-Häppchen

UNTER 150 KALORIEN

✓ GLUTENFREI ✓ SCHNELL ✓ GÜNSTIG

Dieses Rezept entstand, als ich eines Tages einen Beutel Mais aus dem Tiefkühler nehmen wollte und erst später feststellte, dass ich stattdessen gemischtes Gemüse erwischt hatte. Da es bereits aufgetaut auf dem Küchentisch lag, konnte ich das Gemüse nicht wieder einfrieren, also dachte ich über neue, erfinderische Verwendungsmöglichkeiten nach. Ich folgte dem Ruf einer Dose Kidneybohnen – und eh ich mich versah, hatte ich einen Gemüse-Hackbraten im Ofen. Da dieser Hackbraten in einem Muffinblech gebacken wird (super geeignet für kleine Portionen und zur Regulation der Portionsgrößen), schrieb ich „Hackbraten-Häppchen" über das Rezept. Und ja – diese Häppchen machen sich auch fabelhaft als Burger!

Den Backofen auf 175° C vorheizen. Ein Muffinblech mit Papierförmchen auslegen oder ein Antihaft-Blech verwenden. In einer Schüssel die Bohnen mit einer Gabel oder einem Kartoffelstampfer zu Mus zerdrücken. Alle übrigen Zutaten außer den Haferflocken hinzugeben und untermischen. Dann die Haferflocken einrühren. Den Teig in 8 Muffinförmchen füllen und mit einem Löffel fest zusammendrücken. 20 Minuten backen, bis die Häppchen außen knusprig sind und sich recht fest anfühlen (beim Abkühlen werden sie noch etwas fester). Mit Ketchup, schneller brauner Sauce (S. 192) oder Ähnlichem servieren.

PRO HÄPPCHEN

Kalorien	101
Fett	1,7 g
Kohlenhydrate	16,9 g
Ballaststoffe	6,5 g
Zucker	3 g
Eiweiß	5,8 g
Weight-Watcher-Punkte	2

8 PORTIONEN

450 g	Kidneybohnen (Dose), abgetropft und abgespült
1 EL	Zwiebelpulver
1 EL	Knoblauchpulver
1 EL	italienische Gewürzmischung
1 EL	Chilipulver (verwenden Sie einen weiteren TL, wenn Sie es gern scharf mögen)
3 EL	Ketchup
2 EL	Senf
1 EL	vegane Worcestershire-Sauce (S. 270)
150 g	gemischtes Tiefkühlgemüse (aufgetaut)
6 EL	Haferflocken (zart oder instant)

Anmerkung Lecker dazu: Einfaches Kartoffelpüree (S. 191).

✓ SOJAFREI ✓ GLUTENFREI ✓ SCHNELL ✓ GÜNSTIG ✓ VORRAT

UNTER 150 KALORIEN

Linsen-Hafer-Burger

PRO BRATLING

Kalorien 115
Fett . . . . 1,1 g
Kohlenhydrate . . . . . 20,1 g
Ballaststoffe . . . . 7,3 g
Zucker . . . . 2,3 g
Eiweiß . . . . 3,8 g
Weight-Watcher-Punkte . . 2

6 PORTIONEN

400 g	gekochte Linsen
1½ TL	vegane Worcestershire-Sauce (S. 270)
3 EL	Dijon-Senf
2 EL	Ketchup
1 TL	Zwiebelpulver
1 TL	Knoblauchpulver
1 TL	gemahlener Kreuzkümmel
1½ TL	gemahlener Koriander
50 g	Haferflocken
	Saft einer kleinen Zitrone (etwa 2–3 EL)
	Geriebene Zitronenschale (optional)

Anmerkung Für ein kräftigeres Zitronenaroma können Sie dem Teig etwas abgeriebene Zitronenschale beimischen.

Bohnen spielen hier zur Abwechslung die zweite Geige. In der Regel serviere ich diese Burger nicht im Brötchen, sondern eher als Bratlinge mit Sauce, aber Sie können das natürlich ganz so machen, wie Sie möchten. Linsen sind übrigens etwas trockener als Bohnen, daher sollten Sie darauf achten, die Burger nicht zu lange zu backen. Es bietet sich an, sie mit einer cremigen Sauce zu servieren – z. B. mit veganer Mayo (S. 266) oder Zitronencrème (siehe unten).

Den Backofen auf 175° C vorheizen. Ein Backblech mit Backpapier auslegen und beiseitestellen. Die Linsen in einer Küchenmaschine oder einem Mixer zu einer vorwiegend glatten Masse mit einigen gröber zerdrückten oder noch ganzen Linsen pürieren. In eine Schüssel geben und vegane Worcestershire-Sauce, Senf, Ketchup und Gewürze untermischen. Haferflocken und Zitronensaft unterziehen, den Teig in 6 gleich große Portionen aufteilen und zu Bratlingen formen. 10 Minuten backen, wenden und weitere 5 Minuten backen, bis die Bratlinge fest und außen knusprig sind. Behalten Sie die Burger gut im Auge, damit sie nicht zu lange im Ofen bleiben.

ZITRONENCREME

Veganen Naturjoghurt oder Mayonnaise mit etwas Zitronensaft und Zitronenschale abschmecken. Sie können auch eine Prise gemahlenen Koriander untermischen.

BURGER MIT ALLEN SCHIKANEN!

Manchmal esse ich meine Burger zur Abwechslung gerne in einem Brötchen (oder einer Tortilla) und mit mehreren Gewürzsaucen. In der folgenden Liste finden Sie die Kalorienwerte dieser „Extras", sodass Sie ganz einfach Ihren perfekten Burger zusammenstellen können.

EXTRAS/BELAG	KALORIEN
Maistortilla (1)	52
Vollkornweizenbrötchen (1)	100–120
Eisbergsalat (Blatt)	1
Tomate (Scheibe)	1
Zwiebel (Scheibe)	1
Guacamole (normal; 30 g)	42
Hummus-Guacamole (2 EL)	50
Erbsenguacamole (S. 213; 1 EL)	21
Salsa (2 EL)	10
Chilisauce (1 EL)	1
Barbecuesauce (2 EL)	10
Ketchup (1 EL)	15
Senf (1 EL)	0
Vegane Mayo (S. 266; 1 EL)	10
Vegane Mayo (Nayonaise; 1 EL)	32
Vegane Mayo (Vegenaise; 1 EL)	90
Mais (2 EL)	16
Hummus (2 EL)	45
Relish (1 EL)	5
Eingelegte Gurke (1/4)	5

BOWLS & WRAPS

Bowls (Schüsselgerichte) gehören zu den beliebtesten Kategorien meiner "7-Day Meal Plans", denn sie sind einfach, schnell und machen Spaß. Aber was soll das eigentlich sein?

Bowls sind typischerweise Mahlzeiten aus grünem Blattgemüse, Getreide, Hülsenfrüchten und anderen Obst- und Gemüsesorten, die in einer Schüssel angerichtet und heiß, kalt oder bei Zimmertemperatur serviert werden können. Meine Freundin Kait beschreibt sie als „Nach-Hause-kommen-irgendein-Gemüse-waschen-und-dann-blind-in-den- Vorratsschrank-greifen"-Abendessen. Wraps sind bei den „7-DAY MEAL PLANS" ebenfalls superbeliebt, und das aus gutem Grund: Sie sind schnell zubereitet, perfekt für unterwegs und haben alles, was einen Salat so gesund macht, bieten aber noch so viel mehr! In diesem Kapitel stelle ich Ihnen außerdem meine liebsten kalorienarmen, aber sättigenden, von den „7-Day Meal Plans" inspirierten

Wraps vor. Die meisten von ihnen liegen bei unter 200 Kalorien. Wraps sind ein toller, herzhafter Snack und mit einer Suppe, einem Chili, einem Salat oder etwas Obst werden sie schnell zu einer vollwertigen Mahlzeit. Einfach aufrollen und genießen!

BONUS: Die meisten meiner Bowls können auch als Wraps serviert werden und umgekehrt. Die Möglichkeiten sind unendlich! Für ein Sandwich können Sie anstatt des Wraps auch zwei Scheiben Brot verwenden oder die Füllung mit zwei Maistortillas servieren. (Die Nährwertangaben verändern sich dann entsprechend.)

LIEBER GLUTENFREI? Eine Tortilla aus braunem Reis (oder zwei Maistortillas) sind ein guter Ersatz für Wraps aus Vollkornweizen, aber Sie können stattdessen auch mit 100 g gekochtem Quinoa eine Bowl oder einfach einen Salat zubereiten.

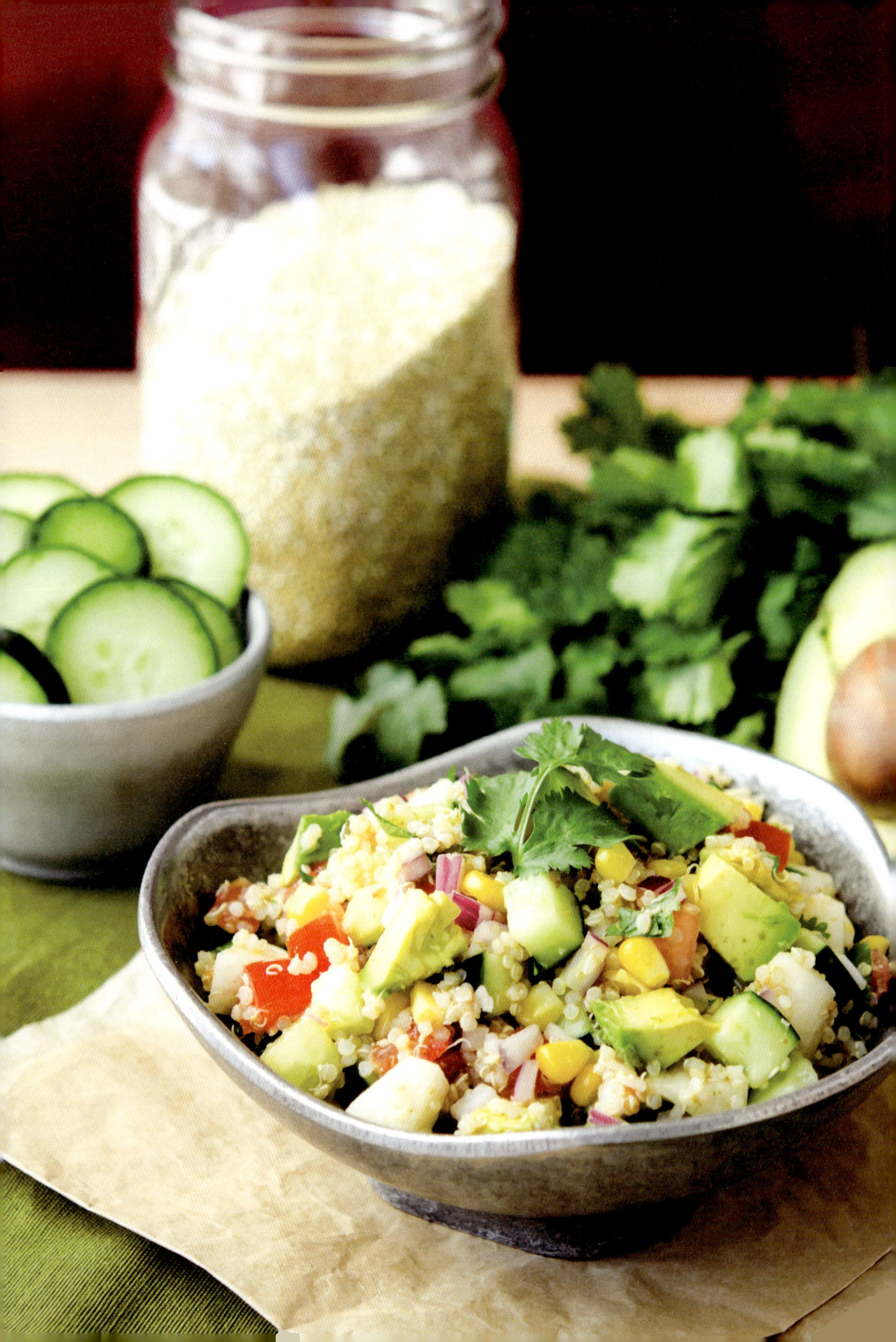

UNTER 350 KALORIEN

✓ SOJAFREI ✓ GLUTENFREI ✓ SCHNELL ✓ GÜNSTIG ✓ EINE PORTION

„Mogelbowl" aus der Vorzeit

Frühe Zivilisationen haben mich schon immer fasziniert, insbesondere die der Mayas, Inkas und Azteken. Der Großteil der Zutaten für diese Bowl ist ihrer Ernährung entlehnt. Dabei habe ich allerdings ein bisschen gemogelt, da ich Avocado verwende, aber Sie können die Avocado auch einfach weglassen (oder durch Süßkartoffel ersetzen). Die Avocado verleiht dem ganzen Gericht jedoch eine angenehme Cremigkeit.

Alle Zutaten in eine Schüssel geben und vermischen. Gegebenenfalls mit Limettensaft abschmecken. (Manchmal würze ich auch gern mit Chilisauce.)

Anmerkung Yams oder Jicama (*hick-ah-mah* ausgesprochen) ist ein Wurzelgemüse, das vor allem in Asialäden erhältlich ist. Die Wurzeln sind ein toller Snack für Zwischendurch. Sie können sie schälen und in Scheiben schneiden, dann etwas Limettensaft darüberträufeln und – wenn Sie sich trauen! – mit Chilipulver oder Cayennepfeffer würzen.

PRO SCHÜSSEL

Kalorien 304
Fett . . . . 8,7 g
Kohlenhydrate . . . . . 54,1 g
Ballaststoffe . . . . 11,3 g
Zucker . . . . 9,4 g
Eiweiß . . . . 9,5 g
Weight-Watcher-Punkte . . 8

EINE PORTION

100 g	gekochte Quinoa
1	Tomate, gewürfelt
½	Gurke, gewürfelt oder in Scheiben
70 g	Yamswurzel, gewürfelt
50 g	Avocado, gewürfelt
1	kleine rote Zwiebel, gewürfelt
	Saft von 1 Limette
4 EL	Mais
1 TL	gemahlener Kreuzkümmel
	Koriander

BOWLS & WRAPS

✓ GLUTENFREI ✓ GÜNSTIG ✓ EINE PORTION

UNTER 350 KALORIEN

Asiatische Bowl

PRO SCHÜSSEL

Kalorien	330
Fett	7,8 g
Kohlenhydrate	55,3 g
Ballaststoffe	5,3 g
Zucker	7,7 g
Eiweiß	13,4 g
Weight-Watcher-Punkte	9

EINE PORTION

- 50 g ungekochter brauner Reis (oder 120 g vorgekocht)
- 125 ml natriumarme Gemüsebrühe
- 5 Babykarotten, gestiftelt
- ½ Gurke, gewürfelt
- 1 Frühlingszwiebel, in Ringe geschnitten
- 90 g fester Tofu, gewürfelt
- 2 EL Thai-Erdnuss-Dressing (S. 144)
- 1–2 EL gehackte Erdnüsse (optional)
- Koriander (optional)

VARIATION

Als Wrap: Für einen Wrap mit 124 Kalorien den Reis weglassen und alle Zutaten mit etwas gehacktem Eisbergsalat in einen Wrap wickeln.

Als ich mit meinem Mann in einer Kleinstadt in Colorado wohnte, war unser Lieblingsrestaurant ein ungewöhnlicher Sushiladen namens Spostas. Anders als in traditionellen japanischen Restaurants gab es bei Spostas Gerichte wie „Cheeseburger"-Sushi. Wir sind immer gern zum Essen dorthin gegangen, da es eine große Auswahl an Zutaten gab. Hauptsächlich waren das Gemüse und Früchte, die ganz nach dem eigenen Gutdünken kombiniert und als Sushi oder mit einer Schüssel Reis verzehrt werden konnten. Die Lieblingskombination meiner Schwester war grüner Apfel mit Honig (wirklich lecker!) und ich war ganz verrückt nach Teriyaki-Sushi mit Gurke und gelber Paprika. Algen waren allerdings nie ganz Scotts „Sache", daher bestellte er immer Reisschalen, die wir später zu Hause nachkochten (allerdings mit einem eher thailändischen Touch). Dieses Gericht ist superlecker, macht pappsatt und ist schnell fertig. Zwar müssen Sie die Sauce extra für dieses Rezept zubereiten, aber die ist buchstäblich im Handumdrehen gemacht!

Den Reis mit 125 ml Gemüsebrühe in einen Topf geben und zum Kochen bringen. Abdecken und köcheln lassen, bis die Brühe verkocht und der Reis luftig locker ist. Alternativ können Sie auch 120 g vorgekochten Reis verwenden. Den warmen (oder kalten) Reis mit Möhren und den übrigen Zutaten vermischen, Thai-Erdnuss-Dressing darüberträufeln und die Schüssel mit ein paar Ringen Frühlingszwiebeln, Erdnüssen und Koriander (optional) garnieren. (Manchmal mag ich zu diesem Gericht auch gern Sriracha, eine asiatische Chilisauce, oder süße Chilisauce.)

UNTER 350 KALORIEN

✓ SOJAFREI ✓ GLUTENFREI ✓ SCHNELL ✓ GÜNSTIG ✓ EINE PORTION

Burrito-Bowl

Dieses Rezept ist eins meiner „simplen" Gerichte, die ich gern zubereite, wenn ich nach einem langen Tag richtig k.o. bin, aber trotzdem ein vielseitiges Abendessen haben möchte. Die Bowl ist im Nu fertig und macht auch die hungrigsten Bäuche satt. Für eine noch gehaltvollere Mahlzeit können Sie zum Beispiel braunen Reis vom Vortag untermischen.

Kalten Eisbergsalat in eine Schüssel geben. Dann Bohnenmus, gewürfelte Tomaten, Frühlingszwiebeln, Mais und schwarze Oliven hinzugeben. Mit Salsa (als Dressing), Chilisauce nach Belieben (ich verwende 2 bis 3 EL) und Avocado oder Guacamole servieren.

VARIATION

Als Wrap: Für zwei Wraps mit jeweils 293 Kalorien die Zutaten gleichmäßig auf zwei Wraps verteilen.

PRO SCHÜSSEL

Kalorien 337
Fett . . . . 6,4 g
Kohlenhydrate . . . . . . 60 g
Ballaststoffe . . . . 18,5 g
Zucker . . . . 12,7 g
Eiweiß . . . . 17,3 g
Weight-Watcher-Punkte . . 8

EINE PORTION

½ Kopf	Eisbergsalat, klein geschnitten
180 g	Bohnenmus
1	Tomate, gewürfelt
2	Frühlingszwiebeln, in Ringe geschnitten
5 EL	Mais
3 EL	schwarze Oliven, in Scheibchen
125 ml	Salsa
	Chilisauce, nach Belieben
	Avocado oder Guacamole

BOWLS & WRAPS

✓ SOJAFREI ✓ GLUTENFREI ✓ SCHNELL ✓ GÜNSTIG ✓ EINE PORTION

UNTER 350 KALORIEN

Karibische Bowl

PRO SCHÜSSEL

Kalorien 347
Fett . . . . 3,9 g
Kohlenhydrate . . . . . 65,6 g
Ballaststoffe . . . . 12,6 g
Zucker . . . . 8,3 g
Eiweiß . . . . 16,7 g
Weight-Watcher-Punkte . . 9

EINE PORTION

70 g	Grünkohl, gehackt
100 g	gekochter Quinoa
80 g	gekochte schwarze Bohnen
125 ml	Ananassalsa
80 g	Ananas (stückig oder crushed)
2	Frühlingszwiebeln, in Ringe geschnitten

Ich liebe die Kombination aus schwarzen Bohnen und Ananas! Inspiriert von meinem Karibik-Chili (S. 120) gibt es jetzt auch eine karibische Schüssel. Avocado und Guacamole passen ebenfalls gut dazu.

Den Boden eines Topfes dünn mit Wasser bedecken und zum Kochen bringen. Grünkohl hinzugeben, abdecken und dampfgaren, bis der Grünkohl sich hellgrün verfärbt (etwa 1 Minute). Umrühren, bis alles hellgrün und weich ist, dann das Wasser abgießen. Wenn Sie möchten, können Sie die Quinoa und/oder die Bohnen untermischen, um sie etwas aufzuwärmen. (Ich mag diese Bowl am liebsten, wenn alles außer Salsa, Ananas und Frühlingszwiebeln warm ist.) Alles in eine Schüssel geben und mit Salsa, Ananas und Frühlingszwiebeln vermengen. Einige Frühlingszwiebelringe für die Garnitur aufbewahren. Falls gewünscht, können Sie abschließend etwas Chilisauce aufträufeln.

VARIATION

Als Wrap: Lassen Sie die Quinoa weg und verwenden Sie Spinat anstelle von Grünkohl. Für zwei Wraps mit jeweils etwa 196 Kalorien alle Zutaten gleichmäßig auf zwei Wraps verteilen.

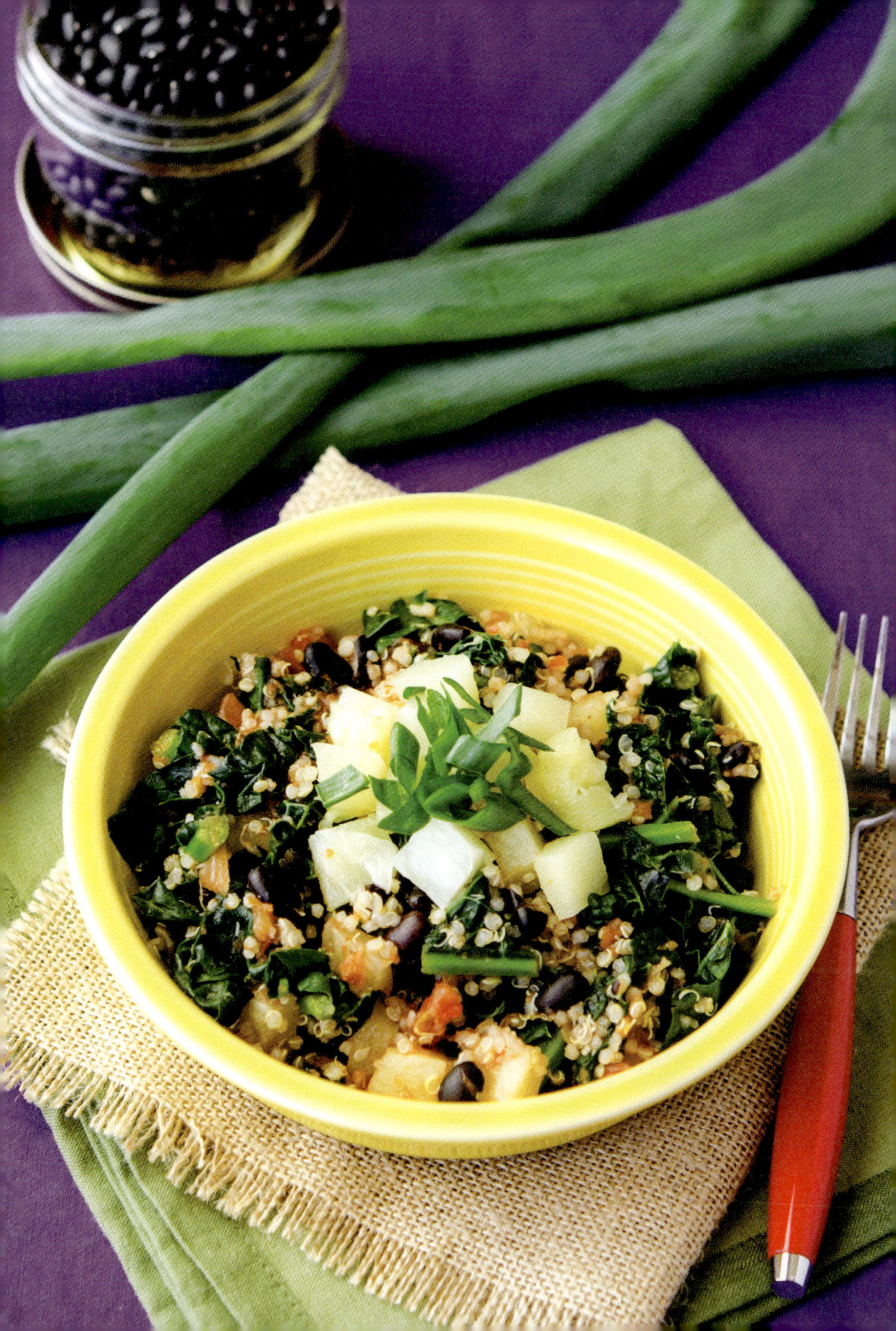

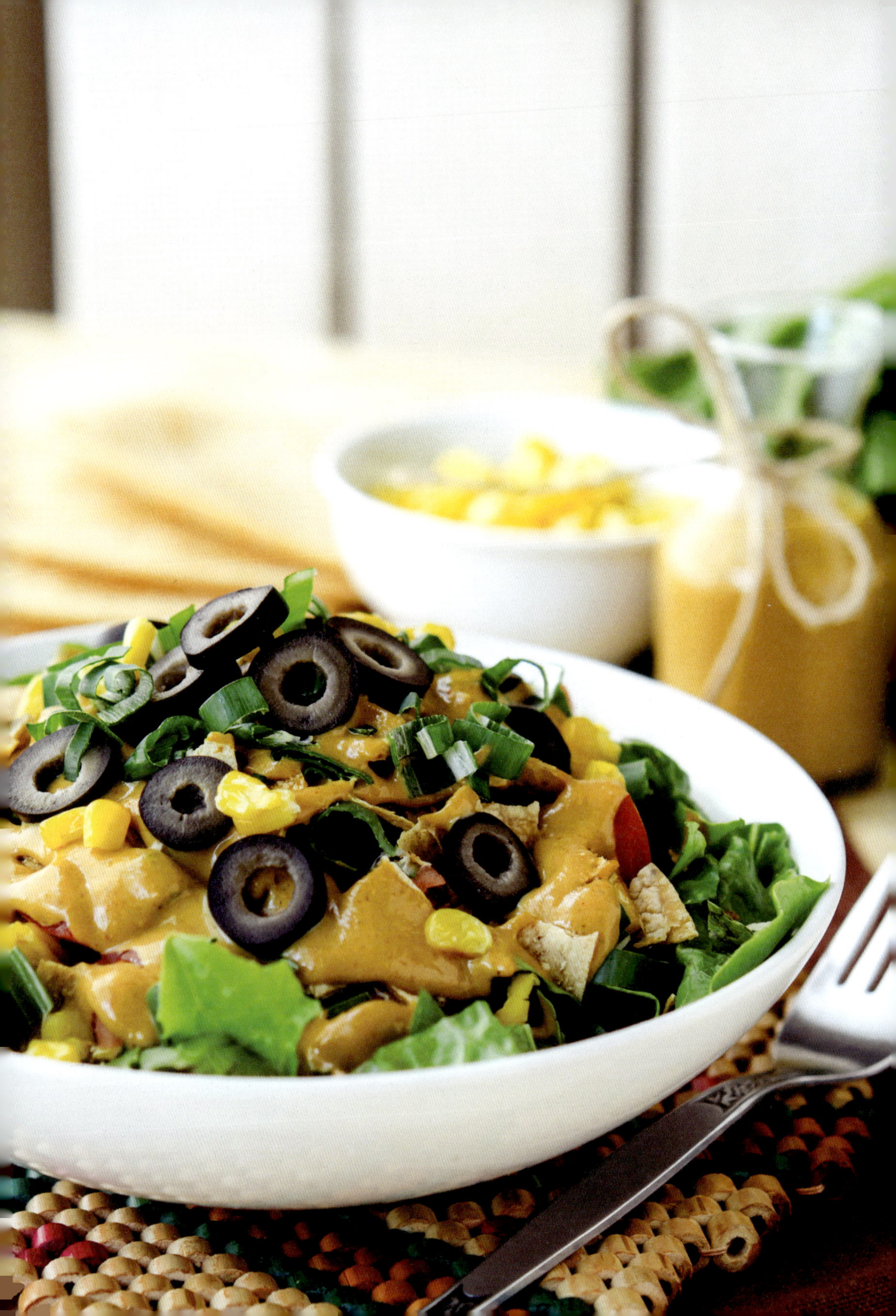

UNTER 350 KALORIEN ✓ SOJAFREI ✓ GLUTENFREI ✓ SCHNELL ✓ GÜNSTIG ✓ EINE PORTION

Nacho-Bowl

Wir lieben Nachos! Bei uns gibt es sie zum Abendessen, wenn es einfach und schnell gehen muss. (In anderen Worten: ziemlich oft.) Das Problem ist, dass Nachos sehr viele Kalorien haben, selbst wenn Sie die Tortillachips selbst im Ofen zubereiten. (Maistortillas in mundgerechte Stücke schneiden und im Ofen backen, bis sie knusprig sind). Daher begann ich über kalorienärmere Alternativen nachzudenken. Dieser „Nacho-Salat" steht Nachos geschmacklich in nichts nach, ist aber gesund wie ein Salat – und hat nur wenige Kalorien. Win-win! Wenn Sie der Nacho-Hunger packt, schlagen Sie zu, ohne ein schlechtes Gewissen zu haben!

Maistortillas im Ofen oder Minibackofen ein paar Minuten bei 175° C backen, bis sie knusprig sind. Währenddessen die Nachosauce zubereiten oder aufwärmen. Kalten Salat in eine Schüssel geben, dann schwarze Bohnen, Mais, Tomate und Frühlingszwiebeln dazugeben. Bewahren Sie ein paar Frühlingszwiebelringe für die Garnitur auf. Die knusprigen Tortillas über den Salat bröseln und großzügig mit Nachosauce bedecken. Mit den beiseitegestellten Frühlingszwiebelringen und, falls gewünscht, Olivenscheibchen garnieren.

PRO SCHÜSSEL

Kalorien 301
Fett . . . . 4,3 g
Kohlenhydrate . . . . . 54,8 g
Ballaststoffe . . . . 15,9 g
Zucker . . . . 9,7 g
Eiweiß . . . . 18 g
Weight-Watcher-Punkte . . 7

EINE PORTION

- 1 Maistortilla
- 1 Portion schnelle Nachosauce (S. 216)
- ½ Kopf Eisbergsalat, klein geschnitten
- 50 g gekochte schwarze Bohnen
- 3 EL Mais
- ½ Tomate, gewürfelt
- 1 Frühlingszwiebel, in Ringe geschnitten
- Schwarze Oliven, in Scheibchen (optional)
- Chilisauce (optional)
- Limettensaft (optional)

Anmerkung Für etwas mehr geschmackliche Vielfalt können Sie die Bohnen mit Chilisauce würzen und etwas Limettensaft über die Tomaten träufeln. Pintobohnen eignen sich übrigens auch super für dieses Rezept.

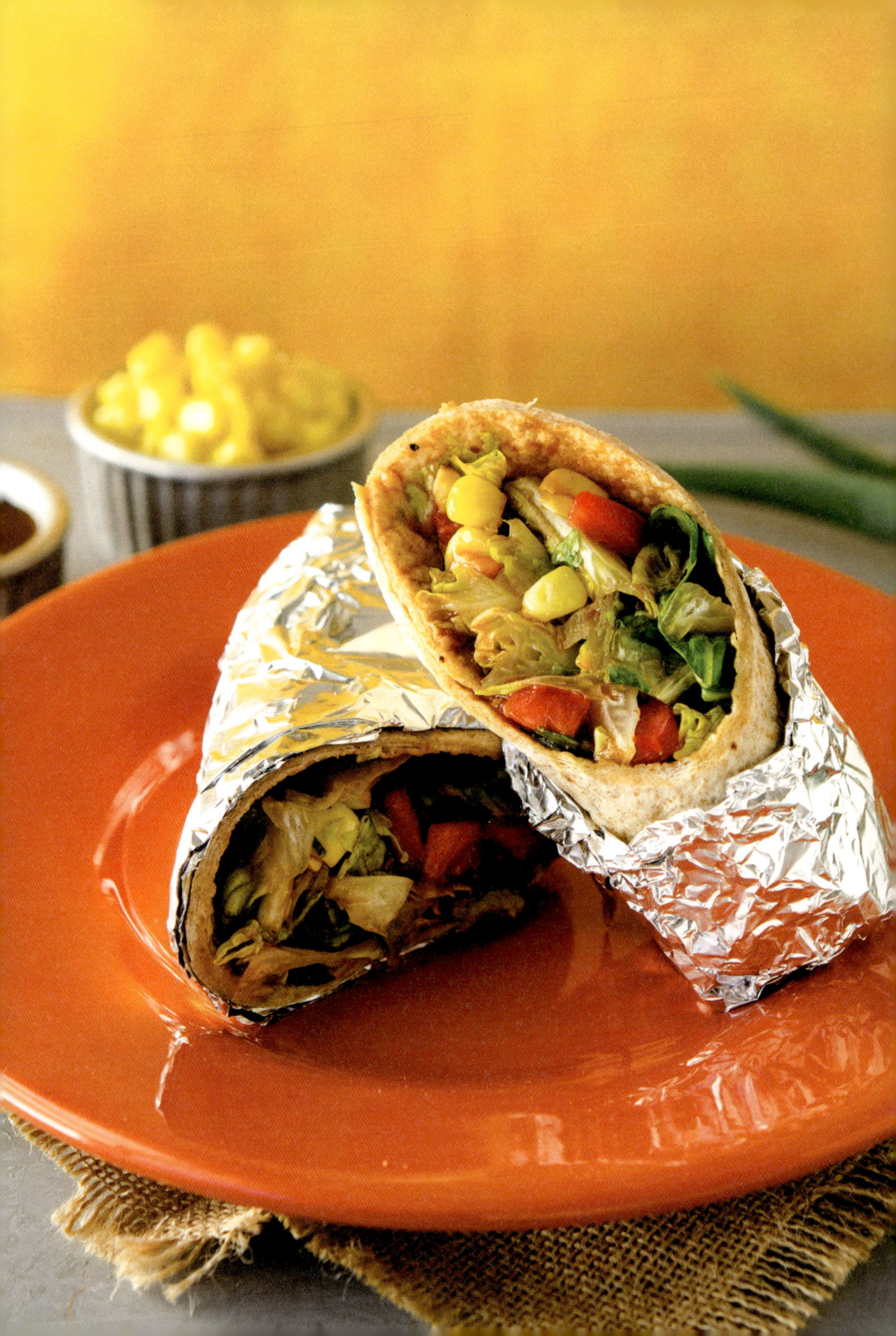

UNTER 300 KALORIEN | **NUR 200 KALORIEN** | ✓✓ SOJAFREI ✓✓ GLUTENFREI ✓✓ SCHNELL ✓✓ GÜNSTIG ✓✓ EINE PORTION

Italienische Bowl

Wenn Sie noch nie Brokkoli mit Tomatensauce probiert haben, halten Sie sich gut fest, denn dieses Rezept könnte Sie vom Hocker hauen! Ganz im Ernst! Es ist gnadenlos simpel, aber gleichzeitig umwerfend lecker. Um dieses Gericht noch etwas gehaltvoller zu machen, können Sie gern weiße Bohnen (z. B. Cannellini) untermischen. 40 g weiße Bohnen haben gerade mal 50 Kalorien.

Die Nudeln al dente (bissfest) kochen und abspülen. Die gekochten Nudeln zu dem gedünsteten oder gekochten Brokkoli geben und die Tomatensauce untermischen. Großzügig veganen Parmesan darüberstreuen und servieren.

Anmerkung Für ein glutenfreies Gericht verwenden Sie glutenfreie Nudeln anstelle von Vollkornnudeln (z. B. Pasta aus braunem Reis).

PRO PORTION
ITALIENISCHE SCHÜSSEL / BBQ-WRAP

Kalorien 294/200
Fett . . . . 2,5 g/1,7 g
Kohlenhydrate 57,3 g/43,8 g
Ballaststoffe . . . 9,1 g/5,1 g
Zucker . . . . 13,4 g/16 g
Eiweiß . . . . 17,9 g/4,1 g
Weight-Watcher-Punkte 6/5

EINE PORTION

60 g	Nudeln (beliebige Sorte; siehe Anmerkung)
150 g	Brokkoliröschen, gekocht
250 ml	Tomatensauce, erhitzt
	AJs veganer Parmesan (S. 275)

BBQ-Wrap

Diesen Wrap könnte ich wirklich jeden Tag essen. Eisbergsalat, Barbecuesauce und Mais ist eine meiner liebsten Geschmackskombinationen – Ihnen ist vielleicht auch mein BBQ-Salat (S. 137) mit ähnlichen Zutaten aufgefallen! Wenn Sie es gern knusprig mögen, einfach ein paar gebackene Maischips zu der Wrapfüllung bröseln.

Das Gemüse in der Barbecuesauce schwenken, bis alles gut bedeckt ist. In einen Wrap füllen und aufrollen.

EINE PORTION

¼ Kopf	Eisbergsalat, klein geschnitten
½	Tomate, in Scheiben
3 EL	Mais
1	Frühlingszwiebel, in Ringe gschnitten
3 EL	Barbecuesauce
1	Wrap

✓✓ SOJAFREI ✓✓ GLUTENFREI ✓✓ SCHNELL ✓✓ GÜNSTIG ✓✓ EINE PORTION

UNTER 250 KALORIEN   **UNTER 300 KALORIEN**

Klassischer Gemüsewrap

PRO WRAP
GEMÜSEWRAP / GERÖSTETE PAPRIKA

Kalorien 207/278
Fett . . . . 5,6 g/2 g
Kohlenhydrate . 35,1 g/56,2 g
Ballaststoffe . . 7,3 g/13,6 g
Zucker . . . . 4,3 g/11,7 g
Eiweiß . . . . 7,2 g/11 g
Weight-Watcher-Punkte 5/7

EINE PORTION

1	Wrap
3 EL	Hummus
	Rote Zwiebel, in Scheiben
¼	Gurke, in Scheiben
½	Möhre, geraspelt
½	Tomate, in Scheiben

Warum unterwegs Geld ausgeben, wenn Sie zu Hause für einen Bruchteil des Geldes einen frischen Wrap zubereiten können? Dies hier ist mein Grundrezept für Gemüsewraps. Es basiert auf meinem ursimplen (aber leckeren) Hummuswrap, der nur aus einer kleinen Tortilla, etwas Hummus, grünem Frühlingsgemüse und, wenn ich welche im Haus habe, Tomaten besteht. Natürlich können Sie auch etwas Spinat unterschummeln oder verschiedene Hummussorten verwenden (Hummus mit roter Paprika passt zum Beispiel gut).

Hummus großzügig auf dem Wrap verteilen. Mit Zwiebel, Gurke, geraspelten Möhren und Tomatenscheiben belegen. Nach Belieben mit schwarzem Pfeffer würzen. Aufrollen und genießen!

Wrap mit geröstetem rotem Paprika

EINE PORTION

50 g	gekochte weiße Bohnen
1	Wrap
1	rote Zwiebel, in Scheiben
1	Handvoll Spinat
½	Möhre, geraspelt
1	gerösteter roter Paprika (in Wasser, nicht Öl eingelegt), in Streifen geschnitten

Anmerkung Für dieses Rezept sind alle Arten von weißen Bohnen geeignet (z. B. Cannellini- oder Limabohnen). Anstelle der Bohnen können Sie aber auch 3 EL Hummus (am besten mit rotem Paprika) verwenden.

Ich liebe gerösteten roten Paprika, und in diesem Wrap kommt sein Geschmack so richtig gut zur Geltung. Die Möhren verleihen dem Wrap eine angenehme Süße und die weißen Bohnen steuern etwas Fülle und Eiweiß bei.

Die Bohnen mit einer Gabel zerdrücken und mit Salz und Pfeffer abschmecken. Die Bohnenmischung auf den Wrap streichen, dann die roten Zwiebeln, Spinat, geraspelte Möhren und gerösteten roten Paprika hinzugeben. Aufrollen und genießen!

BOWLS & WRAPS   **101**

✓ SOJAFREI ✓ GLUTENFREI ✓ SCHNELL ✓ GÜNSTIG

UNTER 200 KALORIEN

Spinat-Love-Wrap

PRO WRAP

Kalorien	159
Fett	2 g
Kohlenhydrate	32,9 g
Ballaststoffe	6,7 g
Zucker	7,4 g
Eiweiß	4,9 g
Weight-Watcher-Punkte	4

2 PORTIONEN

- 2 Handvoll Spinat
- 1 Tomate, in Scheiben
- 1 gerösteter roter Paprika (in Wasser, nicht Öl eingelegt), in Streifen
- 8 Erdbeeren, in Scheibchen
- 2 Wraps

Anmerkung Wenn mir nach etwas Abwechslung ist, lasse ich auch schon mal den Paprika weg, mische weiße Bohnen unter und träufle etwas Balsamico-Essig oder fettarme Balsamico-Vinaigrette über das Gemüse.

Hier ist ein weiterer Wrap, der aus den „7-Day Meal Plans" entstanden ist. Ich nenne ihn „Spinat-Love-Wrap", weil die Erdbeerscheibchen aussehen wie kleine Herzen! Außerdem ist er ganz einfach zuzubereiten, hat gerade mal 159 Kalorien und macht gut satt. Was sollte man daran nicht lieben?!

Spinat, Tomatenscheiben, Paprikastreifen und Erdbeerscheibchen in einen Wrap füllen und aufrollen.

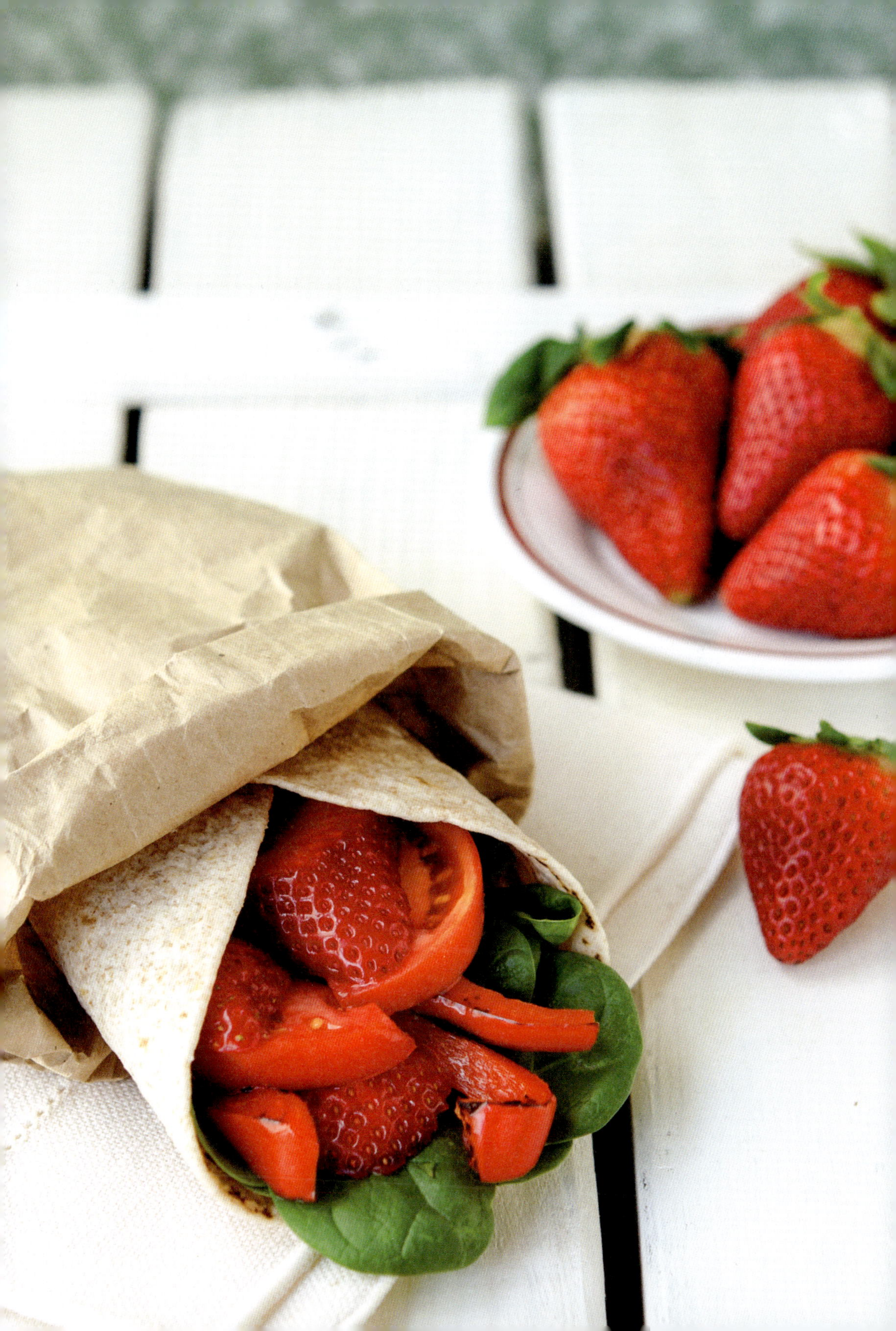

✓ SOJAFREI ✓ GLUTENFREI ✓ SCHNELL ✓ GÜNSTIG ✓ EINE PORTION

NUR 350 KALORIEN

Wrap mit weißen Bohnen

PRO WRAP

Kalorien	350
Fett	8,8 g
Kohlenhydrate	58,9 g
Ballaststoffe	17,3 g
Zucker	1,2 g
Eiweiß	14,6 g
Weight-Watcher-Punkte	9

EINE PORTION

- 150 g gekochte weiße Bohnen
- 60 g Guacamole oder ¼ Avocado
- 1 Wrap
- Rote Zwiebel, in Scheiben
- Kleine Handvoll Spinat
- Chilisauce (optional)
- Sprossen (optional)

Anmerkungen

» Für dieses Rezept sind alle Arten von weißen Bohnen geeignet; z. B. Cannellini-Bohnen oder Limabohnen.

Mein „Clubsandwich" mit weißen Bohnen und Avocado ist ohne Frage eins der beliebtesten Sandwiches in meinen „7-Day Meal Plans". Da es einfach einen Platz in diesem Kochbuch finden musste, habe ich es leicht verändert und einen Wrap draus gemacht! Es ist ein „Mogel"-Rezept, da ich Avocado verwende, aber es ist erstaunlich, was so ein Klecks Avocadomus geschmacklich ausmachen kann!

Die Bohnen mit einer Gabel zerdrücken und mit Salz und Pfeffer abschmecken. Guacamole unter die Bohnen mischen oder fürs Aufschichten beiseitestellen. Die Bohnenmischung auf den Wrap streichen, dann die roten Zwiebeln, Spinat (gern auch mehr als angegeben) und Guacamole (sofern nicht schon unter die Bohnen gemischt) darüber aufschichten. Falls gewünscht, etwas Chilisauce aufträufeln und mit Sprossen abrunden. Aufrollen und genießen!

NUR 200 KALORIEN

✓ SOJAFREI ✓ GLUTENFREI ✓ SCHNELL ✓ GÜNSTIG ✓ EINE PORTION

Scotts Burrito

Für Burritos braucht man eigentlich kein Rezept, aber Scotts leckeren (und sättigenden!) 200-Kalorien-Burrito muss ich einfach mit der Welt teilen. Es ist nämlich so, dass das Mittagessen meines Mannes etwa ein Jahr lang fast täglich aus Bohnenburritos bestand. Damals lebten wir in Manhattan und kamen nur so gerade über die Runden. Um Geld zu sparen, nahm Scott sein Mittagessen von zu Hause mit. Das Problem war nur, dass ihm im Büro weder ein Kühlschrank noch eine Mikrowelle zur Verfügung stand, und Bohnenburritos so ziemlich das Einzige waren, das er bei Zimmertemperatur essen wollte. Zum Mitnehmen kamen nicht einmal selbstgemachte Burger in Frage, da er bei der Arbeit auch weder Saucen noch andere Würzmittel hatte. Und ein Burger, der schon einen halben Tag in Würzsaucen liegt, ist auch nicht gerade das Wahre! Wie dem auch sei – Scott veränderte seine Burritos jeden Tag ein bisschen, doch diese Kombination war sein absoluter Favorit und wird auch heute noch gern mit zur Arbeit genommen. Durch die Kombination aus Vollkorntortillas, Bohnen und Gemüse macht er lange satt. Scott nimmt drei dieser Burritos, etwas Obst und meist noch einen weiteren Snack mit zur Arbeit.

Bohnenmus und Salsa vermischen und auf der Tortilla verstreichen. Mais, Zwiebel, Spinat und Guacamole darauf geben. Großzügig mit Chilisauce würzen, aufrollen und genießen!

PRO BURRITO

Kalorien 200
Fett . . . . 2,4 g
Kohlenhydrate . . . . . 37,8 g
Ballaststoffe . . . . 10 g
Zucker . . . . 5,2 g
Eiweiß 10.3
Weight-Watcher-Punkte . . 5

EINE PORTION

- 3-4 EL Bohnenmus
- 3 EL Salsa
- 1 Vollkorntortilla
- 2–3 EL Mais
- 1 Frühlingszwiebel oder andere Zwiebel, in Ringen
- 1 Handvoll Spinat oder Eisbergsalat
- 3 EL Erbsenguacamole (S. 213)
- Chilisauce

BOWLS & WRAPS

SUPPEN, EINTÖPFE & HERZHAFTE PIES

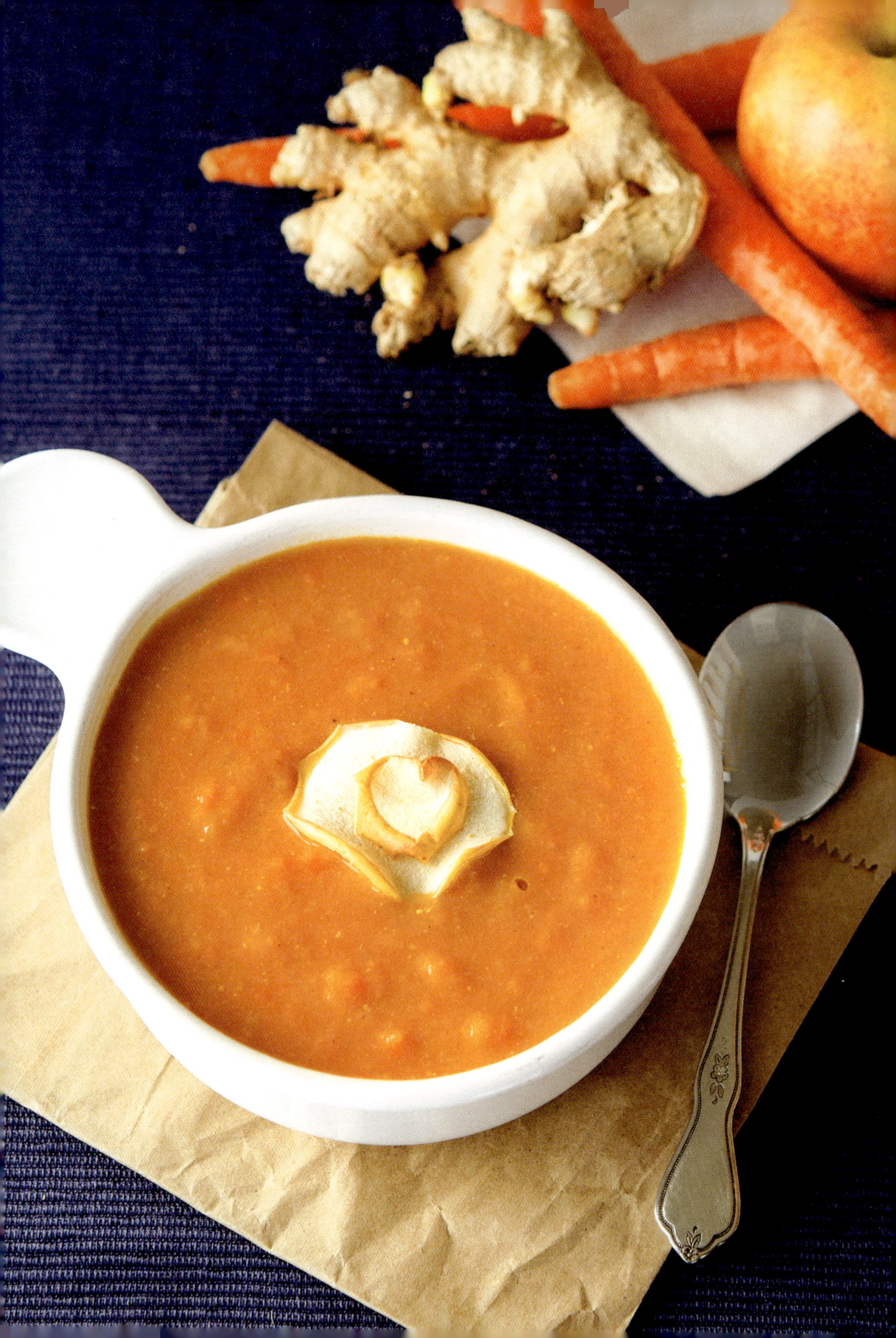

UNTER 250 KALORIEN

✓ SOJAFREI ✓ GLUTENFREI ✓ SCHNELL ✓ GÜNSTIG ✓ VORRAT ✓ EINE PORTION

Möhrensuppe

Eine Suppe, die blitzschnell fertig bist. Zusammen mit einem Salat ergibt sie ein einfaches, leichtes und sättigendes Mittagessen.

Den Boden eines Topfes dünn mit Brühe bedecken und die Möhren auf hoher Flammen etwa 4 Minuten darin dünsten, bis sie weich werden. Die Äpfel und gegebenenfalls noch etwas mehr Brühe zugeben, Hitze reduzieren und Topf abdecken. Äpfel und Möhren 1 bis 2 Minuten garen (die Äpfel sollten goldgelb werden), dann in einen Mixer geben und glatt pürieren. Nach Bedarf mehr Brühe hinzugeben (ich verwende in der Regel mindestens 250 ml). Anschließend alles wieder in den Topf zurückgeben und 50 ml Pflanzendrink einrühren. Mit ¼ TL (gerne auch mehr) Currypulver oder gemahlenem Ingwer abschmecken. Falls Sie mit den Gewürzen etwas zu großzügig umgegangen sind oder die Apfelstücke zu süß sind, einfach mehr Pflanzendrink hinzugeben. Warm servieren.

PRO PORTION

Kalorien 236
Fett . . . . 1,7 g
Kohlenhydrate . . . . . 57,4 g
Ballaststoffe . . . . 11,5 g
Zucker . . . . 32,5 g
Eiweiß . . . . 3 g
Weight-Watcher-Punkte . . 6

EINE PORTION

- 500 ml Gemüsebrühe
- 4 Möhren, geschält und gewürfelt
- 1 roter Apfel, entkernt und gewürfelt
- 60 ml Pflanzendrink
- Mildes Currypulver oder gemahlener Ingwer

Das Tolle an Suppen ist, dass sie für das Kochen nach dem Prinzip der Kaloriendichte perfekt geeignet sind. Das liegt zum einen an der Brühe, die größtenteils aus Wasser besteht, und zum anderen am Gemüse in der Suppe, das ebenfalls sowohl einen hohen Wasseranteil als auch viele Ballaststoffe hat. So einsteht eine sattmachende Suppe mit wenig Kalorien (die noch dazu lecker schmeckt!). Mehr Volumen bei weniger Kalorien – genau das wollen wir!

SUPPEN, EINTÖPFE & HERZHAFTE PIES

✓ SOJAFREI ✓ GLUTENFREI ✓ FETTARM ✓ GÜNSTIG ✓ VORRAT

UNTER 150 KALORIEN

Butternuss-kürbis-Suppe

PRO PORTION

Kalorien 140
Fett . . . . 0,6 g
Kohlenhydrate . . . . . 35,9 g
Ballaststoffe . . . . 6,3 g
Zucker . . . . 6,7 g
Eiweiß . . . . 3 g
Weight-Watcher-Punkte . . 4

2 PORTIONEN

1	Butternusskürbis
250 ml	natriumarme Gemüsebrühe
2 TL	mildes Currypulver

Göttliche Schlichtheit: Diese Suppe hat gerade mal drei Zutaten, ist aber superlecker und macht richtig satt. Im Herbst und im Winter gibt es sie bei uns häufig zum Mittagessen (zusammen mit einem Salat), aber auch als tolle Vorspeise zu unserem festlichen Thanksgiving Dinner hat sie sich schon bewährt.

Den Backofen auf 190° C vorheizen. Den Butternusskürbis halbieren und mit den Schnittseiten nach unten auf ein Backblech legen. 25 bis 45 Minuten backen, bis Sie mühelos eine Gabel hineinstechen können, aber achten Sie darauf, dass der Kürbis nicht verbrennt. Aus dem Ofen nehmen und abkühlen lassen, bis Sie ihn problemlos anfassen können. Mit einem Löffel die Kerne und Fasern entfernen. Dann das Fruchtfleisch herauslöffeln und in einen Mixer geben. Brühe und Currypulver hinzufügen und glatt pürieren. Gegebenenfalls mehr Wasser oder Brühe hinzugeben. Anschließend in einen Topf gießen und auf niedriger Flamme erhitzen. Mit Salz und nach Belieben mit noch etwas mehr Currypulver abschmecken.

UNTER 50 KALORIEN ✓ SOJAFREI ✓ FETTARM ✓ SCHNELL ✓ GÜNSTIG

Carols Kohlsuppe

Hier das veganisierte Kohlsuppenrezept meiner Tante Carol. Lassen Sie sich nicht von den Mengenangaben abschrecken! Das Rezept ergibt zwar ganz schön viel Suppe, doch hat sie pro Portion so wenig Kalorien, dass Sie nach Herzenslust zuschlagen können. (Solange Sie mir nicht mit einer „Kohlsuppendiät" kommen!) Um die Suppe etwas gehaltvoller zu machen, mische ich manchmal vorgekochtes Getreide (z. B. braunen Reis oder Quinoa) unter. Was übrig ist, kann problemlos eingefroren werden.

Den Kohl halbieren, dann den harten Strunk wegschneiden (in den Kompost geben oder aufbewahren und damit Gemüsebrühe zubereiten). Den restlichen Kohl hacken und beiseitestellen. Den Boden eines großen Topfes dünn mit Wasser oder Gemüsebrühe bedecken und Kohl, Sellerie und Zwiebeln darin garen. Wasser, Brühwürfel, Salz und Pfeffer (meine Tante Carol verwendet jeweils 1 ½ TL), Tomatensauce, Zucker und Ketchup einrühren. Abdecken und aufkochen lassen, dann die Hitze reduzieren und etwa 10 Minuten köcheln lassen, bis die Suppe gar und gut durchgewärmt ist.

PRO PORTION
(ETWA 250 ML)

Kalorien 42
Fett . . . . .0,4 g
Kohlenhydrate . . . . . .8,6 g
Ballaststoffe . . . . .2,5 g
Zucker . . . . 6 g
Eiweiß . . . . .2,2 g
Weight-Watcher-Punkte . . 1

16 PORTIONEN

1	mittelgroßer Kohl
125 g	Staudensellerie, gehackt
100 g	Zwiebeln, gehackt
2 l	Gemüsebrühe
2	Dosen passierte Tomaten á 450 g
1 EL	brauner Zucker
4 EL	Ketchup

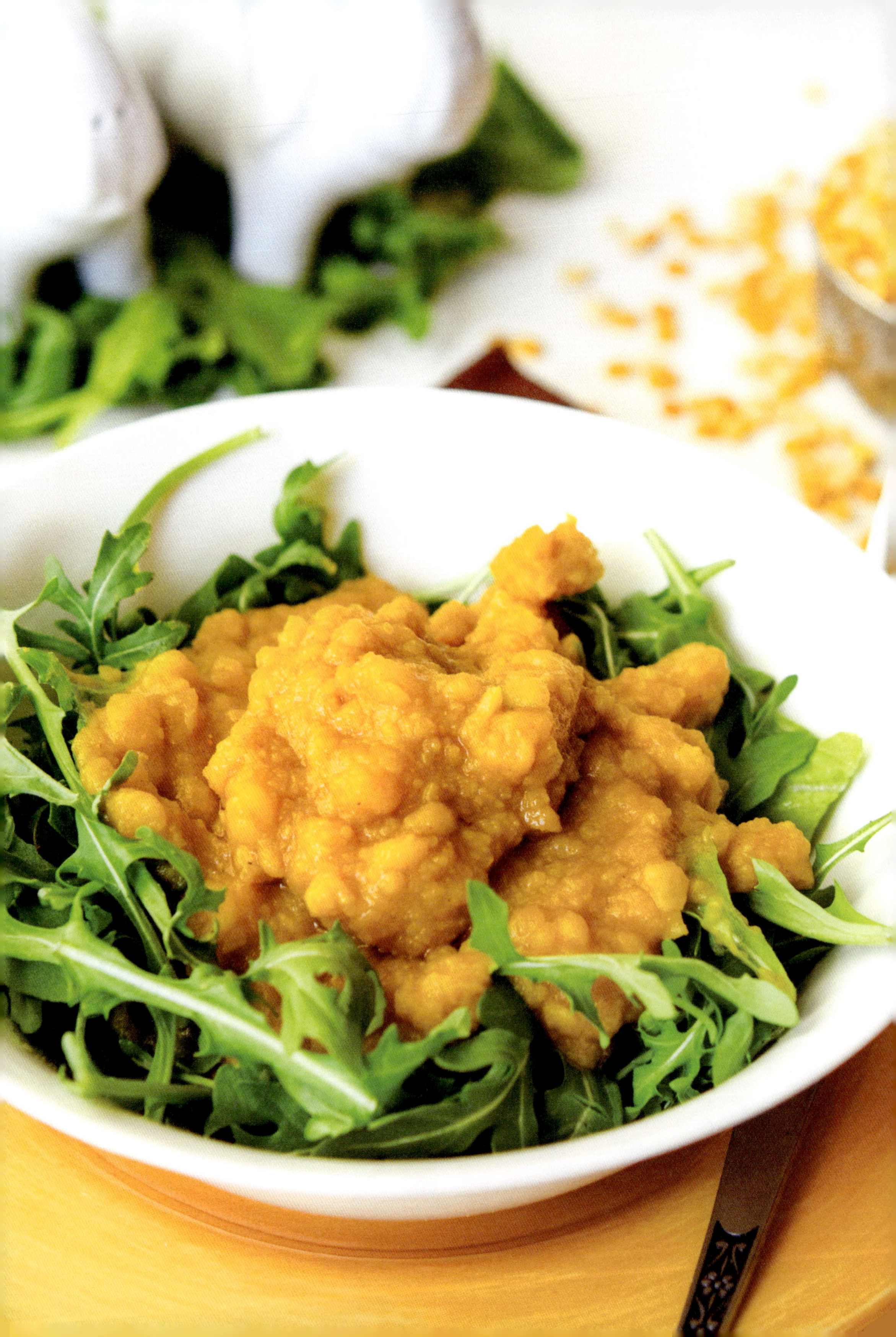

UNTER 200 KALORIEN ✓ SOJAFREI ✓ GLUTENFREI ✓ FETTARM ✓ SCHNELL ✓ GÜNSTIG ✓ VORRAT

Gelbes Curry-Dal

Ein ganz simpler Sattmacher. Ich koche ihn gern, wenn es schnell gehen muss und sowohl mein Vorratsschrank als auch mein Kühlschrank etwas mager bestückt sind. Das Dal schmeckt auch super zu grünem Blattgemüse (dann wie eine Sauce verwenden!).

PRO PORTION

Kalorien 177
Fett . . . . 0,6 g
Kohlenhydrate . . . . . . 32 g
Ballaststoffe . . . . 12,7 g
Zucker . . . . 4,4 g
Eiweiß . . . . 12,2 g
Weight-Watcher-Punkte . . 4

2 PORTIONEN

- 100 g gelbe Spalterbsen
- 430 ml Gemüsebrühe
- ½–1 TL mildes Currypulver

Erbsen und 250 ml Brühe in einen Topf geben und Deckel auflegen. Zum Kochen bringen, dann sofort die Hitze reduzieren. Köcheln lassen, bis das Wasser verkocht ist. Weitere 125 ml Brühe hinzugeben, erneut abdecken und aufkochen, dann die Hitze reduzieren und erneut köcheln lassen, bis das Wasser verkocht ist. Mit einem Kartoffelstampfer den Großteil der Erbsen zerdrücken, sodass eine cremige Konsistenz entsteht (alternativ können Sie die Erbsen auch kurz mit einem Pürierstab glatt pürieren oder in einen Mixer geben). Die restlichen 50 ml Brühe und ½ TL Currypulver untermischen. Gegebenenfalls mit noch etwas mehr Currypulver (manche Sorten sind schärfer als andere) sowie Salz abschmecken und servieren.

✓ SOJAFREI ✓ GLUTENFREI ✓ SCHNELL ✓ GÜNSTIG ✓ VORRAT ✓ EINE PORTION

UNTER 350 KALORIEN

Selleriesuppe

PRO PORTION

Kalorien	305
Fett	2,9 g
Kohlenhydrate	69,1 g
Ballaststoffe	12,4 g
Zucker	29,6 g
Eiweiß	6,9 g
Weight-Watcher-Punkte	8

EINE PORTION

- 250 ml Gemüsebrühe
- 1 Zwiebel, gewürfelt
- 1 Knollensellerie, geschält und gewürfelt
- 1–2 grüne Äpfel, entkernt und gewürfelt
- 125–250 ml Pflanzendrink
- 1 EL Ahornsirup (optional)
- Geräuchertes Paprikapulver
- Tempeh-Speck (S. 40) (optional)

Anmerkung Da Mandel- und Sojadrink sehr cremig sind, sind sie für dieses Rezept am besten geeignet.

Knollensellerie ist das wohl mit Abstand unansehnlichste Wurzelgemüse auf dem Markt (es sieht aus wie eine Kreatur aus den Untiefen des Weltalls, wenn Sie mich fragen). Aber püriert als Suppe? Umwerfend cremig und superlecker.

Den Boden eines mittelgroßen Topfes dünn mit Brühe bedecken und die Zwiebeln auf hoher Flamme 1 Minute darin dünsten. Knollensellerie und gegebenenfalls noch etwas mehr Brühe dazugeben und weitere 3 Minuten dünsten, bis der Sellerie weich wird. 1 grünen Apfel (gewürfelt) und gegebenenfalls mehr Brühe hinzugeben und die Hitze reduzieren. 1 oder 2 weitere Minuten dünsten, bis der Sellerie gar und bräunlich ist und die Apfelstücke weich sind. In einen Mixer geben, 125 ml Pflanzendrink zugießen und glatt pürieren. Nach Bedarf noch etwas mehr Pflanzendrink hinzugeben, bis eine Suppe entsteht. Die Suppe abkühlen lassen (bis sie warm, aber nicht mehr heiß ist) und probieren. Wenn Sie möchten, dass der Apfelgeschmack etwas mehr herauskommt, geben Sie ¾ der Suppe wieder in den Topf. Den zweiten Apfel (gewürfelt) zu dem Rest der Suppe in den Mixer geben und pürieren. Anschließend wieder unter die Suppe im Topf mischen. Mit Salz, Pfeffer und, falls gewünscht, mit Ahornsirup abschmecken. Falls Sie die Suppe später wieder aufwärmen möchten, erhitzen Sie sie auf niedriger Flamme. Mit etwas geräuchertem Paprikapulver und gehacktem Tempeh-Speck (optional) garnieren. Zum Servieren lege ich gern ein frisches Sellerieblatt auf die Suppe.

UNTER 350 KALORIEN

✓ SOJAFREI ✓ GLUTENFREI ✓ FETTARM ✓ SCHNELL ✓ GÜNSTIG ✓ VORRAT ✓ EINE PORTION

Sämige Cajun-Maissuppe

Einer meiner superschnellen Mittagsfavoriten ist eine cremige Maissuppe, die aus Pflanzendrink, püriertem Tiefkühlmais und einem Hauch Chipotle-Chilipulver besteht – sonst nichts. Anstelle von Chilipulver habe ich aber einmal versehentlich Cajun-Gewürz aus dem Schrank genommen – einen schmackhafteren Unfall hatte ich noch nie!

Den Mais aufwärmen oder auftauen lassen. 200 g Mais mit Pflanzendrink und Speisestärke in einen Mixer geben und grob oder glatt pürieren (wie Sie möchten!). Alles in einen Topf geben und den übrigen Mais, 1 EL Ketchup und eine großzügige Prise Cajun-Gewürz untermischen. Zum Kochen bringen, dann die Hitze reduzieren und unter ständigem Rühren köcheln lassen, bis die Suppe schön sämig ist. Gegebenenfalls mit mehr Ketchup und Cajun-Gewürz abschmecken (ich mag es, wenn der Tomatengeschmack eher unterschwellig vorhanden ist, aber viele meiner Rezeptetester zogen einen kräftigeren Geschmack vor – dafür etwa 2 EL verwenden. Ich verwende etwa 1 TL Cajun-Gewürz).

PRO PORTION

Kalorien 350
Fett . . . . 6,7 g
Kohlenhydrate . . . . . 71,6 g
Ballaststoffe . . . . 9,4 g
Zucker . . . . 13,3 g
Eiweiß . . . . 11,2 g
Weight-Watcher-Punkte . 10

EINE PORTION

400 g   Tiefkühlmais
250 ml   Pflanzendrink
1 EL   Speisestärke
1–3 EL   Ketchup
         Cajun-Gewürz (siehe Anmerkung) oder Old-Bay-Seasoning

Anmerkung Cajun-Gewürz können Sie selbst herstellen. Mischen Sie 2 EL Paprika (edelsüß), 2 EL Knoblauchpulver, 1 EL Cayennepfeffer, 1 EL Chilipulver, 1 EL Pfeffer, 1 EL getrockneten Oregano oder Majoran, 1 EL Zwiebelpulver und ½ TL gemahlenen Muskat (optional).

Eintöpfe und Chilis sind super, denn sie sind reich an Hülsenfrüchten und Gemüsesorten, die viele Ballaststoffe enthalten und einen hohen Wasseranteil haben. Daher sind sie sehr deftig und sättigend.

SUPPEN, EINTÖPFE & HERZHAFTE PIES

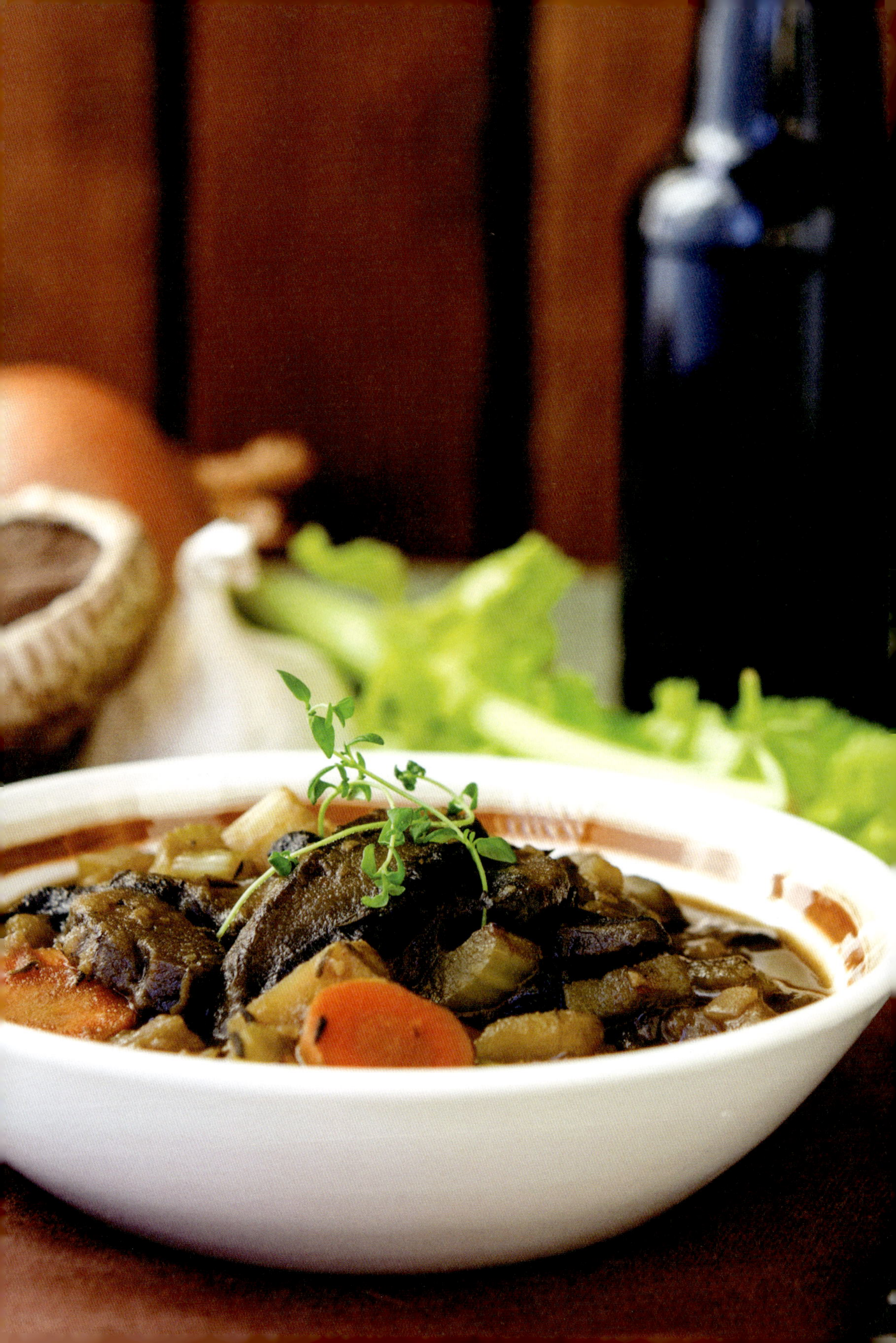

Irish Stew

UNTER 150 KALORIEN ✓ FETTARM ✓ GÜNSTIG

Als ich in Irland war, gab es überall Irish Stew und Guinness-Stew. Mein Mann war davon so begeistert, dass er mich zu Hause bat, eine fleischfreie Variante zu kochen. Nachdem ich das Internet nach traditionellen Rezepten durchstöbert hatte, entwickelte ich diese gesunde, pflanzliche Version. Dieser Eintopf ist einer unserer absoluten Favoriten und macht so richtig angenehm satt.

Die Stiele von den Pilzen entfernen. Dann die Pilze in Streifen schneiden und beiseitestellen. 250 ml Brühe in einen großen Topf geben. Zwiebeln und Knoblauch darin auf hoher Flamme etwa 1 bis 2 Minuten glasig dünsten. Thymian, Möhren, Sellerie, Kartoffeln, Stout und Tomatenmark einrühren. Zum Kochen bringen, abdecken, dann die Hitze reduzieren und weitere 10 Minuten köcheln lassen. Anschließend die Pilze, Senf, Lorbeerblätter, 1 EL Worcestershire-Sauce und übrige Brühe hinzugeben. Erneut aufkochen, abdecken und mindestens 30 Minuten köcheln lassen. Dabei gelegentlich umrühren. Wenn die Pilze und Kartoffeln sehr weich sind, nach Belieben mit etwas mehr Worcestershire-Sauce abschmecken. Großzügig mit schwarzem Pfeffer und Salz würzen. Die Lorbeerblätter herausnehmen und die Suppe servieren.

Anmerkung Anstelle der 2 großen Möhren können Sie auch etwa 16 Babykarotten verwenden.

PRO PORTION

Kalorien 112
Fett . . . . 0,9 g
Kohlenhydrate . . . . . 19,7 g
Ballaststoffe . . . . 3,8 g
Zucker . . . . 3,6 g
Eiweiß . . . . 4,8 g
Weight-Watcher-Punkte . . 3

3–4 PORTIONEN

2	Portobello-Pilze
500 ml	Keine-Rinderbrühe (S. 268)
1	Zwiebel, gewürfelt
4	Knoblauchzehen, gehackt
4	frische Thymianzweige, ohne Stiele, oder 1–2 TL getrockneter Thymian
2	große Möhren, geschält und gehackt
2	Stangen Staudensellerie, gewürfelt
2	mittelgroße Kartoffeln, gewürfelt
250 ml	dunkles Bier (Stout)
2 EL	Tomatenmark
1 EL	Dijon-Senf
2–3	Lorbeerblätter
1–2 EL	vegane Worcestershire-Sauce (S. 270)

SUPPEN, EINTÖPFE & HERZHAFTE PIES

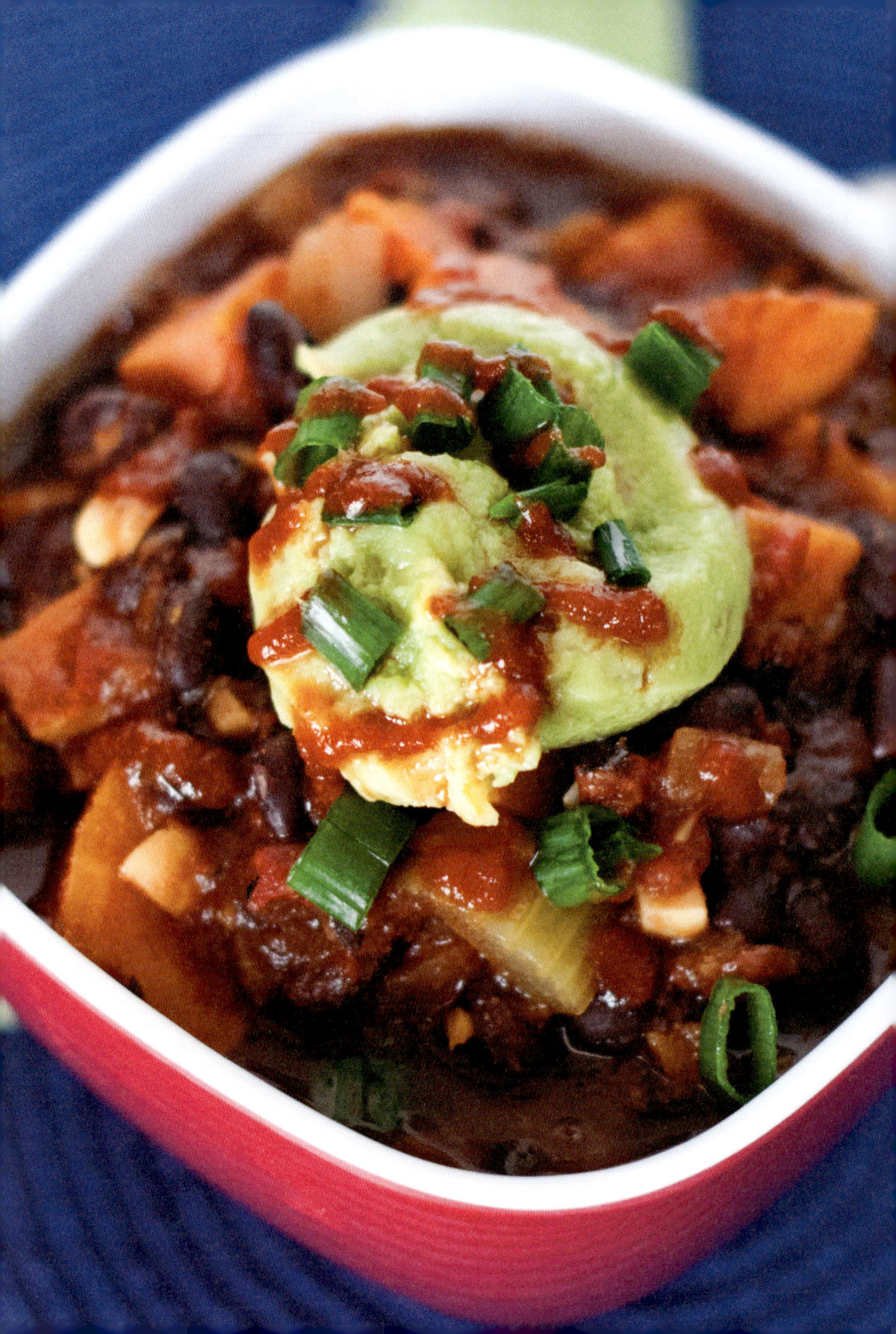

UNTER 250 KALORIEN ✓ SOJAFREI ✓ GLUTENFREI ✓ SCHNELL ✓ GÜNSTIG ✓ VORRAT

Chipotle-Chili

Süßkartoffeln, Grünkohl, schwarze Bohnen und Chipotle-Chilipulver – so lautet die einfache Formel für die Neuerfindung eines traditionellen Bohnen-Chilis! Toll dazu passt zum Beispiel klassisches Maisbrot (S. 56).

Den Boden eines großen Topfes dünn mit Brühe bedecken und darin Zwiebel und Knoblauch auf hoher Flamme glasig dünsten. Dann die übrige Brühe, Süßkartoffeln, Tomatenmark, ein paar Prisen Chipotle-Gewürz (weniger ist mehr!), Chilipulver und gemahlenen Kreuzkümmel hinzugeben. Abdecken, zum Kochen bringen und köcheln lassen, bis das Gemüse gar ist. Mais, Grünkohl und schwarze Bohnen (einschließlich der Flüssigkeit) hinzugeben und unter ständigem Rühren köcheln lassen, bis der Grünkohl zunächst leuchtend grün, dann dunkelgrün wird und zu zerfallen beginnt. Nach Belieben mit noch etwas mehr Chipotle-Gewürz abschmecken. Wenn Sie das Chili etwas flüssiger haben möchten, außerdem noch etwas mehr Wasser oder Brühe hinzugeben. Ketchup und den Saft von ½ Limette untermischen. Mit einer Limettenspalte servieren. Mit Frühlingszwiebeln und einer Prise Chipotle-Gewürz oder geräuchertem Paprikapulver anrichten.

Anmerkung Da die Bohnen für dieses Rezept nicht abgespült werden, ist eine ungesalzene Sorte am besten geeignet.

PRO PORTION

Kalorien 228
Fett . . . . 2,2 g
Kohlenhydrate . . . . . . 45 g
Ballaststoffe . . . . 10,1 g
Zucker . . . . 9,4 g
Eiweiß . . . . 11,1 g
Weight-Watcher-Punkte . . 6

2–3 PORTIONEN

250 ml	Gemüsebrühe
1	Zwiebel, gewürfelt
4	Knoblauchzehen, gehackt
1	Süßkartoffel, gewürfelt
6 EL	Tomatenmark
	Chipotle-Gewürz
1 EL	Chilipulver
1 ½ TL	gemahlener Kreuzkümmel
200 g	Tiefkühlmais
70 g	Grünkohl, gehackt
450 g	schwarze Bohnen (Dose), einschl. Flüssigkeit
2 EL	Ketchup
1	Limette
	Frühlingszwiebeln
	Geräuchertes Paprikapulver (optional)

✓ SOJAFREI ✓ GLUTENFREI ✓ SCHNELL ✓ GÜNSTIG ✓ VORRAT

UNTER 350 KALORIEN

Karibik-Chili

Ich kann mich beim besten Willen nicht daran erinnern, während meines gesamten Aufenthalts in der Karibik jemals Chili gegessen zu haben, aber „Karibik" ist immer das erste, das mir einfällt, wenn ich schwarze Bohnen und Ananas zusammen sehe. Dieses tropisch angehauchte Chili ist der pure Wahnsinn – die warmen Ananasstücke verleihen dem Gericht einen aufregenden Kick. Wenn Sie es gern schärfer mögen, gehackten Jalapeño untermischen.

Den Boden eines kleinen Topfes dünn mit Wasser oder Brühe bedecken. Zwiebel und Paprika hinzugeben und auf hoher Flamme etwa 3 Minuten dünsten, bis die Paprikastücke hellrot und die Zwiebeln glasig sind. Ananas, Salsa, Bohnen, Chilipulver und Tomatensauce unterrühren. Etwa 1 Minute köcheln lassen, dann etwa 125 ml (oder mehr) abschöpfen, in einen Mixer geben und glatt (oder fast glatt) pürieren. Gegebenenfalls eine kleine Menge Wasser oder Brühe zugießen. Die pürierte Masse wieder zum Rest des Chilis geben und mit Chilisauce oder Cayennepfeffer abschmecken. Für eine milde Süße können Sie auch etwas braunen Zucker einrühren. (Durch den Zucker kommt die Ananas richtig zur Geltung.) Nach Belieben salzen, dann auf niedriger Flamme köcheln lassen, bis alles gut heiß ist. 10 Minuten ruhen lassen, damit das Chili gut durchziehen kann. Zum Servieren mit Frühlingszwiebeln und Limetten anrichten (und, falls gewünscht, mit einem Spritzer Limettensaft abschmecken).

Anmerkungen

» Ich verwende für dieses Rezept immer tiefgekühlte Ananasstücke, aber frische oder Ananas aus der Dose sind ebenfalls geeignet.

» Hier tut's so ziemlich jede Sorte von Zwiebeln – ob rot oder weiß, nehmen Sie, was Sie dahaben!

PRO PORTION

Kalorien 308
Fett . . . . 2,5 g
Kohlenhydrate . . . . . 59,9 g
Ballaststoffe . . . . 16,4 g
Zucker . . . . 17,2 g
Eiweiß . . . . 16,3 g
Weight-Watcher-Punkte . . 7

2 PORTIONEN

½	Zwiebel, gewürfelt
1	Paprika, entkernt und gewürfelt
200 g	Ananasstücke (tiefgekühlt)
125 ml	Ananas-Salsa
450 g	schwarze Bohnen (Dose), abgetropft und abgespült
1 ½ TL	Chilipulver
250 ml	Tomatensauce (Dose)
	Chilisauce oder Cayennepfeffer (nach Belieben)
	Brauner Zucker
	Frühlingszwiebeln, in Ringen (Garnitur)
	Limettenscheiben (optional)

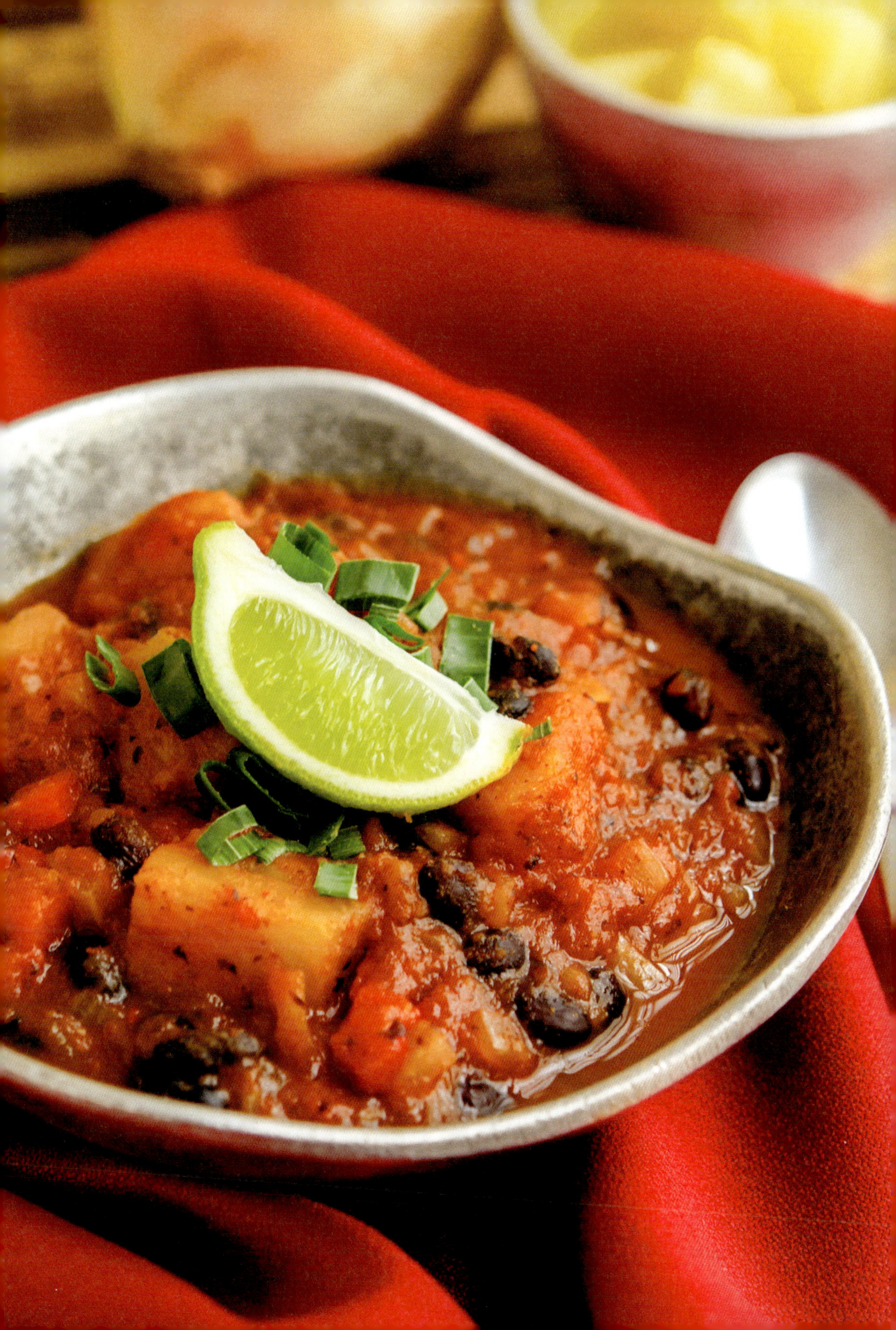

✓ SOJAFREI ✓ GLUTENFREI ✓ SCHNELL ✓ GÜNSTIG ✓ VORRAT

UNTER 300 KALORIEN

Kürbis-Chili

PRO PORTION

Kalorien 262
Fett . . . . 1,5 g
Kohlenhydrate . . . . . 48,4 g
Ballaststoffe . . . . 22,5 g
Zucker . . . . 6 g
Eiweiß . . . . 18 g
Weight-Watcher-Punkte . . 5

2 PORTIONEN

1	Zwiebel, gewürfelt
4	Knoblauchzehen, gehackt
1 EL	Chilipulver
1 TL	gemahlener Kreuzkümmel
125 ml	natriumarme Gemüsebrühe
115 g	Kürbispüree (selbst gekocht oder aus der Dose)
2-3 EL	grüne Chilis, gehackt
2 EL	Tomatenmark
450 g	Kidney- oder schwarze Bohnen (Dose), abgetropft und abgespült

Anmerkung Schwarze Bohnen sind ein guter Ersatz für Kidneybohnen, falls Sie sonst nichts im Haus haben.

Im Herbst serviere ich dieses Chili gern in ausgehöhlten, kleinen Hokkaidokürbissen. Essen in essbarer Hülle zu servieren hat irgendwie was, finde ich! Dieses Chili ist außerdem eins der beliebtesten Herbstrezepte in den „7-Day Meal Plans", daher durfte es in diesem Buch einfach nicht fehlen.

Den Boden einer Pfanne mit ein wenig Wasser bedecken und Zwiebel und Knoblauch darin glasig dünsten (etwa 2 bis 3 Minuten). Chilipulver und gemahlenen Kreuzkümmel hinzugeben und untermischen. Köcheln lassen, bis die Flüssigkeit vollständig verdampft ist. Gemüsebrühe, Kürbis, grüne Chilis und Tomatenmark hinzugeben. Die Bohnen einrühren und alles gut vermengen. Hitze reduzieren und einige Minuten köcheln lassen. Mit Salz, Pfeffer und weiteren Gewürzen (nach Bedarf) abschmecken. Wenn das Chili zu dickflüssig ist, einfach etwas mehr Wasser oder Gemüsebrühe zugießen.

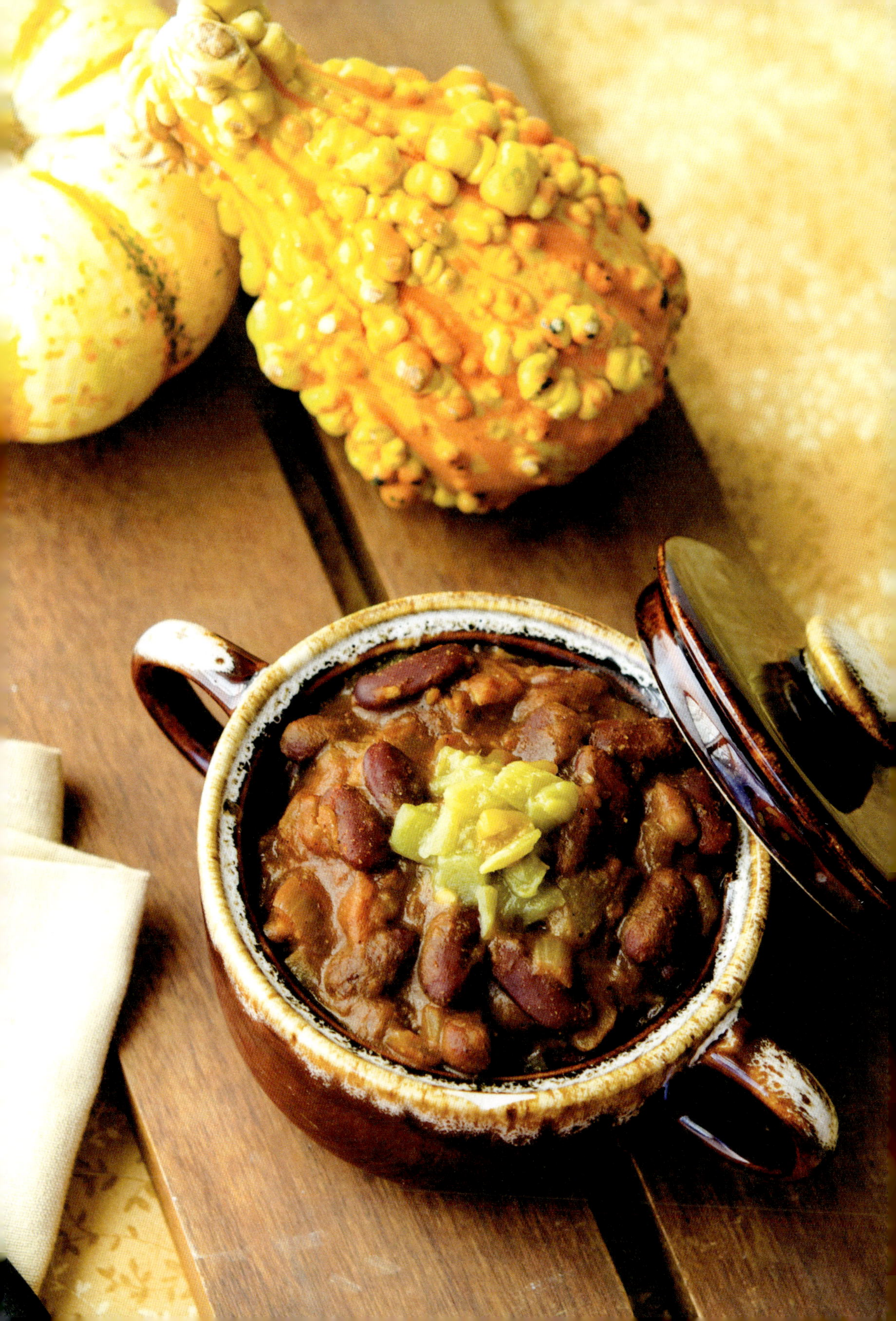

✓ SOJAFREI ✓ GLUTENFREI ✓ SCHNELL ✓ GÜNSTIG

UNTER 200 KALORIEN

Gartenchili

PRO PORTION

Kalorien 153
Fett . . . . 1 g
Kohlenhydrate . . . . . 30,5 g
Ballaststoffe . . . . 12 g
Zucker . . . . 8,7 g
Eiweiß . . . . 9 g
Weight-Watcher-Punkte . . 3

Ich liebe dieses scharfe Chili! Anders als viele andere vegetarische Chilis, die hauptsächlich aus Bohnen bestehen, ist dieses Rezept das reinste Gemüsefest. Dazu sieht es auch noch hübsch aus – das perfekte Abendessen, um an kalten Regentagen Ihre Gäste zu nähren und zu wärmen. Toll dazu passt klassisches Maisbrot (S. 56). Schlagen Sie zu!

2–3 PORTIONEN

500 ml	Gemüsebrühe
1	Zwiebel, gewürfelt
4	Knoblauchzehen, gehackt
1	grüner Paprika, entkernt und gewürfelt
450 g	Tomaten, stückig (Dose, mit Saft)
80 g	Pilze (z. B. Champignons)
2	Stangen Staudensellerie, gewürfelt
2	Möhren, geschält und gewürfelt
3-4 EL	Tomatenmark
2 EL	Chilipulver
1 EL	vegane Worcestershire-Sauce (S. 270)
½ TL	gemahlener Kreuzkümmel
1 EL	gelber Senf
450 g	Pintobohnen oder Kidneybohnen (Dose), abgetropft und abgespült

Den Boden eines großen Topfes dünn mit Brühe bedecken. Zwiebel und Knoblauch darin auf hoher Flamme glasig dünsten. Paprika, Tomaten mit Saft, Pilze, Sellerie, Möhren, Tomatenmark, die übrige Brühe, Gewürze und Saucen hinzugeben. Gut umrühren, abdecken und zum Kochen bringen. Dann die Hitze reduzieren und etwa 10 Minuten köcheln lassen, bis das Gemüse gar ist. Gegebenenfalls Wasser oder Tomatensauce hinzugeben. Die Bohnen untermischen und servieren.

Anmerkung Als ich meine Rezepte austestete, gab meine Freundin Kim dieses Chili ihrer Tochter Brenna mit zur Schule. Brennas beste Freundin, die keine Vegetarierin war, gestand Kim nach der Schule: „Das Chili, das du für deine Freundin getestet hast, war der Wahnsinn! Ich wollte zuerst höchstens einen Bissen probieren, um Brenna nicht zu beleidigen. Aber das war das Beste, das ich jemals gegessen habe; wenn das Buch im Dezember erscheint, stehe ich als erste an der Kasse und dann koche ich dieses Chili, und zwar von da an jeden Tag für den Rest meines Lebens!" Teenager- und Fleischessertest bestanden!

UNTER 350 KALORIEN

✓ SOJAFREI ✓ SCHNELL ✓ GÜNSTIG

Restefest-Potpie

Ich nenne dieses Gericht „Restefest-Potpie", weil Sie darin sämtliches Gemüse verarbeiten können, das weg muss. Das nenne ich eine gesunde und leckere Art, den Kühlschrank aufzuräumen!

Den Backofen auf 220° C vorheizen und eine küchenübliche, 22 cm lange Kastenform bereitstellen. Den Boden einer Pfanne oder eines großen Topfes mit 125 ml Gemüsebrühe bedecken und das Gemüse darin garen. Währenddessen Pflanzendrink, Mehl, Hefeflocken und Salbei verquirlen. Die Mischung über das Gemüse gießen und fast zum Kochen bringen. Hitze reduzieren und unter gelegentlichem Umrühren köcheln lassen, bis die Mischung recht dickflüssig ist. Mit Salz und Pfeffer abschmecken. Wird die Mischung zu zäh, einfach mehr Brühe zugießen. Das Gemüse sollte gut abgedeckt sein, aber nicht in der Sauce schwimmen. Die Gemüsemischung in die Kastenform geben und beiseitestellen. Für den Teigdeckel in einer Schüssel Mehl und Backpulver vermischen, dann den Pflanzendrink hinzugeben und erneut verrühren. Über die Gemüsemischung gießen und mit einem Löffel oder Spatel glatt streichen. 10 bis 15 Minuten backen, bis der Teig goldbraun und durchgebacken ist.

PRO PORTION

Kalorien 314
Fett . . . . .4,2 g
Kohlenhydrate . . . . . 57,9 g
Ballaststoffe . . . . . . .20,3 g
Zucker . . . . .1,4 g
Eiweiß . . . . .14,2 g
Weight-Watcher-Punkte . .7

2 PORTIONEN

125–250 ml Gemüsebrühe
450 g gemischtes Gemüse (gehackt) und Bohnen (siehe Anmerkung)
250 ml Pflanzendrink
1½ EL Vollkornweizenmehl
1½ EL Hefeflocken
1 TL Salbei, gerebelt

FÜR DEN TEIGDECKEL

70 g Vollkornweizenmehl
½ TL Backpulver
125 ml Pflanzendrink

Anmerkung Normalerweise verwende ich Gemüse wie Erbsen, Mais, Möhren oder Pastinaken, die auch übliche Zutaten klassischer Potieps sind. Außerdem verwende ich Bohnen (z. B. Kichererbsen oder weiße Bohnen). Auch gemischtes Tiefkühlgemüse ist geeignet.

✓ GLUTENFREI ✓ FETTARM ✓ SCHNELL ✓ GÜNSTIG ✓ VORRAT

UNTER 350 KALORIEN

Shepherd's Pie

PRO PORTION
OHNE / MIT KARTOFFELPÜREE

Kalorien 185/328
Fett . . . . 0,9 g/2 g
Kohlenhydrate 33,8 g/64 g
Ballaststoffe . 13,2 g/17,6 g
Zucker . . . . 7,5 g/8,4 g
Eiweiß 12,1 g/16,4
Weight-Watcher-Punkte 4/8

2 PORTIONEN

250 ml	Keine-Rinderbrühe (S. 268)
½	kleine Zwiebel, gewürfelt
2	Möhren, geschält und gewürfelt
75 g	Tiefkühlerbsen
145 g	gekochte Linsen
1 TL	Speisestärke
2 EL	Tomatensauce
1–2 TL	vegane Worcestershire-Sauce (S. 270)
⅛ TL	mildes Currypulver
	Einfaches Kartoffelpüree (S. 191)

Das Rezept für diesen Shepherd's Pie basiert auf Linsen. Es ist einfach zuzubereiten, sättigend und vor allen Dingen umwerfend lecker. Keine Frage, es wird garantiert eines Ihrer Lieblingsrezepte!

Den Boden einer Pfanne dünn mit Brühe bedecken. Zwiebeln und Möhren zugeben und auf hoher Flamme etwa 2 bis 3 Minuten dünsten, bis die Möhren gar sind. Erbsen und gegebenenfalls etwas mehr Brühe hinzugeben und etwa 1 Minute köcheln lassen, bis die Erbsen warm sind. Dann die Linsen einrühren. Die Speisestärke mit der restlichen Brühe (etwa 125 ml) verquirlen und ebenfalls in die Pfanne geben. Tomatensauce und 1 EL Worcestershire-Sauce einrühren und unter ständigem Rühren köcheln lassen, bis die Mischung andickt. Nach Bedarf mit mehr Worcestershire-Sauce und Salz und Pfeffer abschmecken. Currypulver einrühren, dann die Mischung in kleine Auflaufförmchen oder Schüsseln füllen und mit Kartoffelpüree bedecken. Wenn Sie das Kartoffelpüree etwas knuspriger mögen, können Sie die Pies bei 175° C einige Minuten backen. Dies ist aber nicht notwendig.

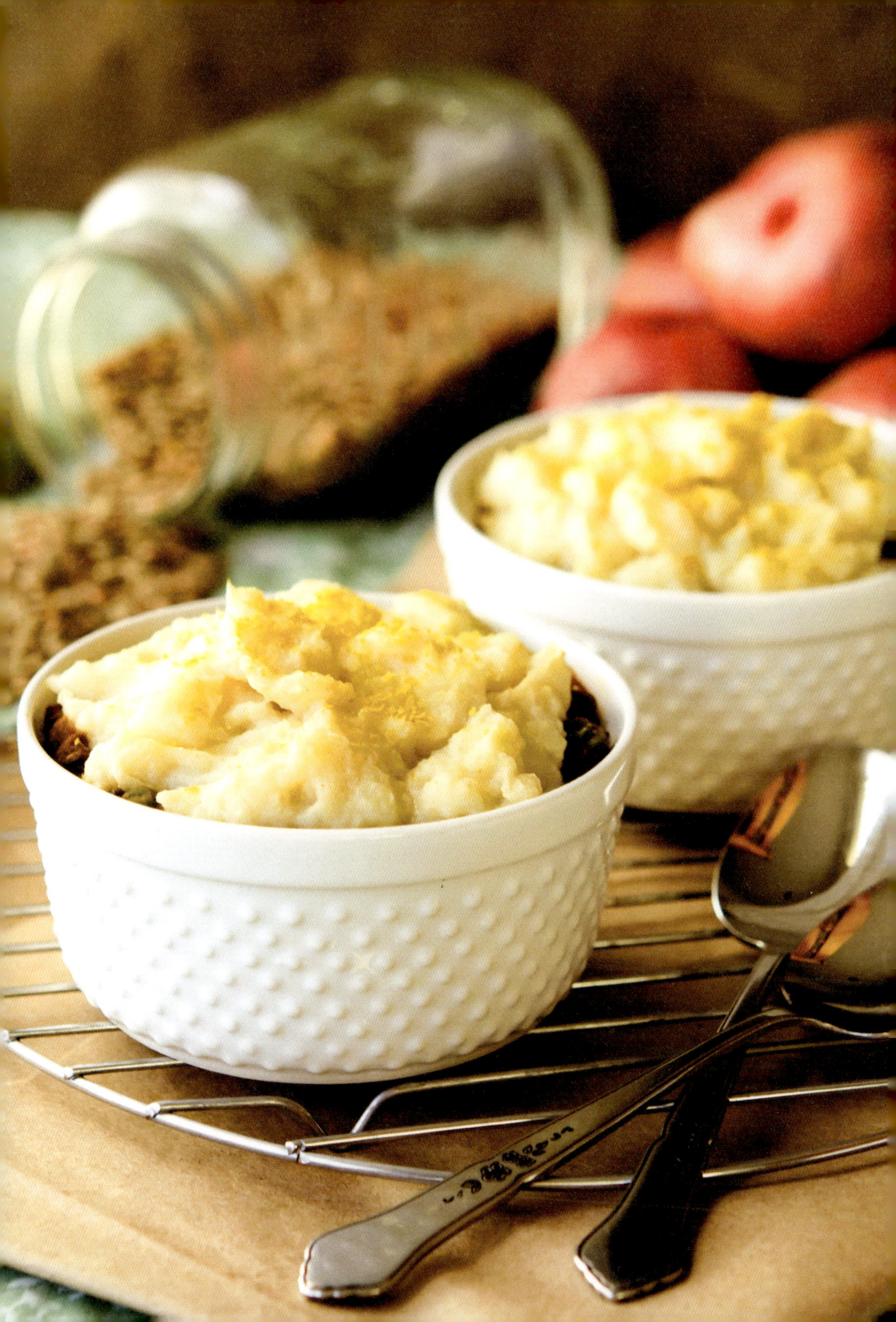

SALATE & DRESSINGS

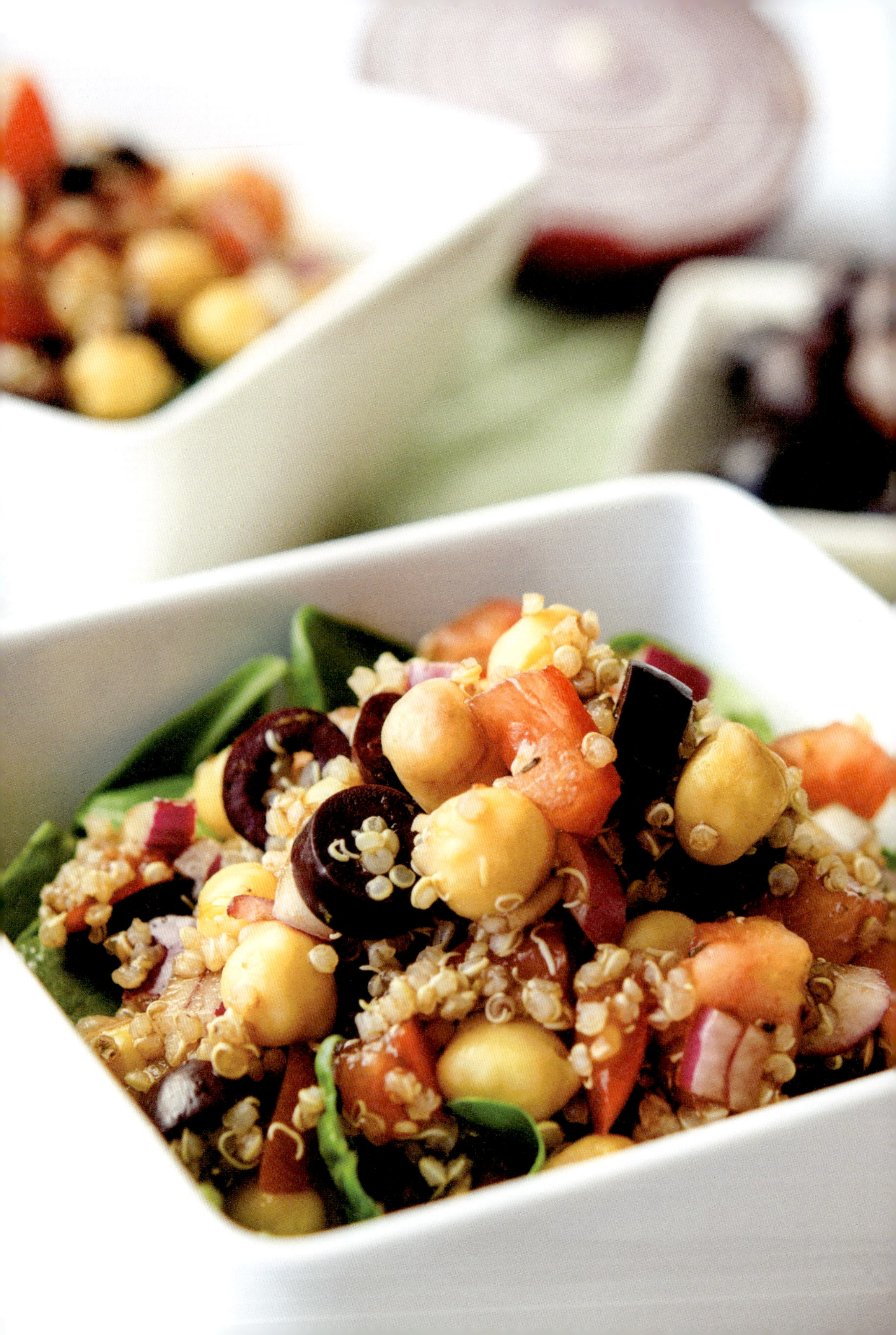

UNTER 200 KALORIEN

✓ SOJAFREI ✓ GLUTENFREI ✓ SCHNELL ✓ GÜNSTIG

Mediterraner Quinoa-Salat

In diesem schmackhaften Salat treffen sich alle meine liebsten mediterranen Aromen: Oliven, Balsamico-Essig und frischer Oregano – lecker! Geeignet als leichte Beilage für zwei oder als Hauptmahlzeit für eine Person.

Quinoa, Brühe und einen Spritzer des Olivenwassers in einen mittelgroßen Topf geben. Abdecken, aufkochen, dann sofort die Hitze reduzieren und etwa 15 Minuten köcheln lassen, bis die Quinoa gar und die Flüssigkeit verkocht ist. Die gekochte Quinoa (kalt oder warm) mit 3 EL Kalamata-Oliven und den übrigen Zutaten vermengen. Nach Belieben mit etwas Zitronenschale, Balsamico-Essig oder Olivenwasser abschmecken.

> Ein guter Salat ist einfach klasse. Ich versuche, jeden Tag mindestens eine Portion zu essen. Auf diese Weise sorge ich dafür, dass ich regelmäßig grünes Blattgemüse und anderes frisches Gemüse esse. Ich habe aber auch festgestellt, dass ich mich einfach besser fühle, wenn ich täglich einen Snack oder eine Beilage aus Salat einplane.

PRO PORTION

Kalorien	177
Fett	3,5 g
Kohlenhydrate	27 g
Ballaststoffe	5,3 g
Zucker	1,3 g
Eiweiß	7,5 g
Weight-Watcher-Punkte	4

2 PORTIONEN

- 45 g ungekochte Quinoa
- 125 ml natriumarme Gemüsebrühe
- 3 EL Kalamata-Oliven, in Scheibchen und mit Flüssigkeit
- 1 EL Balsamico-Essig
- 1 Tomate, in Scheiben
- Geriebene Zitronenschale
- Frischer Oregano (optional)
- 3 EL rote Zwiebel, fein gehackt
- 85 g gekochte Kichererbsen
- 2 Handvoll Babyspinat

Anmerkung Die Quinoa kann kalt oder warm serviert werden. Sie können die Quinoamischung auch auf einem Bett aus rohen Spinatblättern servieren. Wenn Sie gekochten Spinat lieber mögen, können Sie ihn einfach kurz vor Ende der Garzeit zu der köchelnden Quinoa geben. Ich mag dieses Gericht jedoch am liebsten kalt.

SALATE & DRESSINGS

✓ SOJAFREI ✓ GLUTENFREI ✓ FETTARM ✓ SCHNELL ✓ GÜNSTIG ✓ EINE PORTION

UNTER 350 KALORIEN

Linsen-Birnen-Salat

PRO PORTION

Kalorien 340
Fett . . . . 0,9 g
Kohlenhydrate . . . . . 65,1 g
Ballaststoffe . . . . . . 25,7 g
Zucker . . . . 15 g
Eiweiß . . . . 20,2 g
Weight-Watcher-Punkte . . 7

EINE PORTION

200 g	gemischter Blattsalat
1	Birne, in Scheiben oder gewürfelt
200 g	gekochte Linsen
	Balsamico-Dijon-Vinaigrette (S. 141) oder Himbeer-Vinaigrette
¼	rote Zwiebel (optional), in dünnen Scheiben

Dieses Rezept entstand, als ich förmlich ausgehungert vor dem Kühlschrank stand und außer gemischtem Salat, gekochten Linsen vom Vortag und einer Birne nichts dahatte. Doch ich hatte Hunger und keine Wahl, also warf ich alles mit etwas Balsamico-Vinaigrette in eine Schüssel – und der erste Bissen beförderte mich geradewegs in den siebten Himmel. Auf dem Weg zurück in die Küche, um mir eine zweite Portion zu holen, klopfte ich mir zufrieden auf die Schulter. Seitdem ist dieser Salat ein fester Bestandteil meines Speiseplans.

Gemischten Salat in eine Schüssel geben. Die Birnenscheiben und Linsen hinzugeben und etwas Dressing darüberträufeln.

Ich empfehle den Leserinnen und Lesern meiner „7-Day Meal Plans" immer, einen großen Gemüsesalat (mit wenig Dressing oder nur Essig als Dressing) als Vorspeise zu bestellen, wenn sie außer Haus essen müssen (oder möchten). Dadurch füllen Sie Ihren Magen schon mal vor dem deftigen Hauptgericht und alles bleibt im Gleichgewicht.

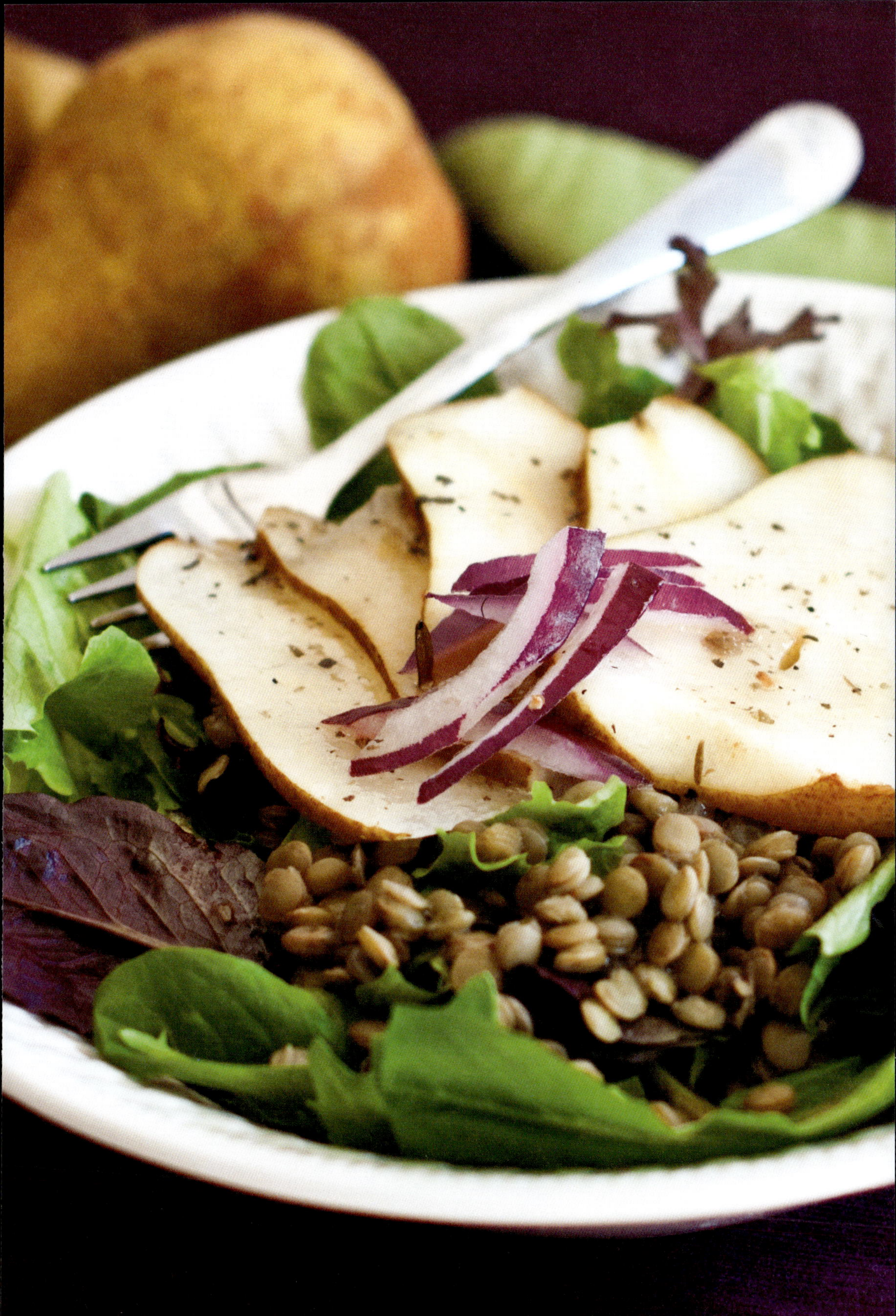

✓ SOJAFREI ✓ GLUTENFREI ✓ SCHNELL ✓ GÜNSTIG ✓ EINE PORTION

UNTER 350 KALORIEN

NUR 300 KALORIEN

Waldorf-Salat

PRO PORTION
WALDORF-SALAT / TROPISCHER TACO-SALAT

Kalorien	341/300
Fett	2,4 g/2 g
Kohlenhydrate	63,4 g/65,6 g
Ballaststoffe	13,4 g/13,9 g
Zucker	21,4 g/37,6 g
Eiweiß	15,2 g/11,2 g
Weight-Watcher-Punkte	8/8

Der Waldorf-Salat wurde im späten 19. Jahrhundert im Waldorf-Hotel in New York kreiert. Traditionell besteht er aus Äpfeln, Sellerie und Walnüssen, die mit Mayonnaise gemischt und über knackigem Eisbergsalat serviert werden. Dieses Rezept ist eine leichtere Variation dieses klassischen Salats, die ganz einfach zuzubereiten ist und gut satt macht.

2 PORTIONEN

- 1 Apfel, entkernt und gehackt
- 1–2 Stangen Staudensellerie, gewürfelt
- 450 g Kichererbsen (Dose), abgetropft und abgespült
- 150 g Trauben, in Scheibchen
- 2–3 EL veganer Naturjoghurt, ungesüßt
- 1 Eisbergsalat, gehackt

Äpfel, Sellerie, Kichererbsen und Trauben vermischen. 2 EL Joghurt dazugeben und vermengen, bis alle Zutaten benetzt sind. Nach Bedarf 1 weiteren EL Joghurt hinzugeben (alles sollte ganz dünn mit Joghurt bedeckt sein). Auf Eisbergsalat servieren.

Tropischer Taco-Salat

Im Sommer ist dieser Salat eines der populärsten Rezepte in meinen „7-Day Meal Plans". Da ich auch nicht genug davon bekommen kann, musste er einfach in dieses Kochbuch!

EINE PORTION

- ½ Kopf Eisbergsalat, gehackt
- 1 Mango, geschält, entkernt und gewürfelt
- 1 Tomate, gewürfelt
- 2 Frühlingszwiebeln, in Ringe geschnitten
- 80 g gekochte schwarze Bohnen
- ¼ Avocado (optional)
- Chilisauce (optional)
- Limettensaft

In einer Salatschüssel Gemüse, Obst und Bohnen vermischen. Dann die Avocado hinzugeben (optional). Chilisauce (optional) und Limettensaft als Dressing darüberträufeln.

Anmerkung Anstelle von Chilisauce verwende ich manchmal gern eine Prise Cayennepfeffer oder Chilipulver. Süße Chilisauce passt sicher ebenfalls super.

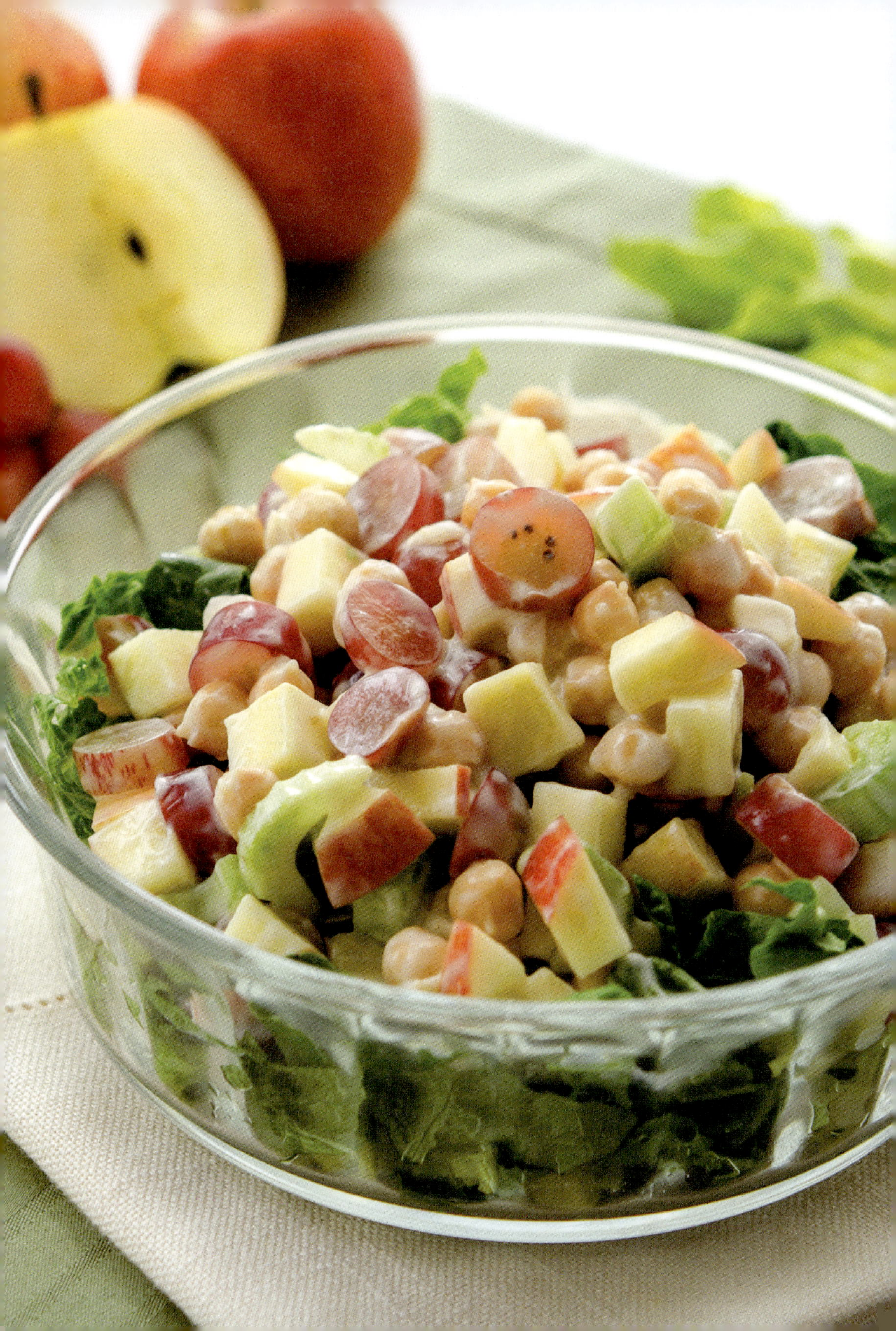

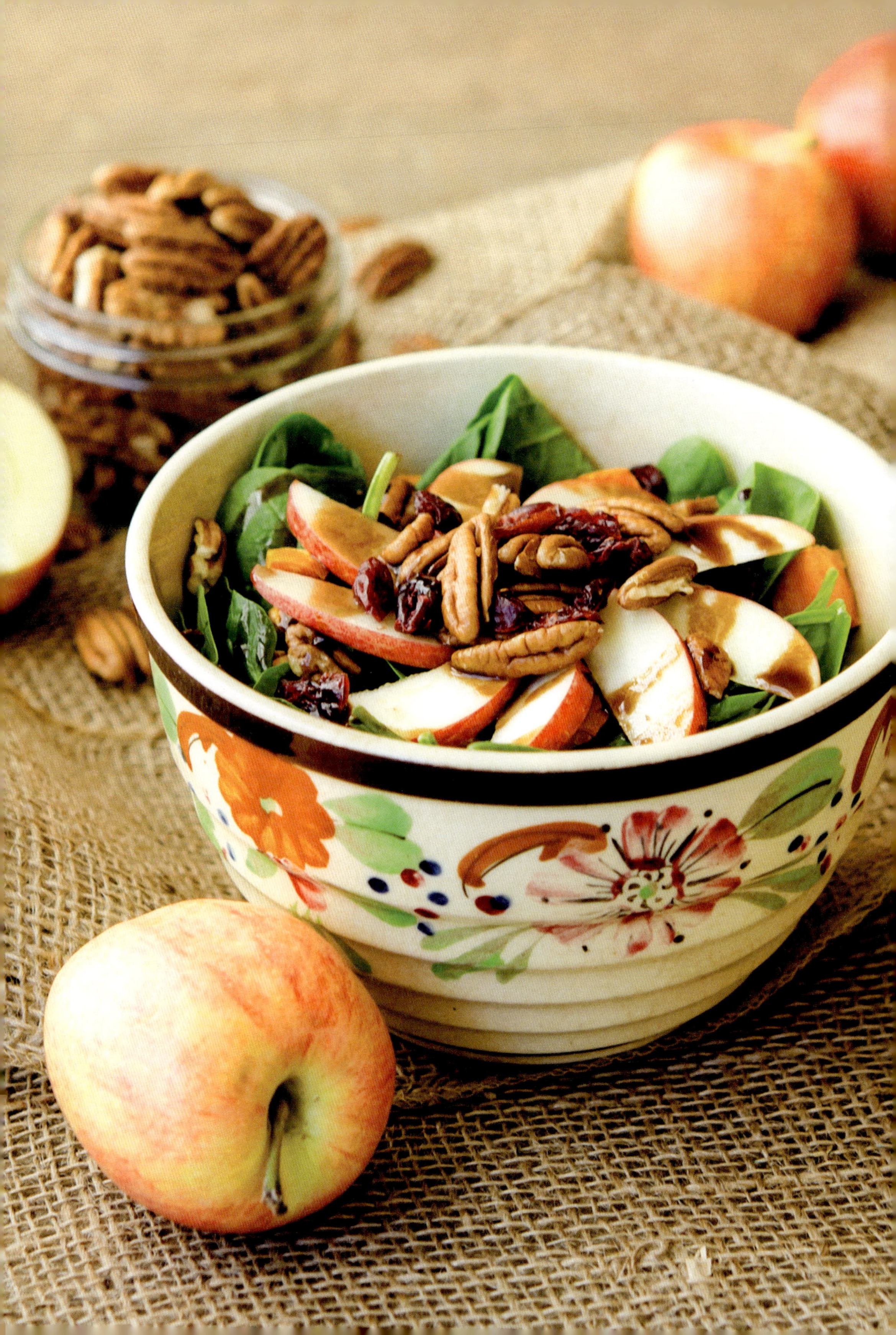

UNTER 250 KALORIEN

✓✓ SOJAFREI ✓✓ GLUTENFREI ✓✓ SCHNELL ✓✓ GÜNSTIG ✓✓ EINE PORTION

Herbst-Salat

Da ich gerne saisonal koche, bereite ich diesen Salat insbesondere zu Beginn der kalten Monate zu, wenn meine üblichen Zutaten (z. B. Tomaten) so langsam von den Gemüsemärkten verschwinden.

Die Süßkartoffel garen (am besten im Backofen rösten, aber Sie können sie auch dampfgaren, kochen oder sogar in der Mikrowelle garen) und würfeln. Die warmen Süßkartoffelstücke mit dem kalten Blattgemüse, Äpfeln oder Birnen, Nüssen (optional) und Rosinen oder Cranberrys vermischen. Ahorn-Vinaigrette darüberträufeln und genießen!

BBQ-Salat

Barbecuesauce ist mein Lieblings-Salatdressing. Das mag etwas unorthodox sein, aber genau das ist einer der Gründe, weshalb ich es so gern mag. Hier ist meine Interpretation eines klassischen Salats mit rauchigem Barbecue-Extrakt für den besonderen Kick.

Die Kichererbsen in der Barbecuesauce schwenken, bis sie rundum benetzt sind. Beiseitestellen. Den Spinat in eine Schüssel geben. Die Kichererbsen und übrigen Zutaten dazugeben.

JE SALAT
HERBST-SALAT OHNE DRESSING / BBQ-SALAT

Kalorien 205/211
Fett . . . . 0,7 g/1,5 g
Kohlenhydrate . 47,7 g/37,8 g
Ballaststoffe . . . 8,9 g/7,2 g
Zucker . . . . 22,7 g/6,6 g
Eiweiß . . . . . . 6,0 g/10,1 g
Weight-Watcher-Punkte. 7/5

EINE PORTION

1	Süßkartoffel
4	Handvoll Spinat oder anderes grünes Blattgemüse
½	Apfel oder Birne, in Scheiben
	Walnüsse oder Pekannüsse (optional)
1–2 EL	Rosinen oder Cranberrys
	Ahorn-Vinaigrette (S. 144)

EINE PORTION

85 g	gekochte Kichererbsen
1–2 EL	Barbecuesauce
2	Handvoll Babyspinat
1 TL	frische Jalapeño, gehackt (optional)
3 EL	rote Zwiebel, fein gehackt
3 EL	Mais (aufgetaut, wenn Sie Tiefkühlmais verwenden)
	Koriander (optional)

SALATE & DRESSINGS

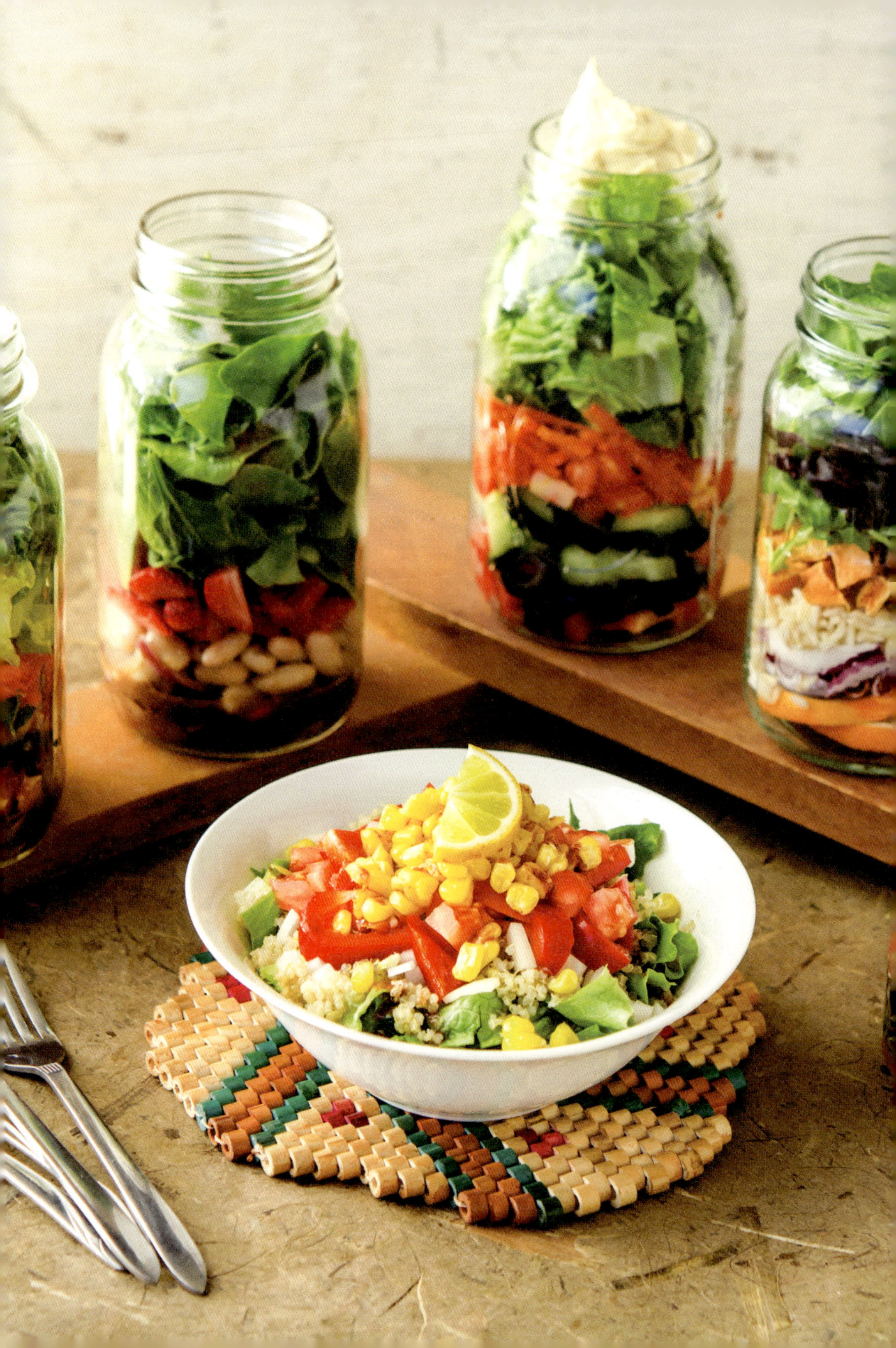

SALAT IM GLAS

Salate in Schraubgläsern sehen nicht nur hübsch (und lustig!) aus, sondern sind auch superpraktisch, um Salat mit zur Arbeit zu nehmen. Wenn Sie es ausprobieren möchten, füllen Sie zuerst das Dressing ein, dann beliebiges Gemüse oder Toppings und erst zum Schluss Eisbergsalat, Spinat oder gemischtes Blattgemüse. (Letzteres sollte den Großteil ausmachen – mindestens die Hälfte des Glases.) Sie bereiten den Salat also so zu, wie Sie es auch in einer Schüssel machen würden, nur umgekehrt! Den Salat bis zum Verzehr im Kühlschrank aufbewahren, dann das Glas in eine Schüssel oder auf einen Teller entleeren. Sie können die Gläser auch bereits für die kommende Woche im Voraus zubereiten. Ich habe auch immer gern eins oder zwei im Kühlschrank, falls ich zwischendurch Hunger bekomme oder auf dem Weg aus dem Haus noch schnell eine gesunde Mahlzeit einpacken möchte.

Tipp: Sie müssen das Glas nicht so voll stopfen, dass Sie den Salat nicht mehr herausbekommen, aber es sollte nur wenig freier Platz im Glas bleiben, da sich in solchen Lücken gerne Kondenswasser sammelt und das Gemüse dadurch welk werden kann. Verwenden Sie große Gläser (ca. 1 l) für eine Salatmahlzeit oder kleinere (ca. 350 ml) für Beilagensalate oder Snacks.

SALATE & DRESSINGS

7 LECKERE IDEEN FÜR SALATE IM GLAS

Lindsays Liebling: Balsamico-Dijon-Vinaigrette *(gegenüberliegende Seite)* oder Himbeer-Vinaigrette; dazu rote Paprika, Frühlingszwiebeln, Kichererbsen, gekochte Süßkartoffel und Babyspinat.

Basic: Italienisches Dressing *(gegenüberliegende Seite)* oder Balsamico-Dijon-Vinaigrette *(gegenüberliegende Seite)*, rote Zwiebel, Gurke, Tomate, Möhre und Eisbergsalat.

Klassisch: Balsamico-Dijon-Vinaigrette *(gegenüberliegende Seite)*, rote Zwiebel, weiße Bohnen, Erdbeeren und Babyspinat.

Zitrus-Twist: Orangensaft, Orangenscheiben, rote Zwiebel, gekochte Gerstenkörner oder brauner Reis, Süßkartoffel, geröstete rote Beete und gemischter Salat oder Babyspinat.

Ein Hauch Südwest: Salsa, Frühlingszwiebel, Paprika, schwarze Bohnen, Tomaten und Eisbergsalat.

Hummus: Paprika, schwarze Oliven, Gurke, Tomate, Möhre, Eisbergsalat und Hummus (Hummus als letztes einfüllen, nicht als erstes).

Pikant: Limettensaft und Chilisauce, Mais, Paprika, Tomate, Zwiebel, gekochte Quinoa und Eisbergsalat.

LIEBLINGSDRESSINGS

Die folgenden zwei Dressings verwende ich gern für drei meiner Salate im Glas. Für beide Dressings müssen Sie einfach nur alle Zutaten verquirlen. Je nachdem, wie süß Sie es mögen, können Sie die Menge des Agavendicksaftes (oder eines anderen flüssigen Süßungsmittels) variieren.

✓ SOJAFREI   ✓ GLUTENFREI   ✓ FETTARM   ✓ SCHNELL   ✓ GÜNSTIG   ✓ VORRAT   ✓ EINE PORTION

Balsamico-Dijon-Vinaigrette

- 2 TL Dijon-Senf
- 1 TL Balsamico-Essig
- 1 TL Rotweinessig
- 1 EL Wasser
-       Agavendicksaft (oder ein anderes flüssiges Süßungsmittel)

Kalorien 1; Fett 1.7 g; Total Kohlenhydrate 17.4 g; Ballaststoffe 6 g; Zucker 7.6 g; Eiweiß 10.4 g; WW-Punkte 1

Italienisches Dressing

- 2 EL Apfelessig*
- ¼ TL Dijon-Senf
- 1   großzügige Prise italienische Gewürzmischung
- 1   Prise Zwiebelpulver
- 1   Prise Knoblauchpulver
-       Agavendicksaft (oder ein anderes Süßungsmittel)

Kalorien 11; Fett 0.2 g; Total Kohlenhydrate 0.9 g; Ballaststoffe 0 g; Zucker 0 g; Eiweiß 0.1 g; WW-Punkte 1

* Anstelle von Apfelessig können Sie auch einen anderen Essig verwenden, z. B. Rotwein- oder Branntweinessig.

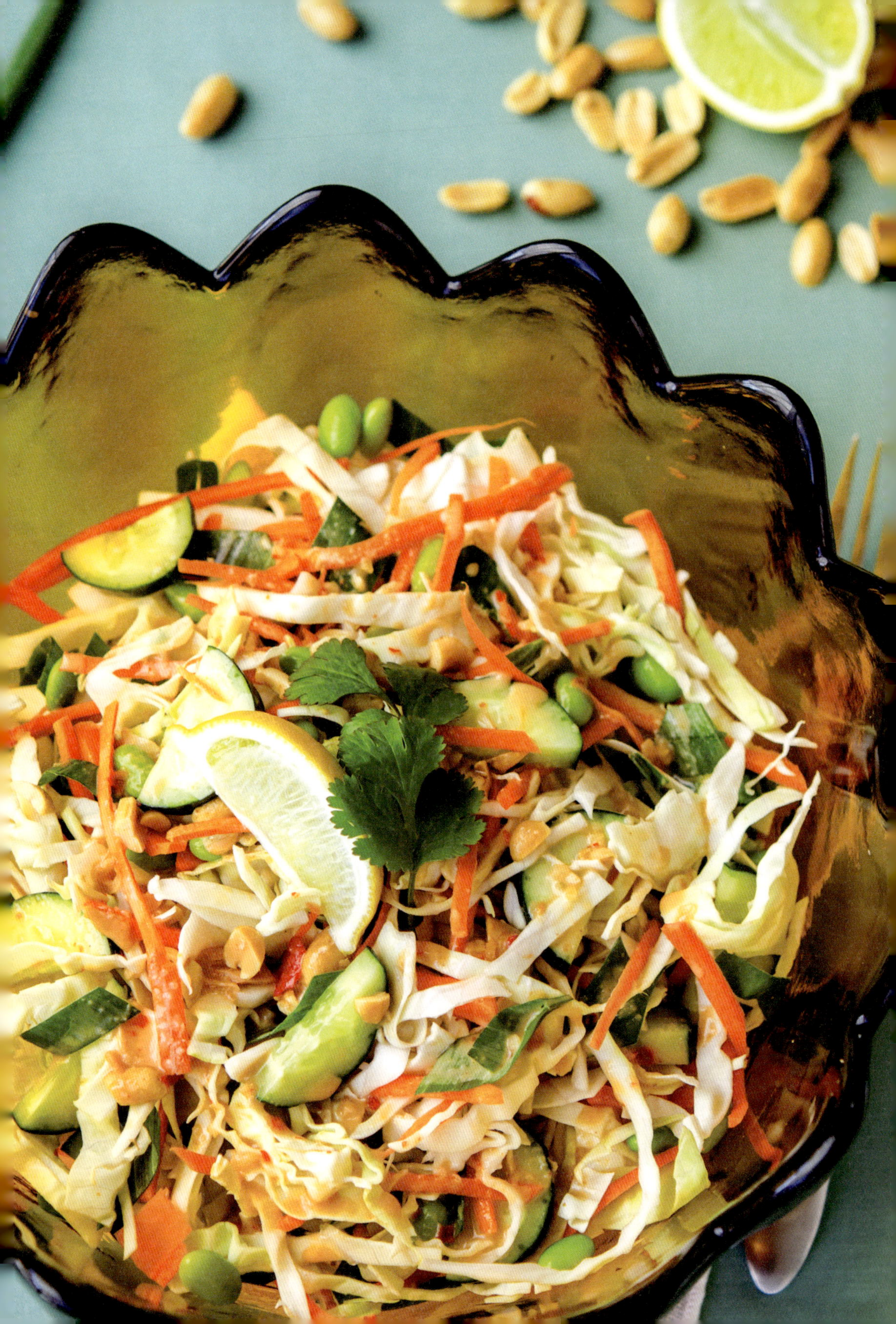

NUR 300 KALORIEN

✓ GLUTENFREI ✓ SCHNELL ✓ GÜNSTIG ✓ EINE PORTION

Knackiger Thai-Salat

Vor meiner Zeit als Veganerin war ich geradezu verrückt nach dem knackigen Thai-Salat, den es bei California Pizza Kitchen gab. Dieses Rezept ist eine leichtere, vegane Version, die ich für dieses Kochbuch kreiert habe. Es ist ganz einfach und schnell zuzubereiten, schmeckt superfrisch und macht satt. (Es gab dort auch einen BBQ-Hühnchen-Salat, der die Inspiration für meinen BBQ-Salat (S. 137) war!) CPK ist für Veganer übrigens eine der besten Restaurantketten in den USA. Auf der Webseite gibt es eine PDF-Datei mit sämtlichen Informationen zu allen veganen und vegetarischen Gerichten auf der Speisekarte.

Kohl oder Eisbergsalat, Möhre, Frühlingszwiebel, Edamame und Gurkenscheiben in einer Salatschüssel vermischen. Darüber Thai-Erdnuss-Dressing geben und mit gehackten Erdnüssen, Koriander (optional) und einer Limettenspalte garnieren. (Dazu schmeckt auch super etwas frisch gepresster Limettensaft.)

PRO PORTION

Kalorien 300
Fett . . . . 11,7 g
Kohlenhydrate . . . . . 39,4 g
Ballaststoffe . . . . 13,7 g
Zucker . . . . 16,3 g
Fett . . . . 17,3 g
Weight-Watcher-Punkte . . 6

EINE PORTION

4	Handvoll Chinakohl, Rotkohl oder Eisbergsalat (oder eine Mischung)
1	Möhre, gestiftelt
2	Frühlingszwiebeln, in Ringe geschnitten
3-6 EL	Edamame
½	Gurke, in Scheiben oder gewürfelt
	Thai-Erdnuss-Dressing (S. 144)
	Gehackte Erdnüsse (optional, zum Garnieren)
	Koriander (optional)
	Limettenspalten (zum Garnieren)

Anmerkung Wenn Sie es lieber sojafrei mögen, können Sie anstelle von Edamame auch Kichererbsen verwenden.

SALATE & DRESSINGS

✓ SOJAFREI ✓ GLUTENFREI ✓ FETTARM ✓ SCHNELL ✓ GÜNSTIG ✓ VORRAT

UNTER 50 KALORIEN

PRO PORTION
THAI-ERDNUSS-DRESSING (1 EL) /
AHORN-VINAIGRETTE (1 EL)

Kalorien 19/30
Fett . . . . 1,4 g/0,1 g
Kohlenhydrate . . . . 3 g/7 g
Zucker . . . . .0 g/0 g
Ballaststoffe . . . . . 0 g/6 g
Eiweiß . . . . 0,9 g/0,1 g
Weight-Watcher-Punkte. 1/1

FÜR 60 ML

1 EL	Erdnussmus (cremig)
1 EL	warmes Wasser
1 EL	süße Chilisauce
	Saft einer Limettenscheibe
2 TL	natriumarme Soja- oder glutenfreie Tamarisauce
1¼ TL	Reisessig
	Knoblauchpulver
	Gemahlener Ingwer
1–2	Tropfen asiatische Chilisauce (z. B. Sriracha)
1 EL	Pflanzendrink

2 ½ EL

1 EL	Ahornsirup
1 EL	Balsamico-Essig
1–1½ TL	Dijon-Senf
1	Prise gemahlener Ingwer

Thai-Erdnuss-Dressing

Cremig und lecker – diese Do-it-yourself-Erdnusssauce ist fettarm und hat wenige Kalorien.

In einer kleinen, mikrowellengeeigneten Schüssel Erdnussmus, Wasser, asiatische Chilisauce, Limettensaft, süße Chilisauce, Soja- oder Tamarisauce, Reisessig sowie einige Prisen Knoblauchpulver und gemahlenen Ingwer vermischen. 10 bis 20 Sekunden in der Mikrowelle erhitzen (bis das Erdnussmus schmilzt), dann zu einer Sauce verrühren und anschließend den Pflanzendrink untermischen. Gegebenenfalls mit noch etwas mehr Chilisauce abschmecken.

Anmerkung Für eine cremigere, reichhaltigere Sauce verwenden Sie Kokosnussmilch.

Ahorn-Vinaigrette

Alle Zutaten verquirlen. Gegebenenfalls mit etwas mehr Dijon-Senf abschmecken.

UNTER 50 KALORIEN

✓ SOJAFREI ✓ GLUTENFREI ✓ FETTARM ✓ SCHNELL ✓ GÜNSTIG ✓ VORRAT

Goldenes Dressing

Durch AJ, eine gute Freundin von mir, bin ich erst darauf gekommen, wie gut Miso, Senf und Hefeflocken zusammenpassen, und experimentiere seitdem gern selbst mit dieser Kombination.

An diesem Dressing mag ich besonders, dass bereits durch winzige Veränderungen an den Mengen der einzelnen Zutaten ganz neue Aromen entstehen. Für ein Miso-Dressing zum Beispiel können Sie einfach mehr Miso verwenden. Für ein schärferes Dressing mehr Dijon-Senf, für ein säuerliches Dressing mehr Zitrone und so weiter. Manchmal verwende ich auch gern Erdnussmus anstelle von Miso.

Alle Zutaten in einen Mixer geben und glatt pürieren. Für ein flüssigeres Dressing etwas mehr Wasser hinzugeben (aber Achtung: dieses Dressing dickt im Kühlschrank nach). Nach Belieben mit mehr Hefeflocken, Dijon-Senf, Ahornsirup, Zitrone oder Miso abschmecken.

PRO PORTION
MIT MISO / MIT ERDNUSSBUTTER (JEWEILS 1 EL)

Kalorien 21/25
Fett . . . . 0,3 g/0,9 g
Kohlenhydrate .3,3 g/3,2 g
Ballaststoffe . . . . . . 1 g/1 g
Zucker . . . . 1,2 g/1,2 g
Eiweiß . . . . 1,8 g/1,9 g

Weight-Watcher-Punkte . . 1

ETWA 125 ML

- 60 ml kaltes Wasser
- 3 EL Hefeflocken
- 1–2 TL Dijon-Senf
- 1 EL Ahornsirup oder 1–2 Datteln
- ½ Zitrone, geschält und entkernt
- 1 EL gelbe Misopaste

Anmerkung: Ich verwende in der Regel gelbe Misopaste, aber weiße oder rote gehen in diesem Rezept auch. Braune Misopaste dagegen ist ungeeignet.

SALATE & DRESSINGS

✓ SOJAFREI ✓ GLUTENFREI ✓ SCHNELL ✓ GÜNSTIG ✓ EINE PORTION

UNTER 300 KALORIEN

Mango-Quinoa-Salat mit Kick

PRO PORTION

Kalorien 257
Fett . . . . 2,3 g
Kohlenhydrate . . . . . 56,9 g
Ballaststoffe . . . . 5,6 g
Zucker . . . . 31,1 g
Eiweiß . . . . 5,5 g

Weight-Watcher-Punkte'. . 7

EINE PORTION

½	Mango, gewürfelt
100 g	gekochte Quinoa (warm oder kalt)
1	Frühlingszwiebel, in Ringe geschnitten
½	Handvoll Koriander
1–2 EL	süße Chilisauce
	Saft von 2 Limettenspalten

Anmerkung Wenn Sie diesen Salat ein paar Stunden im Voraus zubereiten, können Sie auch tiefgekühlte Mangowürfel verwenden.

Wenn ich keinen allzu großen Hunger habe, aber trotzdem etwas essen möchte, das ein bisschen gehaltvoller ist als ein leichter Snack, mache ich immer diesen Salat. Er ist auch super als sommerliche Vorspeise oder als Beilage geeignet, wenn es bei uns Sushi oder Frühlingsrollen zum Abendessen gibt. Sie können eine etwas größere Mahlzeit daraus machen, indem Sie den Salat mit Spinat und Azukibohnen oder gewürfeltem Tofu servieren.

In einer Schüssel Mango, Quinoa, Frühlingszwiebeln, Koriander und 1 EL süße Chilisauce vermischen. Limettensaft dazupressen und erneut vermischen. Nach Belieben mit etwas mehr Chilisauce abschmecken.

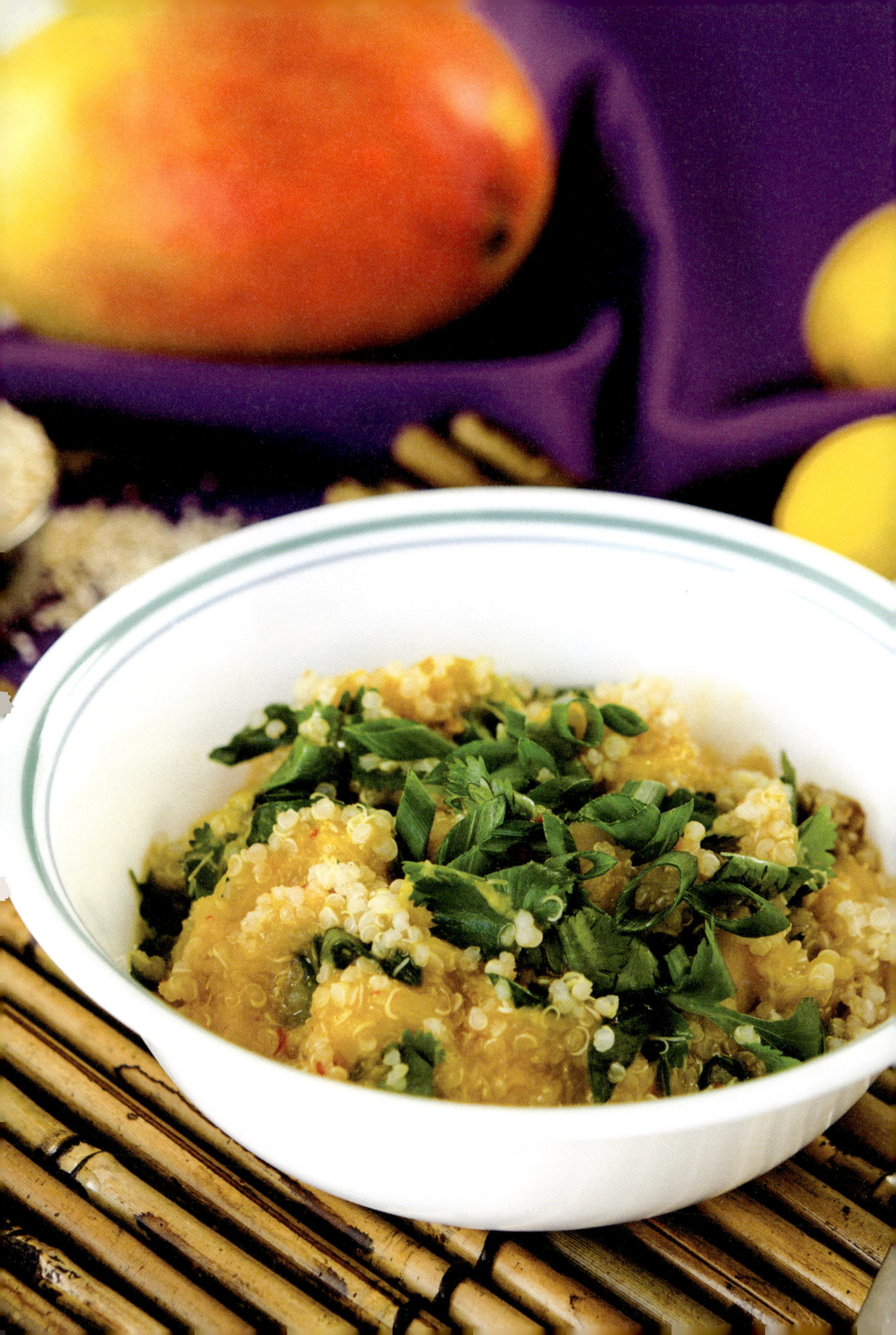

PASTA, GEMÜSE-PFANNEN & ASIANUDELN

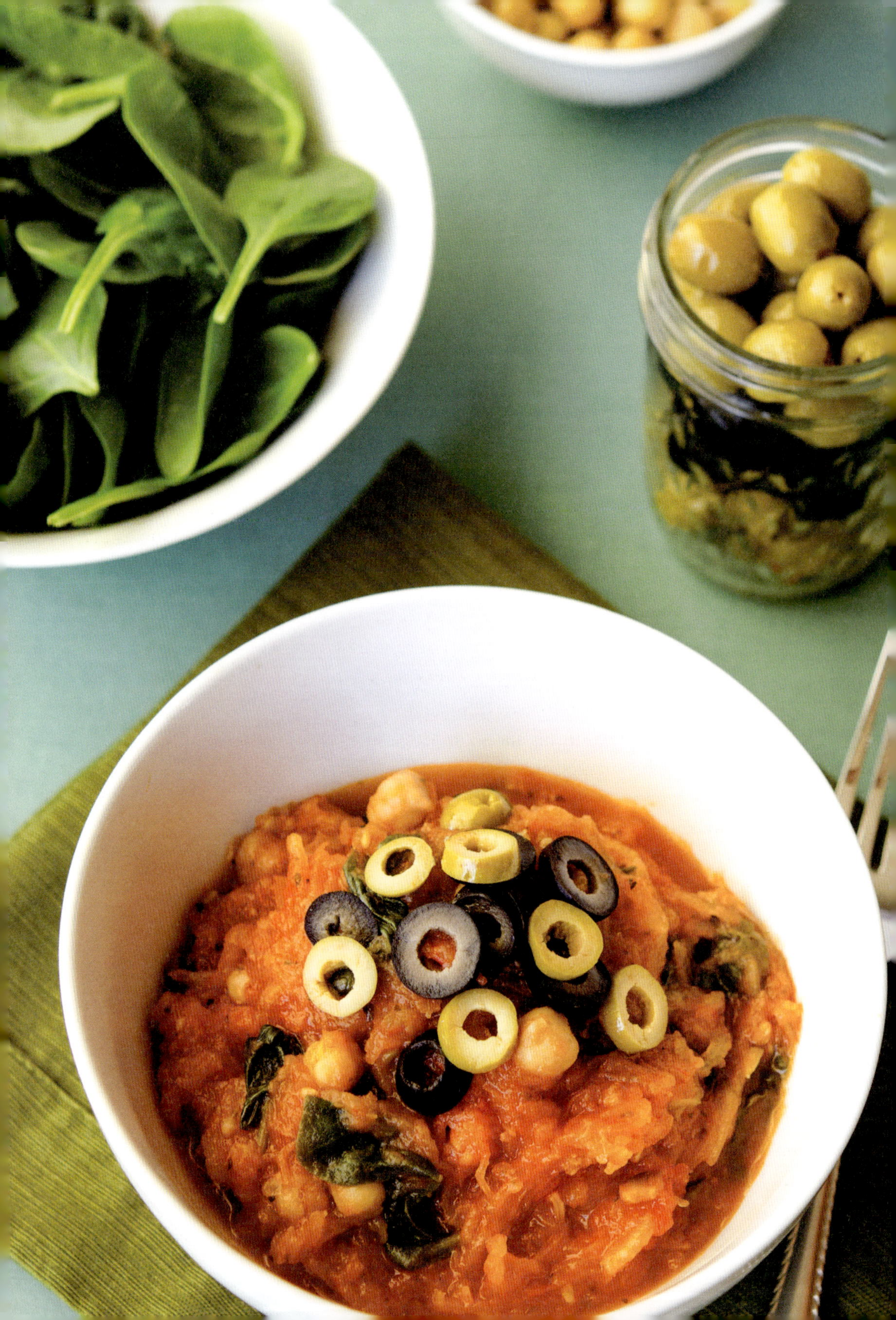

UNTER 350 KALORIEN

✓ SOJAFREI ✓ GLUTENFREI ✓ SCHNELL ✓ GÜNSTIG ✓ VORRAT ✓ EINE PORTION

Skinny Puttanesca

Sie erinnern sich vielleicht noch an mein Rezept für Puttanesca. Hier ist eine abgespeckte Version dieses Rezepts, in der ich anstelle von Pasta Spaghettikürbis verwende. Warten Sie's ab – sie werden sich noch wundern, wie satt (und zufrieden!) Sie sich anschließend fühlen werden. Skinny Puttanesca ist auch eines meiner beliebtesten „Meal Plan"-Rezepte.

Den Kürbis mehrmals mit einer Gabel einstechen und im Ganzen für etwa 10 Minuten (bis er gar ist) in der Mikrowelle erhitzen. Anschließend vorsichtig halbieren und abkühlen lassen, bis Sie ihn problemlos anfassen können. Währenddessen den Boden einer Pfanne dünn mit Wasser oder Brühe bedecken und den Knoblauch etwa 1 Minute darin dünsten. Dann die roten Chiliflocken hinzugeben und weitere 1 bis 2 Minuten garen, bis alles duftet. Spinat und Tomate sowie gegebenenfalls einen Spritzer Wasser hinzugeben. (Für einen kräftigeren Geschmack können Sie hier auch 1 zusätzlichen EL Tomatensauce untermischen.) Unter ständigem Rühren etwa 45 Sekunden köcheln lassen, bis der Spinat einen dunkleren Grünton annimmt und die Tomaten weich werden. (Lassen Sie Spinat und Tomaten aber nicht zerfallen oder matschig werden.) Wenn der Kürbis abgekühlt ist, die Samen herauslöffeln. Dann mit einer Gabel die „Spaghetti"-Fasern herauskratzen und in ein Litermaß geben. Eine etwa 750 ml entsprechende Menge abmessen und den Rest aufbewahren. Die „Spaghetti" etwas in der aufgewärmten Tomatensauce schwenken, bis sie gleichmäßig mit Sauce benetzt sind. Auf einem Teller anrichten und nach Belieben mit Salz und Pfeffer würzen. Darauf die Spinat-Tomaten-Mischung, Oliven und Kichererbsen (optional) geben.

PRO PORTION

Kalorien 304
Fett . . . . 8,6 g
Kohlenhydrate . . . . . 57,2 g
Ballaststoffe . . . . 11,2 g
Zucker . . . . 22,8 g
Eiweiß . . . . 11,5 g
Weight-Watcher-Punkte . . 9

EINE PORTION

½	mittelgroßer Spaghettikürbis
2	Knoblauchzehen, fein gehackt
1	Prise rote Chiliflocken
2	Handvoll Babyspinat
1	Tomate, gewürfelt
250 ml	Tomatensauce (S. 267), erwärmt
6 EL	schwarze oder grüne (oder gemischte) Oliven
	Kichererbsen (optional)

Anmerkung Keine Mikrowelle? Den Kürbis der Länge nach durchschneiden und mit den Schnittseiten nach unten etwa 30 bis 45 Minuten bei 175° C auf einem Backblech backen.

PASTA, GEMÜSEPFANNEN & ASIANUDELN

✓ SOJAFREI ✓ GÜNSTIG

UNTER 250 KALORIEN

Auberginen-auflauf

PRO PORTION
(OHNE TOMATENSAUCE)

Kalorien 202
Fett . . . . 5,5 g
Kohlenhydrate . . . . . 33,3 g
Ballaststoffe . . . . 10,4 g
Zucker . . . . 8,4 g
Eiweiß . . . . 7,6 g
Weight-Watcher-Punkte . . 5

4 PORTIONEN

2	kleine Auberginen
150 g	Semmelbrösel (siehe Anmerkung)
4 EL	AJs veganer Parmesan (S. 275)
2 EL	italienische Gewürzmischung
¼ TL	feines Salz
⅛ TL	Pfeffer
125 ml	Pflanzendrink
1 EL	Speisestärke
ca. 850 ml	Tomatensauce (Glas)

Anmerkungen

» Die Haut der Auberginen können Sie entfernen oder dranlassen. Manche Leute finden sie zu zäh, andere essen sie jedoch gern mit.

» Sie können Semmelbrösel selbst herstellen, indem Sie zunächst eine Scheibe Brot toasten und dann in einem Mixer klein hacken.

Ein Rezept, um das ich immer wieder gebeten werde, ist Auberginenauflauf (auf Italienisch: Pamigiana di melanzane). Das hier ist meine gesundheitsbewusste Version dieses klassischen italienischen Gerichts. Meine Freundin Nichelle hat es probiert und schrieb mir anschließend in einer E-Mail: „Dieses Rezept ist definitiv ein Superersatz für käsigen Auberginenauflauf, den ich ohne Probleme (und ohne schlechtes Gewissen!) immer wieder essen kann."

Die Auberginen in 60 bis 130 mm dicke Scheiben schneiden und mit Wasser abspülen. Ein Küchengitter auf ein sauberes Küchentuch stellen und die Auberginenscheiben darauflegen. Etwas Salz (am besten grobes) darüberrieseln und 30 Minuten ruhen lassen (dadurch wird das Solanin, das Auberginen so bitter macht, herausgesogen). Anschließend mit einem feuchten Tuch das Salz abwischen. Währenddessen den Backofen auf 175° C vorheizen. Ein Backblech mit Backpapier auslegen und beiseitestellen. Semmelbrösel, Parmesan, italienische Gewürzmischung, Salz und Pfeffer vermischen, dann in einer Küchenmaschine zerkleinern oder in einem Mörser sehr fein stampfen. Anschließend die Mischung in eine flache Schale geben. Pflanzendrink und Speisestärke verquirlen, dann in eine zweite flache Schale füllen. Die Auberginenscheiben in die zweite Schüssel dippen, dann sofort in der Semmelbröselmischung wenden. Wiederholen, bis alle Scheiben gleichmäßig benetzt sind. Wenn alle Scheiben paniert sind, auf ein Backblech legen und 12 Minuten backen. Wenden und weitere 5 bis 10 Minuten backen. Falls not-

ZEHN TIPPS ZUM KALORIENSPAREN

1. Putzen Sie sich zwischen den Mahlzeiten die Zähne.
2. Trinken Sie vor dem Essen ein Glas Wasser.
3. Platzieren Sie eine Stange Staudensellerie mittig in Ihrem Kühlschrank. Wenn Sie wirklich Hunger haben, dann essen Sie den Sellerie. Wenn Sie lieber daran vorbei greifen, dann ist wahrscheinlich noch etwas anderes im Spiel.
4. Wenn Sie außer Haus essen, bestellen und essen Sie einen großen Salat (mit Zitronensaft oder Chilisauce anstelle des Dressings) vor dem Hauptgericht.
5. Verwenden Sie kleinere Teller und Schüsseln. Kleine Portionen auf großen Tellern vermitteln Ihnen den Eindruck, auf etwas zu verzichten. Große Portionen auf kleinen Tellern jedoch geben Ihnen das Gefühl, sich nicht einschränken zu müssen.
6. Denken Sie in Farben. Essen Sie farbenfroh.
7. Stellen Sie Servierschüsseln während des Essens nicht auf den Tisch. Dadurch müssen Sie jedes Mal aufstehen und woanders hingehen, wenn Sie einen Nachschlag möchten.
8. Legen Sie eine Serviette auf Ihren Teller, sobald Sie mit dem Essen fertig sind (insbesondere, wenn Sie in einem Restaurant sind). Auf diese Weise essen Sie nicht weiter, nur weil Sie auf die anderen oder den Kellner warten.
9. KAUEN SIE.
10. Machen Sie eine leichte Mahlzeit aus einem schweren Gericht, indem Sie es zum Beispiel zu gedünstetem Gemüse statt gekochtem Getreide servieren.

wendig, weitere 5 bis 10 Minuten backen, dabei einmal wenden. Die Auberginen sollten weich und die Semmelbrösel goldbraun sein, aber achten Sie darauf, dass sie nicht anbrennen (die Backzeit hängt auch davon ab, wie dick Sie die Scheiben geschnitten haben).

Anschließend die Auberginen auf einem Teller anrichten und mit Tomatensauce und veganem Parmesan servieren.

✓ SOJAFREI ✓ GLUTENFREI ✓ SCHNELL ✓ GÜNSTIG

UNTER 150 KALORIEN

Skinny Mac 'n' Cheese

PRO PORTION	
Kalorien	131
Fett	2,1 g
Kohlenhydrate	21,4 g
Ballaststoffe	5,3 g
Zucker	1,5 g
Eiweiß	9,5 g
Weight-Watcher-Punkte	3

4 PORTIONEN

„KÄSE"-SAUCE

250 ml	Pflanzendrink
4 EL	Hefeflocken
2 EL	Tomatensauce oder Ketchup
1 EL	Speisestärke
½ TL	Zwiebelpulver
½ TL	Knoblauchpulver
115 g	Kürbispüree (selbst gekocht oder aus der Dose)
300 g	gekochte Vollkornweizen- oder glutenfreie Nudeln
4	Handvoll gehacktes grünes Gemüse (z. B. Spinat oder Grünkohl)
	Chilisauce (optional)

In einer Zeitschrift stieß ich auf ein „Diät"-Rezept für Macaroni & Cheese, in dem zum Kaloriensparen Butternusskürbis und fettarmer Käse verwendet wurden. Ich beschloss, den Käse (und den Butternusskürbis) wegzulassen und nur zum Ausprobieren stattdessen eine kleine Portion gewöhnlichen Kürbis unter mein klassisches Rezept für Mac & Cheese zu mischen. Ein Volltreffer! Ich wage sogar zu behaupten, dass die „leichtere" Kürbisversion besser ist als das Original! Um das Gericht noch gehaltvoller zu machen, können Sie gewürfelten (und gekochten) Butternusskürbis oder Süßkartoffeln untermischen und die Menge der Sauce verdoppeln.

In einem kleinen Topf alle Zutaten für die „Käse"-Sauce vermischen und auf niedriger Flamme erhitzen, bis die Sauce warm und sämig ist. Gelegentlich umrühren. Falls gewünscht, mit Salz und Pfeffer abschmecken. Währenddessen einen Topf Wasser zum Kochen bringen und die Nudeln hineingeben. Al dente (bissfest) kochen (je nach Packungsanweisung kann die Kochzeit variieren). Kurz (etwa 1 Minute) bevor die Nudeln fertig sind, das Gemüse hinzugeben. Unter ständigem Rühren köcheln lassen, bis das Blattgemüse zerfällt und einen dunkleren Farbton annimmt. Es sollte jedoch nicht matschig werden (die Garzeit hängt von der Gemüsesorte ab). Nudeln und Gemüse abgießen und wieder in den Topf geben. Die „Käse"-Sauce hinzugeben und untermischen. In Schüsseln geben und, falls gewünscht, großzügig mit Chilisauce abschmecken.

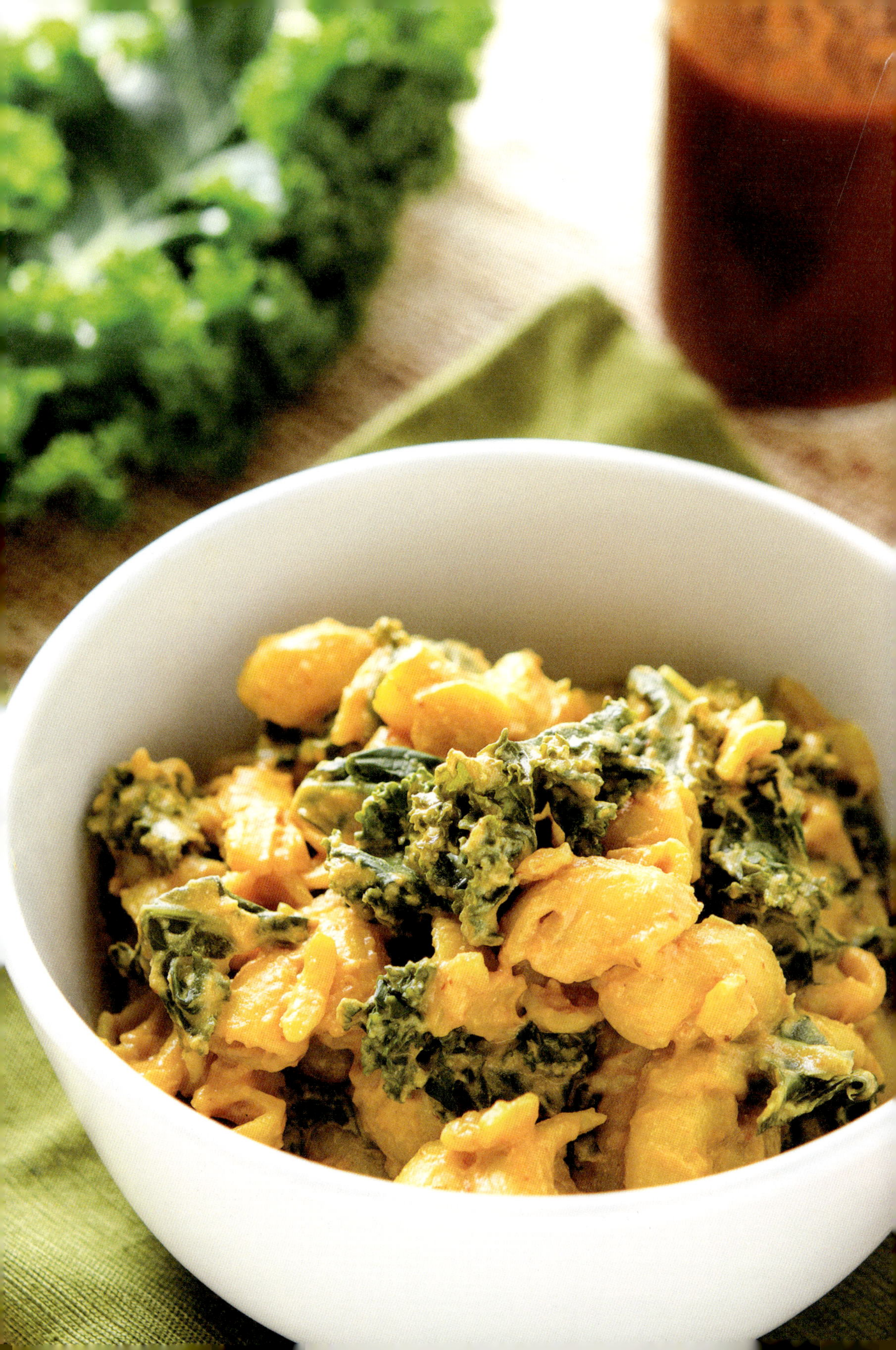

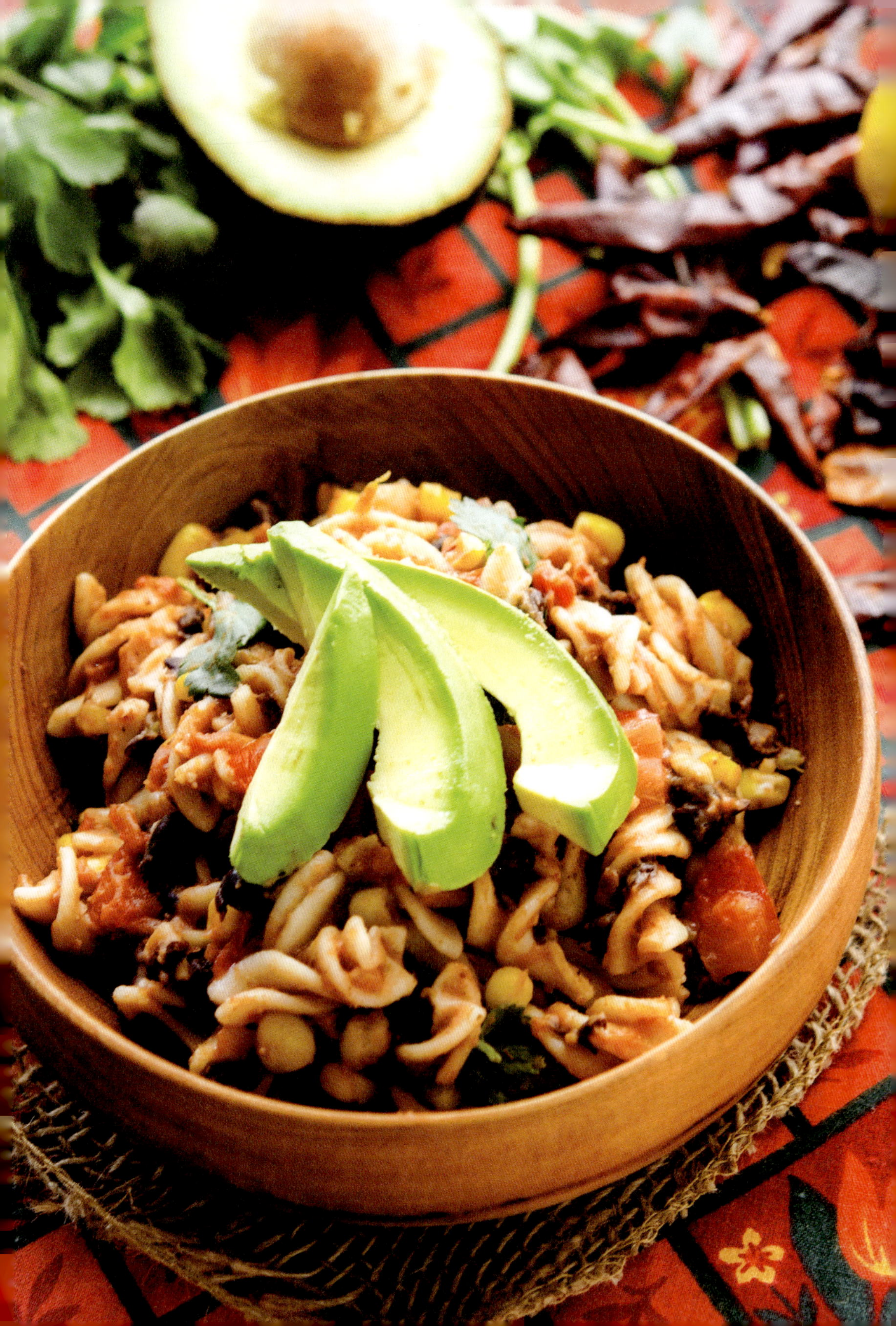

UNTER 200 KALORIEN ✓ SOJAFREI ✓ SCHNELL ✓ GÜNSTIG

Chipotle-Pasta

Lassen Sie sich von den vielen Zutaten nicht abschrecken: Dieses Rezept ist ganz mühelos und im Handumdrehen zubereitet. Einfach umrühren, erhitzen, vermischen – schmecken lassen! Dieses Pastagericht ist die freche kleine Schwester von Mac & Cheese. Bohnen, Mais und Tomaten ergänzen es auf gesunde Weise.

Die Nudeln nach Packungsanweisung zubereiten. Etwa 1 Minute vor Ende der Garzeit Mais und Bohnen zugeben und erhitzen, dann das Wasser abgießen. Währenddessen alle Zutaten (außer Limettensaft) für die Sauce vermischen und unter ständigem Rühren aufkochen. Verwenden Sie für den Anfang nur 2 EL Salsa und ¼ TL Chipotle-Chilipulver. Dann die Hitze reduzieren und köcheln lassen, bis die Sauce schön sämig ist. Gegebenenfalls mit etwas mehr Salsa oder Chipotle-Chilipulver abschmecken (denken Sie daran, dass weniger hier mehr sein kann). Wenn Sie es gern scharf mögen, können Sie außerdem noch etwas Cayennepfeffer unterrühren. Den Herd ausstellen und den Limettensaft untermischen. Falls gewünscht, mit Salz abschmecken. Über die Nudelmischung geben und vermischen, bis die Sauce gleichmäßig verteilt ist. Die Tomaten und (optional) Avocado und Koriander einrühren.

Anmerkungen
» Anstelle von schwarzen Bohnen können Sie auch Kidney- oder Pintobohnen verwenden.
» Wenn Sie es lieber glutenfrei mögen, verwenden Sie glutenfreies Mehl (für die Sauce) und glutenfreie Nudeln.

PRO PORTION (OHNE AVOCADO)

Kalorien 152
Fett . . . . 2,2 g
Kohlenhydrate . . . . . 25,1 g
Ballaststoffe . . . . 7,4 g
Zucker . . . . 2,3 g
Eiweiß . . . . 10,4 g
Weight-Watcher-Punkte . . 4

4 PORTIONEN

- 250 g Vollkornweizennudeln
- 200 g Mais
- 450 g schwarze Bohnen (Dose), abgetropft und abgespült
- 1 Tomate, gewürfelt
- 1 Avocado, gewürfelt (optional)
- Koriander (optional)

SAUCE
- 60-125 ml Salsa
- ¼–½ TL Chipotle-Chilipulver
- 250 ml Pflanzendrink
- 4 EL Hefeflocken
- 2 EL Vollkornweizenmehl
- 1 EL gelbe Misopaste
- 1 TL Zwiebelpulver
- ½ TL Knoblauchpulver
- ½ TL gemahlener Kreuzkümmel
- 3 EL Tomatensauce
- 2 EL gehackte grüne Chilis (Dose)
- 1 TL Limettensaft

PASTA, GEMÜSEPFANNEN & ASIANUDELN

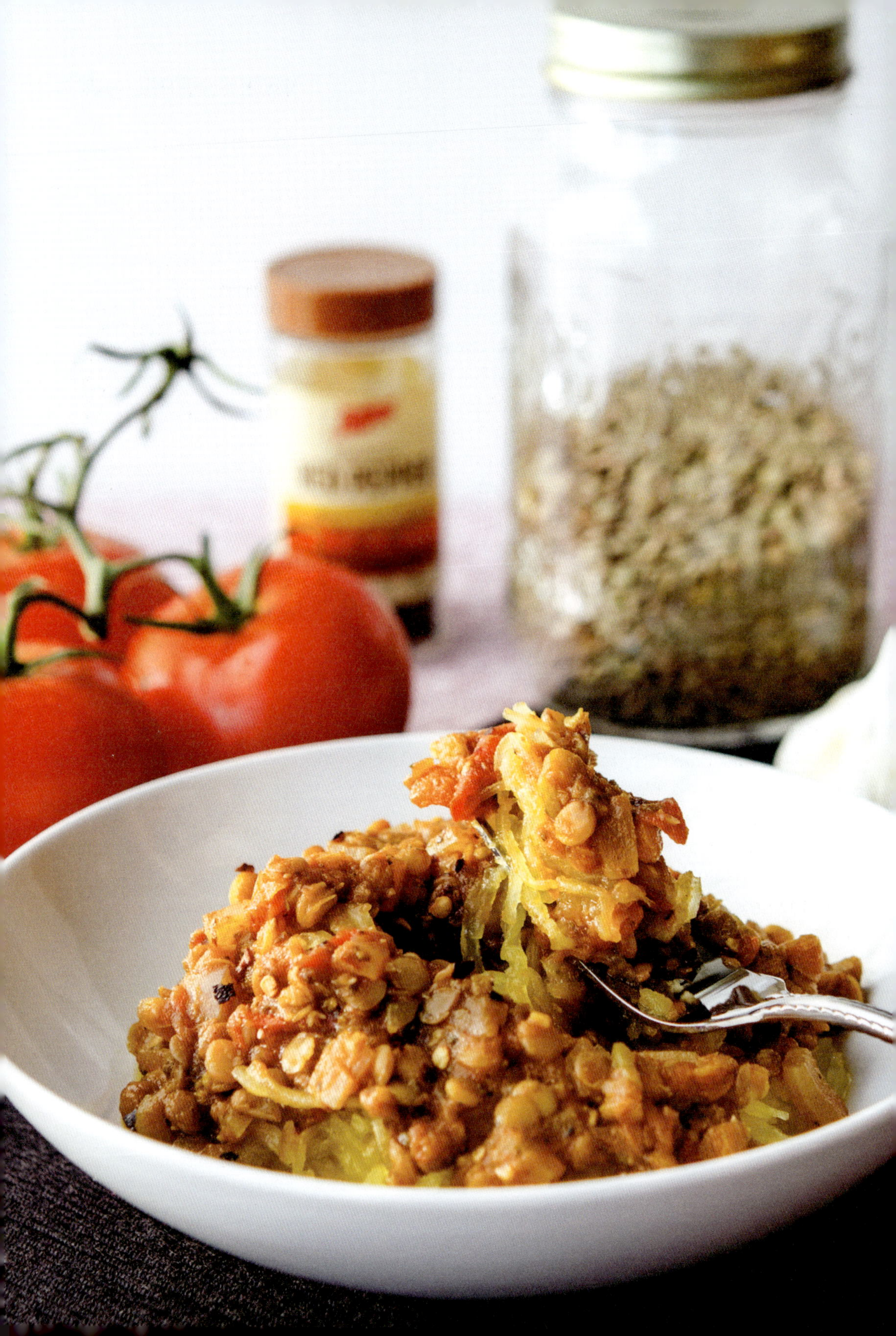

UNTER 150 KALORIEN ✓ SOJAFREI ✓ GLUTENFREI ✓ GÜNSTIG

Linsen-Tomatensauce

PRO PORTION (250 ML)

Kalorien	133
Fett	1,7 g
Kohlenhydrate	21,6 g
Ballaststoffe	8,4 g
Zucker	6,5 g
Eiweiß	8,6 g
Weight-Watcher-Punkte	3

Diese herzhafte Tomatensauce stillt Ihren Pastahunger. Für ein fettärmeres „Pasta"-Erlebnis serviere ich diese Sauce gern zu Kürbisspaghetti, aber sie schmeckt auch super zu Ofenkartoffeln, Brokkoli und allem anderen, was Sie sonst gern mit Tomatensauce essen. Der Geschmack wird mit der Zeit übrigens intensiver, es lohnt sich also, die Sauce im Voraus zuzubereiten und sich aufs Resteessen zu freuen!

1,25 L

500 ml	Gemüsebrühe
3–4	Knoblauchzehen, fein gehackt
1	kleine Zwiebel, gewürfelt
2–3 EL	Tomatenmark
2	Tomaten, gewürfelt (optional)
450 g	Tomaten, stückig (Dose)
1 EL	italienische Gewürzmischung
1 EL	Rotweinessig
100 g	rote Linsen
1	kleine Jalapeño, entstielt und gehackt
	Zucker oder Ketchup (optional)

Den Boden eines mittelgroßen Topfes dünn mit Brühe bedecken und Knoblauch und Zwiebeln auf hoher Flamme etwa 2 Minuten glasig dünsten. Die übrigen Zutaten (angefangen mit 2-3 EL Tomatenmark) hinzugeben und aufkochen. Dann die Hitze reduzieren und 20 bis 30 Minuten köcheln lassen, bis die Linsen weich und gar sind. Nach kurzer Abkühlung bei Bedarf mit noch etwas mehr Tomatenmark sowie Salz und Pfeffer abschmecken. Ist die Sauce zu säuerlich, mischen Sie eine Prise Zucker oder einen Klecks Ketchup unter. Ist sie zu dickflüssig, gießen Sie etwas Brühe oder Tomatensauce zu.

Anmerkung Wenn Sie möchten, können Sie die Sauce (oder einen Teil davon) in einen Mixer geben, glatt pürieren und anschließend wieder zugeben. (Ich mag's am liebsten stückig). Geröstete Tomaten (anstelle von schlichten gewürfelten Tomaten) geben diesem Gericht ein „besonderes Etwas".

✓ SOJAFREI ✓ GLUTENFREI ✓ FETTARM ✓ SCHNELL ✓ GÜNSTIG ✓ VORRAT

UNTER 150 KALORIEN

Rotes Pesto

PRO PORTION
(1 EL) / GESAMT

Kalorien 9/117
Fett . . . . 0,1 g/1,2 g
Kohlenhydrate . 2 g/22,6 g
Ballaststoffe . . . . 0 g/7,6 g
Zucker . . . . 1,1 g/14,5 g
Eiweiß . . . . 0,5 g/4,3 g
Weight-Watcher-Punkte . . 0

250 ML

1 Glas	(ca. 350 ml) gerösteter roter Paprika (in Wasser, nicht in Öl eingelegt), abgetropft (ca. 3 Schoten)
1	Bund frisches Basilikum
1–2	Knoblauchzehen
1 TL	frischer Zitronensaft

Warum sollte eigentlich immer nur grünes Pesto im Rampenlicht stehen? Dieses rote Pesto vereint frisches Basilikum und gerösteten roten Paprika und ist in Sekundenschnelle gemacht. Sie können es genau wie grünes Pesto verwenden, zum Beispiel als Aufstrich oder zu Pasta.

Alle Zutaten in einen Mixer oder eine kleine Küchenmaschine geben und glatt pürieren. Falls notwendig, geben Sie einen Spritzer Wasser oder fertige Gemüsebrühe hinzu, aber das Pesto sollte nicht zu feucht oder gar wässrig sein. Bei Bedarf mit noch etwas mehr Basilikum und Salz und Pfeffer abschmecken.

Anmerkung Als Vorspeise auf knusprigem Brot mit veganem Parmesan servieren.

Bei Pfannengerichten können Sie ganz einfach Kalorien sparen, indem Sie die Zutaten nicht „anbraten". Sparen Sie sich das Öl! Viel Fett und Kalorien lassen sich auch reduzieren, indem Sie einen normalen Pflanzendrink anstelle von Kokosnussmilch aus der Dose verwenden, zum Beispiel Kokosnussdrink (im Tetrapak).

UNTER 200 KALORIEN

✓ SOJAFREI ✓ GLUTENFREI ✓ SCHNELL ✓ GÜNSTIG ✓ VORRAT ✓ EINE PORTION

Sahnesauce

Diese eiweißreiche Sahnesauce ist perfekt für Pasta oder als Dip für knuspriges Brot. Ich esse sie auch gern zu Gemüse – am liebsten zu Erbsen und Brokkoli. Sie können diese Sauce genau wie eine Alfredosauce verwenden (auch wenn sie nicht ganz genauso schmeckt). Sie zu kochen ist supereinfach, aber Vorsicht: Suchtgefahr!

Alle Zutaten von Kichererbsen bis veganer Parmesan in einen Mixer oder eine kleine Küchenmaschine geben und glatt pürieren (die Sauce sollte recht flüssig sein; wenn die Konsistenz eher an Hummus erinnert, ist sie nicht flüssig genug). In einen Topf geben und auf niedriger Flamme unter ständigem Rühren erhitzen, bis alles durch und durch heiß ist. Dann einen Spritzer Zitronensaft einrühren. Nach Belieben mit etwas mehr Zitronensaft oder veganem Parmesan abschmecken. Für eine rauchige Note eine Prise geräuchertes Paprikapulver hinzugeben (vorsichtig dosieren!). Zum Servieren mit etwas schwarzem Pfeffer berieseln.

PRO PORTION

Kalorien	189
Fett	2,1 g
Kohlenhydrate	30,5 g
Ballaststoffe	11,5 g
Zucker	2,8 g
Eiweiß	14 g
Weight-Watcher-Punkte	4

EINE PORTION

50 g	gekochte Kichererbsen
50 g	gekochte weiße Bohnen
1 TL	gelbe Misopaste
½ TL	Knoblauchpulver
½ TL	Zwiebelpulver
1	Prise gemahlener Muskat
125 ml	Pflanzendrink
3 EL	Hefeflocken
2–3 EL	veganer Parmesan
	Saft von 1 Zitronenspalte
	Geräuchertes Paprikapulver

Anmerkung Für dieses Rezept sind alle Arten von weißen Bohnen geeignet; z. B. Lima- oder Cannellinibohnen.

✓ GLUTENFREI ✓ SCHNELL ✓ GÜNSTIG

UNTER 300 KALORIEN

Erdnuss-Soba

PRO PORTION

Kalorien 274
Fett . . . . 6 g
Kohlenhydrate . . . . . 47,5 g
Ballaststoffe . . . . 6,6 g
Zucker . . . . 6,7 g
Eiweiß . . . . 10,4 g
Weight-Watcher-Punkte . . 7

2 PORTIONEN

120 g	Buchweizen-nudeln (alternativ Spaghetti)
2	Frühlingszwiebeln, in Ringen
	Tofu, gewürfelt, oder Edamame (optional)
	Gemüse, z. B. Brokkoli oder Gurke (optional)

CREMIGE ERDNUSSSAUCE

2 EL	veganer Naturjoghurt
1 EL	Erdnussmus (cremig)
1 EL	süße Chilisauce
1	Prise Knoblauchpulver
1	Prise gemahlener Ingwer
1 EL	Reisessig
1–2 TL	natriumarme Soja- oder glutenfreie Tamarisauce
	Asiatische Chilisauce (z. B. Sriracha; optional)

Hier erwartet Sie der volle Geschmack cremiger Erdnussnudeln, bloß mit sehr viel weniger Fett und Kalorien – dank einer Geheimzutat: veganem Joghurt! Eigentlich ist dies ein „Mogelrezept", da ich einen Klecks Erdnussmus verwende, aber verglichen mit den meisten anderen Rezepten für Asianudeln mit Erdnusssauce darf es definitiv immer noch als *light* gelten!

Die Nudeln nach Packungsanweisung zubereiten, dann unter kaltem Wasser abschrecken und nach Möglichkeit ein paar Minuten im Kühlschrank kalt stellen. Währenddessen die Zutaten für die Erdnusssauce verrühren. Nach Belieben mit etwas mehr Soja- oder Tamarisauce, Knoblauch- oder Zwiebelpulver sowie Chilisauce abschmecken. Die Nudeln in der Sauce schwenken, dann Frühlingszwiebeln, Tofu oder Edamame (optional) und Gemüse (optional) untermischen.

Anmerkung Trotz des Namens ist Buchweizen glutenfrei. Wenn Sie eine Allergie oder Unverträglichkeit haben, achten Sie bitte darauf, dass die Nudeln, die Sie verwenden, tatsächlich aus 100 % Buchweizenmehl hergestellt und als „glutenfrei" gekennzeichnet sind.

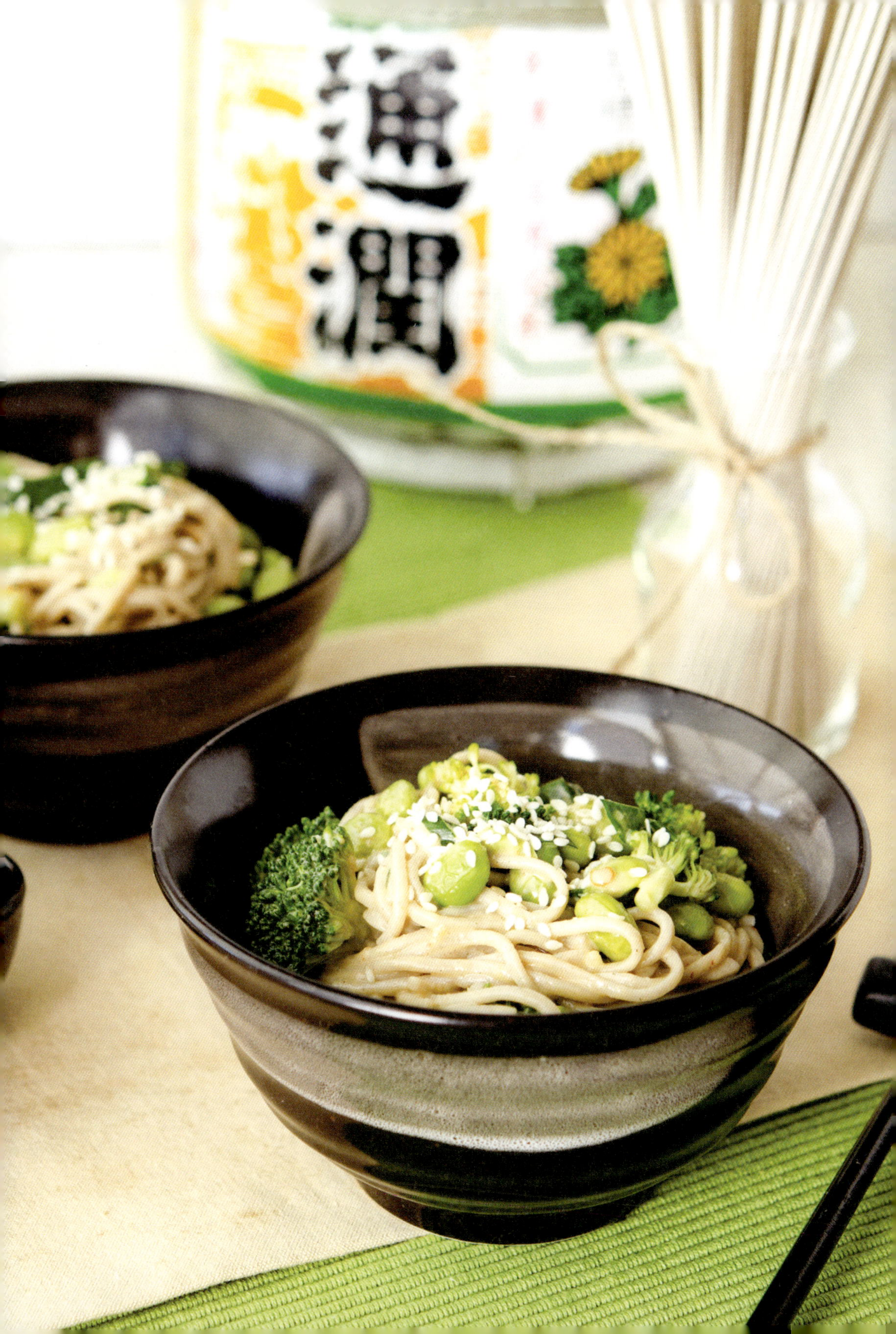
潤

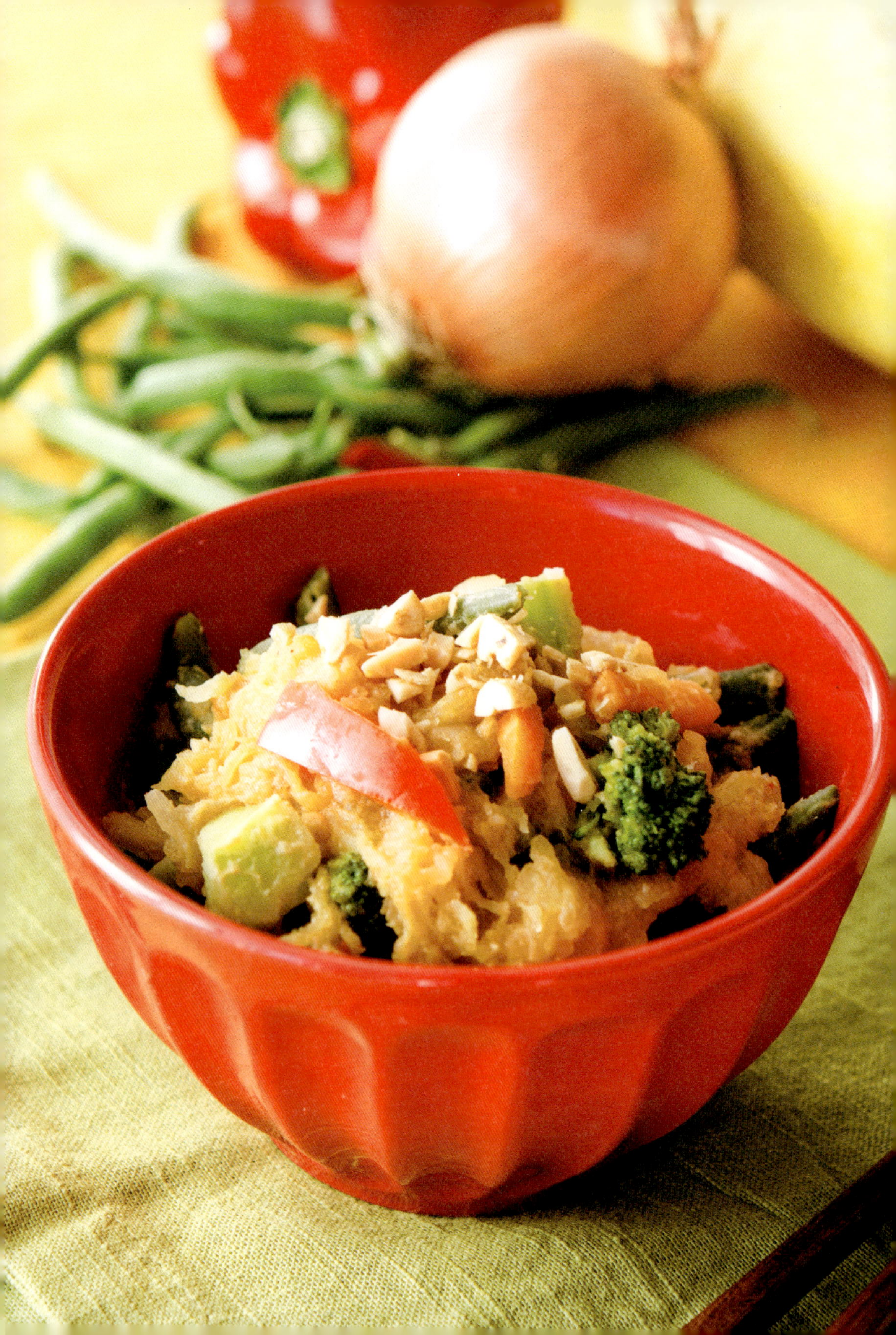

UNTER 300 KALORIEN ✓ GLUTENFREI ✓ SCHNELL ✓ GÜNSTIG ✓ EINE PORTION

Skinny Pad Thai

Mein „Mogelrezept" für Pad Thai ist mit Abstand eines meiner beliebtesten Rezepte. Vielleicht sogar das beliebteste. Für dieses Kochbuch wollte ich eine leichtere Version kreieren (und außerdem müssen Sie den restlichen Spaghettikürbis von den Skinny Puttanesca (S. 151) ja noch irgendwo aufbrauchen!). Für etwas mehr Gehalt gewürfelten Tofu hinzugeben. Frühlingszwiebeln und gehackte Erdnüsse sind ein tolles Topping. Und wenn Sie dazu noch einen scharfen Kick mögen, träufeln Sie ein bisschen Sriracha darüber!

Den Spaghettikürbis mit einer Gabel mehrmals einstechen und im Ganzen für etwa 10 Minuten (bis er gar ist) in der Mikrowelle erhitzen. Anschließend vorsichtig halbieren und abkühlen lassen, bis Sie ihn problemlos anfassen können. Währenddessen das Gemüse nach Anweisung zubereiten und in einer kleinen Schüssel 2 EL warmes Wasser, Soja- oder Tamarisauce, Erdnussbutter, süße Chilisauce, Knoblauchpulver, gemahlenen Ingwer und Chilisauce vermischen. Die Mischung kann anfangs etwas dünnflüssig wirken, aber das macht nichts. Nach Belieben mit mehr Chilisauce abschmecken. Sobald der Kürbis abgekühlt ist, die Samen herauslöffeln. Dann mit einer Gabel die „Spaghetti"-Fasern herauskratzen. In einem Litermaß die 750 ml entsprechende Menge abmessen und den Rest aufbewahren. Die „Spaghetti" mit der Pad-Thai-Sauce vermischen, bis sie gleichmäßig benetzt ist. Das Gemüse untermischen, garnieren und servieren.

Anmerkung Keine Mikrowelle? Den Kürbis der Länge nach durchschneiden und mit den Schnittflächen nach unten etwa 30 bis 45 Minuten bei 175° C auf einem Backblech backen.

PRO PORTION

Kalorien 296
Fett . . . . 9,8 g
Kohlenhydrate . . . . . 45,8 g
Ballaststoffe . . . . 6,7 g
Zucker . . . . 11,6 g
Eiweiß . . . . 10,8 g
Weight-Watcher-Punkte . . 8

EINE PORTION

- ½ mittelgroßer Spaghettikürbis
- 200 g gemischtes Pfannengemüse (tiefgekühlt)

PAD-THAI-SAUCE

- 2 EL warmes Wasser
- 2 EL natriumarme Soja- oder glutenfreie Tamarisauce
- 1 EL Erdnussbutter (cremig)
- 1 EL süße asiatische Chilisauce
- ¼ TL Knoblauchgranulat
- ¼ TL gemahlener Ingwer
- ¼ TL Chilisauce (evtl mehr oder weniger, je nach Belieben)

PASTA, GEMÜSEPFANNEN & ASIANUDELN

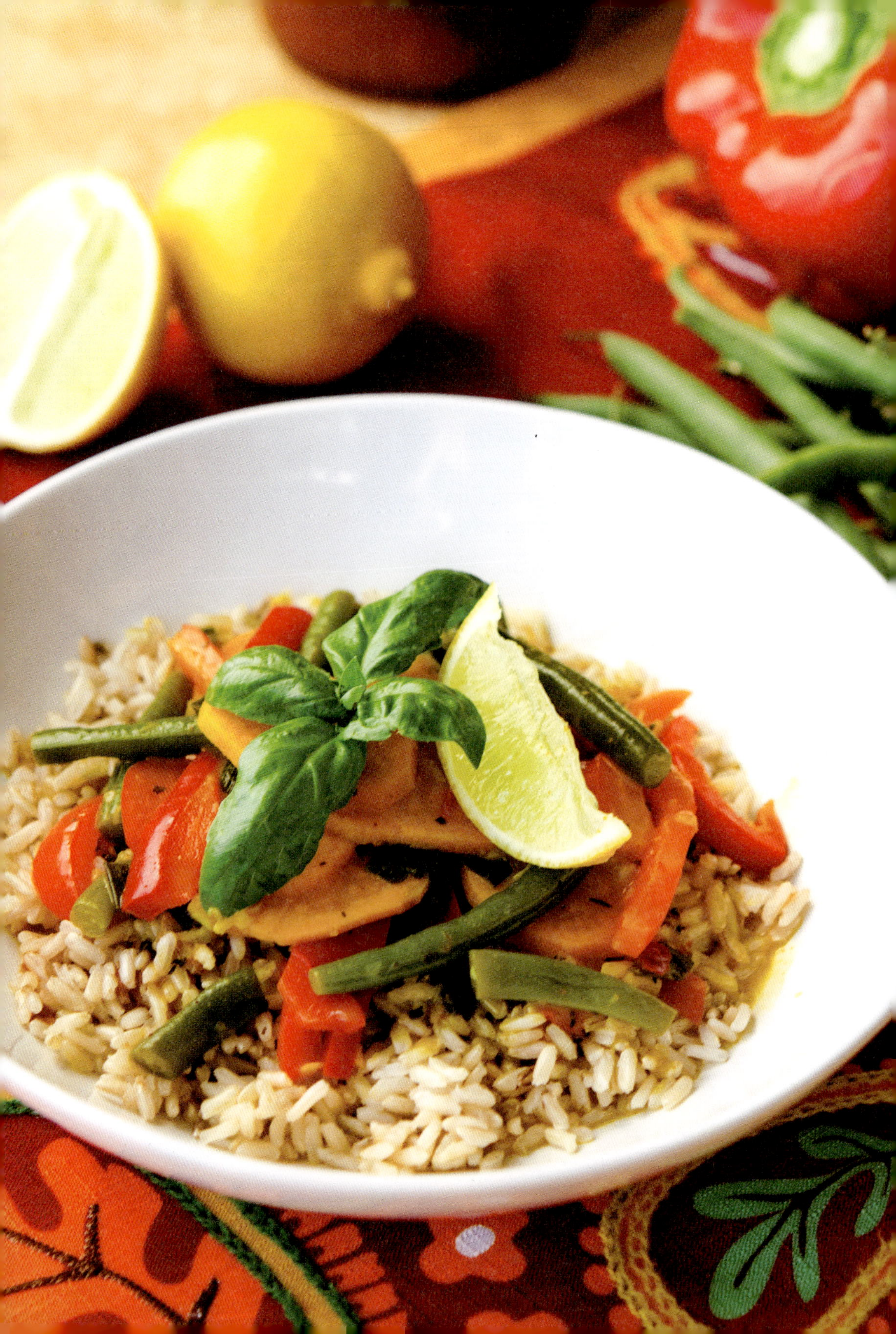

UNTER 150 KALORIEN

✓ GLUTENFREI ✓ SCHNELL ✓ GÜNSTIG ✓ VORRAT

Bangkok-Curry

Grüne Bohnen und Süßkartoffeln haben in diesem himmlischen thailändischen Gericht ihren Star-Auftritt und machen so daraus ein Pfannengericht aus einer ganz anderen Liga! Sie können es noch gehaltvoller machen, indem Sie gewürfelten Tofu untermischen und dazu braunen Reis servieren.

Die Enden der grünen Bohnen abschneiden und die Bohnen bei Bedarf halbieren. Beiseite stellen. Die Süßkartoffel in 3–6 mm dicke Scheiben schneiden oder würfeln und beiseitestellen. Den Boden einer großen Pfanne dünn mit Brühe bedecken und Ingwer, Knoblauch, Frühlingszwiebeln und eine Prise rote Chiliflocken (optional) etwa 1 Minute darin dünsten, bis das Wasser verkocht ist und der Knoblauch goldbraun wird. Bewahren Sie einige der dunkelgrünen Teile der Frühlingszwiebeln für die Garnitur auf. Etwas mehr Brühe hinzugeben, dann grüne Bohnen, Süßkartoffelscheiben, Paprika und 1 TL Currypulver untermischen. Abdecken und zum Kochen bringen, dann die Hitze reduzieren und etwa 3 Minuten köcheln lassen, bis die Kartoffeln gar und die Paprikastücke weicher, aber noch knackig sind (gegebenenfalls etwas mehr Brühe hinzugeben). Kokosnussmilch, Soja- oder Tamarisauce und süße Chilisauce einrühren. Nach Belieben mit etwas mehr Currypulver abschmecken. Auf niedriger Flamme etwa 1 Minute köcheln lassen, dann Basilikum hinzugeben und gut verrühren. Noch einmal heiß werden lassen und dann mit Frühlingszwiebeln und einer Limettenspalte garnieren.

Anmerkungen

» Für eine fettarme Variante verwenden Sie Kokosnussdrink (Tetrapak) anstelle von Kokosnussmilch aus der Dose.

» Wenn Sie tiefgekühlte grüne Bohnen verwenden möchten, geben Sie sie am Ende hinzu und erhitzen Sie sie für etwa 1 Minute, bis sie warm, aber noch knackig sind.

PRO PORTION

Kalorien 119
Fett . . . . 4,8 g
Kohlenhydrate . . . . . 18,3 g
Ballaststoffe . . . . 2,9 g
Zucker . . . . 6,6 g
Eiweiß . . . . 2,6 g
Weight-Watcher-Punkte . . 3

2 PORTIONEN

100 g	grüne Bohnen
1	Süßkartoffel, geschält und in Scheiben geschnitten oder gewürfelt
125 ml	natriumarme Gemüsebrühe
1 EL	frischer Ingwer, gehackt
2–3	Knoblauchzehen, gehackt
2	Frühlingszwiebeln, in Ringe geschnitten
1	Prise rote Chiliflocken (optional)
1	roter Paprika, entkernt und in Streifen geschnitten
1–1½ TL	mildes Currypulver
250 ml	fettreduzierte Kokosnussmilch
1 TL	natriumarme Soja- oder glutenfreie Tamarisauce
1 EL	süße Chilisauce
1–2 EL	frisches Basilikum, gehackt
	Limettenspalte (zum Garnieren)

PASTA, GEMÜSEPFANNEN & ASIANUDELN

✓ GLUTENFREI ✓ SCHNELL ✓ GÜNSTIG

UNTER 150 KALORIEN

Grünes Thai-Curry

PRO PORTION

Kalorien	111
Fett	5,3 g
Kohlenhydrate	14,1 g
Ballaststoffe	0,6 g
Zucker	4,7 g
Eiweiß	2,4 g
Weight-Watcher-Punkte	3

2 PORTIONEN

250 g	gemischtes Pfannengemüse (tiefgekühlt)
125 ml	Pflanzendrink
125 ml	fettarme Kokosnussmilch
1 EL	grüne Currypaste (ich verwende Thai Kitchen)
1 EL	natriumarme Soja- oder glutenfreie Tamarisauce
1 EL	brauner Zucker
¼ TL	gemahlener Ingwer
	Frisches Basilikum
1	Frühlingszwiebel, in Ringe geschnitten

Anmerkung In diesem Rezept am besten Sojadrink verwenden.

Dieses Rezept ist eine etwas abgespeckte Version des thailändischen Klassikers. Es ist im Nu fertig und genau das Richtige, wenn Sie der Appetit auf Thailand packt. Am besten zu braunem Reis servieren.

Das Tiefkühlgemüse in eine Pfanne geben und auf hoher Flamme erhitzen. Wenn Sie möchten, können Sie einen Spritzer Brühe oder Wasser hinzugeben. Das sollte aber nicht notwendig sein, da das Tiefkühlgemüse während des Auftauens Flüssigkeit abgibt. Währenddessen Pflanzendrink und Kokosnussmilch, Currypaste, Soja- oder Tamarisauce, Zucker und gemahlenen Ingwer vermischen. Wenn das Gemüse fast gar ist, die Sauce hinzugeben und die Hitze reduzieren. Dann das Basilikum (etwa eine Handvoll – seien Sie ruhig großzügig, ich verwende meist acht große Blätter, aber es kann auch durchaus mehr sein!) und die Frühlingszwiebeln hinzugeben. Alles gut vermischen und etwa 2 bis 3 Minuten erhitzen, bis alles durch und durch heiß ist und das Basilikum zerfällt. Nach Belieben mit etwas mehr Currypaste, Soja- oder Tamarisauce, gemahlenem Ingwer oder Zucker abschmecken. Je länger Sie die Sauce nach der Zubereitung ruhen lassen, desto mehr Geschmack gibt das Basilikum ab. Ich lasse sie vor dem Servieren mindestens ein paar Minuten abkühlen.

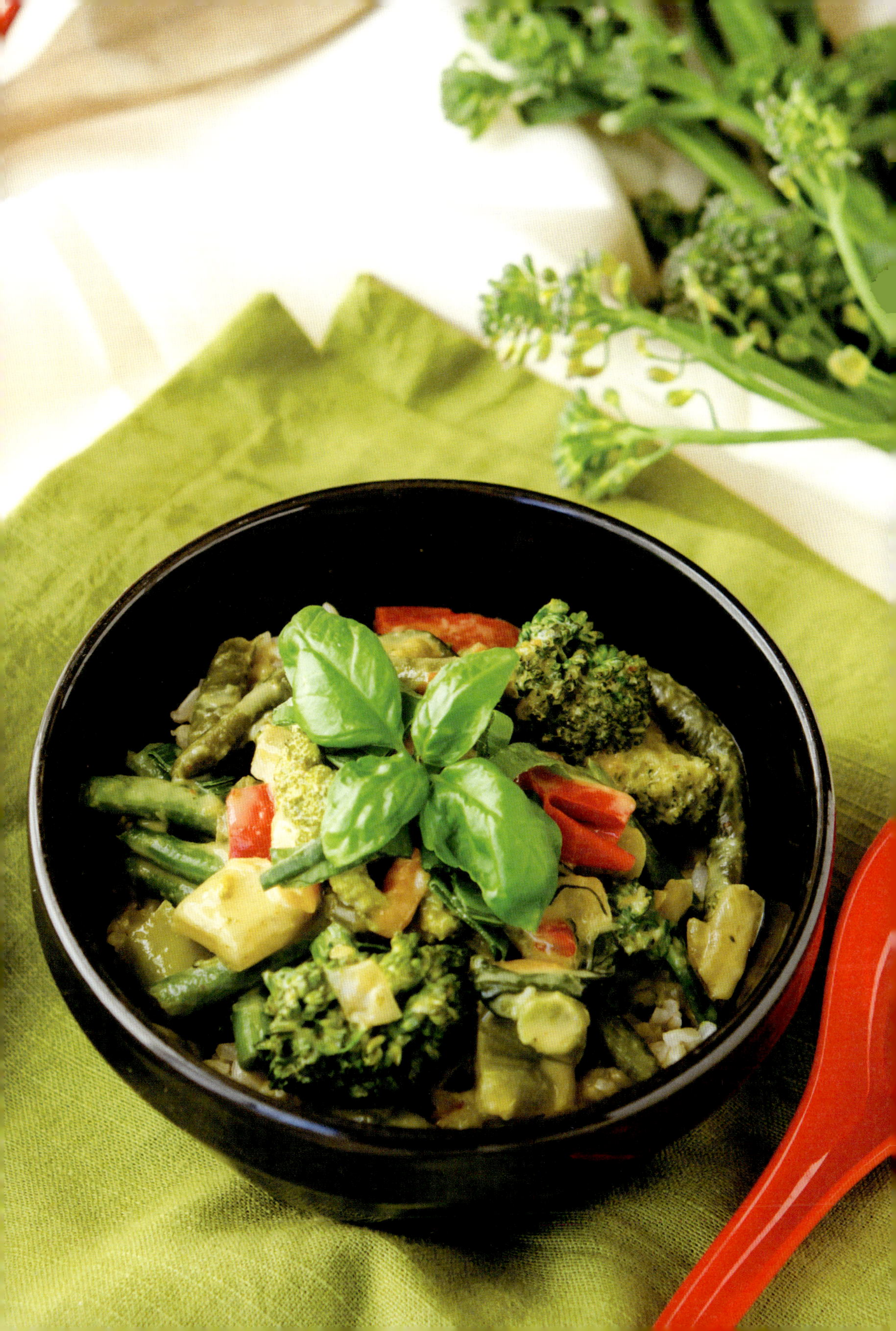

✓ SOJAFREI ✓ GLUTENFREI ✓ FETTARM ✓ SCHNELL ✓ GÜNSTIG ✓ VORRAT

UNTER 100 KALORIEN

Thailändische Süßkartoffel-Curry-Sauce

PRO PORTION
(125 ML)

Kalorien 78
Fett . . . . 0,7 g
Kohlenhydrate . . . . . 16,8 g
Ballaststoffe . . . . 2,4 g
Zucker . . . . 5,6 g
Eiweiß . . . . 1,7 g
Weight-Watcher-Punkte . . 2

500 ML

2	Frühlingszwiebeln, in Ringe geschnitten
180 ml	Gemüsebrühe
4	Knoblauchzehen
1 EL	frischer Ingwer, gehackt
2	kleine Süßkartoffeln, geschält und gewürfelt
125 ml	Pflanzendrink
2 TL	brauner Zucker
¼–1 TL	rote Currypaste (ich verwende Thai Kitchen)
	Natriumarme Soja- oder glutenfreie Tamarisauce (optional)
	Limettensaft
	Koriander (Garnitur)

Anmerkung Für ein Erdnusscurry eine kleine Menge Erdnussmus einrühren.

Dieses simple Curry ist wunderbar cremig und punktet durch ein perfektes Zusammenspiel aus süß und scharf, das ich an thailändischen Gemüsegerichten so liebe. Trotzdem kommt es ganz ohne fettige Kokosnussmilch aus. Diese Sauce passt toll zu gekochtem Paprika, gewürfeltem Tofu und einer Schüssel braunem Reis, aber auch zu allen andere Gemüsesorten schmeckt sie lecker.

Bewahren Sie etwas von dem Grün der Frühlingszwiebeln für die Garnitur auf. Den Boden eines Topfes dünn mit Brühe bedecken und Zwiebel, Knoblauch und Ingwer auf hoher Flamme ein bis zwei Minuten darin dünsten, bis alles schön duftet und der Knoblauch goldbraun wird. Süßkartoffeln und, falls notwendig, mehr Brühe hinzugeben, sodass der Boden dünn bedeckt ist. Abdecken, zum Kochen bringen und 5 bis 10 Minuten köcheln lassen, bis die Süßkartoffeln gar, aber nicht matschig sind. Alles in einen Mixer geben und mit 125 ml Brühe, 125 ml Pflanzendrink, braunem Zucker und ¼ TL roter Currypaste glatt pürieren. Falls notwendig, etwas mehr Brühe hinzugeben. Anschließend wieder in den Topf gießen und auf niedriger Flamme erhitzen. Nach Belieben etwas mehr Currypaste untermischen und mit natriumarmer Soja- oder Tamarisauce würzen. Kurz vor dem Servieren frisch gepressten Limettensaft unterrühren und mit Frühlingszwiebeln und Koriander garnieren.

Ingwer-Kohl-Pfanne

UNTER 350 KALORIEN ✓ GLUTENFREI ✓ SCHNELL

Als ich mit meinem Freund Kael bei Real Foods Daily in Los Angeles war, bestellte er eine unglaublich leckere Ingwer-Tempeh-Pfanne. Das war eins jener Gerichte, die ich auf der Karte schon hundert Mal überlesen hatte und selbst niemals bestellt hätte. Aber als ich dann bei Kael probierte, bereute ich das sofort. Also beschloss ich, meine eigene Version zu kreieren. Dieses sättigende Gericht kam dabei heraus. Sie können es zu braunem Reis servieren oder Asianudeln (z. B. Sobanudeln) untermischen.

Chilisauce (optional), Jalapeño, rote Zwiebel, Ingwer, 1 EL Soja- oder Tamarisauce, 1 EL Reisessig, Knoblauch und 4 EL Ananassaft in einem großen Topf gut vermischen. Auf hoher Flamme 1 bis 2 Minuten erhitzen, dann den Tempeh einrühren und 1 weitere Minute köcheln lassen. Die Stärkepaste hinzugeben, dann die Hitze reduzieren und die Mischung andicken lassen. Erneut die Hitze reduzieren, dann den Kohl einrühren (durch das Erhitzen wird er weicher) und 1 weiteren EL Soja- oder Tamarisauce, 1 EL Reisessig und 2 EL Chilisauce (nach Belieben) zugießen und alles gut vermengen. Mit Frühlingszwiebeln, Koriander und etwas Chilisauce garnieren.

PRO PORTION

Kalorien 339
Fett . . . . 12,8 g
Kohlenhydrate . . . . . 35,5 g
Ballaststoffe . . . . 4,7 g
Zucker . . . . 10,4 g
Eiweiß . . . . 24,7 g
Weight-Watcher-Punkte . . 9

2 PORTIONEN

	Asiatische Chilisauce (z. B. Sriracha; optional)
1 EL	Jalapeño, gehackt
3 EL	rote Zwiebel, fein gewürfelt
1 ½ EL	frischer Ingwer, gehackt
2 EL	natriumarme Soja- oder glutenfreie Tamarisauce
2 EL	Reisessig
2	Knoblauchzehen, fein gehackt
6 EL	Ananassaft
250 g	Tempeh, gewürfelt
1 EL	Speisestärke, mit 2 EL Wasser zu einer dünnen Paste verrührt
300 g	Weißkohl
	Frühlingszwiebeln, in Ringe geschnitten (optional)
	Koriander (optional)

PASTA, GEMÜSEPFANNEN & ASIANUDELN

✓ GLUTENFREI ✓ SCHNELL ✓ GÜNSTIG

UNTER 250 KALORIEN

Ananas-Pfanne

PRO PORTION
(OHNE REIS)

Kalorien	215
Fett	5,7 g
Kohlenhydrate	30,7 g
Ballaststoffe	4,6 g
Zucker	18,2 g
Eiweiß	12,8 g
Weight-Watcher-Punkte	6

2 PORTIONEN

125 ml	Gemüsebrühe
4	Frühlingszwiebeln, in Ringe geschnitten
3	Knoblauchzehen, gehackt
1 EL	frischer Ingwer, gehackt
1	Prise rote Chiliflocken
1 EL	brauner Reisessig
1 EL	natriumarme Soja- oder glutenfreie Tamarisauce
1 EL	süße Chilisauce
1	roter Paprika, entkernt und in Streifen
200 g	Ananasstücke
60 ml	Ananassaft
225 g	gewürfelter Tofu
1 TL	Speisestärke, mit 2 EL Wasser zu einer dünnen Paste verrührt
	Koriander (optional)
	Asiatische Chilisauce (z. B. Sriracha; optional)

Schnell, einfach und lecker. Niemand würde vermuten, dass bei diesem Gericht Kalorien gespart wurden. Auch ohne Kokosnussmilch hat es einen tollen, vollmundigen Geschmack. Wenn Sie dazu noch Gemüse untermischen möchten, würde ich Brokkoli vorschlagen. Zu braunem Reis oder Quinoa servieren.

Den Boden einer Pfanne dünn mit Brühe bedecken. Die weißen und hellgrünen Anteile der Frühlingszwiebeln (dunkelgrüne für die Garnitur aufbewahren), Knoblauch, Ingwer und eine großzügige Prise rote Chiliflocken einige Minuten darin dünsten, bis alles zu duften beginnt. Essig, Soja- oder Tamarisauce, süße Chilisauce, roten Paprika und einen Spritzer Brühe (nur gerade so viel, dass der Boden der Pfanne dünn bedeckt ist) hinzugeben. Weiter köcheln lassen, bis die Paprika gar, aber noch bissfest ist. Nach Bedarf Brühe zugießen. Die Ananasstücke, Ananassaft und Tofu untermischen. Dann die Speisestärke einrühren und weiter köcheln lassen, bis die Sauce andickt. Gelegentlich umrühren. Wenn Sie möchten, mit 2 bis 3 EL Koriander bestreuen. Mit den Frühlingszwiebeln und, wenn Sie möchten, etwas mehr Koriander garnieren. Falls Sie es gern scharf mögen, etwas Chilisauce darüberträufeln und servieren.

Anmerkung Anstelle des braunen Reisessigs können Sie auch normalen Reisessig verwenden.

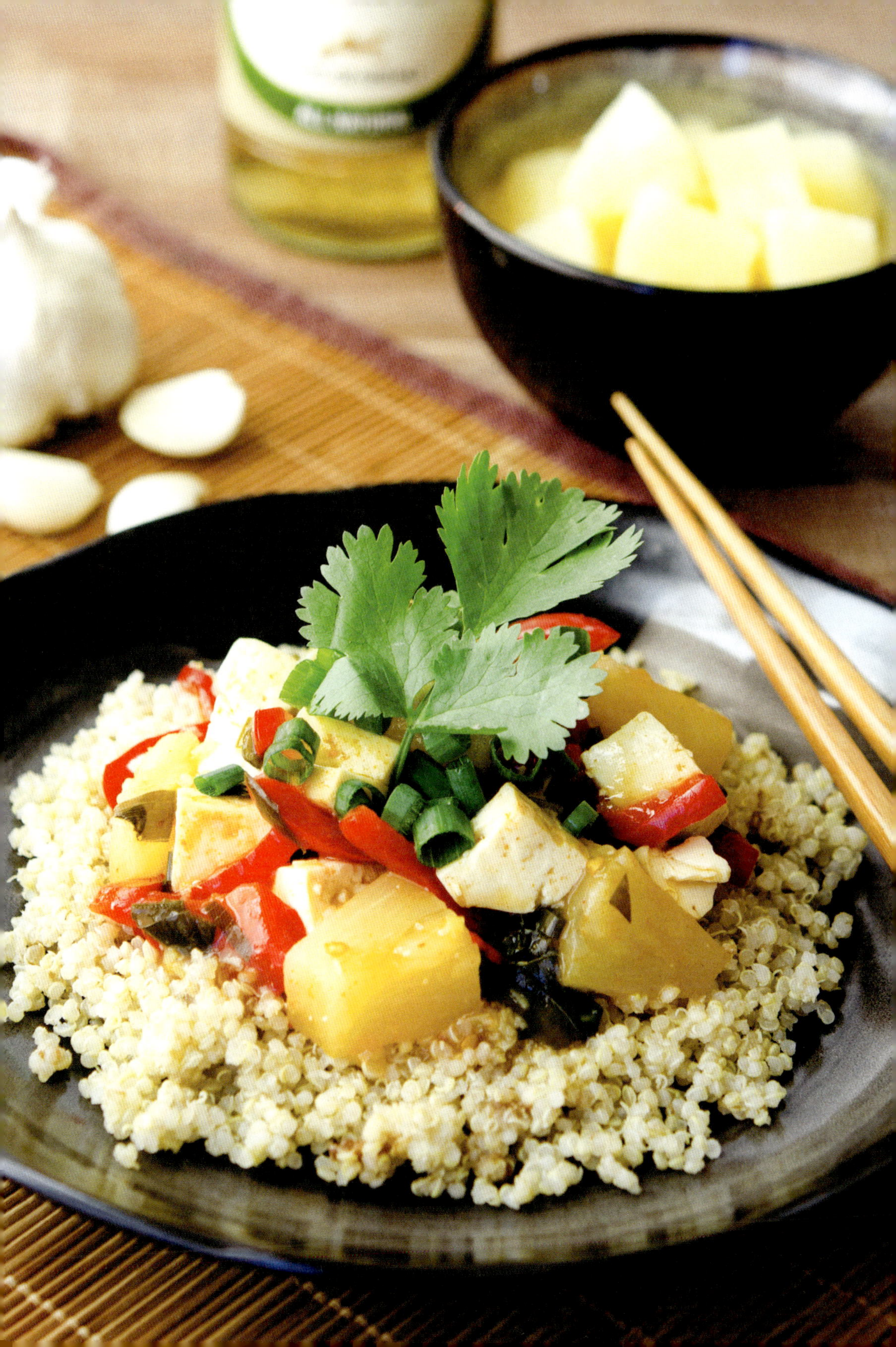

SÄTTIGENDE BEILAGEN

✓ SOJAFREI   ✓ GLUTENFREI   ✓ FETTARM   ✓ GÜNSTIG   ✓ VORRAT

UNTER 200 KALORIEN

Rauchige Baked Beans mit Apfelmus

PRO PORTION

Kalorien 169
Fett . . . . 0,7 g
Kohlenhydrate . . . . . 33,8 g
Ballaststoffe . . . . 9,1 g
Zucker . . . . 10,7 g
Eiweiß . . . . 8,4 g
Weight-Watcher-Punkte . . 4

6 PORTIONEN

	Gemüsebrühe
1	kleine Zwiebel, gewürfelt
4–6	Knoblauchzehen, gehackt
3 EL	Tomatensauce
2 EL	Melasse
2–3 EL	Ahornsirup
1 EL	Dijon-Senf
4 ½ EL	ungesüßtes Apfelmus
Ein paar	Tropfen flüssiges Rauchextrakt („liquid smoke")
1–2 TL	Chilipulver
450 g	weiße Bohnen (Dose), abgetropft und abgespült
450 g	Kidneybohnen (Dose), abgetropft und abgespült
1 EL	Barbecuesauce (optional)
	Cayennepfeffer oder Chilisauce (nach Belieben)
	Geräuchertes Paprikapulver

Ich bin absolut verrückt (und meine Eltern sind regelrecht süchtig) nach Baked Beans. Ich wollte das Rezept für dieses Buch etwas aufpolieren, also habe ich ihm eine rauchige Note verpasst und mithilfe von Apfelmus eine leichte, ganz natürliche Süße verliehen. Ein echter Zugewinn! Ich liebe diese Baked Beans! Nach einem Besuch in Irland finde ich mittlerweile auch Gefallen daran, sie zum Frühstück mit Toast oder Röstkartoffeln zu essen. Probieren Sie's aus!

Den Boden eines großen Topfes dünn mit Gemüsebrühe bedecken und Zwiebel und Knoblauch darin auf hoher Flamme glasig dünsten. Wenn der Großteil der Brühe verkocht ist, die Tomatensauce, Melasse, 2 EL Ahornsirup, Dijon-Senf, 3 EL Apfelmus und ein paar Tropfen flüssiges Raucharoma (vorsichtig dosieren!) untermischen. Anschließend 1 bis 2 TL Chilipulver und die Bohnen hinzugeben. Alles gut vermischen, abdecken und zum Kochen bringen. Dann sofort die Hitze reduzieren. 10 bis 20 Minuten köcheln lassen, bis alles gar ist und die weißen Bohnen einen bräunlichen Farbton angenommen haben. Die übrigen 1½ EL Apfelmus und die Barbecuesauce (optional) untermischen. Gegebenenfalls mit noch etwas mehr Ahornsirup, Chilipulver, Cayennepfeffer/Chilisauce oder flüssigem Raucharoma abschmecken. Eine großzügige Prise geräuchertes Paprikapulver darüberstreuen und warm servieren.

Anmerkung Für dieses Rezept sind alle Arten von weißen Bohnen geeignet; z. B. Cannellini- oder Limabohnen.

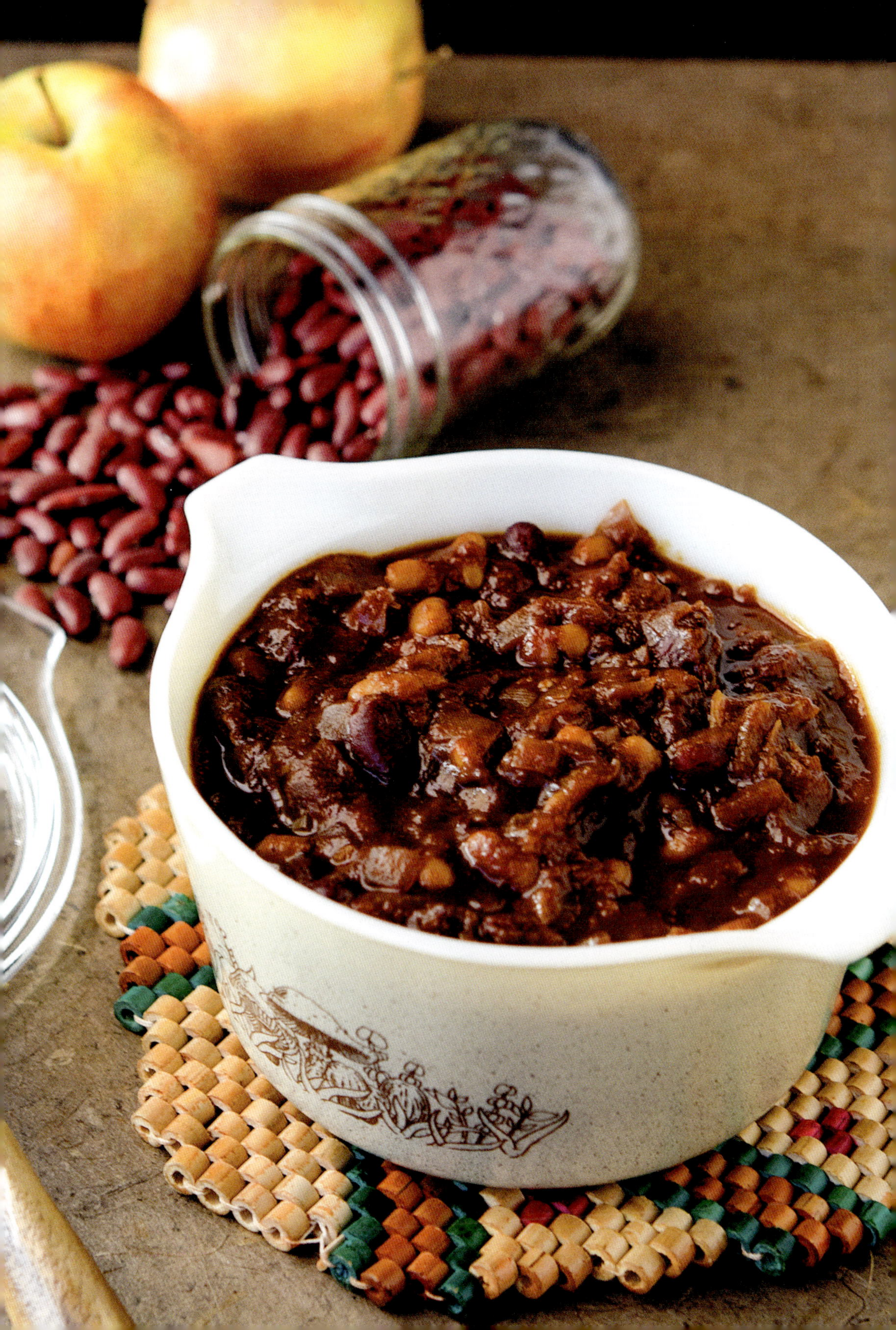

✓ SOJAFREI ✓ GLUTENFREI ✓ FETTARM ✓ SCHNELL ✓ GÜNSTIG

UNTER 150 KALORIEN

Chipotle-Süß-kartoffel-Salat

PRO PORTION

Kalorien 129
Fett . . . . 0,4 g
Kohlenhydrate . . . . . 28,1 g
Ballaststoffe . . . . 4,7 g
Zucker . . . . 9,6 g
Eiweiß . . . . 3,8 g
Weight-Watcher-Punkte . . 3

2 PORTIONEN

- 400 g Süßkartoffel, gewürfelt
- 1–2 EL vegane Mayo oder veganer Naturjoghurt
- Chipotle-Chilipulver
- 2 Frühlingszwiebeln, in Ringe geschnitten
- Geräuchertes Paprikapulver (zum Garnieren; optional)

Anmerkung Nach einer Nacht im Kühlschrank hat dieser Salat noch mehr geschmackliche Tiefe.

Süßkartoffeln sind die ungeahnte Überraschung in diesem feurigen Kartoffelsalat. Sie können ihn auch als eigenständige Mahlzeit servieren, indem Sie zum Beispiel schwarze Bohnen, etwas Avocado und (für etwas mehr Pepp) gemahlenen Kreuzkümmel hinzugeben.

Einen großen Topf Wasser zum Kochen bringen. Die Süßkartoffeln hinzugeben und garen. Das Wasser abgießen und die Süßkartoffeln unter kaltem Wasser abspülen. Über Nacht oder mehrere Stunden in den Kühlschrank stellen. Wenn die Süßkartoffeln kalt sind, in der Mayo schwenken, bis sie gleichmäßig benetzt sind. Eine kleine Prise Chipotle-Chilipulver (weniger ist mehr!) untermischen. Gegebenenfalls mit etwas mehr Chipotle-Chilipulver sowie Salz und Pfeffer abschmecken. Frühlingszwiebeln unterziehen. Mit einigen Frühlingszwiebelringen und geräuchertem Paprikapulver garnieren.

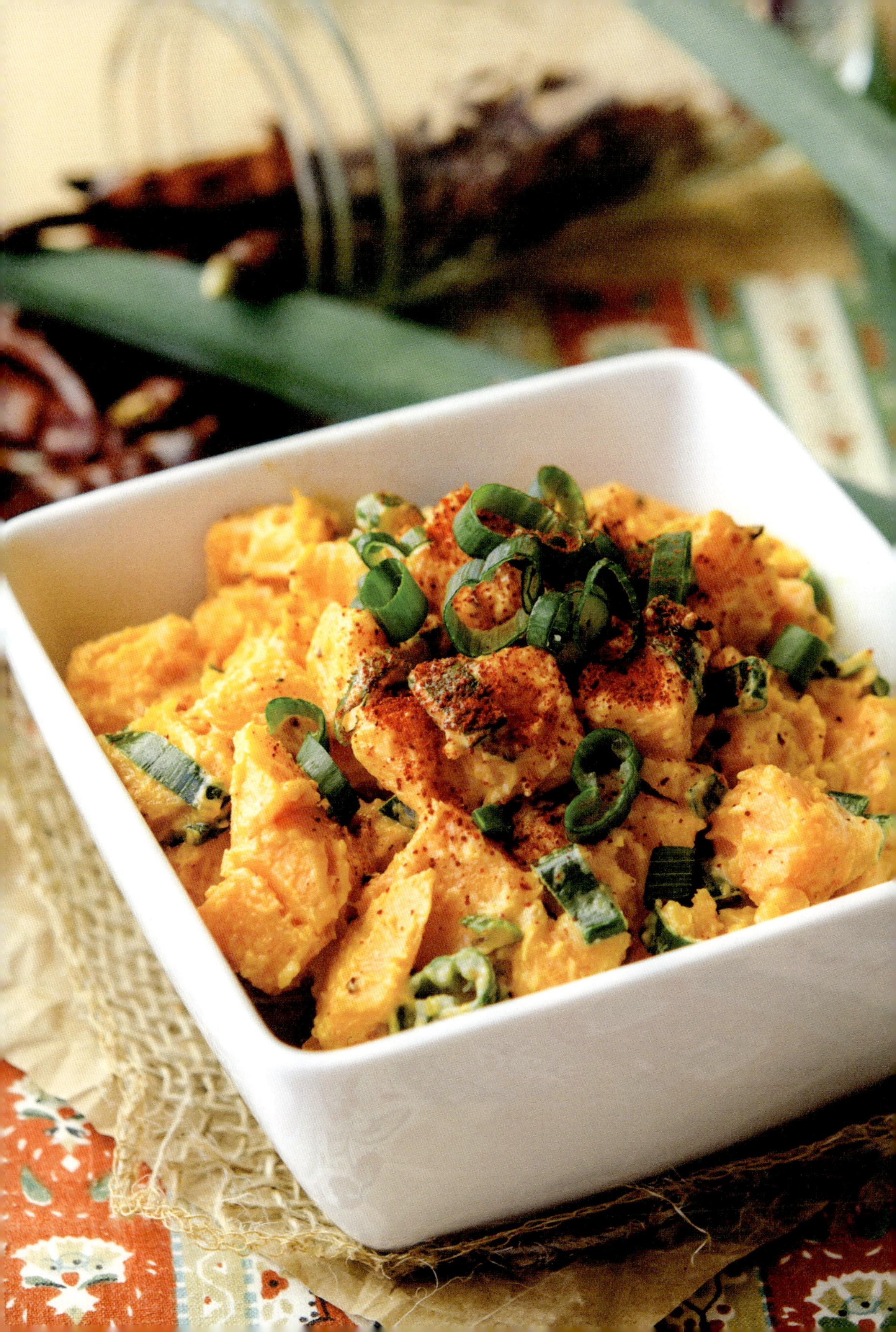

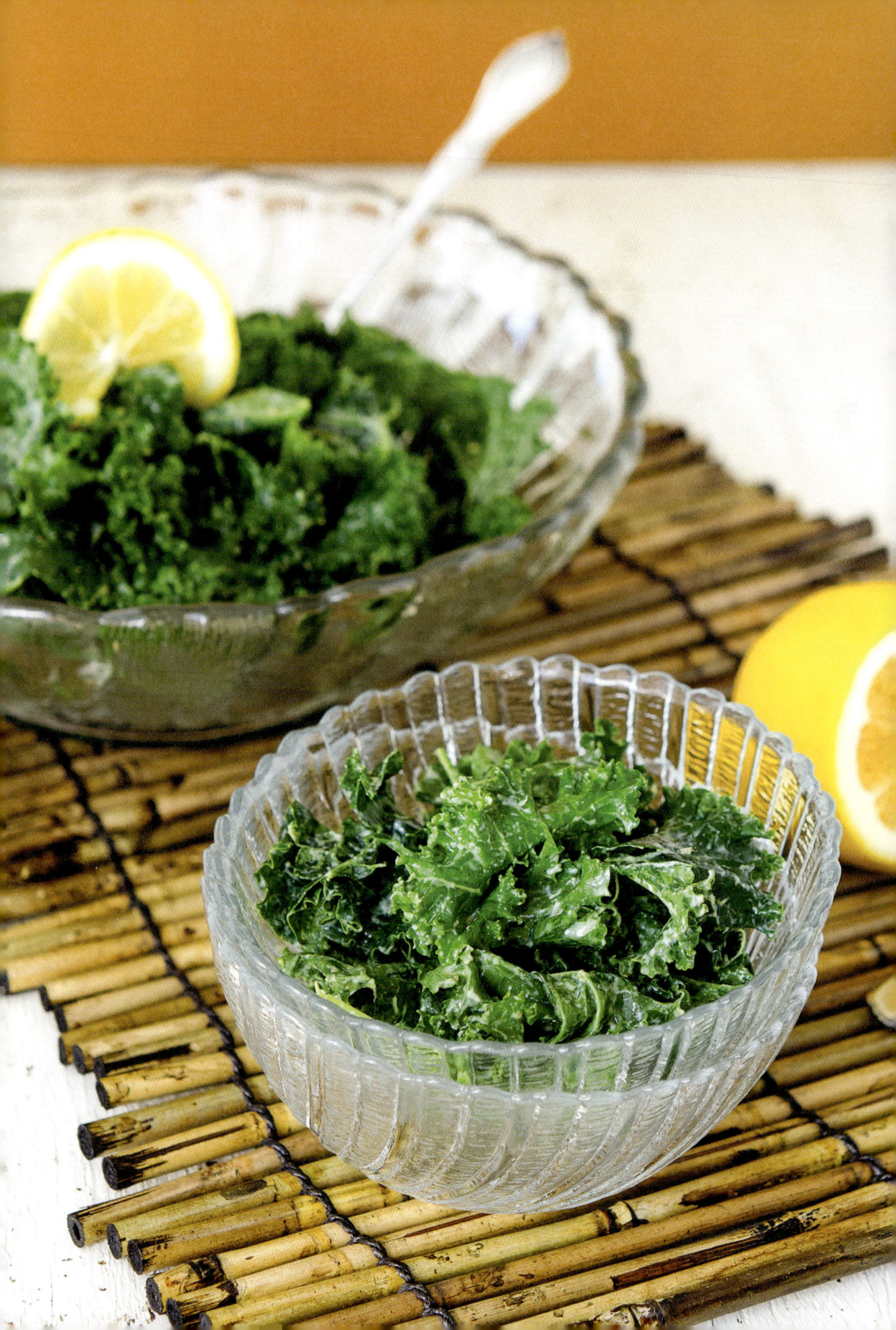

UNTER 150 KALORIEN

✓ SOJAFREI ✓ GLUTENFREI ✓ SCHNELL ✓ GÜNSTIG

Grünkohlsalat

Ich versuche immer, mehr rohen Grünkohl in meine Ernährung einzubauen. Mit diesem Salat ist das ganz einfach. Er ist genauso cremig wie traditioneller amerikanischer Krautsalat (der dort „Coleslaw" genannt wird), aber ich verwende in diesem gesünderen Rezept veganen Joghurt anstelle von Mayonnaise.

Grünkohl in eine Schüssel geben und durchkneten (fast so, als wenn Sie Teig mit den Händen zerbröseln). Solange kneten, bis der Kohl weicher wird, zu schrumpfen beginnt und einen etwas helleren Farbton annimmt. Dann den Joghurt mit den Händen unter den Grünkohl mischen. Dijon-Senf hinzugeben und erneut vermischen. Gegebenenfalls mit zusätzlichem Senf abschmecken. Wenn Sie etwas Abwechslung möchten, mischen Sie außerdem einen Spritzer Zitronensaft unter.

PRO PORTION

Kalorien 147
Fett . . . . 2,2 g
Kohlenhydrate . . . . . . 28 g
Ballaststoffe . . . . 5,4 g
Zucker . . . . 1,1 g
Eiweiß . . . . 9,8 g
Weight-Watcher-Punkte . . 4

2 PORTIONEN

250 g	Grünkohl, gehackt
2–3 EL	veganer Naturjoghurt
1–2 TL	Dijon-Senf
	Zitronensaft (optional)

Ich fand schon immer, dass eine Mahlzeit durch eine oder zwei Beilagen gleich viel spannender und befriedigender wird. Babykarotten, Apfelscheibchen, Gurkenscheiben, Staudensellerie, Ofenkartoffeln, Süßkartoffeln, Weintrauben, Yams ... Die Möglichkeiten, Ihre Mahlzeiten ganz einfach (und gesund) zu ergänzen, sind schier unendlich.

SÄTTIGENDE BEILAGEN

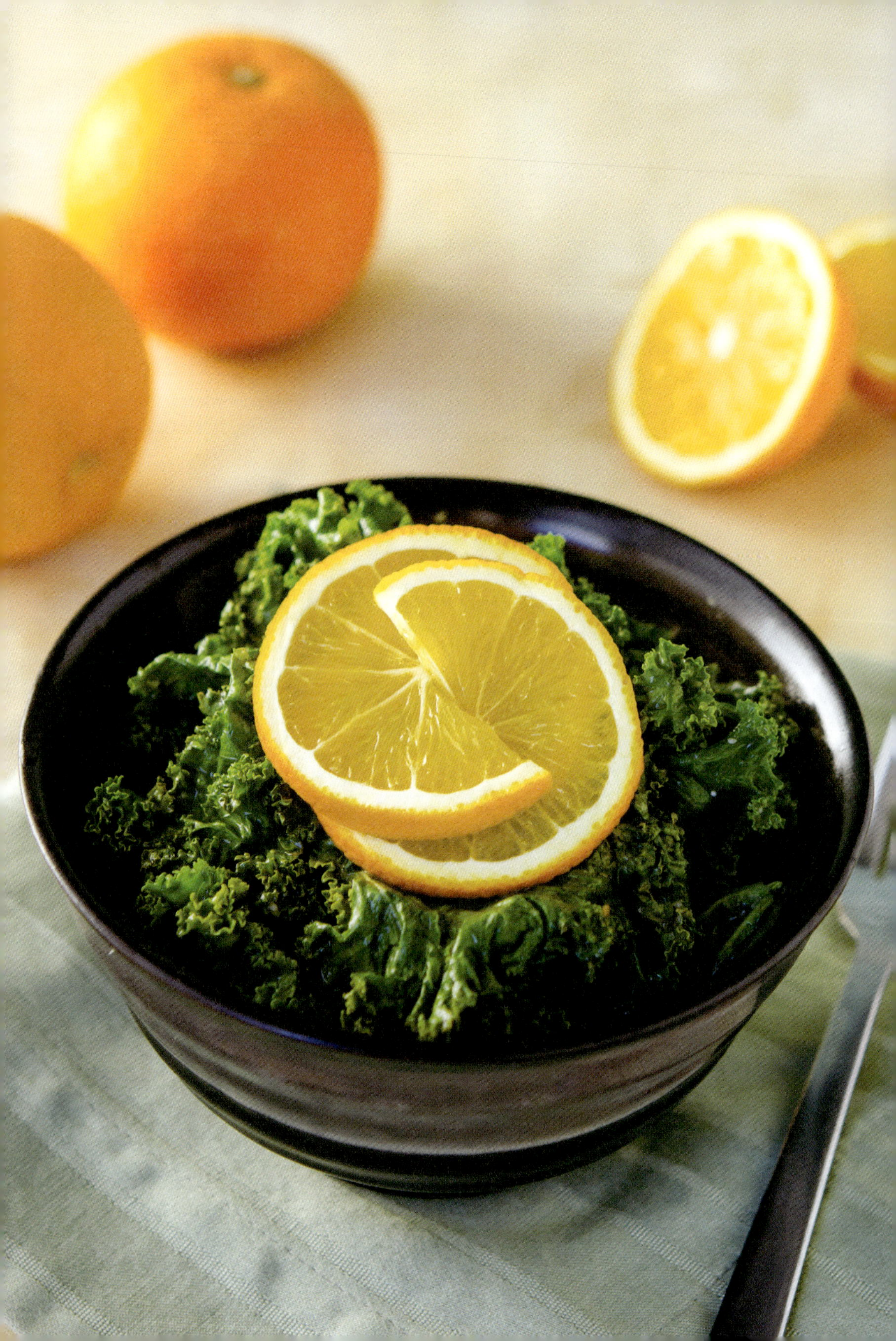

UNTER 250 KALORIEN

✓ SOJAFREI ✓ GLUTENFREI ✓ SCHNELL ✓ GÜNSTIG

Asiatischer Orangen-Grünkohl-Salat

Mit der superleckeren Orangensauce in diesem Rezept schmeckt Ihnen garantiert alles, sogar roher Grünkohl!

Grünkohl in eine große Schüssel geben und durchkneten (fast so, als wenn Sie Teig mit den Händen zerbröseln). Solange kneten, bis der Kohl weicher wird, zu schrumpfen beginnt und einen etwas helleren Farbton annimmt. Etwas Salz kann das Ganze beschleunigen. Anschließend den Grünkohl beiseitestellen und das Dressing zubereiten, indem Sie alle übrigen Zutaten gut verquirlen. Über den Grünkohl gießen und gut mischen. Sofort servieren.

Anmerkungen

» Wenn Sie den Salat besonders kalt essen möchten, bereiten Sie das Dressing zuerst zu und stellen Sie es in den Kühlschrank oder ins Tiefkühlfach, während Sie den Grünkohl kneten.

» Anstelle des braunen Reisessigs können Sie auch normalen Reisessig verwenden.

» Ein Tipp meiner Freundin Jennifer: „Damit der Grünkohl für Salate schön weich wird, lasse ich ihn in heißem Wasser einweichen. Dadurch 'klebt' das Dressing später auch besser dran."

PRO PORTION

Kalorien 209
Fett . . . . 2,1 g
Kohlenhydrate . . . . . 43,7 g
Ballaststoffe . . . . 4,8 g
Zucker . . . . 18,6 g
Eiweiß . . . . 8,3 g
Weight-Watcher-Punkte . . 6

2 PORTIONEN

180 g	gehackter Grünkohl
2 EL	Orangenmarmelade oder -konfitüre
1 EL	gelbe Misopaste
1 TL	süße Chilisauce
1 EL	brauner Reisessig
1 TL	natriumarme Soja- oder glutenfreie Tamarisauce
1 EL	fertige Gemüsebrühe
1 TL	Orangenschale
2–3 EL	Orangensaft

SÄTTIGENDE BEILAGEN

✓✓ SOJAFREI ✓✓ GLUTENFREI ✓✓ SCHNELL ✓✓ GÜNSTIG

UNTER 150 KALORIEN

Cremiger Grünkohlsalat

PRO PORTION
CREMIGER GRÜNKOHLSALAT / SÜSSER GRÜNKOHLSALAT

Kalorien 142/118
Fett .... 3,9 g/1 g
Kohlenhydrate. 23,6 g/25,2 g
Ballaststoffe .. 6,2 g/4,6 g
Zucker .... 3,4 g/3,7 g
Eiweiß .... 7,5 g/5,6 g
Weight-Watcher-Punkte 4/3

2 PORTIONEN

½	Bund Grünkohl, entstielt und in mundgroße Stücke gezupft
4–6 EL	Hummus oder Hummus mit rotem Paprika
3 EL	rote Zwiebeln, gehackt
	Kichererbsen, gekocht (optional)
90 g	Kirschtomaten, in Scheibchen oder 1 roter Paprika, entkernt und gewürfelt
1	Zitrone

Auf die Idee, Grünkohl mit Hummus zu kneten, kam ich erst durch die Esselstyns. (Ich bewundere ja die ganze Familie!) Wenn Sie rohen Grünkohl mit Hummus kneten, wird er spürbar weicher. Zudem erweist sich Hummus als unaufwändiges und zugleich herrlich cremiges Dressing mit einer Extraportion Eiweiß. Ich liebe diesen Salat!

Den Grünkohl mit 4 EL Hummus in eine Schüssel geben und mit den Händen kneten, bis der Grünkohl weicher wird, etwas geschrumpft und gleichmäßig mit Hummus benetzt ist. Bei Bedarf esslöffelweise zusätzlichen Hummus nehmen. Zwiebel, Kichererbsen und Kirschtomaten oder Paprika untermischen. Saft von ½ Zitrone (oder ¼, falls sie sehr groß ist) unterziehen. Nach Belieben mit zusätzlichem Zitronensaft abschmecken.

Süßer Grünkohlsalat

2 PORTIONEN

1	große Süßkartoffel
½	Bund Grünkohl, entstielt und in mundgroße Stücke gerupft

Anmerkung Für etwas Pepp mit Garam Masala abschmecken!

Dieser Salat soll daran erinnern, dass schlicht nicht schlecht, sondern einfach großartig ist.

Die Süßkartoffel kochen. Wenn Sie abgekühlt ist, die Schale abziehen. Anschließend in eine große Schüssel geben und zu Mus zerdrücken. Grünkohl hinzugeben und mit den Händen verkneten, bis der Grünkohl weich und gleichmäßig mit dem Süßkartoffelmus benetzt ist.

UNTER 200 KALORIEN ✓ SOJAFREI ✓ GLUTENFREI ✓ SCHNELL ✓ GÜNSTIG

Blattgemüse mit Parmesan

Ich liebe Grünkohl, vor allem in diesem Gericht. Zitronige Frische und dezente Schärfe, bestreut mit würzigem Parmesan – wie könnte man das nicht lieben? Dieses Gemüse ist die perfekte Beilage zu jeder Mahlzeit.

Grünkohlstiele entfernen und die Blätter in mundgerechte Stücke zupfen; beiseitestellen. Den Boden einer Pfanne dünn mit Brühe bedecken. Knoblauch und eine Prise rote Chiliflocken hinzugeben und auf hoher Flamme dünsten, bis die Brühe verkocht und der Knoblauch goldbraun ist und duftet. So viel Brühe zugießen, dass der Pfannenboden dünn bedeckt ist, dann den Grünkohl hineingeben. Auf hoher Flamme unter ständigem Rühren 1 bis 2 Minuten köcheln lassen, bis der Grünkohl weich wird und einen helleren Farbton annimmt. Umrühren und dabei den gehackten Knoblauch gut über den Grünkohl verteilen. Den Herd ausstellen und alles nochmals gut vermengen. Eine Prise abgeriebene Zitronenschale und nach Belieben etwas veganen Parmesan hinzugeben, erneut umrühren, dann servieren.

PRO PORTION

Kalorien 156
Fett . . . . 2,7 g
Kohlenhydrate . . . . . 29,6 g
Ballaststoffe . . . . 5,7 g
Zucker . . . . 0 g
Eiweiß . . . . 10,2 g
Weight-Watcher-Punkte . . 4

2 PORTIONEN

- 1 Bund Grünkohl
- Gemüsebrühe
- 3–5 Knoblauchzehen, gehackt
- rote Chiliflocken
- abgeriebene Schale einer kleinen Zitrone
- AJs veganer Parmesan (S. 275)

Anmerkung Für dieses Rezept können Sie anstelle des Grünkohls auch Brokkoli verwenden. Dafür den Brokkoli dünsten, dann mit gedünstetem Knoblauch und Chiliflocken vermischen. Vor dem Servieren Zitronenschale und veganen Parmesan untermischen.

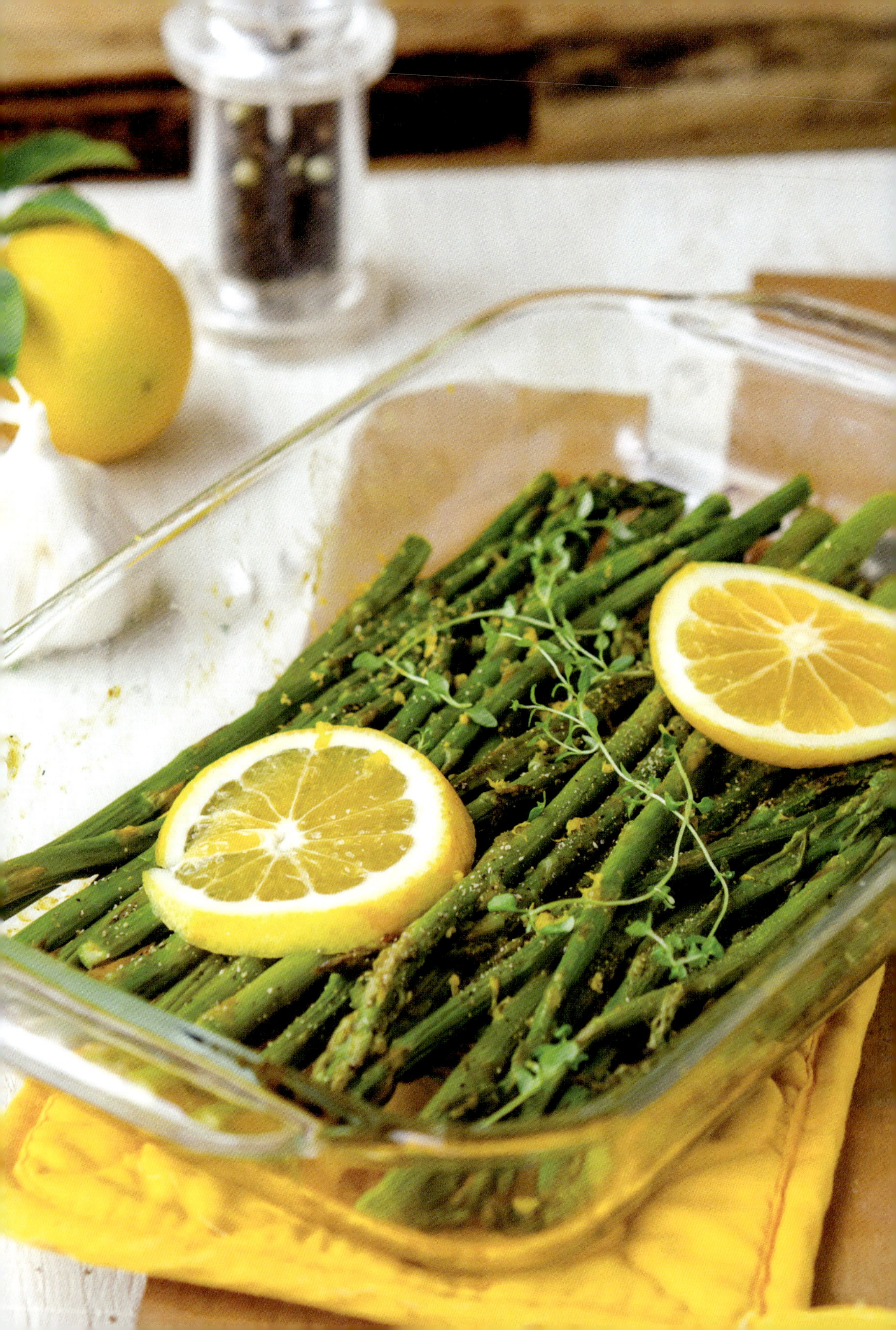

UNTER 50 KALORIEN ✓ SOJAFREI ✓ GLUTENFREI ✓ FETTARM ✓ SCHNELL ✓ GÜNSTIG

Zitronenspargel

Die Glasur für dieses Gericht ist so gnadenlos lecker, dass sie eigentlich für alles verwendet werden kann, zu Spargel schmeckt sie jedoch besonders lecker. Zu grünen Bohnen passt sie allerdings auch hervorragend und einigen meiner Rezeptetesterinnen und -testern schmeckte sie auch zu Kartoffeln und Kichererbsen.

Spargel 15 Minuten bei 220° C dampfgaren oder im Backofen rösten. Währenddessen alle anderen Zutaten in einen Topf geben und verquirlen. Zum Kochen bringen, dann die Hitze reduzieren und unter ständigem Rühren köcheln lassen, bis die Sauce andickt. Gegebenenfalls mit etwas mehr Dijon-Senf oder Zitronensaft abschmecken. Den Spargel in der Glasur schwenken, dann mit Zitronenscheiben und etwas abgeriebener Zitronenschale garnieren. Sie können auch ein bisschen Salz und frisch gemahlenen schwarzen Pfeffer darüberrieseln.

PRO PORTION

Kalorien 38
Fett . . . . 0,3 g
Kohlenhydrate . . . . . . 8,2 g
Ballaststoffe . . . . 2,4 g
Zucker . . . . 2,6 g
Eiweiß . . . . 2,3 g
Weight-Watcher-Punkte . . 1

2 PORTIONEN

1	Bund Spargel, Enden abgeschnitten
125 ml	natriumarme Gemüsebrühe
1–2 TL	Dijon-Senf
4–6	Thymianzweige, ohne Stängel
1	Prise Zwiebelpulver
1	Prise Knoblauchpulver
1 TL	Speisestärke
½–1 TL	Zitronensaft (am besten frisch gepresst)

SÄTTIGENDE BEILAGEN

✓ SOJAFREI ✓ FETTARM ✓ SCHNELL ✓ GÜNSTIG

UNTER 200 KALORIEN

Zitrus-Couscous

PRO PORTION

Kalorien 185
Fett .... 0,4 g
Kohlenhydrate ..... 40,7 g
Ballaststoffe .... 4,8 g
Zucker .... 12,3 g
Eiweiß .... 5,5 g
Weight-Watcher-Punkte .. 5

Ich esse Couscous gern zum Frühstück mit einem Klecks veganem Natur- oder Vanillejoghurt oder als Beilagensalat mit Frühlingszwiebeln. Es ist auch eins meiner liebsten Herbst- und Wintergerichte, wenn hier bei uns Orangen- und Grapefruitzeit ist.

2 PORTIONEN

125 ml	Wasser
6 EL	ungekochter Vollkornweizen-Couscous
1	Orange
1	Grapefruit (ich verwende am liebsten pinkfarbene)
2 EL	oder mehr gehackte frische Minze
	Abgeriebene Orangenschale (optional)

Anmerkung Für eine glutenfreie Version gekochte Quinoa (etwa 260 g) anstelle von Couscous verwenden.

Wasser zum Kochen bringen und den Couscous einrühren. Vielleicht sieht es so aus, als würde das Wasser nicht reichen, aber das ist in Ordnung. Mit einem Löffel durchrühren und beiseitestellen. Die Orange schälen und die einzelnen Schnitze einmal durchschneiden. Die Grapefruit halbieren und den Saft der einen Hälfte in den Couscous pressen. Packen Sie mit den Händen richtig zu, um den ganzen Saft herauszudrücken. Die andere Hälfte der Grapefruit schälen, dann jedes Schnitz halbieren und ebenfalls zu dem Couscous geben. 2 EL gehackte frische Minze unterrühren. Gegebenenfalls mit zusätzlicher Minze abschmecken. Für einen kräftigeren Zitrusgeschmack oder -duft können Sie außerdem etwas abgeriebene Orangenschale hinzugeben. (Vorsichtig dosieren, da der Couscous sonst ganz schnell bitter schmecken kann.)

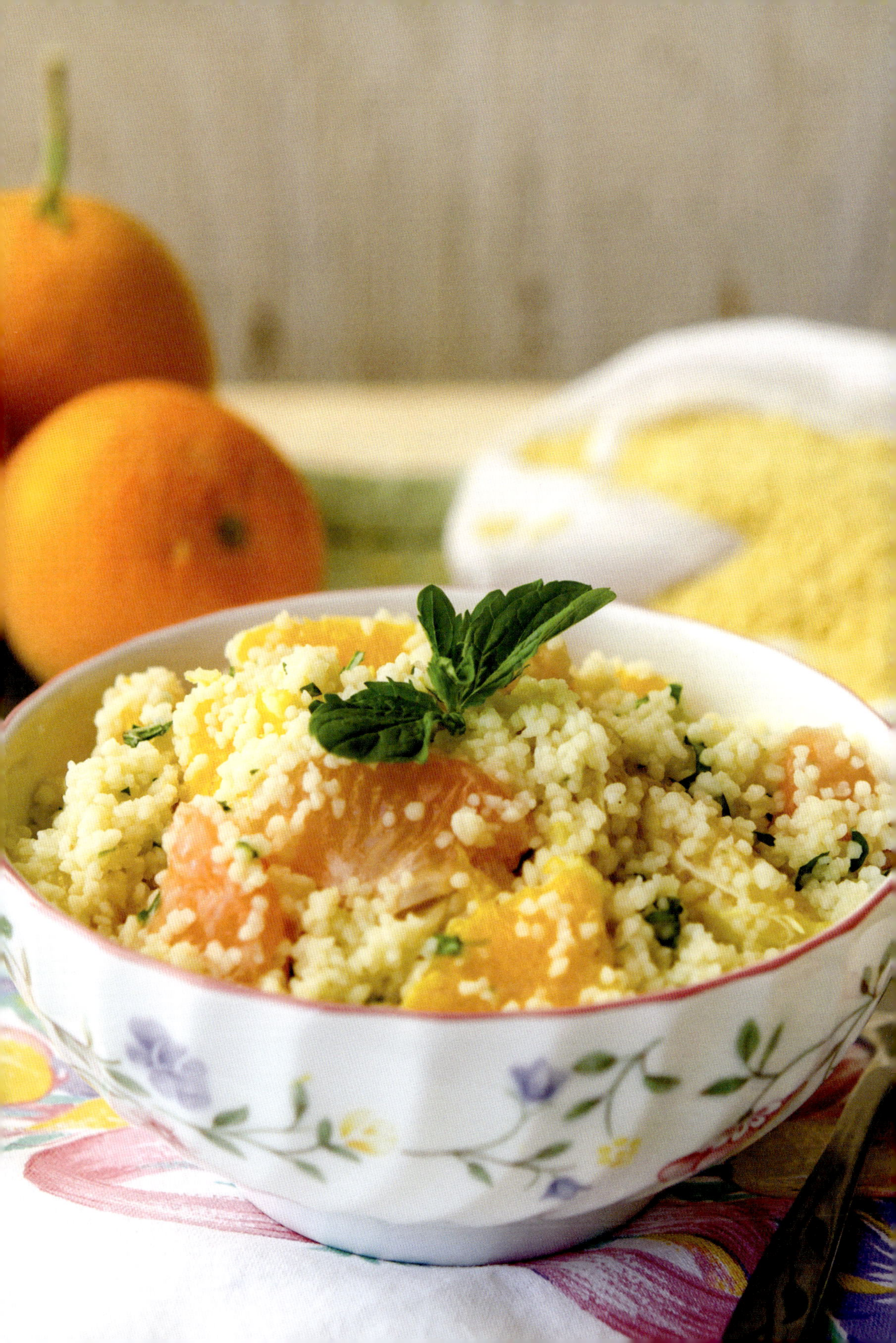

✓ SOJAFREI ✓ FETTARM ✓ SCHNELL ✓ GÜNSTIG

UNTER 100 KALORIEN

Zitronen-couscous

PRO PORTION

Kalorien 51
Fett . . . . 0,1 g
Kohlenhydrate . . . . . 10,6 g
Ballaststoffe . . . . 0,8 g
Zucker . . . . 0 g
Eiweiß . . . . 1,8 g
Weight-Watcher-Punkte . . 1

5 PORTIONEN

125 ml	Wasser
6 EL	ungekochter Vollkornweizen-Couscous
1–2	kleine Zitronen (abgeriebene Schale und Saft)
3 EL	frisches Basilikum, gehackt
1–2 EL	vegane Mayo oder veganen Naturjoghurt

Anmerkung Für eine glutenfreie Version gekochten Quinoa (etwa 260 g) anstelle von Couscous verwenden.

„Doppelt benannt hält besser!" Couscous ist eine grobkörnige Weizenzubereitung. Traditionell werden Fleisch- oder Gemüseeintöpfe auf Couscous serviert und das ganze Gericht wird dann einfach als „Couscous" bezeichnet. In dieser leichten, zitronigen Beilage spielt der Couscous einmal die Hauptrolle – und gut satt werden Sie noch dazu! Wenn Sie daraus eine ganze Mahlzeit oder einen größeren Salat machen möchten, geben Sie Frühlingszwiebeln oder rote Zwiebeln, Kirschtomaten und Kichererbsen oder weiße Bohnen dazu.

Wasser zum Kochen bringen und den Couscous einrühren. Vielleicht sieht es so aus, als würde das Wasser nicht ausreichen, aber das ist in Ordnung. Mit einem Löffel kurz durchrühren und beiseitestellen. 1 TL abgeriebene Zitronenschale und Saft einer halben Zitrone einrühren. Alles gut vermischen, dann nach Belieben mit zusätzlichem Zitronensaft abschmecken. 3 EL gehacktes frisches Basilikum und Mayo oder Joghurt untermischen. Mit Salz und Pfeffer würzen und zuletzt nach Bedarf mit etwas mehr Zitronensaft, Zitronenschale oder Basilikum abschmecken.

UNTER 150 KALORIEN

✓ SOJAFREI ✓ GLUTENFREI ✓ SCHNELL ✓ GÜNSTIG ✓ VORRAT

Einfaches Kartoffelpüree & braune Sauce

Ich weiß, für Kartoffelpüree braucht eigentlich keiner ein Rezept; man zerstampft halt einfach Kartoffeln. Daher ist das hier auch kein Rezept, sondern eher eine Idee für ein leckeres Kartoffelpüree ohne Milch und Butter, das super zu einigen der Rezepte in diesem Buch passt. Unten finden Sie außerdem mein Rezept für eine schnelle braune Sauce (S. 192).

1 bis 2 große Kartoffeln (mit oder ohne Schale) würfeln und gar kochen. Dann das Wasser abgießen und die Kartoffelwürfel mit einem Kartoffelstampfer zerdrücken. 1 bis 2 EL Knoblauchpulver, ½ bis 1 EL Zwiebelpulver oder Zwiebelflocken und etwas Pflanzendrink hinzugeben und gut verrühren. Gegebenenfalls mehr Flüssigkeit hinzugeben, bis Sie mit der Konsistenz zufrieden sind. Nach Belieben mit mehr Gewürzen, Salz und Pfeffer abschmecken.
Alternativ können Sie die Gewürze weglassen und stattdessen Dijon-Senf untermischen (wie viel Sie verwenden, hängt davon ab, wie intensiv Ihr Senf im Geschmack ist; die Unterschiede können da sehr groß sein).

PRO PORTION

Kalorien 147
Fett . . . . .1,2 g
Kohlenhydrate . . . . .30,8 g
Ballaststoffe . . . . .4,4 g
Zucker . . . . .1,5 g
Eiweiß . . . . .4,2 g
Weight-Watcher-Punkte . .4

2 PORTIONEN

2	sehr große Kartoffeln
1–2 EL	Knoblauchpulver (optional)
½–1 EL	Zwiebelpulver oder Zwiebelflocken (optional)
	Pflanzendrink
	Dijon-Senf (optional)

SÄTTIGENDE BEILAGEN

✓ SOJAFREI ✓ GLUTENFREI ✓✓ FETTARM ✓✓ SCHNELL ✓✓ GÜNSTIG ✓✓ VORRAT ✓ EINE PORTION

UNTER 100 KALORIEN

UNTER 150 KALORIEN

Schnelle braune Sauce

PRO PORTION
SCHNELLE BRAUNE SAUCE (ETWA 125 ML)/ OFENPOMMES

Kalorien 73/131
Fett . . . . 0,7 g/0,1 g
Kohlenhydrate. 12,8 g/29,7 g
Ballaststoffe . . . 3,4 g/3,7 g
Zucker . . . . 1,1 g/1,3 g
Eiweiß . . . . 5,9 g/3,4 g
Weight-Watcher-Punkte 2/3

4 PORTIONEN

- 3 EL Hefeflocken
- 3 EL Vollkornweizenmehl
- 500 ml natriumarme Gemüsebrühe
- 1–2 EL natriumarme Soja- oder glutenfreie Tamarisauce
- 1 TL Zwiebelpulver
- ¼ TL Knoblauchpulver

In einer kleinen Antihaft-Pfanne Hefeflocken und Mehl vermischen und auf mittlerer Flamme etwa 4 Minuten rösten. In einen mittelgroßen Topf geben und die übrigen Zutaten untermischen. Aufkochen und nach Belieben andicken lassen. Mit Salz und Pfeffer abschmecken. Für eine sehr dickflüssige Sauce 1 EL Speisestärke mit 2 EL Wasser verquirlen und zu der Sauce geben.

Anmerkung Für eine glutenfreie Sauce können Sie braunes Reismehl anstelle von Weizenmehl verwenden.

Ofenpommes

Denn zu einem Bohnenburger gehören Pommes frites!

EINE PORTION

- 1 Kartoffel

Den Backofen auf 220° C vorheizen. Ein Backblech mit Backpapier auslegen und beiseitestellen. Die Kartoffel in Streifen (etwa von der Länge Ihres kleinen Fingers) schneiden. Achten Sie darauf, alle Streifen möglichst gleich groß zu schneiden. 10 Minuten backen, dabei nach 7 Minuten wenden. Anschließend auf hoher Stufe 1 bis 2 Minuten im Backofen grillen, bis die Pommes goldbraun sind – behalten Sie sie gut im Auge, da sie ganz schnell anbrennen können.

UNTER 100 KALORIEN

✓ GLUTENFREI ✓ SCHNELL ✓ GÜNSTIG

Pilzsauce für jede Gelegenheit

Diese Pilzsauce ist so lecker, vielseitig und kalorienarm, dass sie in diesem Buch auf keinen Fall fehlen durfte!

In einer Pfanne Wasser mit Soja- oder Tamarisauce, 1 EL Hefeflocken, Zwiebelpulver, Knoblauchpulver und gemahlenem Ingwer vermischen. Aufkochen, dann die Pilze hinzugeben und großzügig mit italienischer Gewürzmischung würzen. Auf mittlerer Flamme etwa 3 Minuten garen, bis die Pilze bräunlich und weich sind. Währenddessen den Pflanzendrink mit der Speisestärke und 1 EL Hefeflocken verquirlen. Wenn Sie möchten, geben Sie eine kleine Prise Muskat hinzu. Zu den Pilzen geben und unterrühren. Die Hitze reduzieren und etwa 5 Minuten köcheln lassen, bis die Sauce angedickt ist. Mit schwarzem Pfeffer (ich würze immer sehr großzügig) und gegebenenfalls etwas mehr Gewürzmischung abschmecken. Falls nötig, anschließend noch etwas nachsalzen. Vor dem Servieren ein paar Minuten beiseitestellen, damit sich die Aromen vermischen können.

Anmerkung Für ein rauchiges Aroma geräuchertes Paprikapulver anstelle von gemahlenem Muskat verwenden.

PRO PORTION
(ETWA 60 ML)

- **Kalorien** 60
- Fett . . . . 1,4 g
- Kohlenhydrate . . . . . . 8,9 g
- Zucker . . . . 1,2 g
- Ballaststoffe . . . . 1,4 g
- Eiweiß . . . . 5,6 g
- Weight-Watcher-Punkte . . 2

250 ML

250 ml	Wasser
2 EL	natriumarme Soja- oder glutenfreie Tamarisauce
2 EL	Hefeflocken
¼ TL	Zwiebelgranulat
¼ TL	Knoblauchgranulat
¼ TL	gemahlener Ingwer
250 g	weiße oder braune Champignons, in Scheiben
	Italienische Gewürzmischung
125 ml	Pflanzendrink
2 EL	Speisestärke
1	Prise Muskat (optional)

DIPS, SNACKS & VORSPEISEN

✓ SOJAFREI ✓ FETTARM ✓ GÜNSTIG

UNTER 50 KALORIEN

Zucchini-„Mozzarella"-Stäbchen

PRO PORTION
(1 STÄBCHEN, OHNE TOMATENSAUCE)

Kalorien 21
Fett . . . . 0,3 g
Kohlenhydrate . . . . . . 3,6 g
Ballaststoffe . . . . 0,7 g
Zucker . . . . 0,5 g
Eiweiß . . . . 1,2 g
Weight-Watcher-Punkte . . 1

24 STÄBCHEN

2	Zucchini
90 g	Vollkornsemmelbrösel
3 EL	AJs veganer Parmesan (S. 275)
½ TL	Knoblauchpulver
80 ml	Pflanzendrink
	Pizza- oder Tomatensauce (S. 267), aufgewärmt

Anmerkung Sie können Semmelbrösel selbst herstellen, indem Sie zunächst eine Scheibe Brot toasten und anschließend in einem Mixer fein zerhacken.

Schon als Vegetarierin war ich eigentlich kein allzu großer Fan von Käse, aber in Mozzarella-Stäbchen war ich absolut vernarrt. Ich glaube, das lag genau genommen hauptsächlich an der Tomatensauce, denn die Stäbchen konnte ich auch locker links liegen lassen. Aber die Sauce? Da hätte man mich wegzerren müssen! Wenn ich jetzt Appetit auf Mozzarella-Stäbchen habe, mache ich dieses Rezept. Dann kann ich so viel dippen, wie ich will, und esse gleichzeitig eine Portion Gemüse!

Den Backofen auf 200° C vorheizen. Ein Backblech mit Backpapier auslegen und beiseitestellen. Zucchini in 130 mm dicke Stäbchen schneiden und beiseitestellen. Wenn die Semmelbrösel recht grob sind, mit einem Mörser oder einer Küchenmaschine fein mahlen. Die Semmelbrösel mit veganem Parmesan, Knoblauchpulver und etwas Salz und Pfeffer vermischen. Die Mischung in eine flache Schale geben. Pflanzendrink in eine zweite flache Schale füllen. Die Zucchinistäbchen in den Drink tauchen, dann in der Semmelbröselmischung wenden. Die panierten Zucchinistäbchen auf ein Backblech legen. 15 bis 20 Minuten backen, bis die Panade goldbraun und die Stäbchen gar sind. Mit warmer Tomatensauce servieren.

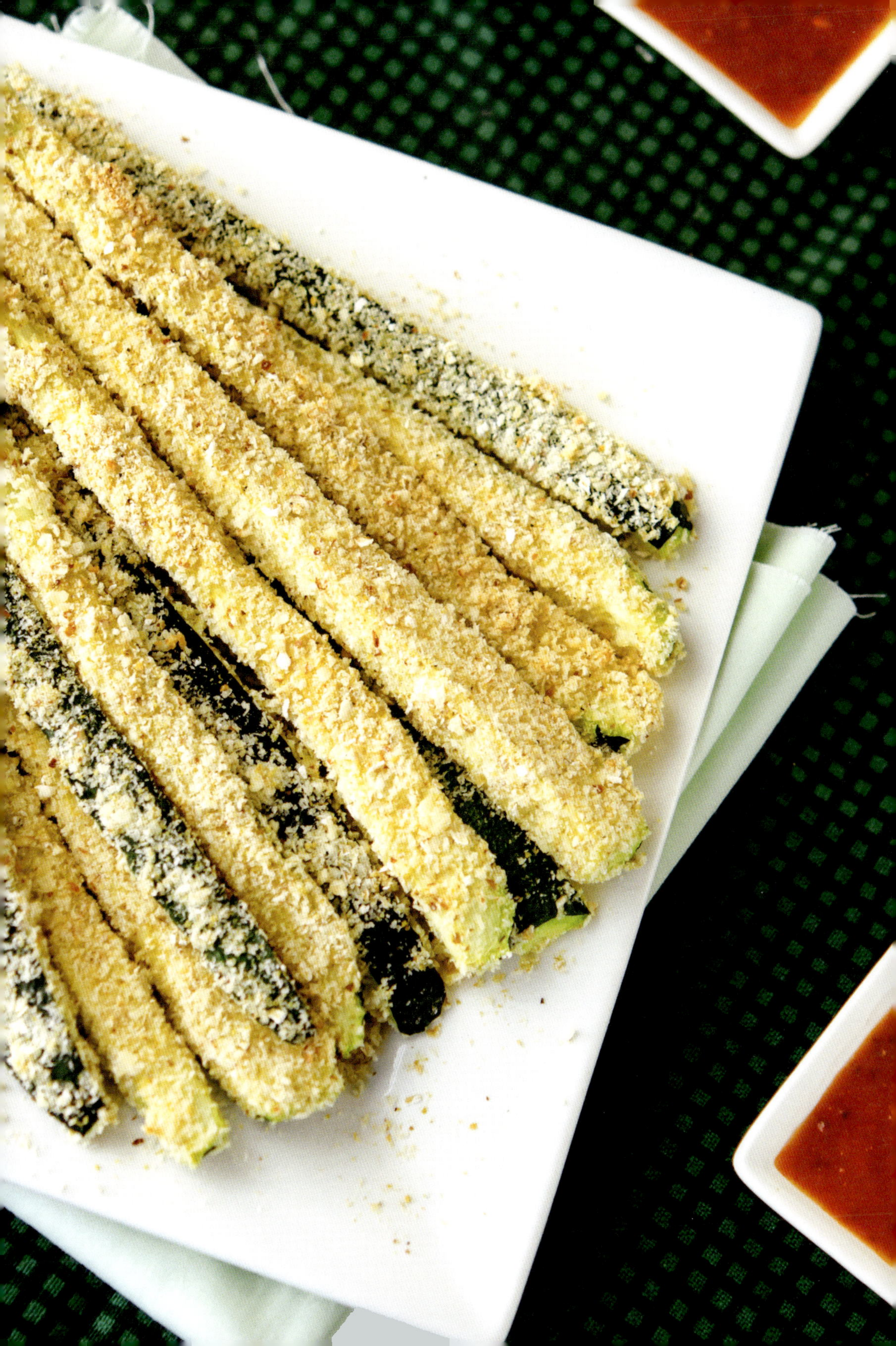

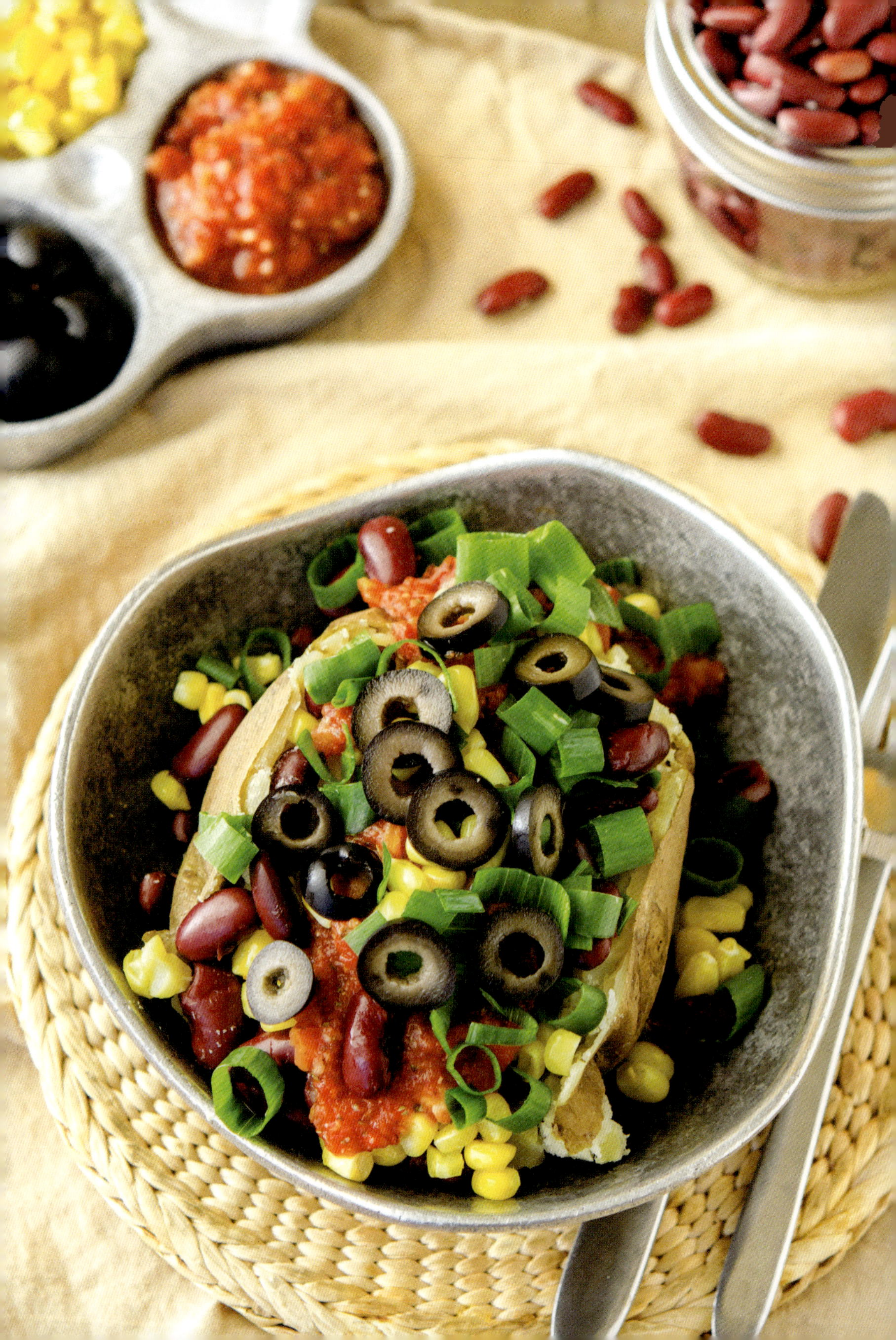

UNTER 250 KALORIEN

✓ SOJAFREI ✓ GLUTENFREI ✓ SCHNELL ✓ GÜNSTIG ✓ VORRAT ✓ EINE PORTION

Mexikanische Kartoffel

Wenn ich Appetit auf Nachos oder Chips mit Salsa habe, mache ich manchmal stattdessen eine dieser gesunden Kartoffeln. So habe ich den ganzen Geschmack bei einem Bruchteil der Kalorien. Das Geheimnis steckt in der Kartoffel. Kartoffeln machen satt, haben aber viel weniger Kalorien als Maischips. Wenn Sie es aber doch lieber knusprig hätten, bröseln Sie einfach ein paar Maischips auf die Kartoffeln. Für mehr Eiweiß können Sie außerdem schwarze Bohnen oder Kidneybohnen untermischen.

Die Kartoffel backen, kochen, dampfgaren, schongaren (siehe Rezept für schonend gegarte Ofenkartoffeln S. 272) oder in der Mikrowelle garen. Halbieren und alle übrigen Zutaten daraufhäufen.

PRO PORTION

Kalorien 223
Fett . . . . 2,6 g
Kohlenhydrate . . . . . 47,3 g
Ballaststoffe . . . . 7,8 g
Zucker . . . . 6,9 g
Eiweiß . . . . 7,1 g
Weight-Watcher-Punkte . . 6

EINE PORTION

1	Kartoffel
125 ml	Salsa
3 EL	Mais
2 EL	schwarze Oliven, in Scheibchen
1	Frühlingszwiebel, in Ringe geschnitten
100 g	gekochte schwarze Bohnen oder Kidneybohnen (optional)
	Zerbröselte Maischips (optional)
	Schnelle Nachosauce (S. 216)
	Guacamole oder Erbsenguacamole (optional)

Anmerkung Sie können Ihre eigenen, gesünderen Maischips herstellen, indem Sie Maistortillas in Dreiecke schneiden und im Backofen oder Minibackofen 175° C wenige Minuten knusprig backen.

DIPS, SNACKS & VORSPEISEN

✓ SOJAFREI ✓ GLUTENFREI ✓ SCHNELL ✓ GÜNSTIG ✓ EINE PORTION

UNTER 350 KALORIEN

Endspiel-Kartoffel

PRO PORTION
(OHNE OPTIONALE ZUTATEN)

Kalorien 338
Fett . . . . .2,6 g
Kohlenhydrate . . . . . . 73 g
Ballaststoffe . . . . 11,8 g
Zucker . . . . .6,3 g
Eiweiß . . . . .14,2 g
Weight-Watcher-Punkte . .9

EINE PORTION

- 1 Kartoffel
- 250 ml vegetarische Chili- oder schwarze Bohnensuppe
- 2 Frühlingszwiebeln, in Ringen
- 1 Tomate, gewürfelt
- 2 EL Mais (aufgetaut, wenn Sie Tiefkühlmais verwenden)
- Vegane Sour Cream (S. 266) (optional)
- Guacamole oder fettarme Guacamole (optional)
- Tempeh-Speck (S.40) (optional)
- Chilisauce

Hier eine Superbowl-Variation meiner mexikanischen Kartoffel, die an die in den USA bei Footballspielen besonders gern verzehrten „potato skins" (Kartoffelschiffchen) erinnern soll. Diese Kartoffeln sind auch genau das Richtige, wenn Sie sich nach Chili-Käse-Fritten sehnen! Meine Freundin Kim hat dieses Rezept mit ihrer Familie ausprobiert und schrieb mir: „Die Kids haben entschieden, dass es die Kartoffeln ab sofort in der Football-Saison jeden Tag geben soll. (Um den ganzen Football-Trubel etwas erträglicher zu machen, wie sie meinen. LOL.)" Ha!

Die Kartoffel backen, kochen, dampfgaren, schongaren (siehe Rezept für schonend gegarte Ofenkartoffeln, S. 272) oder in der Mikrowelle garen. In eine breite Schüssel oder auf einen Teller geben, der Länge nach halbieren und die Mitte eindrücken. Chili oder Suppe, Zwiebeln, Tomaten, Mais, Sour Cream, Guacamole und Tempeh-Speck (optional) auf die Kartoffel häufen. Anschließend großzügig mit Chilisauce beträufeln.

Anmerkung Chili oder Suppe können Sie entweder selbst zubereiten oder einfach Dosen verwenden. Normalerweise mache ich diese Kartoffeln zum Mittagessen, wenn es am Vortag Suppe oder Chili zum Abendessen gab, und verwende dann einfach die Reste. Rezepte für Chilis finden Sie unter Suppen, Eintöpfe & herzhafte Pies (S. 107ff.).

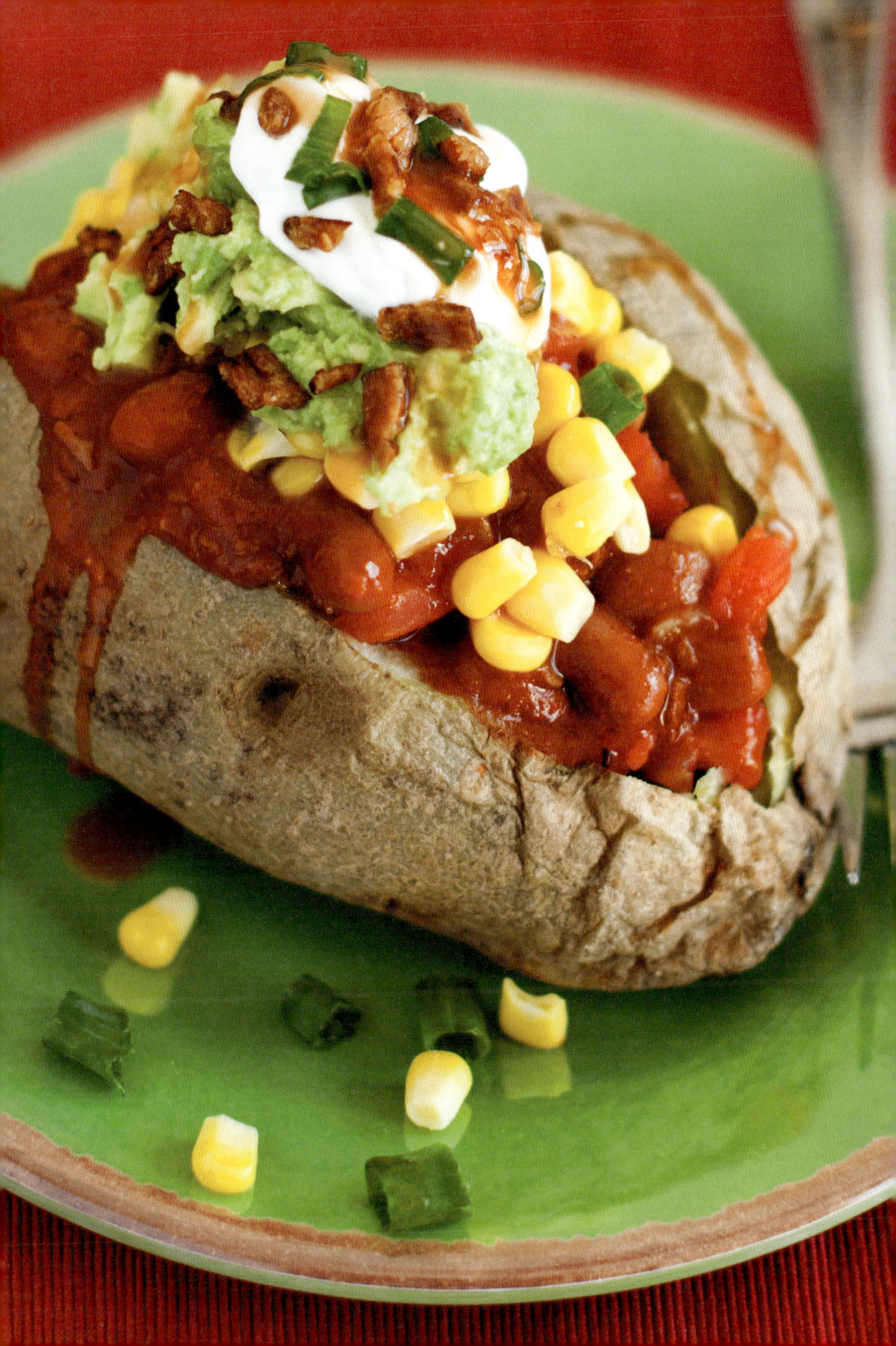

Anmerkungen

» Dieser Dip ist für Knoblauchfans: Verwenden Sie so viel Knoblauch wie Sie möchten! Wenn Sie für Knoblauch nicht so viel übrighaben, können Sie natürlich auch weniger nehmen, aber 2 mittelgroße Zehen sollten es schon sein.

» Für dieses Rezept sind alle Arten von weißen Bohnen geeignet; z. B. Cannellini- oder Limabohnen.

UNTER 200 KALORIEN ✓ SOJAFREI ✓ GLUTENFREI ✓ SCHNELL ✓ GÜNSTIG ✓ VORRAT

Spinat-Artischocken-Dip

Dem ausgewogen klingenden Namen zum Trotz besteht traditioneller Spinat-Artischocken-Dip zum Großteil aus Käse, Mayonnaise und anderen fettreichen Zutaten. Das geht doch gar nicht in gesund, oder? Doch, das geht! Streichen Sie diesen Dip auf knuspriges Vollkornbrot oder servieren Sie ihn zu Kräckern, rohen Gemüsestäbchen und/oder warmem Vollkornpitabrot (einfach in kleine Dreiecke schneiden). Achtung: Suchtfaktor!

Den Backofen auf 175° C vorheizen. Stellen Sie eine Pie- oder Auflaufform (20 cm) bereit. Spinat nach Packungsanweisung garen, dann möglichst viel Wasser auspressen und beiseitestellen. In einem kleinen Topf oder einer Pfanne Knoblauch und Zwiebel auf hoher Flamme in 50 ml Gemüsebrühe glasig dünsten. Der Knoblauch sollte goldbraun und der Großteil der Flüssigkeit verkocht sein. Die Mischung mit den Bohnen und dem Pflanzendrink in einen Mixer oder eine Küchenmaschine geben und glatt pürieren. Hefeflocken, Dijon-Senf (falls der Senf sehr scharf oder intensiv ist, weniger verwenden) sowie nach Belieben Salz und Pfeffer zugeben und erneut mixen. Falls Sie sehr große Artischockenherzen verwenden, vierteln oder grob hacken. Spinat, Bohnenmischung und Artischockenherzen in den zuvor verwendeten Topf geben und gut vermischen. Anschließend gleichmäßig in der Auflaufform verteilen und glatt streichen. 10 bis 20 Minuten backen, bis der Auflauf durch und durch heiß und die Oberfläche goldgelb ist. Großzügig mit veganem Parmesan und geräuchertem Paprikapulver (optional) garnieren.

PRO PORTION

Kalorien 195
Fett . . . . 2 g
Kohlenhydrate . . . . . 30,2 g
Ballaststoffe . . . . 12,9 g
Zucker . . . . 1,2 g
Eiweiß . . . . 17 g
Weight-Watcher-Punkte . . 4

FÜR 4 PORTIONEN

350 g	Tiefkühlspinat
4–8	Knoblauchzehen, gehackt
1	kleine Zwiebel, gewürfelt
60 ml	Gemüsebrühe oder das Kochwasser des Spinats
200 g	gekochte weiße Bohnen
125 ml	Pflanzendrink
25 g	Hefeflocken
1–2 TL	Dijon-Senf
400 g	Artischockenherzen (Dose, in Wasser, nicht in Öl eingelegt), abgegossen
	AJs veganer Parmesan (S. 275) (optional)
	Geräuchertes Paprikapulver (optional, zum Garnieren)

DIPS, SNACKS & VORSPEISEN

✓ GLUTENFREI ✓ FETTARM ✓ SCHNELL ✓ GÜNSTIG

UNTER 50 KALORIEN

„Käse"-Kugel

PRO PORTION
(1 EL)

Kalorien	30
Fett	0,7 g
Kohlenhydrate	3,7 g
Ballaststoffe	1,3 g
Zucker	0,5 g
Eiweiß	2,8 g
Weight-Watcher-Punkte	1

FÜR 1 KUGEL

85 g	gekochte Kichererbsen
150 g	fester Tofu
5 EL	Hefeflocken
1 EL	gelbe Misopaste
Ein paar Tropfen	flüssiges Raucharoma
Einige Tropfen	Agavendicksaft
1 TL	mittelscharfer Senf
½ TL	Zwiebelpulver
½ TL	Knoblauchpulver

Ich hatte eigentlich nie viel für Käse übrig, aber eine Käsekugel gehörte bei uns einfach zu Weihnachten dazu! Eine Freundin verwies mich auf ein veganes Rezept für eine „Käse"-Kugel auf Nussbasis, die zwar lecker schmeckte, aber für mich zu viele Nüsse enthielt. Daher entwickelte ich diese fettarme Variante. Diese „Käse"-Kugel ist unwiderstehlich lecker. Ich mache sie immer, wenn ich Gäste habe oder zu jemandem nach Hause eingeladen bin – meist ist sie innerhalb weniger Minuten vertilgt!

Alle Zutaten in einen leistungsstarken Mixer geben und glatt pürieren. In eine Metallschüssel umfüllen und mit einem Gummispatel zu einer Kugel formen. Mit Frischhaltefolie abdecken und mehrere Stunden kaltstellen. Anschließend auf einen Servierteller setzen und nach Belieben mit geräuchertem Paprikapulver und Mandelsplittern garnieren.

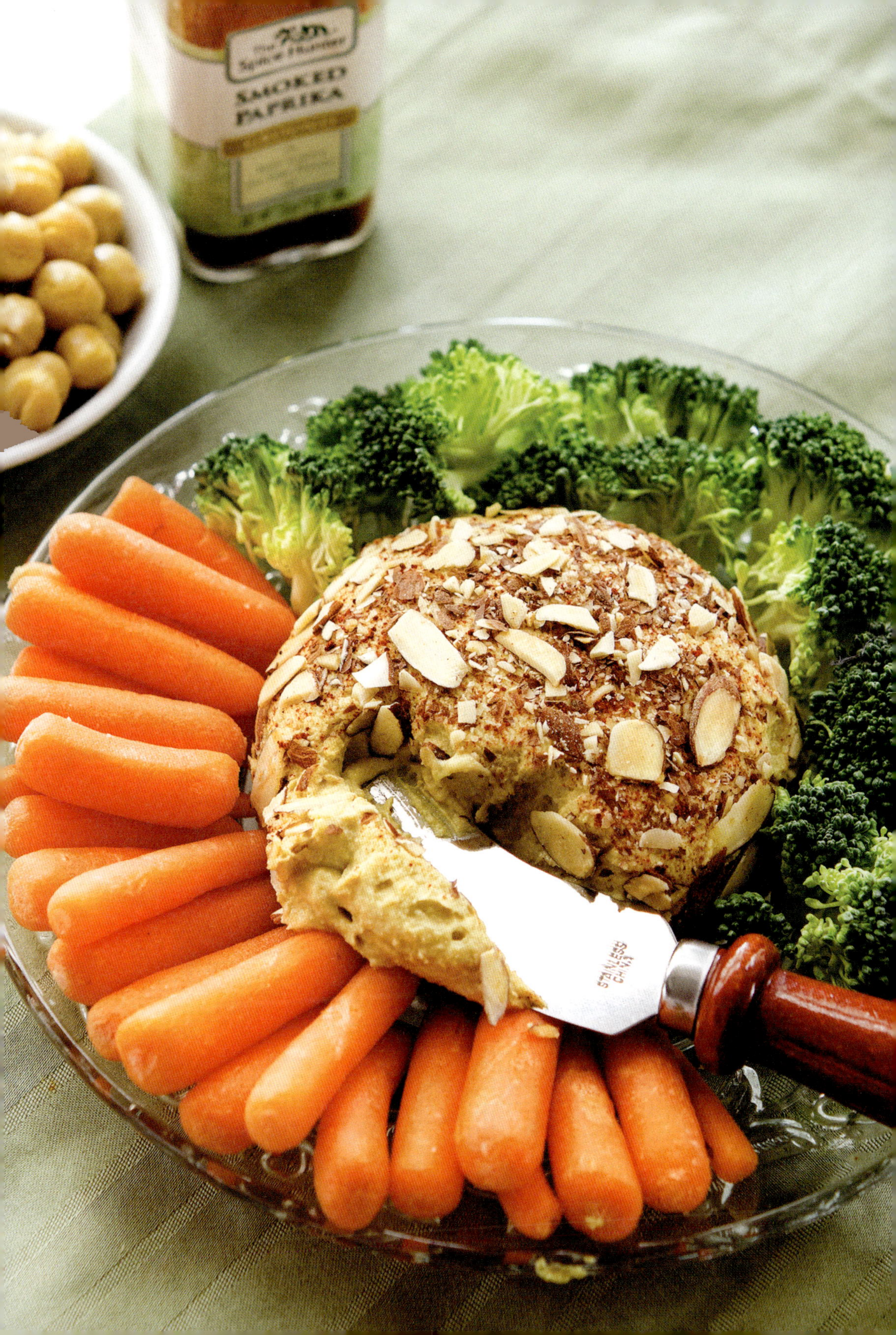
SMOKED
PAPRIKA

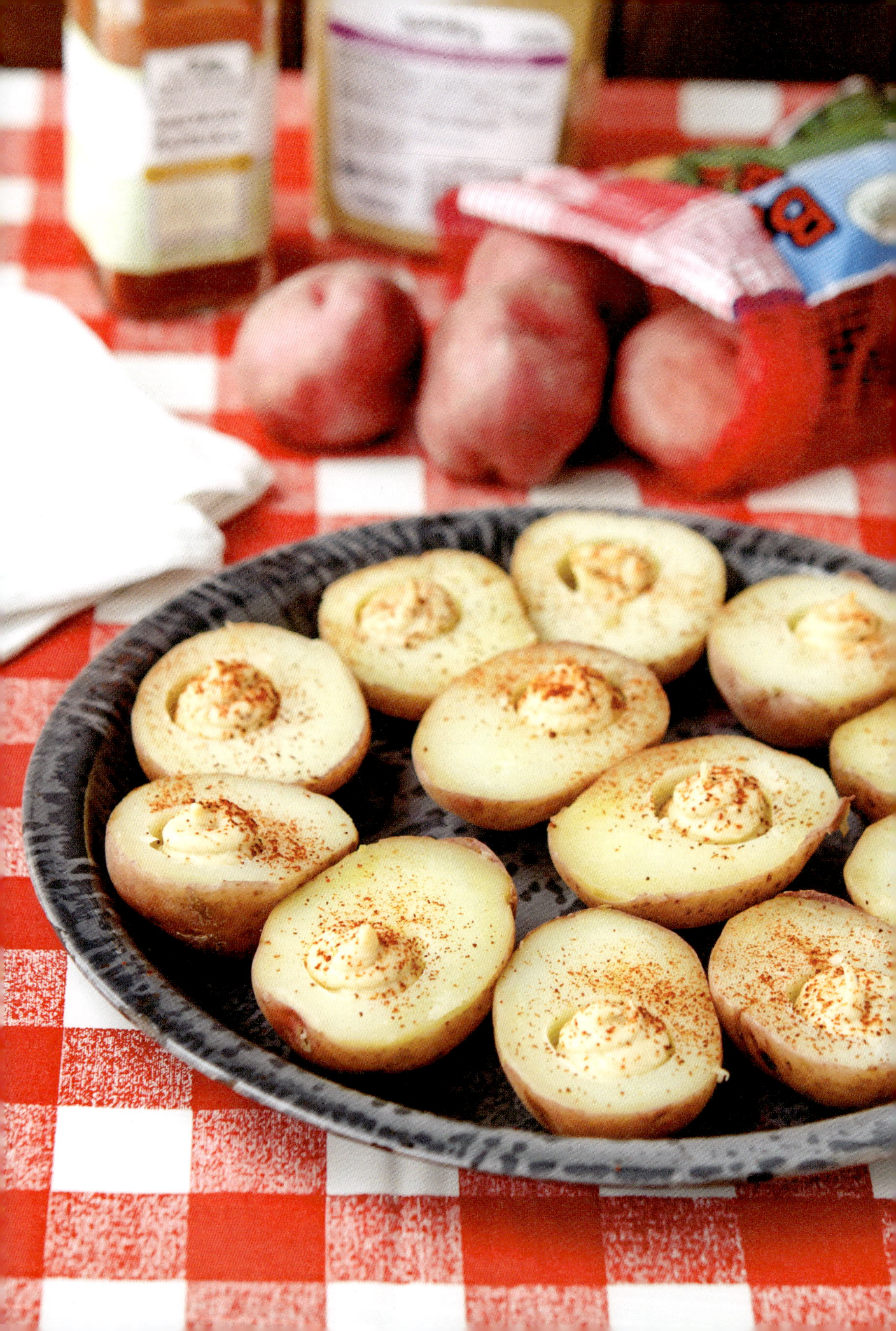

UNTER 100 KALORIEN ✓ SOJAFREI ✓ GLUTENFREI ✓ FETTARM ✓ SCHNELL ✓ GÜNSTIG

Russische „Eier"

Dieses unglaubliche Rezept für vegane russische Eier habe ich von Ann Esselstyn. Ihr Rezept war noch einfacher: Hummus, Dijon-Senf, Frühlingszwiebeln und Paprikapulver. Für einen möglichst authentischen „Ei"-Geschmack habe ich außerdem Kala Namak und einige andere Gewürze hinzugefügt, die meine Mutter immer für russische Eier verwendete. Ich könnte wirklich locker zwanzig dieser „Eier" ganz allein verschlingen!

Die Kartoffeln garen und vollständig auskühlen lassen. Währenddessen Hummus, Dijon-Senf, Knoblauchpulver, Zwiebelpulver und eine Prise Kala Namak vermengen. (Wenn Sie es gern schärfer mögen, fügen Sie außerdem Chilisauce hinzu.) Nach Belieben mit zusätzlichem Dijon-Senf oder Kala Namak abschmecken, dann beiseitestellen. Wenn die Kartoffeln kalt sind, der Länge nach halbieren und mit einem kleinen Löffel oder Kugelausstecher (z. B. für Melonen) ein kleines Bällchen herauslöffeln (was dann übrig bleibt, ist Ihr „Ei"). Die Hummusmischung in das Loch füllen und mit Paprikapulver garnieren.

PRO „EI"

Kalorien	69
Fett	0,6 g
Kohlenhydrate	14,4 g
Ballaststoffe	18 g
Zucker	0,9 g
Eiweiß	2,1 g
Weight-Watcher-Punkte	0

12 „EIER"

- 6 kleine Kartoffeln (in „Ei-größe")
- 3 EL Hummus (Natur)
- 1 TL Dijon-Senf
- ¼ TL Knoblauchpulver
- ¼ TL Zwiebelpulver
- 1 Prise Kala Namak
- Chilisauce (optional)
- Paprikapulver oder geräuchertes Paprikapulver
- Paprikapulver (zum Garnieren)

Anmerkung *Kala Namak* wird auch als „schwarzes Salz" bezeichnet. Es ist jedoch nicht zu verwechseln mit schwarzem Hawaii-Meersalz.

DIPS, SNACKS & VORSPEISEN

✓ GLUTENFREI ✓ SCHNELL

UNTER 50 KALORIEN

Tempeh-Flügelchen

PRO FLÜGELCHEN

Kalorien	30
Fett	1,6 g
Kohlenhydrate	1,6 g
Zucker	0 g
Ballaststoffe	0 g
Eiweiß	2,9 g
Weight-Watcher-Punkte	1

16 FLÜGELCHEN

- 1 Packung Tempeh (250 g)
- 3–4 EL Chilisauce
- 3 EL veganer Naturjoghurt

Anmerkung Für eine sojafreie Version können Sie die Sauce zum Beispiel zu ofengerösteten Blumenkohl servieren. Einige Restaurants in L.A. machen Hot „Wings" mit Blumenkohl im Backteig und reichen Sauce dazu.

Hier ist meine gesunde Antwort auf „Hot Wings". Ich bekomme ständig Anfragen für eine vegane Alternative und die dazugehörige Sauce. Dies ist meine einfache (und gesunde) Lösung.

Den Backofen auf 190° C vorheizen. Ein Backblech mit Backpapier auslegen. Den Tempeh in kurze Streifen schneiden, sodass etwa 16 Streifen entstehen. 10 bis 15 Minuten backen, bis der Tempeh leicht knusprig ist. Möglichst nach der Hälfte der Zeit einmal wenden. Wenn es zu lange zu dauern scheint, können Sie die Streifen ein, zwei Minuten im Backofen grillen, aber passen Sie gut auf, da sie schnell anbrennen können. Währenddessen 3 EL Chilisauce mit Joghurt vermengen. Nach Belieben mit zusätzlicher Chilisauce abschmecken. Wenn der Tempeh fertig ist, mit Sauce übergießen oder in die Sauce dippen!

UNTER 100 KALORIEN ✓ SOJAFREI ✓ GLUTENFREI ✓ FETTARM ✓ SCHNELL ✓ GÜNSTIG ✓ VORRAT

Süßkartoffel-chips

Es geht ganz ohne Dörrgerät – Sie brauchen nur einen Backofen. Als mein Freund Dirk dieses Rezept ausprobierte, meinte er: „Nichts als gute, günstige, überall erhältliche Zutaten, perfekt ausgewogen." Ich hätte es nicht besser ausdrücken können!

Den Backofen auf 190° C vorheizen und ein Backblech mit Backpapier auslegen. Die Süßkartoffel in etwa 3 mm dünne Scheiben schneiden (am besten verwenden Sie einen Gemüsehobel oder Gemüseschneider, damit alle Scheiben gleich dick werden). Die Chips auf das Backpapier legen und 5 Minuten backen. Wenden, dann weitere 3 Minuten backen. Falls notwendig, weitere 5 Minuten backen, bis sich die Seiten aufrollen und vom Backpapier abheben – aber passen Sie auf, dass sie nicht anbrennen. (Die Backzeit hängt davon ab, wie dick die Chips sind.) Wenn es zu lange zu dauern scheint, können Sie die Chips 30 Sekunden im Backofen grillen, damit sie knuspriger werden, aber passen Sie gut auf, da sie schnell anbrennen können. Chips abkühlen lassen; durch das Abkühlen werden sie noch etwas knuspriger.

PRO PORTION
(ETWA 15 CHIPS)

Kalorien 51
Fett .... 0,1 g
Kohlenhydrate ..... 11,8 g
Ballaststoffe .... 1,9 g
Zucker .... 3,7 g
Eiweiß .... 1,1 g
Weight-Watcher-Punkte .. 1

2 PORTIONEN

1   Süßkartoffel

✓ SOJAFREI ✓ GLUTENFREI ✓ FETTARM ✓ SCHNELL ✓ GÜNSTIG ✓ VORRAT

UNTER 100 KALORIEN

Grünkohlchips

PRO PORTION
(ETWA ¼ DER FERTIGEN CHIPS)

- **Kalorien** 67
- Fett . . . . 0,9 g
- Kohlenhydrate . . . . . 13,4 g
- Ballaststoffe . . . . 2,7 g
- Zucker . . . . 0 g
- Eiweiß . . . . 4,4 g
- Weight-Watcher-Punkte . . 2

4 PORTIONEN

- 1 Bund Grünkohl, entstielt
- Gewürze

Ein knuspriger, gesunder Snack mit allem, was der Grünkohl an gesundheitsfördernden Inhaltsstoffen zu bieten hat! Hier ist meine Methode, diese leckeren Chips zuzubereiten – und zwar ganz ohne Öl oder Dörrapparat!

Den Ofen (am besten einen Minibackofen) auf 110° C vorheizen. Die Grünkohlblätter in gleichmäßige Stücke zerrupfen (der Grünkohl schrumpft durch das Backen, also machen Sie die Stücke nicht zu klein). Den Grünkohl auf ein mit Backpapier ausgelegtes Backblech legen. Großzügig mit Meersalz, Hefeflocken, Old-Bay-Würze (mein persönlicher Favorit), gemahlenem Ingwer, Knoblauchsalz und Ähnlichem würzen. 7 bis 10 Minuten backen, bis die Chips dunkelgrün und knusprig sind. Behalten Sie sie gut im Auge, damit sie nicht anbrennen.

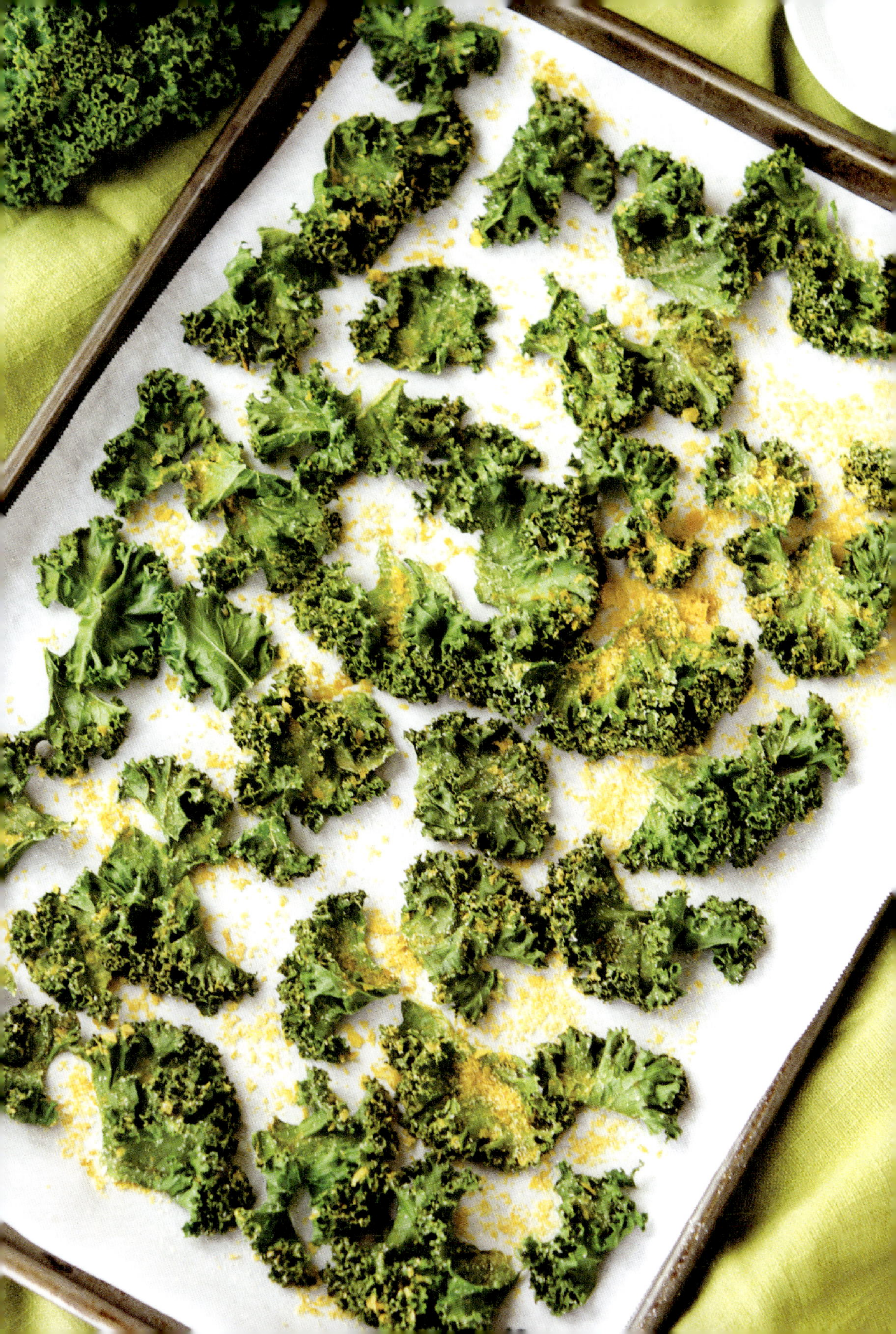

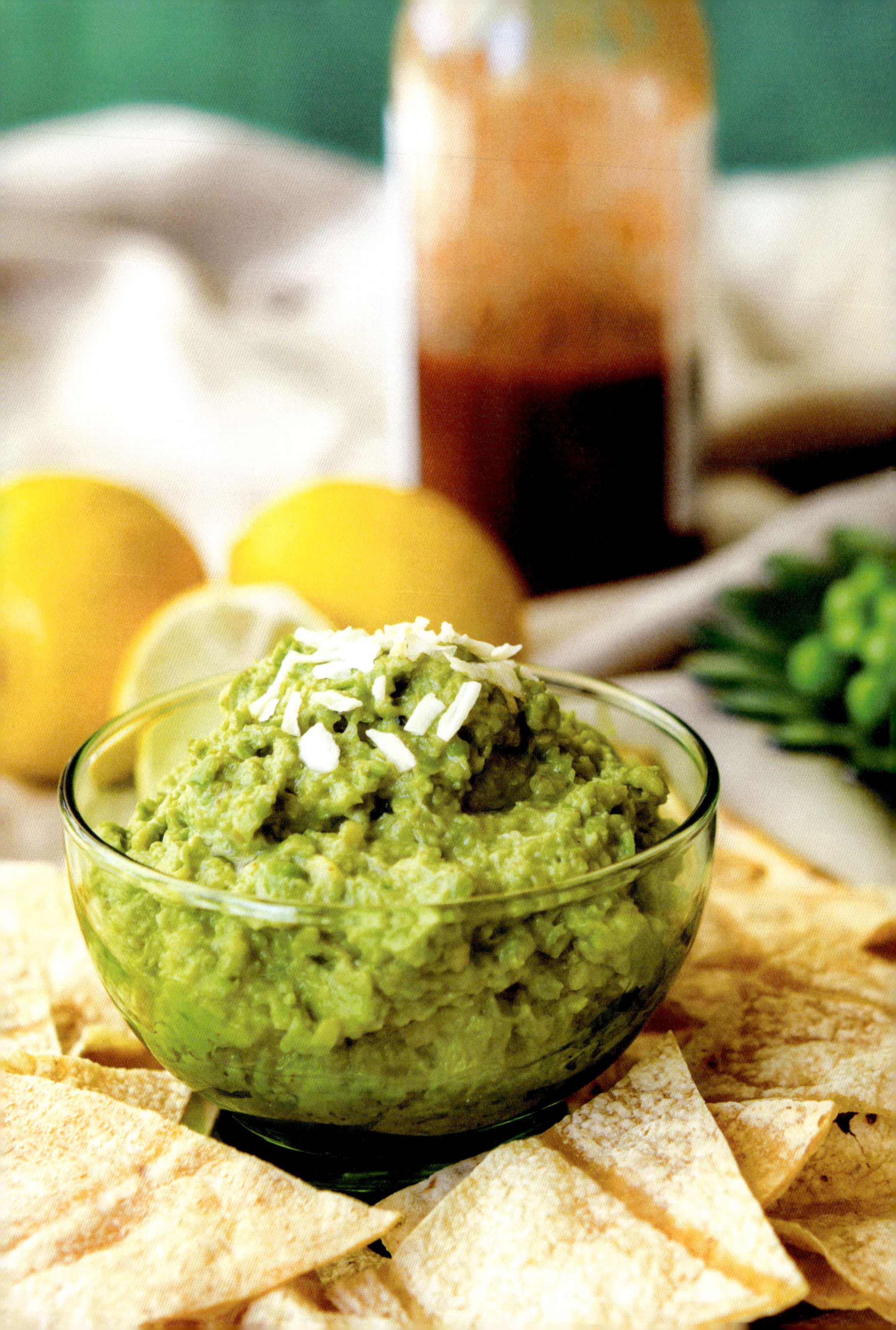

UNTER 50 KALORIEN ✓ GLUTENFREI ✓ FETTARM ✓ SCHNELL ✓ GÜNSTIG

Erbsen-guacamole

Erbsen sind die (nicht ganz) geheime Zutat in diesem Rezept. Durch sie ist diese Variante viel fettärmer als traditionelle Guacamole; sie ist außerdem eiweißreich und hat einen mild süßlichen Geschmack. Diese Guacamole ist toll für Sommerpartys geeignet, wo sie dann in der Regel immer als Erstes weg ist! Übrigens fand meine Freundin Kim die folgende Notiz am Kühlschrank, nachdem sie diese Guacamole zum ersten Mal ihren Töchtern zum Verkosten vorgesetzt hatte: „Mas Erbsenguac, por favor." Mehr muss ich dazu nicht sagen, oder?

Alle Zutaten (angefangen mit ½ Avocado) im Mixer glatt pürieren. Dabei die Masse bei Bedarf mit einem Spatel von den Seiten den Mixgefäßes nach unten streichen. Nach Belieben mit mehr Zwiebel, Knoblauch, Worcestershire-Sauce, Chilisauce, Limette etc. abschmecken. Auf Wunsch die restliche halbe Avocado untermixen – so schmeckt die Guacamole noch chremiger und authentischer.

PRO PORTION
(1 EL, MIT ½ AVOCADO)

Kalorien	27
Fett	1,3 g
Kohlenhydrate	3,1 g
Ballaststoffe	1,3 g
Zucker	1,1 g
Eiweiß	0,9 g
Weight-Watcher-Punkte	1

250 ML

½-1	Avocado
150 g	Erbsen (aufgetaut, falls Sie Tiefkühlerbsen verwenden)
1 EL	Zwiebelflocken
1 TL	Knoblauchpulver
1 TL	vegane Worcestershire-Sauce 270
	Chilisauce
	Saft von 1–2 Limettenscheiben
	Koriander (optional)
	Meersalz
½ TL	gemahlener Kreuzkümmel
1 EL	Pflanzendrink

DIPS, SNACKS & VORSPEISEN

✓ SOJAFREI ✓ GLUTENFREI ✓ FETTARM ✓ GÜNSTIG ✓ VORRAT

UNTER 100 KALORIEN

Ofenkartoffel-Samosas

PRO SAMOSA

Kalorien 90
Fett . . . . 0,6 g
Kohlenhydrate . . . . . 18,9 g
Ballaststoffe . . . . 3,2 g
Zucker . . . . .2 g
Eiweiß . . . . 3,1 g
Weight-Watcher-Punkte . . 2

4 PORTIONEN

- 2 Kartoffeln
- 3-4 EL Pflanzendrink
- ¾ TL gelbes Currypulver
- ½ TL Zwiebelpulver
- ½ TL Knoblauchpulver
- ¼-¾ TL Garam Masala
- ¼ TL gemahlener Koriander
- 1 TL gelber Senf
  Cayennepfeffer (optional)
  Saft von 2 Zitronenspalten
- 75 g Erbsen (aufgetaut, falls Sie Tiefkühlerbsen verwenden)
  Koriander (zum Garnieren)

Anmerkung Wenn Sie es gern schärfer mögen, können Sie entweder mehr Cayennepfeffer verwenden oder 1 bis 3 EL gehackte grüne Chilis untermischen.

Als ich an diesem Kochbuch arbeitete, schrieb mir mein Dad Folgendes in einer E-Mail: „Ich hab an einem indischen Imbissstand eine Samosa probiert. Mensch, war die lecker. Vielleicht kannst du ja irgendwo in deinem Kochbuch ein Rezept für Samosas unterbringen?" (Meine Eltern sind zu ganz schönen Leckermäulern geworden, seit sie sich pflanzlich ernähren!) Da Samosas traditionell frittiert werden, überlegte ich, ob sie sich wohl auch backen ließen. Doch was Kochen angeht, bin ich nach wie vor ziemlich faul und das war mir immer noch zu viel Arbeit. Und dann brachte mich mein Dad auf die Idee, es ganz den Kartoffeln zu überlassen! Was soll ich sagen – Perfektion schlechthin!

Den Backofen auf 200° C vorheizen. Die Kartoffeln in Aluminiumfolie einwickeln und 1 Stunde backen. Abkühlen lassen, dann halbieren. Das weiche Innere herauslöffeln, aber an den Außenseiten so viel stehen lassen, dass die Schale stabil bleibt (nicht alles sauber herausschaben). In eine Schüssel geben und mit einem Kartoffelstampfer oder einem elektrischen Mixer pürieren. Nach Bedarf Pflanzendrink hinzugeben, um die richtige Konsistenz zu erreichen. Currypulver, Zwiebelpulver, Knoblauchpulver, ¼ TL Garam Masala, gemahlenen Koriander, Senf, eine Prise Cayennepfeffer und Zitronensaft hinzugeben und alles gut vermengen. Anschließend nach Belieben mit zusätzlicher Garam Masala sowie gemahlenem Koriander oder Currypulver abschmecken (dabei vorsichtig dosieren, da sich Gewürzmischungen stark unterscheiden können). Dann mit Salz abschmecken. Erbsen untermischen und die Mischung in die Kartoffelschalen geben. 5 bis 10 Minuten backen, bis alles durch und durch heiß ist. Vor dem Servieren mit frischem Koriander garnieren.

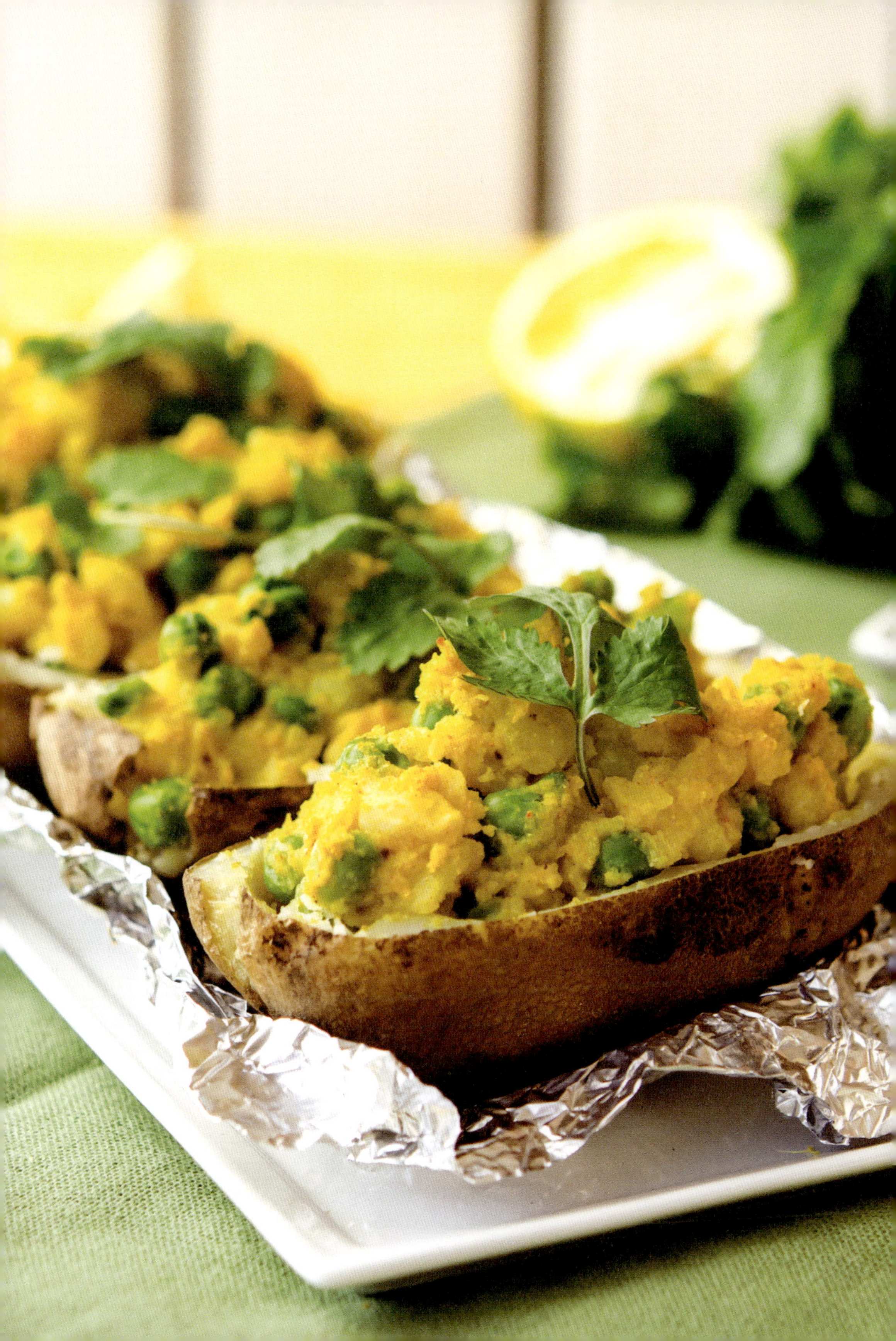

✓ SOJAFREI ✓ GLUTENFREI ✓ FETTARM ✓ SCHNELL ✓ GÜNSTIG ✓ VORRAT

UNTER 50 KALORIEN

UNTER 100 KALORIEN

Kichererbsen-„Streichkäse"

PRO PORTION
KICHERERBSEN-„STREICHKÄSE" (1 EL) / SCHNELLE NACHOSAUCE (5 EL)

Kalorien 25/83
Fett . . . . 0,3 g/1,9 g
Kohlenhydrate . 3,7 g/11,7 g
Ballaststoffe . . . 1,1 g/4,2 g
Zucker . . . . 0 g/0,8 g
Eiweiß . . . . 1,8 g/7,2 g
Weight-Watcher-Punkte 1/2

Dieser „Streichkäse" schmeckt super auf Kräckern oder einer Scheibe Brot. Da Kichererbsen die Grundzutat sind, ist dieser Aufstrich eine tolle fett- und kalorienarme Alternative zu veganem Käse auf Nussbasis.

CA. 300 ML

185 g	gekochte Kichererbsen
1–2 EL	gelbe Misopaste
2 EL plus 1 TL	Hefeflocken
½ TL	Zwiebelpulver
½ TL	Knoblauchpulver
3–4 EL	Gemüsebrühe
	Saft von 1 Zitronenspalte

Alle Zutaten (angefangen mit 1 EL Miso) in einem Mixer glatt pürieren. Nach Bedarf Brühe hinzugeben, um die richtige Konsistenz zu erreichen. Anschließend nach Belieben mit zusätzlichem Miso sowie Hefeflocken oder Zitronensaft abschmecken (Misopasten können im Geschmack stark variieren).

Schnelle Nachosauce

4 PORTIONEN

250 ml	Pflanzendrink
4 EL	Hefeflocken
1 ½ EL	Speisestärke
1 ½ EL	Tomatenmark
½ TL	Zwiebelpulver
½ TL	Knoblauchpulver
½ TL	Chilipulver
½ TL	gemahlener Kreuzkümmel
¼ TL	Paprikapulver oder geräuchertes Paprikapulver
1 EL	gelbe Misopaste

Meine Rezepte für „Käse"-Saucen sind einfach nie vollendet. Diese Version ist bislang mein unangefochtener Favorit. Die Sauce ist buchstäblich im Handumdrehen fertig und ein tolles Extra für jede Mahlzeit, der es an etwas Pepp mangelt. Früher oder später machen Sie's wie ich und gießen diese Sauce über alles!

Alle Zutaten außer der Misopaste in einem Topf vermischen und erhitzen, aber nicht aufkochen lassen. Die Hitze reduzieren und die Sauce unter ständigem Rühren andicken lassen. Misopaste unterrühren und servieren.

UNTER 150 KALORIEN ✓ SOJAFREI ✓ GLUTENFREI ✓ FETTARM ✓ SCHNELL ✓ GÜNSTIG ✓ VORRAT

Geröstete Kichererbsen

Wenn Sie gern Nüsse knabbern, werden Sie die knackigen Kichererbsen lieben. Sie sind eine fettarme, gleichzeitig aber auch äußerst eiweißreiche Alternative zu Nüssen. Garantiert werden Sie von ihnen nicht genug bekommen! Ich esse diese Kichererbsen gern einfach so als Snack, aber sie schmecken auch super in Salaten!

Den Backofen auf 200° C vorheizen. Ein Backblech mit Backpapier auslegen. Die noch feuchten Kichererbsen in den Gewürzen schwenken, bis sie gleichmäßig benetzt sind. In einer Lage auf einem Backblech ausbreiten und 10 Minuten backen. Das Backblech schütteln, um die Kichererbsen zu wenden, dann weitere 10 Minuten backen. Weitere 5 bis 10 Minuten backen, bis die Kichererbsen goldbraun sind und die gewünschte Knusprigkeit erreicht haben.

PRO PORTION

Kalorien 114
Fett . . . . 0,8 g
Kohlenhydrate . . . . . 18,4 g
Ballaststoffe . . . . 4,4 g
Zucker . . . . 0 g
Eiweiß . . . . 6,2 g
Weight-Watcher-Punkte . . 2

4 PORTIONEN

450 g	Kichererbsen (Dose), abgetropft und abgespült
	Gewürze (z. B. gemahlener Kreuzkümmel, Chilipulver und etwas Cayennepfeffer, Knoblauchsalz, Garam Masala, Chipotle-Chilipulver usw.)

✓ GLUTENFREI ✓ GÜNSTIG

UNTER 50 KALORIEN

Tofu-Jerky

PRO STREIFEN

Kalorien 33
Fett . . . . .1,6 g
Kohlenhydrate . . . . . . .2,2 g
Ballaststoffe . . . . 0 g
Zucker . . . . .1,2 g
Eiweiß . . . . .3,3 g
Weight-Watcher-Punkte . . 1

12 PORTIONEN

450 g	Tofu (sehr fest), ausgepresst

MARINADE

60 ml	natriumarme Soja- oder glutenfreie Tamarisauce
60 ml	Gemüsebrühe
1 EL	Ahornsirup
1–2 TL	flüssiges Raucharoma
1 TL	Zwiebelpulver
1 TL	Knoblauchpulver
¼ TL	geräuchertes Paprikapulver
2–3 EL	Barbecuesauce

Anmerkung Da der Tofu nicht alle Zutaten der Marinade aufnimmt, ist eine genaue Nährwertanalyse für dieses Rezept nicht möglich.

Es ist mir schon ein wenig peinlich zuzugeben, wie sehr ich Jerky mochte, ehe ich begann, mich pflanzlich zu ernähren. Sagen wir einfach, dass ich damals eine riesige Box „Slim Jims" zu meinen tollsten Weihnachtsgeschenken zählte. Bestimmt können Sie sich denken, dass ich auf den im Handel erhältlichen veganen Jerky genauso stehe, aber die langen Zutatenlisten schrecken mich doch immer wieder ab. Daher überlegte ich, ob ich wohl mit Tofu mein eigenes Jerky zubereiten könnte … Und die Antwort lautete: YES.

Den Tofu etwa 20 Minuten lang auspressen, dann trocken tupfen und in 12 Streifen schneiden. Die Streifen in einen Gleitverschlussbeutel geben. Alle Zutaten für die Marinade verrühren und über den Tofu gießen. Den Beutel schließen und ein paar Mal vorsichtig schwenken, sodass der Tofu gleichmäßig benetzt wird. Über Nacht in der Marinade einweichen lassen. Falls möglich, den Beutel hin und wieder wenden (ich wende den Beutel jedes Mal, wenn ich an den Kühlschrank gehe). Den Backofen auf 175° C vorheizen. Ein Backblech mit Backpapier auslegen. Den marinierten Tofu auf das mit Backpapier ausgelegte Backblech legen (die restliche Marinade wegschütten) und 10 Minuten backen. Wenden, dann weitere 10 Minuten backen. Solange wiederholen, bis der Tofu dunkelbraun und sehr fest ist, aber achten Sie darauf, dass er nicht anbrennt. (Ich nehme die Streifen meist nach 35 bis 40 Minuten aus dem Ofen.)

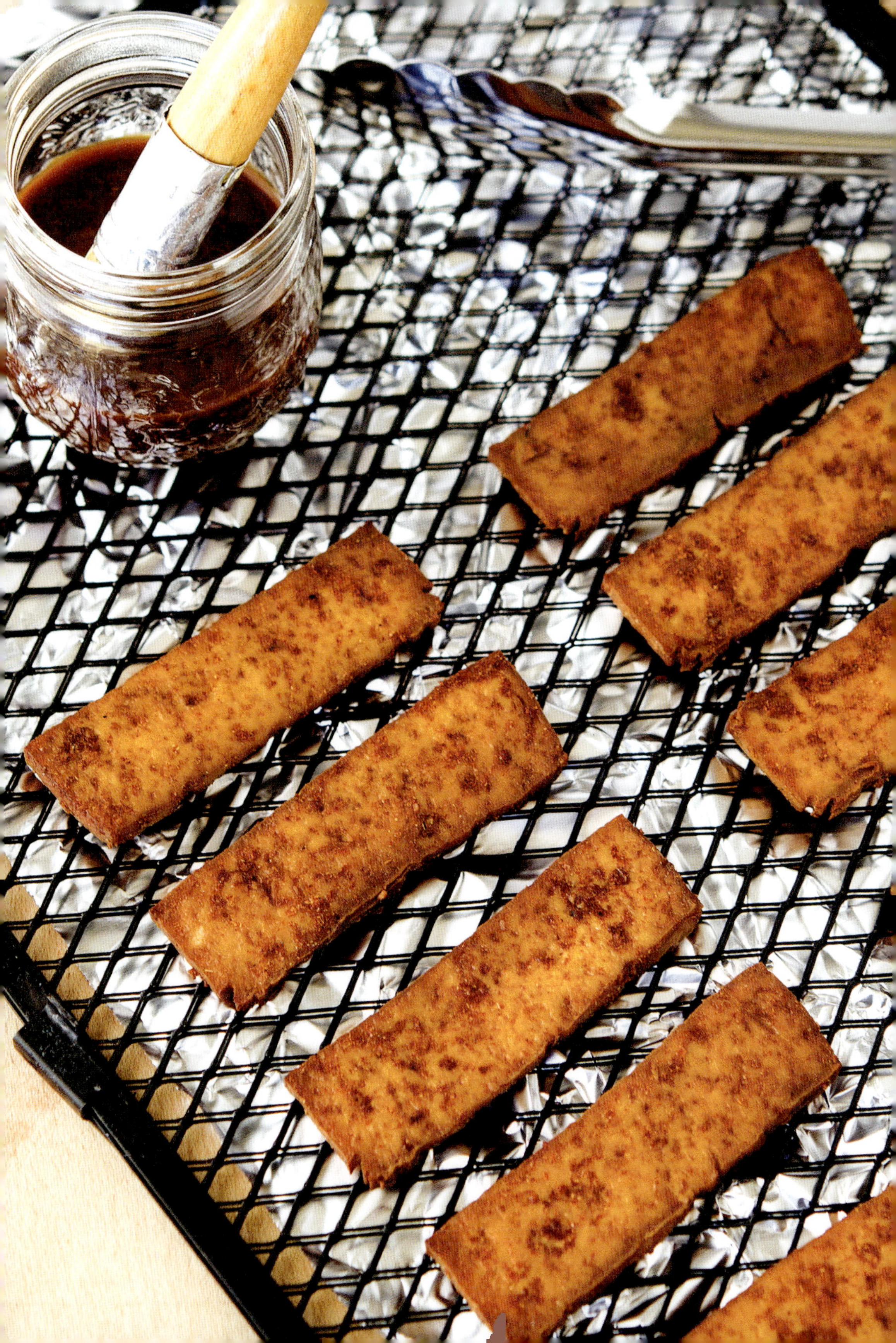

DAS UTOPIE-PARADOX

Wäre es nicht ideal, wenn wir immer, überall und in jeder Lebenslage ein ganzes Büffet gesunder, vollwertiger Lebensmittel zur Auswahl hätten? Leider ist das nicht der Fall. Manchmal bleibt uns nichts anderes übrig als von den Optionen, die uns gerade angeboten werden, die bestmögliche auszuwählen. Das nenne ich das Utopie-Paradox.

GUT VS. SCHLECHT

Fans meiner „7-Day Meal Plans" stellen mir sehr häufig Fragen zu „schlechten" Lebensmitteln. Sie fragen mich zum Beispiel: „Ist es schlecht, Schokolade zu essen?" oder „Ist Kaffee schlecht für mich?" oder „Wie schlecht ist Zucker wirklich?"

Ich versuche die Adjektive „gut" und „schlecht" jedoch gar nicht erst mit der Wahl meiner Lebensmittel oder meinem Essverhalten in Verbindung zu bringen, denn das wäre meiner Beziehung zum Essen und zur Ernährung nur abträglich. Wenn ich mir einrede, dass irgendetwas „schlecht" ist, dann fühle ich mich auch schlecht, wenn ich es esse. Ich möchte mich jedoch lieber dazu ermutigen, eine gute Wahl zu treffen, anstatt mich selbst zu tadeln, wenn ich einen Fehler mache oder auch einmal eine nicht ganz so ideale Wahl treffe.

> **Ich möchte mich lieber dazu ermutigen, eine gute Wahl zu treffen, anstatt mich selbst zu tadeln, wenn ich einen Fehler mache oder auch einmal eine nicht ganz so ideale Wahl treffe.**

Natürlich gibt es in der Welt der Lebensmittel auch ein paar ganz offensichtliche Schurken – gehärtete Fette (Transfette) zum Beispiel –, aber im Großen und Ganzen stelle ich mir alle Lebensmittel aufgereiht auf einer Skala vor. So kann ich die besten Entscheidungen treffen und muss mich nicht schlecht fühlen, wenn ich mal „daneben" greife. Zum Beispiel betrachte ich weißen Reis nicht als schlecht, aber mir ist bewusst, dass er nicht so gesund ist wie brauner Reis, der also „besser" ist. Genauso weiß ich, dass normale Nudeln nicht so gesund sind wie Vollkornnudeln oder braune Reisnudeln und dass braune Reisnudeln nicht so gesund sind wie

Vollkornreisnudeln (das Gleiche gilt natürlich auch für Reis selbst). Verstehen Sie den Unterschied?
Wenn ich in einem Restaurant und es nichts anderes gibt als weißen Reis, dann rede ich mir nicht ein, dass das schlecht ist oder dass ich schlecht bin, wenn ich den Reis esse. Wenn es braunen Reis gibt, esse ich braunen Reis, aber manchmal muss ich mich eben mit der in einer bestimmten Situation bestmöglichen Lösung zufrieden geben. Schließlich ist weißer Reis mit gedünstetem Gemüse immer noch viel besser als frittierte Frühlingsrollen! Mithilfe dieses Prinzips können Sie sich nach der jeweiligen Situation richten, in der Sie sich befinden. Vor ein paar Tagen war ich in einem Flughafen. Am liebsten hätte ich dort einen Vollkornbagel gegessen, aber meine einzigen Optionen waren Bagels aus Weißmehl, Käsebagels und Mehrkornbagels (aus gebräuntem Weißmehl). Trotzdem war der Mehrkornbagel immer noch die bestmögliche Löung, also belud ich ihn mit Senf und Gemüse, um ein Sandwich draus zu machen, das immer noch um Lichtjahre gesünder war als die Big Macs auf der anderen Seite des Terminals. Ich bin nicht „schlecht", weil ich einen Bagel aus Weißmehl gegessen habe. Mein Sandwich war auch nicht „schlecht" – es war nur nicht ideal, also die bestmögliche Auswahl an Zutaten, wenn einem sämtliche Lebensmittel im Zutatenutopia zur Verfügung stehen.

BIO VS. KONVENTIONELL

Auf die gleiche Weise verfahre ich mit der Frage „Bio oder nicht bio?" Ich kann nicht immer eine Alternative aus kontrolliert-biologischem Anbau finden und manchmal sind biologisch angebaute Lebensmittel auch schlicht nicht erschwinglich oder werden von so weit her eingeflogen, dass sie gegenüber konventionell angebauten Lebensmittel aus ökologischer Sicht nicht vorteilhaft sind. Ich rede mir nicht ein, dass ein konventionell angebauter Apfel schlecht für mich ist. Mir ist klar, dass es nicht ideal ist, einen solchen Apfel zu essen, aber wie gesagt: Ich muss tun, was ich kann, und ein nicht biologischer Apfel ist immer noch besser als eine Tüte mit biologischen Kartoffelchips.
Wenn Sie sich also Ihre verschiedenen Optionen anschauen, fragen Sie sich, was unter den gegebenen Umtänden als und nichter unter allen Möglichkeiten im gesamten Zutatenutopia als beste Wahl gelten kann.

DESSERTS

✓ SOJAFREI ✓ FETTARM ✓ SCHNELL ✓ GÜNSTIG ✓ VORRAT

UNTER 100 KALORIEN

Chocolate Chip Cookies

PRO COOKIE

Kalorien 61
Fett . . . . 0,7 g
Kohlenhydrate . . . . . 12,5 g
Ballaststoffe . . . . 1,0 g
Zucker . . . . 6,2 g
Eiweiß . . . . 1,0 g
Weight-Watcher-Punkte . . 2

16 COOKIES

4 EL	ungesüßtes Apfelmus
65 g	brauner Zucker
1 TL	Vanilleextrakt
60 ml	Pflanzendrink
130 g	Vollkornweizenmehl
1 TL	Backpulver
¼ TL	feines Salz
1 EL	Speisestärke
	großzügige Prise gemahlener Zimt
70 g	vegane Schokoladentropfen

Anmerkung Für festere Cookies eine frische Banane in das Mehl kneten (mit den Händen zerkrümeln, sodass Klumpen entstehen). Wenn die Banane sehr reif ist, die Zuckermenge entsprechend reduzieren.

Dies sind sind die besten fettarmen Chocolate Chip Cookies, die Sie jemals essen werden! Frisch aus dem Backofen, können sie richtig süchtig machen Ich habe Sie gewarnt!

Den Backofen auf 175° C vorheizen. Ein Backblech fetten oder mit Backpapier auslegen. In einer großen Schüssel Apfelmus, Zucker, Vanilleextrakt und Pflanzendrink vermengen. In einer kleinen Schüssel Mehl, Backpulver, Salz, Speisestärke und gemahlenen Zimt vermischen. Die trockenen Zutaten in drei Portionen unter die flüssigen Zutaten rühren, sodass ein größtenteils homogener Teig entsteht. Die Schokotropfen unterheben. Teig löffelweise auf das Backblech setzen und für weichere, hellere Kekse 7 bis 10 Minuten, für festere Cookies einige Minuten länger backen. Passen Sie jedoch auf, dass sie nicht anbrennen.

VARIATION

Double Chocolate Chip Cookies: 2 EL des Mehls durch 2 EL ungesüßtes Kakaopulver ersetzen.

UNTER 200 KALORIEN ✓ SOJAFREI ✓ GÜNSTIG ✓ VORRAT

Sirup-Kuchen

Dieser Kuchen ist reichhaltig, saftig und nur ganz leicht gesüßt und gewürzt.

Den Backofen auf 175° C vorheizen. Eine quadratische Antihaft-Backform (20 cm) oder eine runde Springform bereitstellen. In einer Schüssel Mehl, Backpulver, Backnatron, Salz (optional), Piment (falls es sehr kräftig ist, nur etwa ¾ TL verwenden) und braunen Zucker vermischen. Alle übrigen Zutaten bis auf den Pflanzendrink hinzugeben und gut rühren, bis ein homogener Teig entsteht (die Masse sollte ziemlich feucht sein). Den Teig in die Kuchenform gießen und 35 bis 40 Minuten backen. Wenn Sie möchten, können Sie ihn vor dem Servieren mit Puderzucker bestäuben.

PRO STÜCK

Kalorien 167
Fett . . . . 1,2 g
Kohlenhydrate . . . . . 36,3 g
Ballaststoffe . . . . 1,6 g
Zucker . . . . 16,3 g
Eiweiß . . . . 2,9 g
Weight-Watcher-Punkte . . 4

9 PORTIONEN

- 70 g Hafermehl (siehe Anmerkung)
- 130 g Vollkornweizenmehl
- 1 TL Backpulver
- ½ TL Backnatron
- 1 Prise Salz (optional)
- 1 TL Piment
- 60 g brauner Zucker
- 3 EL Melasse
- 3 EL Apfelmus
- 1 TL Vanilleextrakt
- 250 ml Pflanzendrink
- Puderzucker (zum Garnieren)

Anmerkungen

» Sie können Hafermehl ganz einfach selbst herstellen, indem Sie Haferflocken in einem Mixer mahlen.

» Melasse gibt es in Reformhäusern und Bioläden zu kaufen

DESSERTS

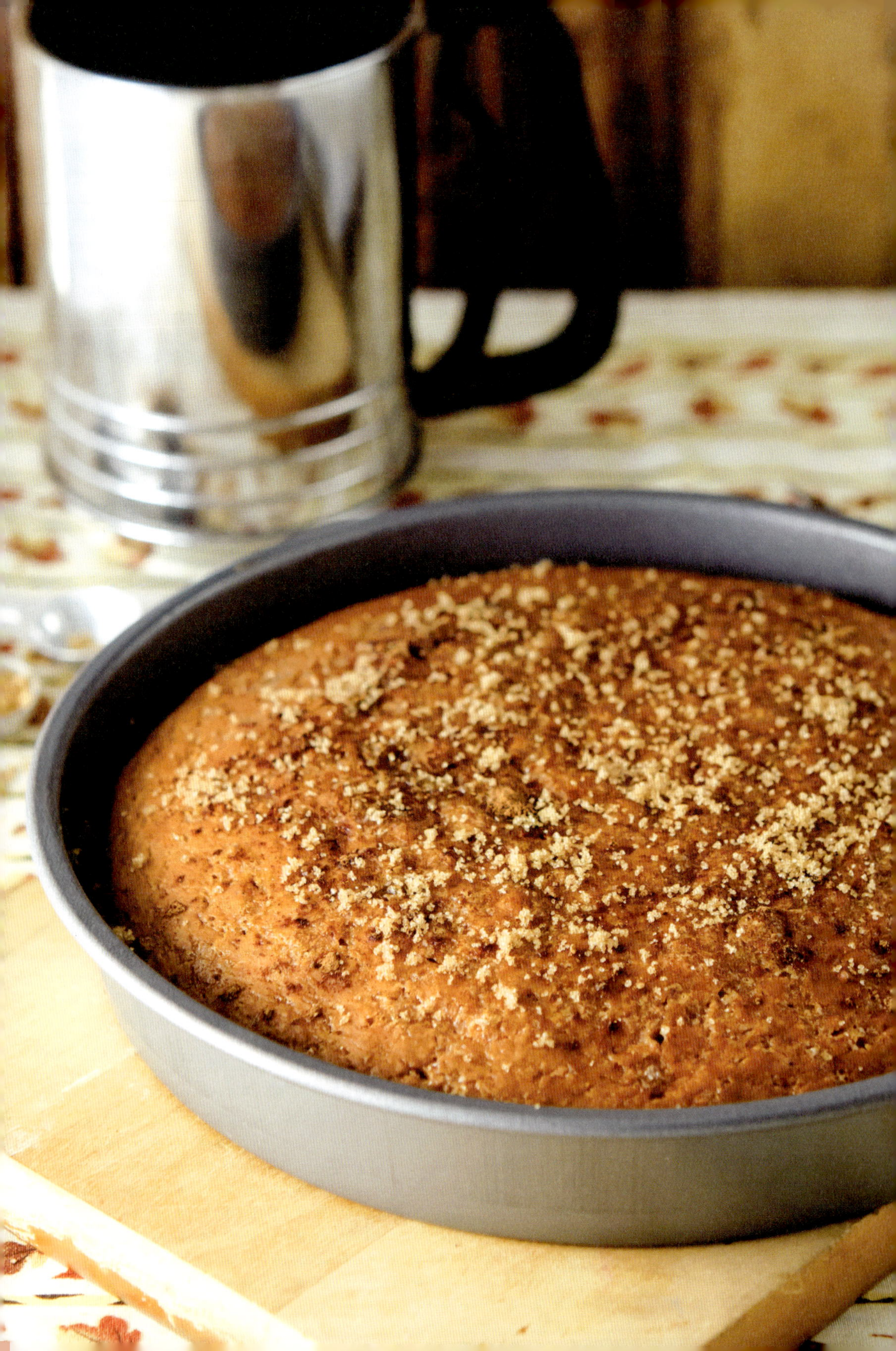

UNTER 150 KALORIEN

✓ SOJAFREI ✓ FETTARM ✓ SCHNELL ✓ GÜNSTIG ✓ VORRAT

Überraschungs-Gewürzkuchen

Als ich anfing, an diesem Kochbuch zu arbeiten, zog mein Dad ein altes Kochbuch unserer Kirchengemeinde aus den 1990er Jahren hervor und schickte mir alte Rezepte, die ich, wie er meinte, neu erfinden könne. Das Rezept, das dabei am meisten hervorstach, war ein „Tomatensuppenkuchen". Ich konnte mir einfach keinen Reim darauf machen, wie man eine Tomatensuppe in einen Kuchenteig rühren kann – aber irgendwann gewann die Neugier die Oberhand und ich entwickelte dieses Rezept. Es ist mir irgendwie peinlich, aber mittlerweile gehört dieser Kuchen zu meinen absoluten Lieblingen. Wer hätte gedacht, dass Tomatensuppe der geheime Star in einem Gewürzkuchen sein könnte? Überraschung!

Den Backofen auf 175° C vorheizen. Eine Kuchenform einfetten oder mit Backpapier auslegen oder eine Antihaft-Kuchenform verwenden. In einer Schüssel Mehl, Backnatron, Backpulver, Zucker und Lebkuchengewürz vermischen (für einen kräftig gewürzten Kuchen mehr Lebkuchengewürz verwenden). Passierte Tomaten, Apfelmus und Wasser untermischen. Falls notwendig, noch etwas mehr Wasser hinzugeben. Teig in die Kuchenform gießen und großzügig mit braunem Zucker und Lebkuchengewürz bestreuen. 20 bis 30 Minuten backen, bis die Oberfläche auf leichtem Druck nur noch wenig nachgibt. Stecken Sie einen Zahnstocher in die Mitte; wenn kein Teig daran haften bleibt, ist der Kuchen fertig.

PRO PORTION

Kalorien 114
Fett . . . . 0,4 g
Kohlenhydrate . . . . . 25,9 g
Ballaststoffe . . . . 2,5 g
Zucker . . . . 11,9 g
Eiweiß . . . . 3 g
Weight-Watcher-Punkte . . 3

9 PORTIONEN

200 g	Vollkornweizenmehl
1 TL	Backnatron
½ TL	Backpulver
3-4 EL	Rohzucker
1 TL	Lebkuchengewürz
250 g	passierte Tomaten (Dose)
5 EL	ungesüßtes Apfelmus
60 ml	Wasser
brauner Zucker	

Anmerkung Ich verwende für diesen Kuchen passierte Tomaten ohne zugesetztes Salz.

✓ SOJAFREI ✓ SCHNELL ✓ GÜNSTIG ✓ VORRAT

UNTER 150 KALORIEN

Schokoladen-kuchen

PRO PORTION

Kalorien 128
Fett . . . . .2,3 g
Kohlenhydrate . . . . .25,2 g
Ballaststoffe . . . . .2,9 g
Zucker . . . . .11,9 g
Eiweiß . . . . .3,2 g
Weight-Watcher-Punkte . . 3

9 PORTIONEN

150 g	Vollkornweizenmehl
3 EL	ungesüßtes Kakaopulver
1 TL	Backnatron
½ TL	Backpulver
1	Prise Salz (optional)
65 g	brauner Zucker
250 ml	Pflanzendrink (Natur oder Schokoladengeschmack)
6 EL	ungesüßtes Apfelmus
2 EL	Balsamico-Essig
1 TL	Schokoladen- oder Vanilleextrakt
3 EL	Schokoladentropfen

Das Geheimnis eines guten Schokoladenkuchens ist Balsamico-Essig. (Sie werden es noch sehen …!). Dieser Kuchen ist günstig, schnell gemacht und richtig lecker. Sie können auch die Schokoladentropfen weglassen und den Kuchen stattdessen dick mit Schoko-Überraschungsfrosting überziehen.

Den Backofen auf 190° C vorheizen. Eine quadratische Antihaft-Backform (20 cm) oder eine runde Springform bereitstellen. In einer Schüssel Mehl, Kakaopulver, Backnatron, Backpulver und Salz (optional) vermischen. Zucker, Pflanzendrink, Apfelmus, Balsamico-Essig und Vanilleextrakt hinzugeben und gut untermischen, sodass ein fast homogener Teig entsteht. Den Teig in die Form geben und Schokoladentropfen auf die Oberfläche streuen. 20 bis 30 Minuten backen, bis die Oberfläche leichtem Druck nur noch wenig nachgibt. Stecken Sie einen Zahnstocher in die Mitte; wenn kein Teig daran haften bleibt, ist der Kuchen fertig.

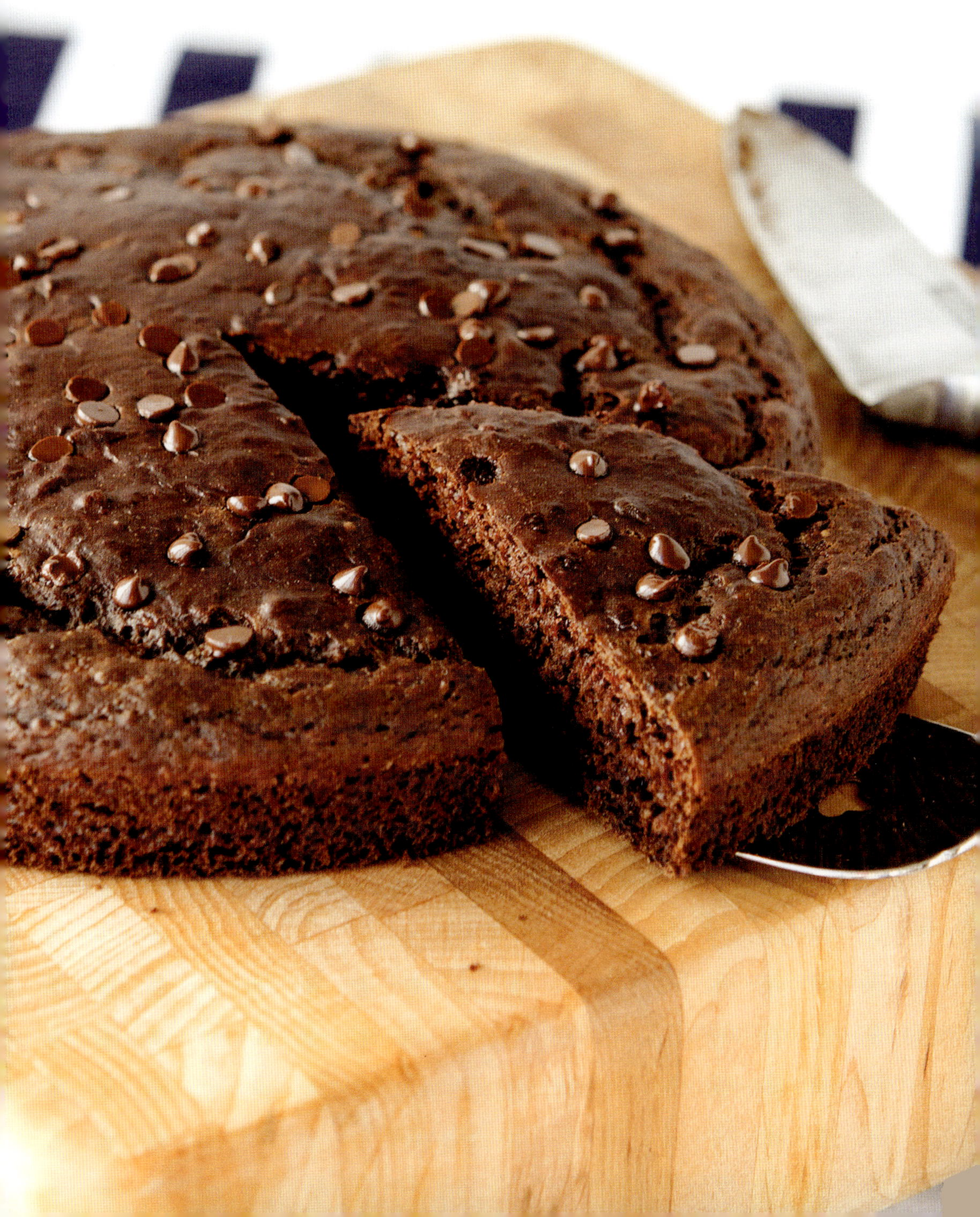

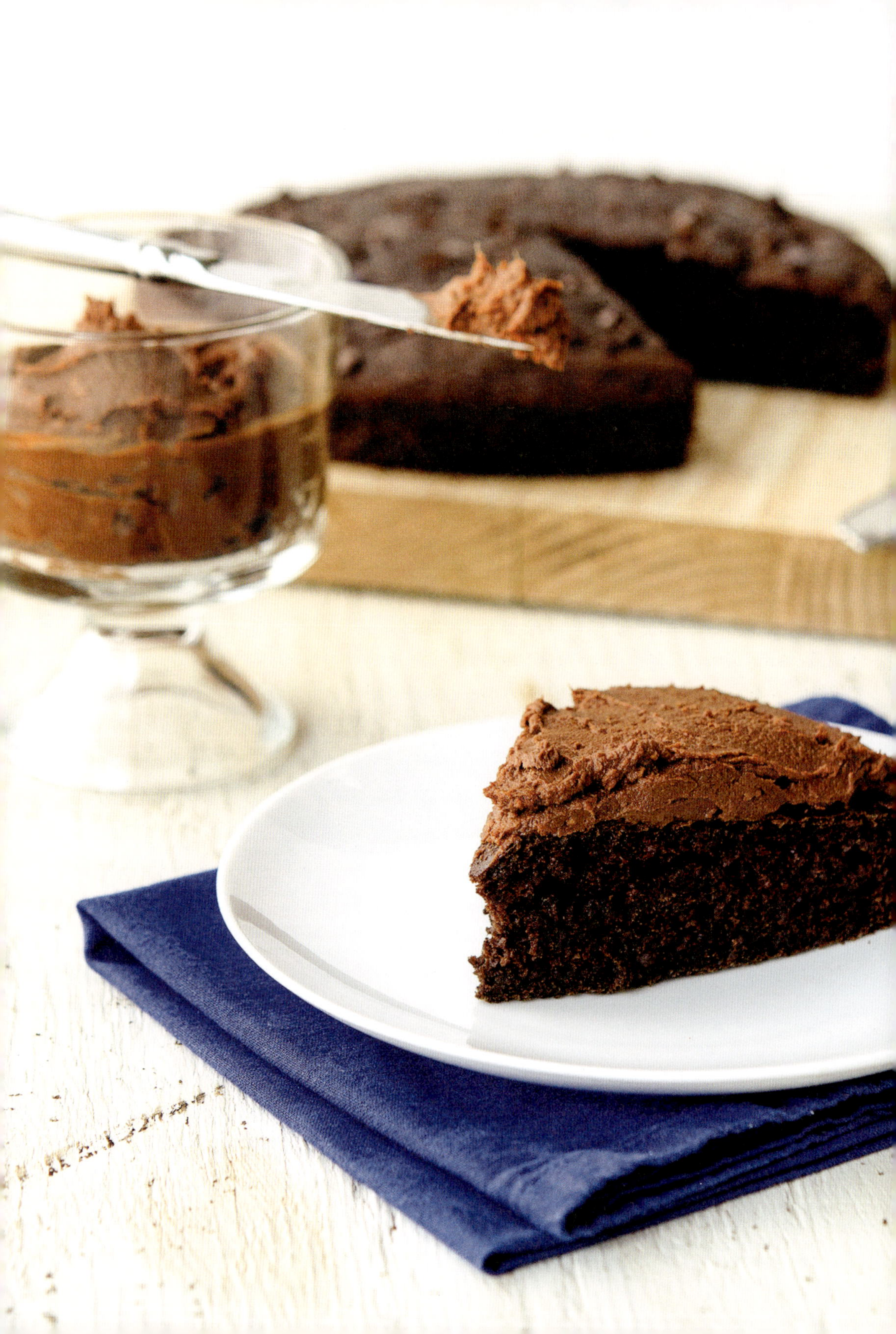

UNTER 50 KALORIEN

✓ SOJAFREI ✓ GLUTENFREI ✓ FETTARM ✓ GÜNSTIG ✓ VORRAT

Schoko-Überraschungs-frosting

Die Grundzutat dieses Frostings sind Süßkartoffeln – Überraschung! Ursprünglich war dieses Rezept als Alternative zu traditionellen Schokocremes und -glasuren für Kuchen und Cupcakes gedacht, aber meine Tester strichen es sich lieber anstelle von Nussnougatcreme auf Brot, Bagels und was sie sonst noch so finden konnten! Also los, meine Freunde und Freundinnen, Sie sind dran! (P. S. Dieses Frosting enthält keinen zugesetzten Zucker oder zugesetzte Fette, Sie können sich also auch ausgiebig mit dem Löffel bedienen!)

Die Süßkartoffeln, 2 Datteln und 1 EL Kakaopulver in einen Mixer geben und glatt pürieren. Die Masse sollte weich sein und leicht glänzen. Nach Belieben mit weiteren Datteln oder zusätzlichem Kakaopulver abschmecken. (Ich fange immer mit 2 Datteln und 1 EL Kakaopulver an, bin am Ende aber meistens bei insgesamt 3 Datteln und 2 EL Kakaopulver – für einen richtig intensiven Schokoladengeschmack würde ich schon fast 3 EL Kakaopulver empfehlen.)

PRO EL
(3 DATTELN, 2 EL KAKAOPULVER)

Kalorien 12
Fett . . . . .0,1 g
Kohlenhydrate . . . . .3 g
Ballaststoffe . . . . .0,6 g
Zucker . . . . .1,5 g
Eiweiß . . . . .0,3 g
Weight-Watcher-Punkte . .0

450 G

450 g	zerstampfte Süßkartoffeln (ohne Schale)
2–3	Datteln, eingeweicht
1-3 EL	ungesüßtes Kakaopulver

Anmerkungen

» Normalerweise dampfgare ich die Süßkartoffeln, da das schneller geht, aber im Backofen geröstete Kartoffeln werden noch viel süßer im Geschmack.

» Die Datteln über Nacht oder 10 Minuten in *heißem* Wasser einweichen.

DESSERTS

✓ SOJAFREI ✓ FETTARM ✓ SCHNELL ✓ GÜNSTIG

UNTER 100 KALORIEN

Obstauflauf

PRO PORTION
(MIT BLAUBEEREN)

Kalorien	97
Fett	0,8 g
Kohlenhydrate	22,1 g
Ballaststoffe	1,8 g
Zucker	11,6 g
Eiweiß	1,5 g
Weight-Watcher-Punkte	3

6 PORTIONEN

- 4 EL Vollkornweizenmehl
- 4 EL Haferflocken (zart oder instant)
- 1 TL Backpulver
- ½ TL Backnatron
- gemahlener Zimt
- 3 EL Ahornsirup oder Agavendicksaft
- 3 EL ungesüßtes Apfelmus
- 160 ml Pflanzendrink
- 300 g Blaubeeren oder andere Beeren

Obstaufläufe mit Teigkruste werden in den USA „Cobbler" genannt. Mein Mann wuchs im Süden Nordamerikas mit allen möglichen Obstaufläufen auf – Brombeerauflauf, Pfirsichauflauf, Blaubeerauflauf ... In meiner Kindheit spielten sie keine Rolle, aber als ich in Charleston in South Carolina wohnte, habe ich mich doch an so einigen Obstaufläufen großzügig bedient und kann mittlerweile durchaus nachvollziehen, wieso mein Mann sie immer so gern mochte. Ich spiele schon seit einer ganzen Weile mit dem Rezept meiner Schwiegermutter herum, um ohne Butter und Weißmehl die gleiche Konsistenz und Vollmundigkeit zu erhalten. Haferflocken helfen dabei, diesem Auflauf etwas Struktur zu geben und machen ihn außerdem sättigender.

Den Backofen auf 175° C vorheizen und eine Auflaufform aus Glas bereitstellen. In einer Schüssel Mehl, Haferflocken, Backpulver, Backnatron und eine großzügige Prise gemahlenen Zimt vermengen. Ahornsirup, Apfelmus und Pflanzendrink hinzugeben und untermischen. Die Hälfte der Beeren unterheben, dann den Teig in die Auflaufform geben. Anschließend die übrigen Beeren darüberstreuen. Den Auflauf nach Möglichkeit ein paar Minuten ruhen lassen, dann 30 bis 40 Minuten backen, bis sich die Oberfläche fest anfühlt, der Teig einen hellbraunen Farbton angenommen hat und alles gut durchgebacken ist.

VARIATION

Anstelle von gemahlenem Zimt abgeriebene Zitronenschale verwenden.

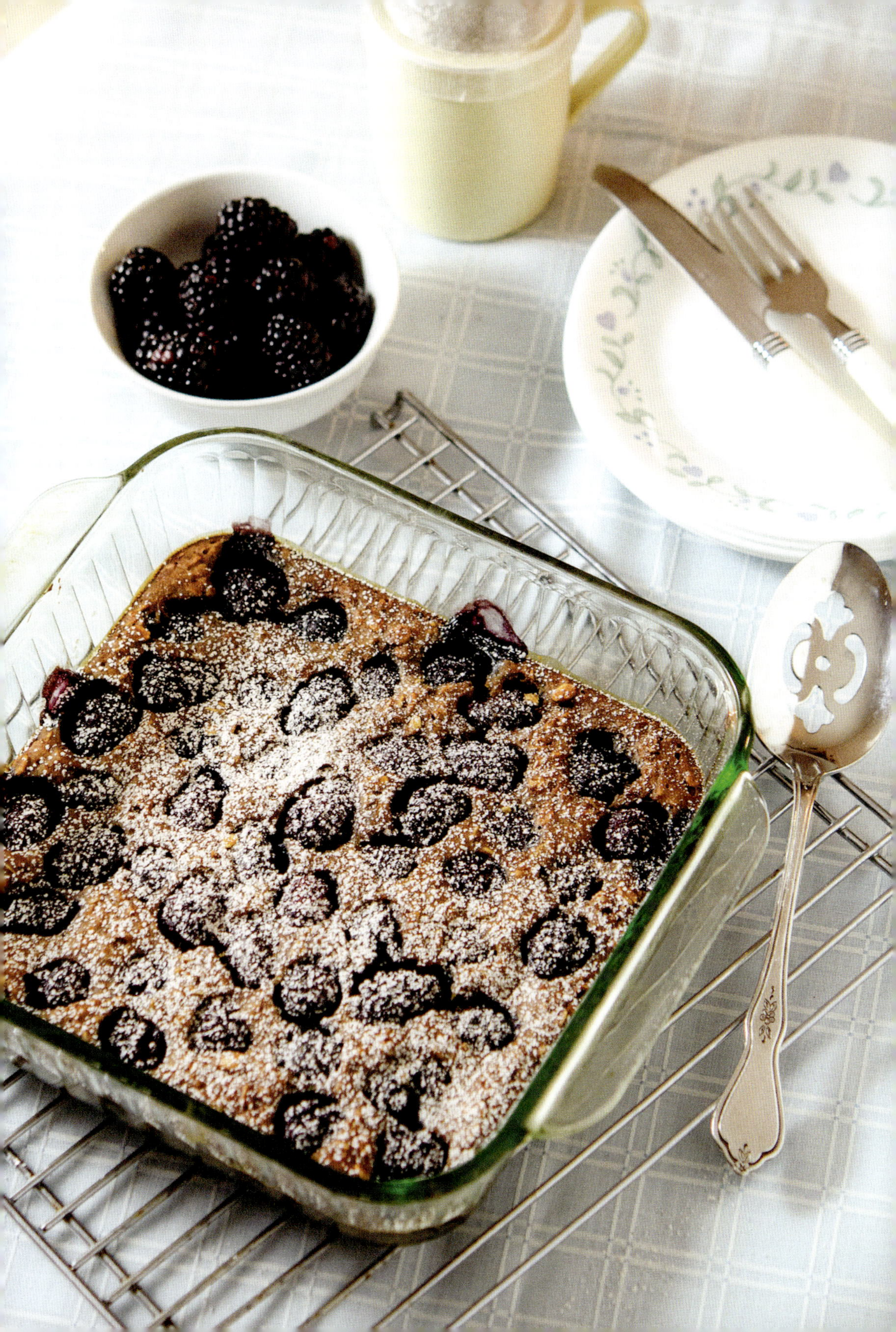

✓ SOJAFREI ✓ GLUTENFREI ✓ SCHNELL ✓ GÜNSTIG ✓ VORRAT

UNTER 50 KALORIEN

Dunkle Schokopralinen

PRO PRALINE

Kalorien	.39
Fett	1 g
Kohlenhydrate	6,2 g
Ballaststoffe	1,8 g
Zucker	1,4 g
Eiweiß	2 g
Weight-Watcher-Punkte	1

10 PRALINEN

- 200 g gekochte weiße Bohnen
- 1 EL Erdnussbutter (cremig)
- 1 EL Ahornsirup
- 2 EL ungesüßtes Kakaopulver

Anmerkungen

» Für dieses Rezept sind alle Arten von weißen Bohnen geeignet; z. B. Cannellini- oder Limabohnen.

» Wenn Sie einen auf richtig edel machen möchten, die fertigen Kugeln durch Schokoraspel oder gehackte Nüsse rollen.

Nur 39 Kalorien pro Kugel.

Alle Zutaten in eine Küchenmaschine geben und pürieren, bis eine glatte und ebenmäßige Masse entsteht. Bei Bedarf die Masse mit einem Spatel von den Seiten des Mixgefäßes nach unten streichen. Nach Belieben mit einem weiteren EL Ahornsirup abschmecken (achten Sie jedoch darauf, dass die Mischung nicht zu feucht wird). Der „Teig" sollte schön fest, aber geschmeidig sein. In 10 Portionen aufteilen und zu mundgerechten Kugeln rollen.

UNTER 150 KALORIEN ✓ SCHNELL ✓ GÜNSTIG ✓ VORRAT

Brownies

Verstehen Sie mich nicht falsch, ich bin verrückt nach meinen berühmten Brownies aus schwarzen Bohnen, aber mir war nach einem Brownie-Rezept, das ein bisschen traditioneller ist. Mmm, yes! Mehr Schokolade, bitte!

Den Backofen auf 175° C vorheizen. Eine quadratische Antihaft-Kuchenform (20 cm) bereitstellen. Tofu, 1 EL Pflanzendrink, Vanille- oder Schokoladenextrakt, Essig und Agavendicksaft in einen Mixer geben und glatt pürieren. (Falls notwendig, einen weiteren EL Pflanzendrink zugießen.) Beiseitestellen. In einer Schüssel Mehl, Backnatron, Kakaopulver und Zucker vermengen. Die Tofumischung zu den trockenen Zutaten geben und gut untermischen. Nach Bedarf noch 1 bis 2 EL Pflanzendrink einrühren (der Teig sollte recht dickflüssig sein und glänzen, aber es sollte kein loses Mehl mehr zu sehen sein). Die Schokoladentropfen unterheben. Den Teig in die Kuchenform geben und 15 bis 20 Minuten backen, bis sich die Oberfläche fest anfühlt und einige kleinere Risse entstehen.

PRO PORTION

Kalorien 128
Fett . . . . 2,3 g
Kohlenhydrate . . . . . 25,2 g
Ballaststoffe . . . . 2,9 g
Zucker . . . . 11,9 g
Eiweiß . . . . 3,2 g
Weight-Watcher-Punkte . . 3

9 PORTIONEN

350 g	Tofu (fest oder extra fest)
2–3 EL	Pflanzendrink (Natur, Schokoladen- oder Vanillegeschmack)
½ TL	Vanille- oder Schokoladenextrakt
1 EL	Balsamico-Essig
60 ml	Agavendicksaft
75 g	Vollkornweizenmehl
1 TL	Backnatron
6 EL	ungesüßtes Kakaopulver
2 EL	brauner Zucker
70–150 g	vegane Schokoladentropfen

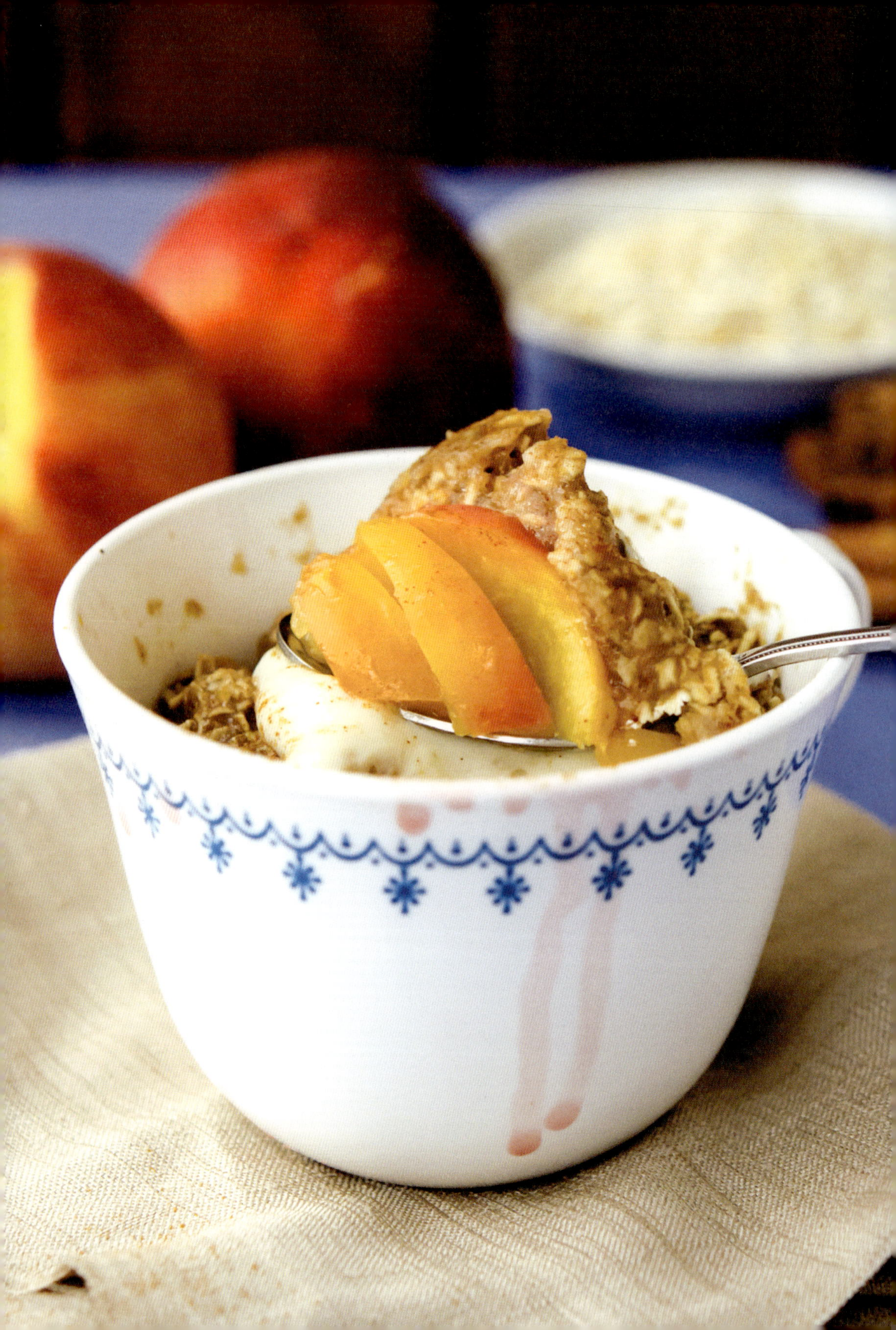

UNTER 150 KALORIEN

✓ SOJAFREI ✓ SCHNELL ✓ GÜNSTIG ✓ EINE PORTION

Mikrowellen-Pfirsichauflauf

Nachdem mein Tassenkuchen so erfolgreich war, dachte ich mir, Obstauflauf oder –kuchen aus der Tasse müsste eigentlich auch in der Mikrowelle gehen. Am Obstkuchen arbeite ich noch, aber dieser Auflauf ist super!

Pfirsich in die Tasse geben. Wenn Sie tiefgekühlten Pfirsich verwenden, die Tasse für ein paar Sekunden beiseitestellen, damit er auftauen kann. In einer kleinen Schüssel Mehl, Haferflocken (zart und körnig, falls Sie einen kräftigeren Hafergeschmack mögen), braunen Zucker, eine großzügige Prise gemahlenen Zimt (etwa ½ TL) und ein, zwei Messerspitzen gemahlenen Muskat vermengen. Anschließend den Pflanzendrink einrühren. Die Mischung auf die Pfirsiche in die Tasse geben, dann 1 bis 2 Minuten in der Mikrowelle garen, bis die Teigmischung einem Haferbrei ähnelt. Mit Joghurt servieren.

PRO AUFLAUF

Kalorien	137
Fett	1,2 g
Kohlenhydrate	29,2 g
Ballaststoffe	2,4 g
Zucker	18,2 g
Eiweiß	3,4 g
Weight-Watcher-Punkte	4

EINE PORTION

1	Pfirsich, in Scheiben
1 EL	Vollkornweizenmehl
2 EL	Haferflocken (zart oder instant)
1 EL	Haferflocken (körnig; optional)
1–2 EL	brauner Zucker
	gemahlener Zimt
	gemahlener Muskat
1–2 EL	Pflanzendrink (nehmen Sie etwas mehr, wenn Sie frische Pfirsiche verwenden; tiefgekühlte Pfirsiche sind saftiger)
1–2 EL	veganer Vanillejoghurt

DESSERTS

✓ SOJAFREI   ✓ GLUTENFREI   ✓ FETTARM   ✓ SCHNELL   ✓ GÜNSTIG

UNTER 150 KALORIEN

Bananeneis

PRO PORTION
OHNE KAKAO / MIT KAKAO (1 TL)

Kalorien 112/118
Fett . . . . 0,8 g/1,1 g
Kohlenhydrate 27,5 g/29 g
Ballaststoffe . . . 3,3 g/4,1 g
Zucker . . . . . .14,5 g/14,6 g
Eiweiß . . . . 1,4 g/1,9 g
Weight-Watcher-Punkte . . 3

2 PORTIONEN

2	tiefgekühlte Bananen
60 ml	Pflanzendrink
¼ TL	Vanilleextrakt
¼ TL	gemahlener Zimt

Dieses Rezept ist superleicht zuzubereiten und der Hauptgrund dafür, warum ich immer Bananen im Tiefkühlfach habe. Egal wann Sie der Hunger auf eine richtig cremige Portion Eis packt, machen Sie einfach das hier. P.S. Zu diesem Bananeneis liebe (liebe!) ich Schokoladen-Balsamico-Essig. (Ich bin nicht verrückt, ganz ehrlich!)

Alle Zutaten in eine Küchenmaschine geben und glatt pürieren. Bei Bedarf anhalten und größere Klumpen mit einem Spatel zerstoßen.

VARIATION

Für eine Schoko-Variante einfach 1 bis 2 EL ungesüßtes Kakaopulver untermischen.

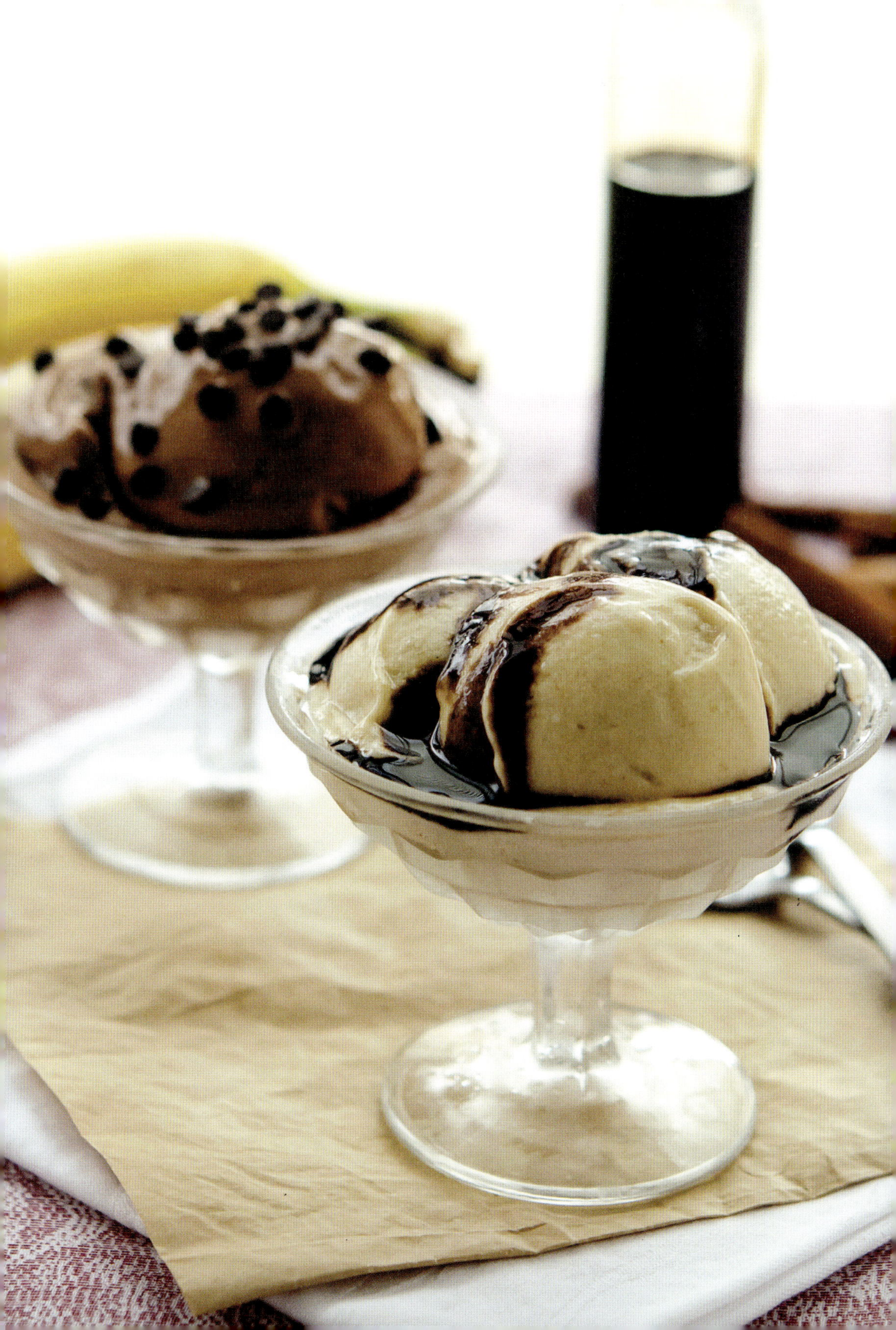

✓ SOJAFREI ✓ GLUTENFREI ✓ FETTARM ✓ GÜNSTIG ✓ VORRAT

UNTER 150 KALORIEN

Süßkartoffel-Eis

PRO PORTION

Kalorien	103
Fett	0,2 g
Kohlenhydrate	23,6 g
Ballaststoffe	3,8 g
Zucker	7,4 g
Eiweiß	2,3 g
Weight-Watcher-Punkte	3

2 PORTIONEN

- 2 Süßkartoffeln
- Pflanzendrink
- Gewürze (z. B. gemahlener Zimt oder Lebkuchengewürz; optional)
- Süßungsmittel (z. B. Ahornsirup; optional)

Anmerkungen

» Sie können die Süßkartoffeln auch kochen, dampfgaren oder in der Mikrowelle garen, doch ich habe festgestellt, dass Sie im Backofen einen süßeren Geschmack bekommen und dann kein zusätzliches Süßungsmittel notwendig ist.

» Meine Freundin Chrysanthe püriert die gefrorenen Süßkartoffelstücke nicht zu einer cremigen Masse, sondern stoppt, sobald die Kartoffeln zu kleinen gefrorenen Kügelchen gemixt wurden – das ist ihre gesunde Alternative zu Solero Shots.

Meine Freundin Natala brachte mich darauf, Eiscreme aus Süßkartoffeln herzustellen. Zugegeben – so ganz üblich ist das nicht, aber dieses Eis ist gesund und eignet sich toll dazu, Süßkartoffeln vom Vortag aufzubrauchen.

Den Backofen auf 175° C vorheizen. Die Kartoffeln mit einer Gabel einstechen, in Aluminiumfolie einwickeln, dann im Backofen etwa 45 Minuten backen, bis sie gar und weich sind. Sobald sie etwas abgekühlt sind, Schale abziehen und würfeln. In eine Eiswürfelform oder auf ein mit Backpapier ausgelegtes Backblech legen und einfrieren. Sobald die Würfel gefroren sind, können Sie die Stücke in einen Gefrierbeutel oder anderen luftdichten Behälter umfüllen. (Wenn Sie die Stücke nicht getrennt einfrieren, kleben sie zu einem großen Klumpen zusammen.)

Die tiefgekühlten Süßkartoffelwürfel in einen leistungsstarken Mixer geben und zu einer cremigen Eismasse pürieren. Nach Bedarf Pflanzendrink hinzugeben, bis das Eis die gewünschte Konsistenz erlangt. Nach Belieben nachwürzen oder süßen, dann erneut mixen und sofort servieren.

UNTER 150 KALORIEN

✓ GLUTENFREI ✓ SCHNELL ✓ GÜNSTIG ✓ VORRAT

Tofu-Eis

Dieses simple Rezept wurde von den Köchen von Goodbaker Gourmet kreiert, einer Firma, die vegane Backmischungen herstellte, inzwischen aber leider geschlossen ist. Ich fand ihr Rezept für Tofu-Eis vor ein paar Jahren im Internet und habe seitdem alles Mögliche damit ausprobiert, zum Beispiel Vanille-, Schoko-, Bananen-, Zimt-, Erdbeer- und Blaubeereis!

Alle Zutaten in einen Mixer geben und glatt pürieren. Die Masse in eine Eismaschine geben. Die Maschine etwa 30 Minuten laufen lassen, bis das Eis die gewünschte Konsistenz hat. Sofort servieren.

PRO PORTION

Kalorien 103
Fett ....3,1 g
Kohlenhydrate .....12,7 g
Zucker ....10 g
Ballaststoffe ....0 g
Eiweiß ....6,3 g
Weight-Watcher-Punkte ..3

4 PORTIONEN

350 g	weichen Tofu oder Seidentofu
250 ml	Pflanzendrink
3 EL	Ahornsirup
	Vanilleextrakt oder Beeren (optional) (siehe Anmerkung)

Anmerkung Für die gewünschte Geschmacksrichtung Aromen, z. B. Vanilleextrakt (1 ½–2 TL; das sind 6 Kalorien extra) oder gefrorenes Obst, z. B. 2 reife Bananen (das sind 53 Kalorien extra) oder 18 Erdbeeren (17 Kalorien), hinzugeben. Die Möglichkeiten sind unendlich!

DESSERTS

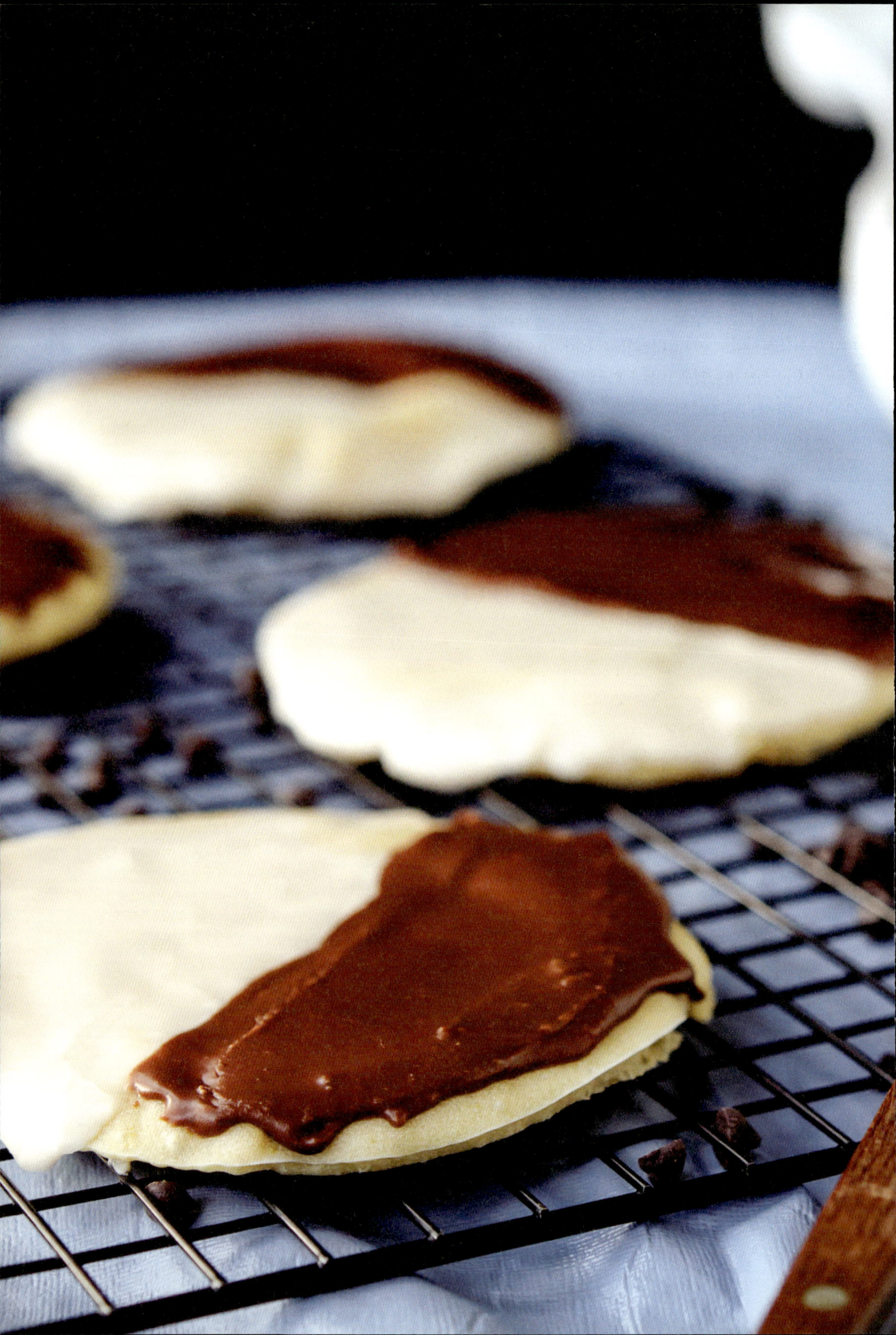

Amerikaner

UNTER 200 KALORIEN ✓ SOJAFREI ✓ GÜNSTIG

Seit Jahren schon wollte ich ein Rezept für dieses typische „New Yorker" Gebäck entwickeln, das entsprechend seiner amerikanischen Bezeichnung („black and white cookies") jeweils zur Hälfte mit schwarzem und weißem Zuckerguss überzogen wird. Amerikaner gehören zu meinen absoluten Lieblingsgebäcken und der Druck, eine dem Namen würdige Version zu erschaffen, war kaum zu ertragen. Doch für dieses Kochbuch musste ich es einfach in Angriff nehmen, und das Ergebnis haut Sie garantiert vom Hocker. Übrigens sagen immer alle, dass Amerikaner am besten ganz frisch am selben Tag gegessen werden sollten, aber ich mag sie am liebsten einen Tag alt!

Den Backofen auf 175° C vorheizen. Ein Backblech mit Backpapier auslegen und beiseitestellen. In einer Schüssel Mehl, Speisestärke, Backpulver und Salz vermengen. Vanilleextrakt, Zitronenschale, 125 ml Pflanzendrink und veganen Joghurt hinzugeben und alles gut vermischen. 1 bis 2 weitere EL Pflanzendrink zugießen (die Masse sollte Pfannkuchenteig ähneln). Ca. 3 ½ EL Teig mit einem Suppenlöffel o. Ä. auf das Backpapier geben. Lassen Sie genug Platz, damit der Teig etwas zerlaufen kann, dann mit dem restlichen Teig genauso verfahren, bis Sie insgesamt 6 Amerikaner haben. Die Amerikaner 10 bis 15 Minuten goldgelb backen. Vollständig auskühlen lassen. Währenddessen Puderzucker kräftig mit *heißem* Wasser und Mandelextrakt verrühren. Nach Bedarf einen weiteren TL Wasser zugeben, die Glasur darf jedoch nicht zu flüssig sein. Sie sollte schön weiß aussehen und leicht glänzen. Die Amerikaner wenden und jeweils eine Hälfte mit einem Spatel weiß glasieren. 1 bis 2 EL Schokoladentropfen ein paar Sekunden in der Mikrowelle erhitzen, bis alles geschmolzen ist, aber passen Sie auf, dass sie nicht anbrennen. Die geschmolzene Schokolade unter den Rest der weißen Glasur mischen, bis sie einen gleichmäßigen hellbraunen Farbton hat (so wie Kaffee Latte). Mit dem Spatel die andere Seite der Amerikaner „schwarz" glasieren. Dann vollständig abkühlen lassen.

PRO AMERIKANER (GROSS)

Kalorien	184
Fett	1,1 g
Kohlenhydrate	39,6 g
Ballaststoffe	0,8 g
Zucker	21,5 g
Eiweiß	2,9 g
Weight-Watcher-Punkte	5

6 PORTIONEN

- 130 g Vollkornweizenmehl
- 1 EL Speisestärke
- 1 TL Backpulver
- 1 Prise Salz
- 1 TL Vanilleextrakt
- 1½ TL Zitronenschale
- 125 ml plus 1–2 EL Pflanzendrink
- 3 EL veganer Joghurt (Natur oder Vanillegeschmack)

GLASUR

- 125 g Puderzucker
- 1 EL kochendes Wasser
- 1 TL Mandelextrakt
- 1–2 EL vegane Schokoladentropfen

Anmerkung Für Mini-Amerikaner nur 2 EL Teig verwenden und die Backzeit um ein paar Minuten verkürzen. Bonus: Die Minis haben nur 93 Kalorien *mit* Glasur!

DESSERTS **243**

✓ SOJAFREI ✓ FETTARM ✓ SCHNELL ✓ GÜNSTIG ✓ VORRAT ✓ EINE PORTION

UNTER 150 KALORIEN

Skinny Cupcake

PRO CUPCAKE
(MIT MARMELADE)

Kalorien 140
Fett . . . . 0,6 g
Kohlenhydrate . . . . . 34,2 g
Ballaststoffe . . . . 2,3 g
Zucker . . . . 13,5 g
Eiweiß . . . . 3,1 g
Weight-Watcher-Punkte . . 4

Ein Cupcake für eine Person! Ich esse diesen Cupcake gern mit Marmelade und frischem Obst (z. B. frische Himbeer- oder Erdbeerscheibchen), aber er ist auch umwerfend lecker mit meinem Schoko-Überraschungsfrosting (S. 231) und Streuseln.

EINE PORTION

- 3 EL Vollkornweizenmehl
- 1 EL Rohzucker
- ¼ TL Backpulver
- ¼ TL Vanilleextrakt
- 1 EL Pflanzendrink
- 1 EL Marmelade (z. B. Erdbeer)
- Ganze frische Beeren oder Erdbeerscheibchen (zum Garnieren)

Backofen oder Minibackofen auf 175° C vorheizen. Ein Muffinförmchen oder ein Cup-Messschälchen mit einem Papierförmchen auslegen. Alternativ können Sie auch ein Backförmchen aus Metallfolie (z. B. von Reynolds), das stehen bleibt und die Form hält, oder ein Silikonförmchen verwenden. Beiseitestellen. In einer kleinen Schüssel Mehl, Zucker und Backpulver vermischen. Dann Vanilleextrakt und Pflanzendrink einrühren. Den Teig ins Muffinförmchen füllen und 15 bis 20 Minuten backen. Einen Zahnstocher in die Mitte stechen und herausziehen; wenn kein Teig daran haftet, ist der Muffin fertig. Wenn Sie möchten, mit Marmelade (als „Glasur") und frischen Beeren garnieren.

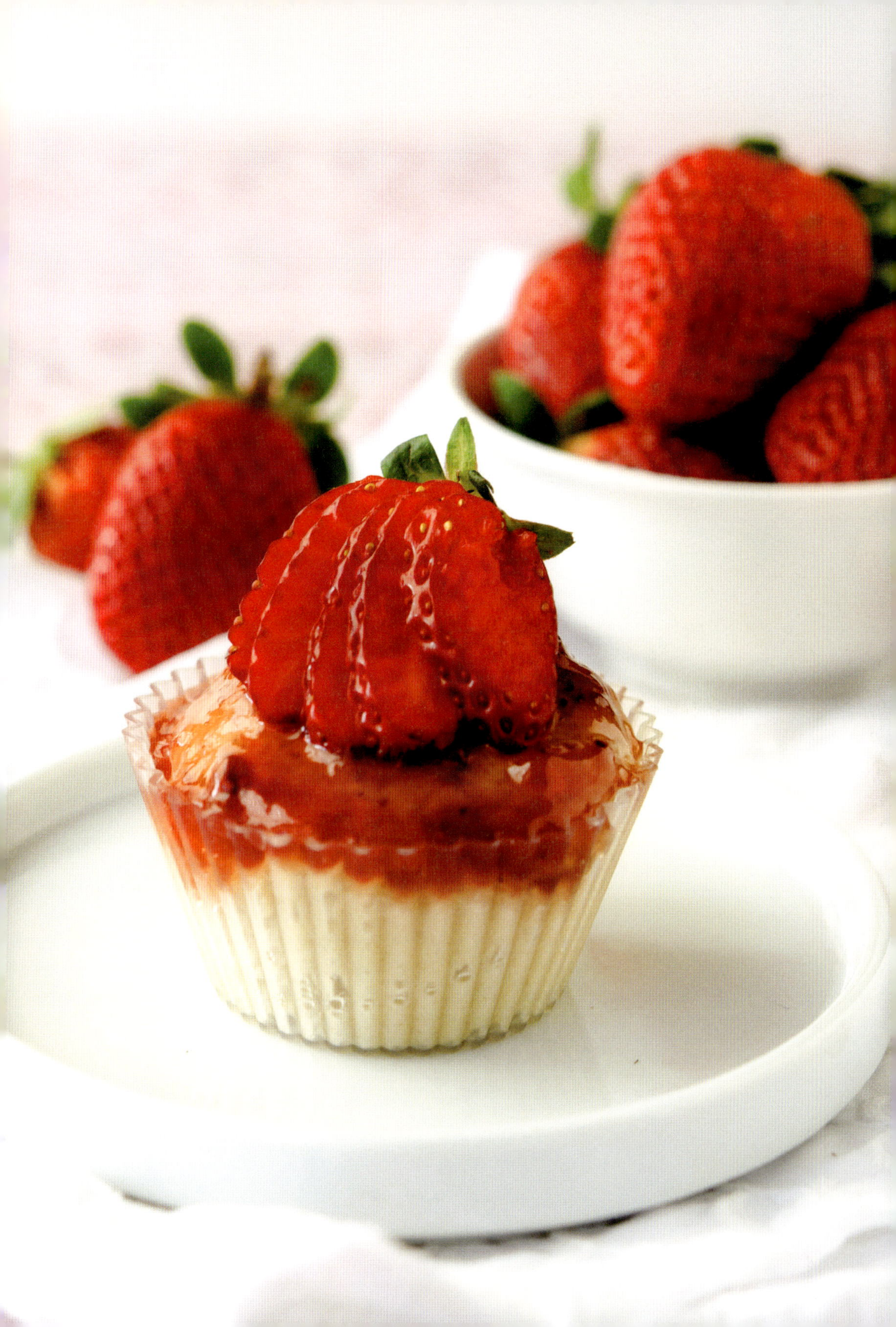

DRINKS

✓ SOJAFREI ✓ GLUTENFREI ✓ FETTARM ✓ SCHNELL ✓ GÜNSTIG ✓ EINE PORTION

UNTER 100 KALORIEN

Sangria-Schorle

PRO PORTION
(OHNE OBST)

Kalorien 70
Fett . . . . 0,1 g
Kohlenhydrate . . . . . . 6,4 g
Ballaststoffe . . . . 0 g
Zucker . . . . 4,4 g
Eiweiß . . . . 0,4 g
Weight-Watcher-Punkte . . 1

EINE PORTION

1	kleine Orange
60 ml	Rotwein (am besten gekühlt)
60 ml	Mineralwasser mit Beerengeschmack
	Apfelscheibe (optional)
	Orangenscheibe (optional)

Diese Schorle ist eine leichtere Alternative zu Sangria. Sie ist erfrischend und enthält fast gar keinen Alkohol – perfekt also als Party-Punsch!

Ein Cocktailglas (oder einfach ein hohes, schmales Glas) mit großen Eiswürfeln füllen. Eine Orangen- und eine Apfelscheibe (optional) hineingeben. Die Orange direkt ins Glas pressen. Wein und anschließend Mineralwasser hinzugeben. Umrühren, dann nach Belieben etwas mehr Wasser (oder Wein) zugießen.

Anmerkung Wenn Sie einen ganzen Krug zubereiten, verwenden Sie einen ganzen Apfel (in Scheiben), eine ganze Orange (in Scheiben) und ein, zwei Stangen Zimt.

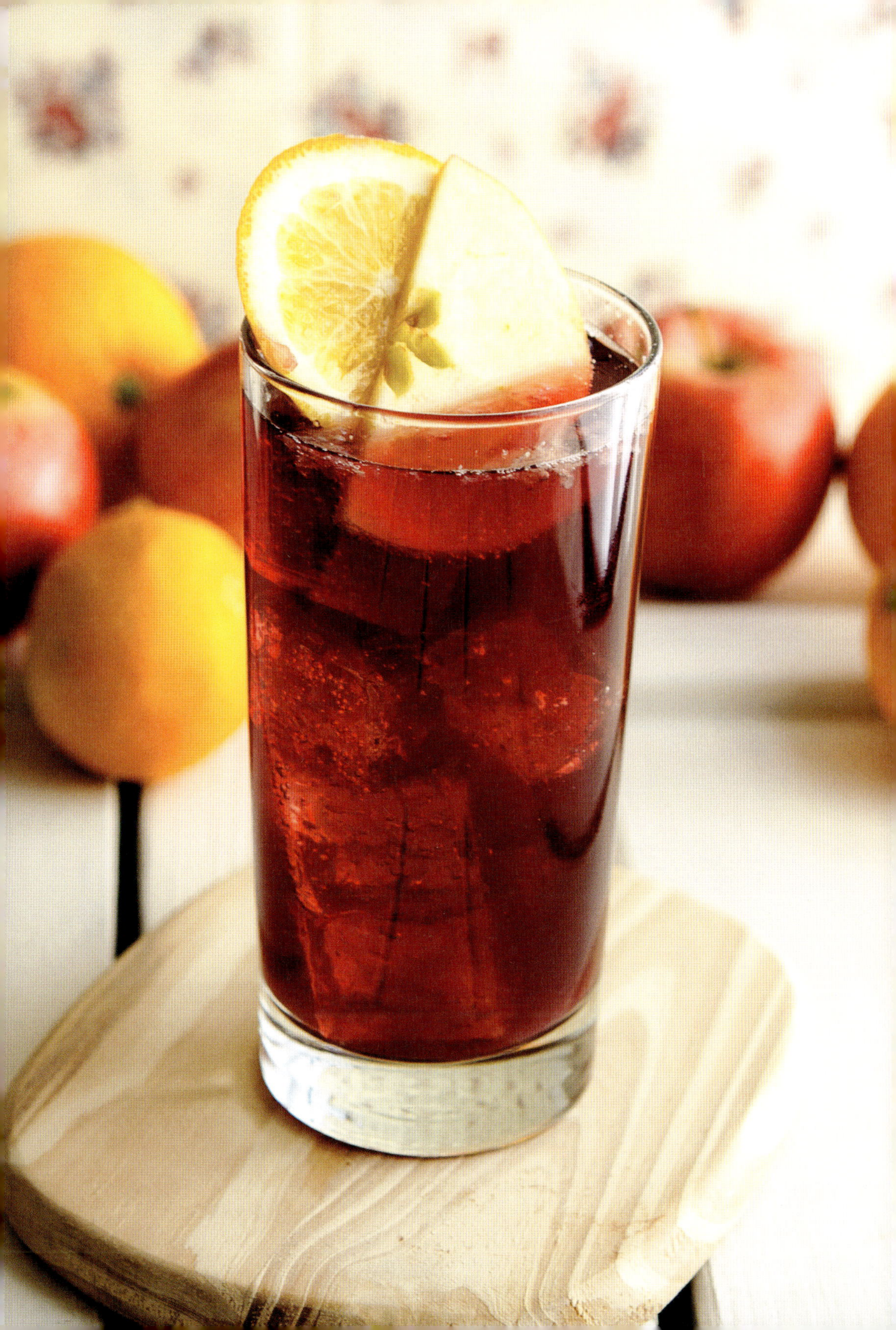

✔ SOJAFREI ✔ GLUTENFREI ✔ SCHNELL ✔ GÜNSTIG ✔ VORRAT ✔ EINE PORTION

UNTER 150 KALORIEN

„Eierpunsch"

PRO PORTION

Kalorien	107
Fett	2 g
Kohlenhydrate	22,9 g
Ballaststoffe	2,8 g
Zucker	15,1 g
Eiweiß	1,3 g
Weight-Watcher-Punkte	3

EINE PORTION

180 ml	Pflanzendrink Vanille
1	gefrorene Banane
1	Prise gemahlener Muskat
1	Prise gemahlene Gewürznelken
¼ TL	gemahlener Zimt (Garnitur)

Voilà – eine gesunde Version dieses unabdingbaren Feiertagsgetränks! Jetzt wird's richtig besinnlich!

Alle Zutaten in einen Mixer geben und glatt pürieren. Mit gemahlenem Zimt bestreuen und servieren.

UNTER 50 KALORIEN ✓ SOJAFREI ✓ GLUTENFREI ✓ FETTARM ✓ SCHNELL ✓ GÜNSTIG ✓ VORRAT

Eiskaffee über Nacht

Selbstgemachter Eiskaffee ist zu einem absoluten Onlinetrend geworden – es gibt mittlerweile kaum einen Blogger, der nicht bereits sein eigenes Eiskaffee-Rezept im Internet veröffentlicht hat, um den überteuerten Cafépreisen zu entkommen und selbst bestimmen zu können, wie viel Milch und Zucker man im Kaffee haben will. Es gibt dabei zwei verbreitete Methoden: Für die erste Methode wird der Kaffee gekocht und anschließend kaltgestellt. So entsteht jedoch ein Eiskaffee, der für meinen Geschmack viel zu stark ist und irgendwie abgestanden schmeckt. Das folgende Rezept folgt der zweiten Methode. Sie macht zwar ein bisschen mehr Arbeit, der so entstandene Eiskaffee schmeckt aber um Welten besser. Das Rezept ergibt etwas mehr als einen Liter. Das dürfte reichen, um durch die nächsten Tage zu powern oder ein paar Freunde einzuladen.

Wasser, gemahlenen Kaffee und Gewürze, wenn Sie ein bestimmtes Aroma wünschen (abhängig von der Intensität der Gewürze nicht mehr als 2 bis 3 TL verwenden), in einen Krug oder großen Behälter geben. Mit einem Deckel verschließen, damit sich andere Kühlschrankgerüche nicht im Kaffee absetzen. Über Nacht im Kühlschrank aufbewahren. Vor dem Schlafengehen noch einmal gut umrühren. Am nächsten Morgen durch ein Seihtuch oder einen Nussmilchbeutel in einen anderen Krug abgießen – das ist Ihr Kaffee. Ein Einmachglas (oder gewöhnliches Trinkglas) mit Eiswürfeln füllen und den schwarzen Kaffee darübergießen. Lassen Sie ausreichend Platz für Pflanzendrink und ein Süßungsmittel Ihrer Wahl. Luftdicht verschlossen ist der Kaffee im Kühlschrank ein paar Tage haltbar.

PRO PORTION (250 ML)

Kalorien 2
Fett . . . . 0,1 g
Kohlenhydrate . . . . 0 g
Ballaststoffe . . . . 0 g
Zucker . . . . 0 g
Eiweiß . . . . 0,3 g
Weight-Watcher-Punkte . . 0

FÜR 1,25 L

1,25 l	Wasser
705 g	gemahlener Kaffee
	Gewürze (z. B. Zimtstange, gemahlener Zimt, gemahlener Ingwer, Vanilleschote etc.; optional)
	Eiswürfel
	Pflanzendrink (optional)
	Beliebiges Süßungsmittel (optional)

✓ SOJAFREI ✓ GLUTENFREI ✓ FETTARM ✓ SCHNELL ✓ VORRAT ✓ EINE PORTION

UNTER 150 KALORIEN

Dublin

PRO PORTION
MIT KALORIENARMER COLA / MIT GEWÖHNLICHER COLA

- **Kalorien** 128/138
- Fett . . . . 0 g/0 g
- Kohlenhydrate . 12,1 g/14,7 g
- Ballaststoffe . . . . . . 0 g/0 g
- Zucker . . . . . . 11,1 g/13,6 g
- Eiweiß . . . . 0 g/0 g
- Weight-Watcher-Punkte . . 1

EINE PORTION

	Eiswürfel
30 ml	Wodka
30 ml	Kahlua
30 ml	Cola
30 ml	dunkles Bier (Stout)

Als ich in Irland war, sah ich auf einer Speisekarte ein Getränk, das „Black Russian from Dublin" genannt wurde. Es wurde mir beschrieben als eine Kombination aus Wodka, Kahlua, Cola und Stout. Das klang einfach – naja – abstoßend, aber mich hatte die Neugier gepackt, also bestellte ich einen. Und das war womöglich einer der besten Drinks, den ich jemals genießen durfte! Mittlerweile nenne ich diesen Drink nur noch „Dublin", und auch alle meine Freunde sind seinem Suchtfaktor erlegen. Immer wenn ich in einer Bar bin, wo es Stout vom Fass gibt, erkläre ich dem Barpersonal, wie man diesen Drink zubereitet. So ernst ist es mir!

Ein Whiskyglas mit großen Eiswürfeln füllen. Die restlichen Zutaten der Reihe nach hinzugeben. Wenn Sie möchten, einmal umrühren, dann servieren.

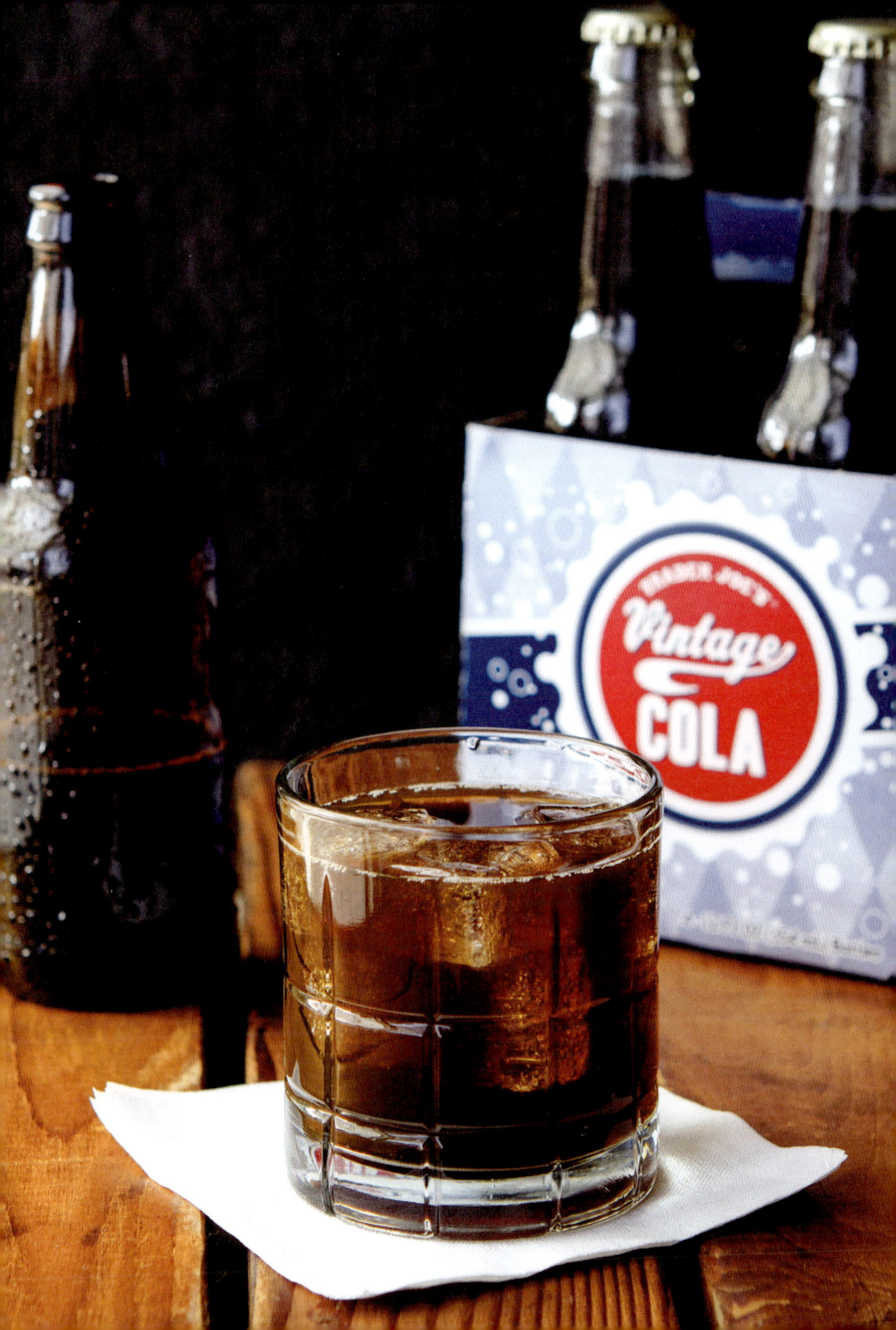
TRADER JOE'S
Vintage
COLA

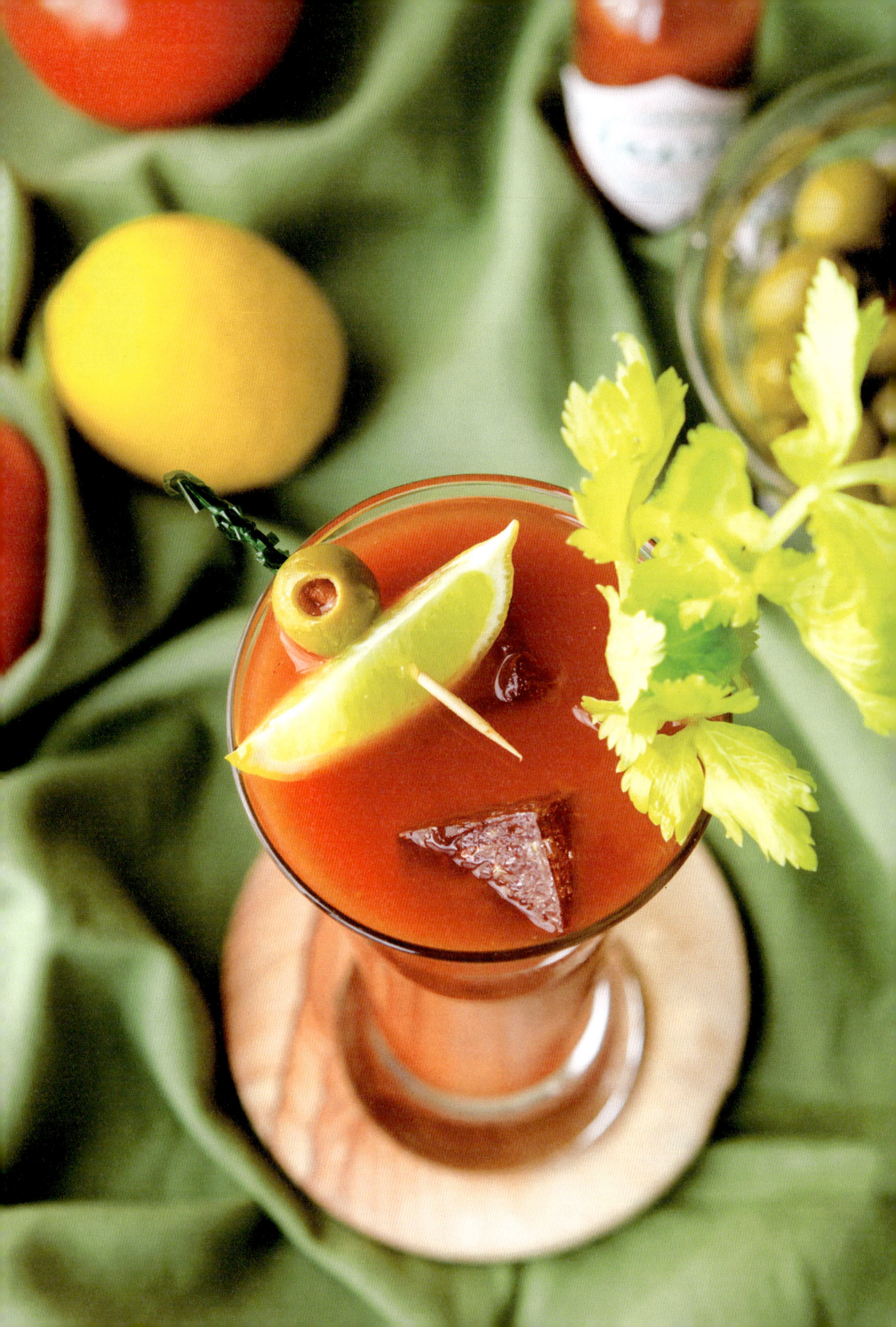

UNTER 50 KALORIEN **UNTER 200 KALORIEN** ✓✓ GLUTENFREI ✓✓ FETTARM ✓✓ SCHNELL ✓✓ GÜNSTIG ✓✓ VORRAT

Bloody Mary

Bloody Mary gehört zu meinen Lieblingsgetränken. Das hier ist meine „Do-it-yourself"-Version. Die meisten im Laden erhältlichen Bloody Marys sind voller grusliger Zutaten, daher habe ich meine eigene Version auf Basis von passierter Tomatensauce. Dieses Rezept ist super-einfach zuzubereiten!

Alle Zutaten mit 225 ml Wasser vermischen (ich fülle einfach das Glas oder das Tetrapak von den passierten Tomaten mit Wasser). Nach Belieben mit etwas mehr Chilisauce, Dijon-Senf oder Gewürzen abschmecken. (Ich mag Bloody Mary gern mit einem Kick, daher rühre ich am Ende meist einen weiteren ½ TL Dijon-Senf und schwarzen Pfeffer unter.)

Verkaterte Mary

Ein Cocktailglas oder ein hohes, schmales Glas mit Eiswürfeln füllen. Wodka und Bloody Mary in das Glas gießen, dann Limette, Zitrone, grüne Oliven (optional) und einen Spritzer des Olivenwasser (optional) hinzugeben. Alles mit der Selleriestange verrühren.

Anmerkung Anstelle von Sellerie wurden mir auch schon Gewürzgurken oder grüne Bohnen angeboten (in British Columbia, Kanada). Auch eine kleine Menge untergerührtes Olivenwassers schmeckt lecker.

PRO PORTION
BLOODY MARY / VERKATERTE MARY
(OHNE GRÜNE OLIVEN)

Kalorien 33/169
Fett . . . . 0,4 g/0,8 g
Kohlenhydrate . 6,9 g/15,2 g
Ballaststoffe . . . 1,9 g/4,1 g
Zucker . . . . 5,1 g/10,8 g
Eiweiß . . . . 1,8 g/3,7 g
Weight-Watcher-Punkte 1/2

2 PORTIONEN

250 g	passierte Tomaten
1 EL	Chilisauce
1½ TL	Dijon-Senf
1½ TL	vegane Worcestershire-Sauce (S. 270)
¼ TL	Zwiebelpulver
¼ TL	Knoblauchpulver
¼ TL	schwarzer Pfeffer
	Salz (optional)
	Selleriesamen (optional)

2 PORTIONEN

40 ml	Wodka
1	Bloody Mary
1	Limettenspalte
1	Zitronenspalte
	Güne Oliven (optional)
	Stange Staudensellerie
	Selleriesalz / Kala Namak für den Rand (optional)

DRINKS **255**

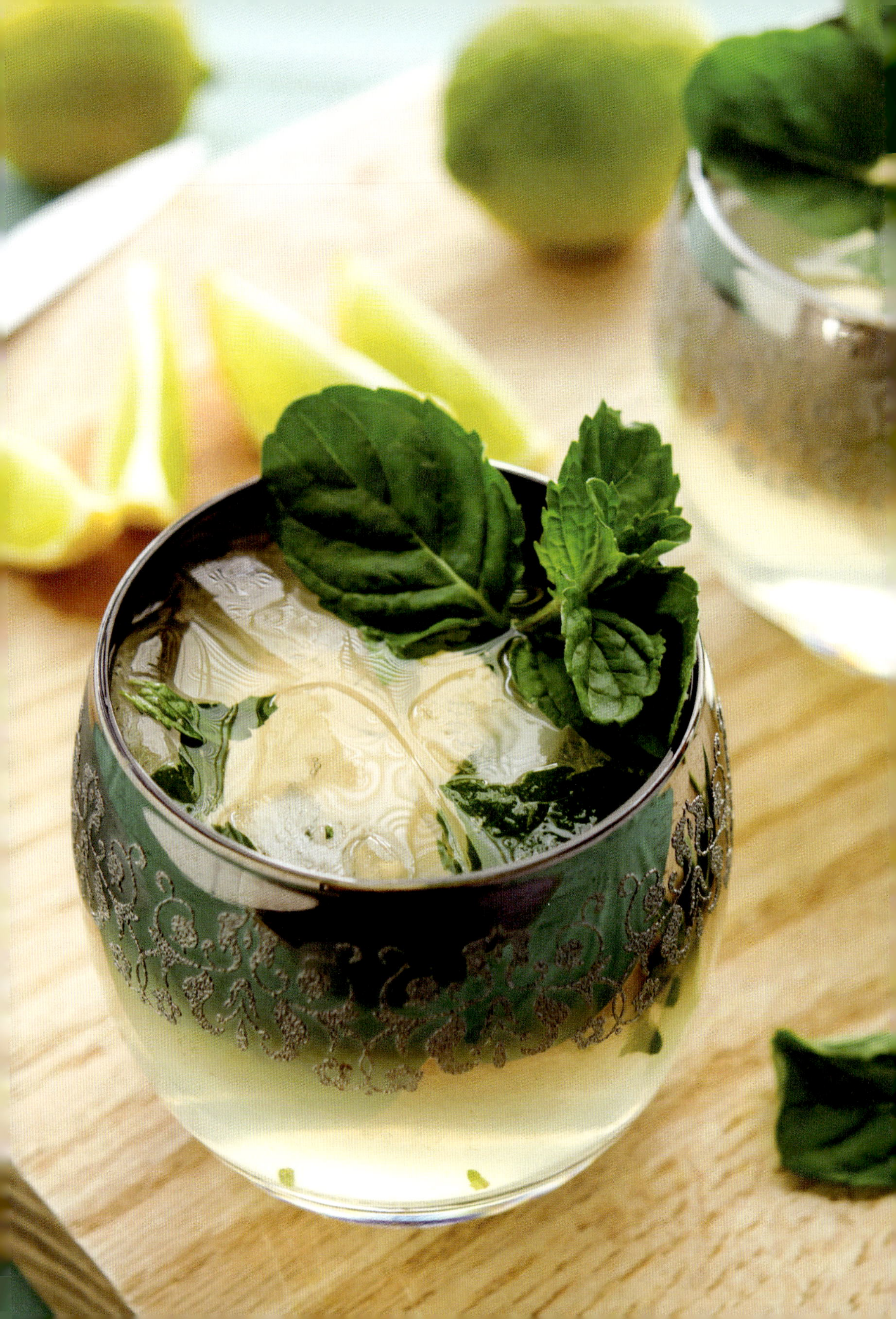

UNTER 150 KALORIEN

✓ SOJAFREI ✓ GLUTENFREI ✓ FETTARM ✓ SCHNELL ✓ GÜNSTIG ✓ EINE PORTION

Mojito

Um auch beim Ausgehen Kalorien zu sparen, können Sie an der Bar nach einem ungesüßten Mojito – ohne Zucker oder Sirup – bitten. Zu Hause können Sie die Süße nach Belieben anpassen. In diesem Rezept verwende ich Mineralwasser mit Geschmack, was dem Ganzen etwas Pepp gibt und den Drink süßer wirken lässt, als er ist.

Ein Whiskyglas mit 2 bis 3 großen Eiswürfeln füllen. Dann den Rum (ich verwende dunklen Rum, aber heller tut's auch) und Mineralwasser eingießen. Limette direkt ins Glas pressen, dann die Limettenspalten ins Glas geben. Eine Handvoll frische Minze hinzugeben, dann mit ein paar Tropfen Agavendicksaft oder einer Prise braunem Zucker süßen. Dann alles in einen Mixbecher geben und gut schütteln. Nach Belieben mit noch etwas mehr Limette, Minze, Mineralwasser oder Zucker/Sirup abschmecken. Mit ein, zwei Minzeblättern garnieren und servieren.

PRO PORTION

Kalorien 112
Fett . . . . 0,1 g
Kohlenhydrate . . . . 3,3 g
Ballaststoffe . . . . 1,2 g
Zucker . . . . 0,8 g
Eiweiß . . . . 0,6 g
Weight-Watcher-Punkte . . 0

EINE PORTION

	Eiswürfel
40 ml	Rum
125 ml	Mineralwasser mit Limettengeschmack
2	Limettenspalten
	Frische Minze (viel!)
	Agavendicksaft oder brauner Zucker

✓ SOJAFREI ✓ GLUTENFREI ✓ SCHNELL ✓ GÜNSTIG ✓ VORRAT ✓ EINE PORTION

UNTER 200 KALORIEN

UNTER 150 KALORIEN

PRO PORTION
MINZ-MOCHA / HEISSE SCHOKOLADE

Kalorien 167/135
Fett . . . . 9,6 g/4,8 g
Kohlenhydrate. 17,5 g/24,3 g
Ballaststoffe . . . . 1,3 g/3 g
Zucker . . . . . . 14,6 g/19,1 g
Eiweiß . . . . 2,6 g/2,4 g
Weight-Watcher-Punkte 4/4

Minz-Mocha

Eine leichte Variante dieses Kaffeeklassikers. Sparen Sie sich teure Cafépreise (und den ganzen Zucker, die Kalorien und das Fett), indem Sie sich diesen selbstgemachten Mocha gönnen, um sich die Feiertage zu versüßen.

Als Erstes Kaffee kochen – am besten eine Sorte ohne zugesetzte Geschmacksaromen. 125 ml des Kaffees in eine Tasse oder eine Thermoskanne gießen. 1 Tropfen Pfefferminz- oder Minzextrakt einrühren, dann die Schokoladentropfen hinzugeben und solange rühren, bis die Schokolade geschmolzen ist. Dann den Pflanzendrink zugießen. Nach Belieben mit etwas mehr Pfefferminzextrakt abschmecken. (Für Gäste die Tasse am besten mit einem Blatt Minze und/oder Raspelschokolade garnieren, dann sieht's richtig edel aus.)

EINE PORTION

125 ml   Kaffee
1–2   Tropfen Pfefferminz- oder Minzextrakt
30 g   dunkle Schokolade oder 1 EL vegane Schokoladentropfen
80–125 ml Pflanzendrink (Natur, Schokoladen- oder Vanillegeschmack)
         Frische Minzeblätter und/oder vegane Schokoladenraspel zum Garnieren (optional)

Heiße Schokolade

Ein simples und so leckeres Rezept!

Pflanzendrink, Agavendicksaft, Kakaopulver, Schokoladentropfen und ein, zwei Prisen gemahlenen Zimt in einen Mixer geben und glatt pürieren. Anschließend auf niedriger Flamme auf dem Herd erhitzen. Alternativ können Sie auch eine Mikrowelle verwenden und die heiße Schokolade 1 bis 3 Minuten (je nach Wattzahl) erhitzen.

EINE PORTION

250 ml Pflanzendrink
1 EL   Agavendicksaft
1 EL   ungesüßtes Kakaopulver
1 TL   vegane Schokoladentropfen
        gemahlener Zimt

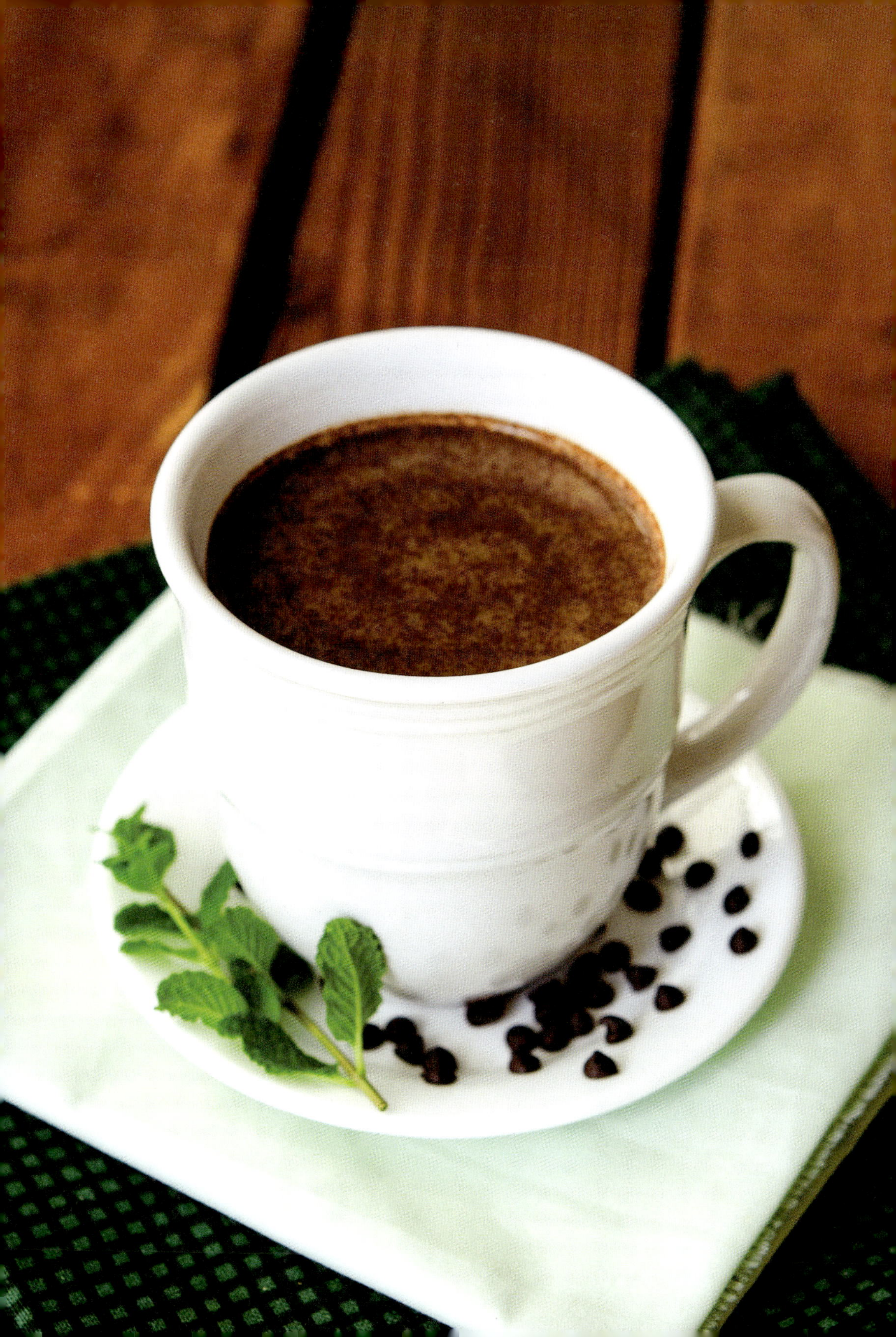

✓ SOJAFREI ✓ GLUTENFREI ✓ SCHNELL ✓ GÜNSTIG ✓ VORRAT ✓ EINE PORTION

UNTER 100 KALORIEN

Pumpkin Spice Latte

PRO PORTION
MIT 1 EL AHORNSIRUP / MIT 2 EL AHORNSIRUP

Kalorien 74/126
Fett . . . . 1,3 g/1,4 g
Kohlenhydrate . 16,0 g/29,4 g
Ballaststoffe . . . 1,6 g/1,6 g
Zucker . . . . 12 g/23,9 g
Eiweiß . . . . 0,7 g/0,7 g
Weight-Watcher-Punkte . . 2

EINE PORTION

250 ml	Kaffee
80 ml	ungesüßter Mandeldrink (Natur oder Vanillegeschmack)
1–2 EL	Ahornsirup oder Agavendicksaft
1 TL	Kürbiskuchen- oder Lebkuchengewürz (evtl. etwas mehr zum Garnieren)
1	Prise gemahlener Zimt (zum Garnieren; optional)

Vergessen Sie überteuerte Caféketten! Dieser kecke kleine Drink ist nicht nur vegan (die meisten Pumpkin Lattes in Cafés enthalten leider Milchprodukte), sondern hat auch nur einen Bruchteil der Kalorien und des Fetts der meisten kommerziellen Versionen (und kostet auch nur einen Bruchteil des dort verlangten Geldes!).

Als erstes Kaffee kochen – am besten eine Sorte ohne zugesetzte Geschmacksaromen. 250 ml Kaffee in eine Tasse oder eine Thermoskanne geben. Mandelmilch eingießen, dann 1 EL Ahornsirup und Kürbiskuchen- oder Lebkuchengewürz einrühren. Nach Belieben mit etwas mehr Sirup oder Gewürz abschmecken. Wenn Sie es gern noch peppiger mögen, einfach am Ende noch ein bisschen Lebkuchengewürz oder eine Prise gemahlenen Zimt über den Pumpkin Latte streuen. Für einen Iced Latte die Tasse (nach Möglichkeit eine große Tasse, in der noch Platz für Eiswürfel ist) in den Kühlschrank stellen. Wenn er kalt ist, einige Eiswürfel in die Tasse geben und servieren.

UNTER 100 KALORIEN ✓ SOJAFREI ✓ GLUTENFREI ✓ FETTARM ✓ SCHNELL ✓ GÜNSTIG

Rosa Limonade

Dieses Rezept fand seinen Weg über meine Freundin AJ zu mir, die wiederum bei einer Vitamix-Vorstellung auf ein ähnliches Rezept stieß. Diese Limonade besteht nur aus Früchten, enthält keinen Zucker und ist die beste, die ich jemals getrunken habe!

Die Zitrone direkt in den Mixer pressen, dann die abgeriebene Zitronenschale hinzugeben. Tiefgekühlte und frische Trauben sowie 50 ml Wasser hinzugeben und pürieren. Gegebenenfalls weitere 50 ml Wasser hinzugeben (oder so viel, dass sich alles leicht pürieren lässt). Nach Belieben mehr Trauben hinzugeben, falls die Limonade zu säuerlich schmeckt.

PRO PORTION

Kalorien 67
Fett . . . . 0,3 g
Kohlenhydrate . . . . . 17,8 g
Ballaststoffe . . . . 0,9 g
Zucker . . . . 15,5 g
Eiweiß . . . . 0,7 g
Weight-Watcher-Punkte . . 2

2 PORTIONEN

- 1 kleine Zitrone mit abgeriebener Schale
- 1 Handvoll rote Weintrauben, tiefgekühlt
- 1 Handvoll frische rote Weintrauben

DRINKS

SELBST-
GEMACHT

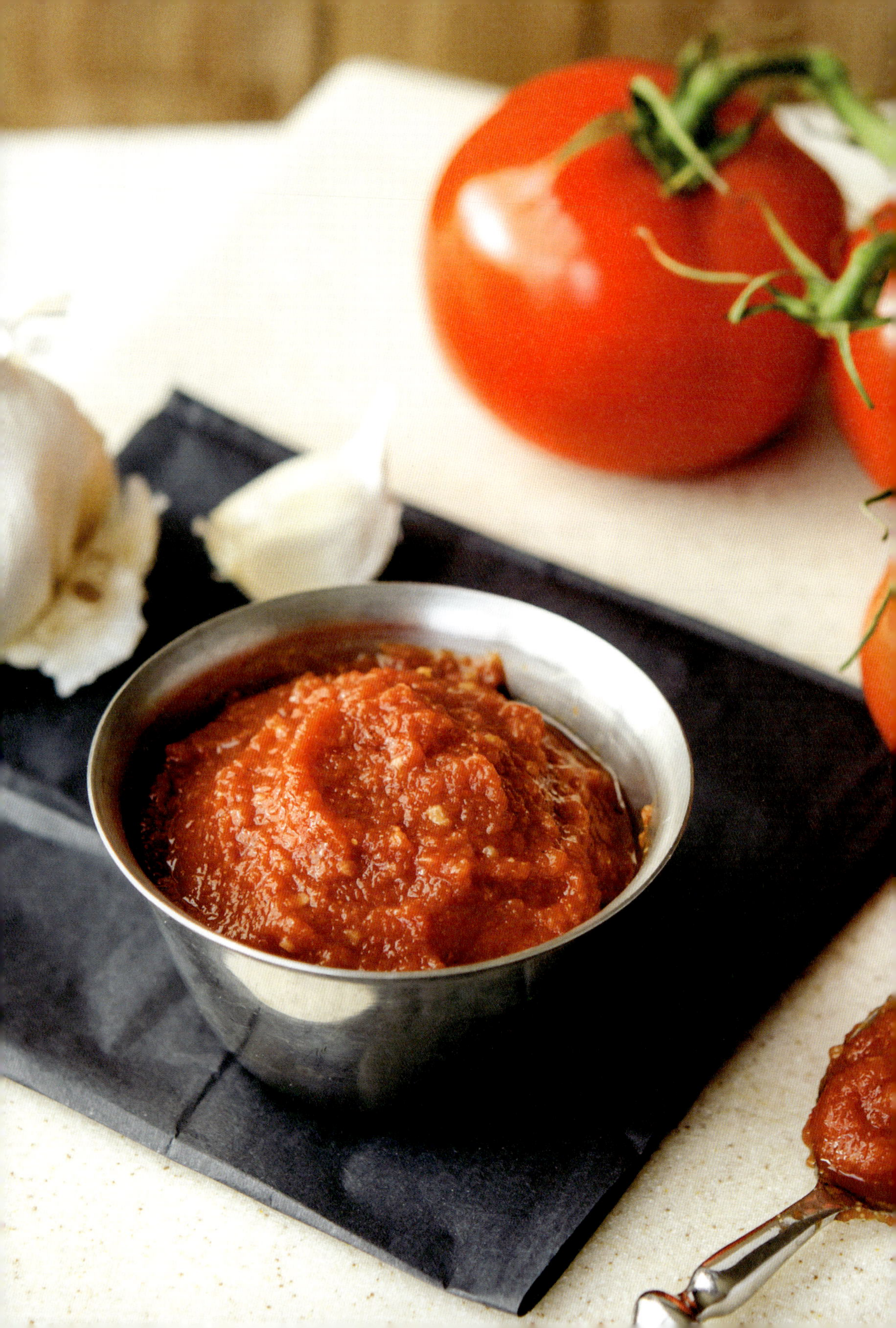

UNTER 50 KALORIEN ✓ SOJAFREI ✓ GLUTENFREI ✓ FETTARM ✓ SCHNELL ✓ GÜNSTIG ✓ VORRAT

Ketchup

Ich will Ihnen nichts vormachen: Selbstgemachter Ketchup schmeckt nicht genauso wie der von der Firma Heinz, aber er ist superlecker und außerdem viel, viel gesünder. Er enthält weniger Salz, weniger Zucker, keinen Maissirup („high fructose corn syrup") und keine mysteriösen Inhaltsstoffe! (Sie werden sich ganz schnell an selbstgemachten Ketchup gewöhnen – versprochen!)

Alle Zutaten verquirlen. Bei Bedarf mehr Tomatensauce oder Apfelmus hinzugeben, bis der Ketchup die gewünschte Konsistenz hat.

Anmerkung Essigsorten können sich in der Intensität ihres Geschmacks stark unterscheiden. Am besten fangen Sie zunächst mit etwa 1 EL an und geben dann nach und nach mehr Essig hinzu (bis zu etwa 1 ½ bis 2 EL). Wenn Sie Ketchup gern säuerlich mögen, sollten 2 EL mehr als genug sein. Gehen Sie außerdem nicht zu großzügig mit dem Piment um – es ist ganz schön kräftig! Weniger ist mehr.

PRO PORTION
(1 EL)

Kalorien 8
Fett . . . . 0 g
Kohlenhydrate . . . . . . 1,8 g
Ballaststoffe . . . . 0 g
Zucker . . . . 1,2 g
Eiweiß . . . . 0,3 g
Weight-Watcher-Punkte . . 0

125 ML

1½ EL	Tomatenmark
1–2 EL	Apfelessig
2 EL	ungesüßtes Apfelmus
1 TL	Zwiebelpulver
1 TL	Knoblauchpulver
1	kleine Prise Piment
	Etwas brauner Zucker (1 TL oder weniger)
2 EL	Tomatensauce
	Salz, nach Belieben

SELBSTGEMACHT

✓✓ GLUTENFREI ✓✓ FETTARM ✓✓ SCHNELL ✓✓ GÜNSTIG

UNTER 50 KALORIEN

Vegane Sour Cream

PRO EL
VEGANE SOUR CREAM (MIT 1 EL AGAVENDICKSAFT) / VEGANE MAYO

Kalorien	13/10
Fett	0,2 g/0,2 g
Kohlenhydrate	1,4 g/0,3 g
Ballaststoffe	0 g/0 g
Zucker	1,1 g/0 g
Eiweiß	1,6 g/1,6 g
Weight-Watcher-Punkte	0/0

250 ML

- 350 g   fester Tofu
- 2–4 EL Zitronensaft
- ½ TL   Branntweinessig
- ⅛ TL   Salz
- 1 TL   Senfpulver
           Agavendicksaft
           Knoblauch-granulat
- 1 TL   getrockneter oder frischer Dill (optional)

Diese Sour Cream ist supereinfach zuzubereiten und hat nur einen Bruchteil des Fetts, den herkömmliche vegane oder milchbasierte Sour Creams enthalten.

Tofu mit 2 EL Zitronensaft, Essig, Salz, Senfpulver, ein paar Tropfen Agavendicksaft und einer kleinen Prise Knoblauchpulver glatt rühren. Gegebenenfalls mit mehr Zitrone und/oder Agavendicksaft abschmecken. Vor dem Servieren Dill (optional) unterrühren.

Anmerkung Diese Sour Cream ist mindestens eine Woche haltbar. Tofu, der schlecht wird, ist nicht zu verkennen! Er wird rosa und gibt einen richtig unangenehmen Geruch ab.

Vegane Mayo

250 ML

- 350 g   fester Tofu
- 2–3 EL Dijon-Senf
- 2 TL   Branntweinessig
           Zitronensaft
           Agavendicksaft

Dies ist mein simples und günstiges Rezept für selbstgemachte, fettarme vegane Mayo.

Den Tofu mit Dijon-Senf und Essig glatt rühren. Ein paar Tropfen Zitronensaft und Agavendicksaft zugeben und unterrühren. Nach Bedarf mit etwas mehr Zitronensaft, Agavendicksaft oder Dijon-Senf abschmecken. Gekühlt servieren.

UNTER 50 KALORIEN

✓ SOJAFREI ✓ GLUTENFREI ✓ FETTARM ✓ SCHNELL ✓ GÜNSTIG ✓ VORRAT

Tomatensauce

Es überrascht mich immer wieder, wie ungesund herkömmliche Nudelsaucen sind. Fast alle aus dem Supermarkt enthalten Öl und Zucker – keins von beiden ist jedoch für eine leckere Tomatensauce notwendig! Vor einigen Jahren brachte mich mein bester Freund Jim darauf, Tomatensauce selbst zu machen. Es geht schnell und einfach und ist viel gesünder als Tomatensauce aus dem Supermarkt, sie ist die Mühe also absolut wert! Nur 35 Kalorien pro 60 ml. Nimm das, Supermarkt!

Tomaten und Gewürze in einen Topf geben und auf mittlerer Flamme erhitzen (aber nicht aufkochen lassen). Dann die Hitze reduzieren und weitere 3 Minuten heiß werden lassen. Gelegentlich umrühren. Wenn die Sauce zu säuerlich ist, können Sie Agavendicksaft und noch etwas mehr Chiliflocken untermischen. 10 bis 20 Minuten auf niedriger Flamme köcheln lassen, bis die Sauce durch und durch heiß ist und die Kräuteraromen gut eingezogen sind

PRO PORTION (60 ML)

Kalorien	35
Fett	0,7 g
Kohlenhydrate	5,8 g
Ballaststoffe	2,1 g
Zucker	4,0 g
Eiweiß	1,6 g
Weight-Watcher-Punkte	1

750 ML

850 g	Tomaten, stückig (Dose), mit Basilikum
2 EL	italienische Gewürzmischung
½ TL	Knoblauchgranulat
1 TL	Zwiebelgranulat
¼ TL	rote Chiliflocken (oder Menge nach Belieben anpassen; optional)
1 TL	Agavendicksaft (optional)

SELBSTGEMACHT

✓ SOJAFREI ✓ GLUTENFREI ✓ FETTARM ✓ SCHNELL ✓ GÜNSTIG ✓ VORRAT

UNTER 50 KALORIEN

PRO PORTION
KEINE-RINDERBRÜHE (250 ML) / KEINE-HÜHNERBRÜHE (PULVER, 1 EL)

Kalorien 27/12
Fett . . . . 0,2 g/0,1 g
Kohlenhydrate .4,3 g/1,7 g
Ballaststoffe . . . 1,1 g/0,7 g
Zucker . . . . 0,7 g/0 g
Eiweiß . . . . 2,7 g/1,3 g
Weight-Watcher-Punkte 1/0

250 ML

- 1 EL Soja- oder glutenfreie Tamarisauce
- 1 EL Hefeflocken
- ½ TL vegane Worcestershire-Sauce
- ¼ TL Zwiebelgranulat
- ¼ TL Knoblauchgranulat
- ¼ TL gemahlener Ingwer

CA. 25 PORTIONEN

- 60 g Hefeflocken
- 2 EL Zwiebelgranulat
- 1 EL Knoblauchgranulat
- 1 TL getrockneter Thymian
- 1 TL gerebelter Salbei
- 1 TL Paprika
- ½ TL Kurkuma
- ¼ TL Selleriesamen
- ¼ TL getrocknete Petersilie

Mit etwas Glück können Sie vegane „Hühner"- oder „Rinder"-Brühwürfel im Supermarkt finden, allerdings sind sie für meinen Geschmack zu salzig. Es geht aber auch selbstgemacht.

Keine-Rinderbrühe

Alle Zutaten in einen mittelgroßen Topf geben und mit 250 ml Wasser verrühren. Aufkochen und 1 Minute köcheln lassen.

Anmerkungen

» Wenn Sie diese Brühe in einem Suppenrezept verwenden möchten, kochen Sie außerdem ein Lorbeerblatt mit.

» Wenn Sie natriumarme Sojasauce verwenden, können Sie die Brühe noch etwas nachsalzen.

Keine-Hühnerbrühe (Pulver)

Alle Zutaten vermischen und in einem Mörser zu einem feinen Pulver zerdrücken. In einem luftdichten Behälter (z. B. ein Einmachglas) aufbewahren.
Um daraus 250 ml Brühe herzustellen, 1 EL des Pulvers mit 250 ml warmem Wasser verrühren.

Fertige Gemüsebrühe

UNTER 50 KALORIEN

✓ GLUTENFREI ✓ FETTARM ✓ GÜNSTIG

Instantbrühe und Bouillon-Würfel sind in Sachen Einfachheit kaum zu schlagen, aber selbstgemachte Gemüsebrühe schmeckt um Welten besser. So lässt sich auch Gemüse aufbrauchen, das weg muss. Ich verwende am liebsten süße Zwiebeln, Kartoffeln, Pastinaken, Steckrüben und frischen Fenchel.

Zwiebel, Möhre, Sellerie, Knoblauch und zusätzliches Gemüse in einen großen Topf geben. Wenn Sie getrocknete Kräuter verwenden, werfen Sie alle „grünen" Kräuter, die Sie zur Hand haben, großzügig in den Topf. Ansonsten frischen Dill oder andere frische Kräuter verwenden. 1 bis 2 TL Miso, Pfefferkörner und Lorbeerblätter zufügen. 2 Liter kaltes Wasser hinzugeben. Verwenden Sie 2,5 Liter, wenn Sie viel zusätzliches Gemüse verwenden. Abdecken und aufkochen lassen. Die Hitze reduzieren. Die Brühe etwa 1 Stunde köcheln lassen, bis das Gemüse weich wird und zu zerfallen beginnt. Den Herd ausstellen und die Brühe etwas abkühlen lassen. Mit einer Küchenzange oder einem Löffel Lorbeerblätter und Gemüse entfernen. Dann die Flüssigkeit durch ein Seihtuch oder sehr feines Sieb in einen verschließbaren Behälter abgießen. Auf Zimmertemperatur abkühlen lassen, dann bis zu 3 Tage im Kühlschrank aufbewahren. Nach 3 Tagen jeweils Portionen von etwa 250 ml abmessen und separat im Tiefkühlfach lagern.

Anmerkung Für eine sojafreie Gemüsebrühe lassen Sie die Misopaste weg. Stattdessen nach Belieben salzen.

PRO PORTION (250 ML)

Kalorien 49
Fett . . . . 0,4 g
Kohlenhydrate . . . . . 10,6 g
Ballaststoffe . . . . 2,2 g
Zucker . . . . 4,1 g
Eiweiß . . . . 2,2 g
Weight-Watcher-Punkte . . 1

1 L

- 1 Zwiebel (beliebige Sorte), geschält
- 1 große Möhre
- 1 Stange Staudensellerie
- 3–4 Knoblauchzehen, geschält

ZUSÄTZLICH BELIEBIGE DREI DER FOLGENDEN GEMÜSESORTEN

- 1 kleine braune Kartoffel
- 2–4 kleine rote Kartoffeln
- 80 g Pilze
- 1 Paprika, entkernt
- 1 mittelgroße Steckrübe
- 1 mittelgroße Zucchini
- 1 Pastinake
- 90–150 g frische oder getrocknete Kräuter (beliebig)
- 1–2 TL gelbe Misopaste
- 4 ganze schwarze Pfefferkörner
- 1 Lorbeerblatt

✓ GLUTENFREI ✓ FETTARM ✓ SCHNELL ✓ GÜNSTIG ✓ VORRAT

UNTER 50 KALORIEN

Vegane Worcestershire-Sauce

PRO PORTION
(1 TL)

Kalorien 6
Fett . . . . 0 g
Kohlenhydrate . . . . . . 0,9 g
Ballaststoffe . . . . 0 g
Zucker . . . . 0,6 g
Eiweiß . . . . 0,3 g
Weight-Watcher-Punkte . . 0

250 ML

6 EL	Apfelessig
2 EL	Tamarisauce
1 EL	brauner Zucker oder 1 TL Melasse
2 TL	Senf (beliebige Sorte)
¼ TL	Zwiebelgranulat
¼ TL	Knoblauchgranulat
¼ TL	gemahlener Ingwer
⅛ TL	gemahlener Zimt
	Cayennepfeffer oder Chilipulver
	gemahlene Piment oder Gewürznelken

Anmerkung Hefeextrakt (z. B. Marmite oder Vegemite) kann anstelle von Worcestershire-Sauce verwendet werden, wenn die Worcestershire-Sauce als Zutat in einem Rezept (und nicht als Sauce oder Marinade) verwendet werden soll.

Die meisten herkömmlichen Worcestershire-Saucen enthalten Sardellen, es sind jedoch auch ein paar vegetarische Alternativen erhältlich. Es geht natürlich nichts über Saucen, die man einfach nur aus der Flasche schütteln muss, aber diese selbstgemachte Sauce ist frei von Allergenen und supergünstig herzustellen. Worcestershire-Sauce wird traditionell als Würze für Fleischgerichte verwendet. Dadurch ist sie eine tolle Marinade für vegetarische Burger und fungiert als Geschmacksträger in vielen Rezepten für Fleischalternativen.

Alle Zutaten von Essig bis Zimt vermischen. Eine kleine Prise Cayennepfeffer oder Chilipulver, eine kleine Prise Piment oder gemahlene Gewürznelken und 50 ml Wasser hinzugeben und unterrühren. Nach Belieben salzen. In einem luftdichten Behälter im Kühlschrank aufbewahren.

UNTER 50 KALORIEN

✓ SOJAFREI ✓ GLUTENFREI ✓ FETTARM ✓ SCHNELL ✓ GÜNSTIG ✓ VORRAT

Brodys glutenfreie Mehlmischung

PRO 35 G	
Kalorien	46
Fett	0,6 g
Kohlenhydrate	33,5 g
Ballaststoffe	1 g
Zucker	0 g
Eiweiß	1,4 g
Weight-Watcher-Punkte	4

260 G

ANSTELLE VON 280 G MEHL VERWENDEN

- 130 g braunes Reismehl
- 50 g Tapiokamehl
- 80 g Kartoffelstärke
- 1 TL Xanthan oder Guarkernmehl für je 260 g dieser Mischung

Brody's Bakery (brodysbakery.com) ist die einzige 100 % vegane und glutenfreie Bäckerei in Kansas City. Von dort stammt dieses bewährte Rezept für glutenfreies Mehl, das sie für ihr gesamtes Sortiment umwerfender Backwaren verwenden. „Wir haben schon so viele glutenfreie Mehlmischungen ausprobiert, aber diese scheint die einzige Mischung zu sein, die a) nicht als glutenfrei erkannt wird und b) in jedem Rezept funktioniert – egal ob zum Kochen oder Backen", sagt Katie Olson, Inhaberin und Bäckerin.

Alle Zutaten vermischen. Das Mehl in einem luftdichten Behälter aufbewahren. Verwenden Sie es in gleichen Mengen anstelle von Mehl oder Vollkornweizenmehl.

✓ SOJAFREI ✓ GLUTENFREI ✓ FETTARM ✓ SCHNELL ✓ GÜNSTIG ✓ VORRAT

UNTER 50 KALORIEN **UNTER 150 KALORIEN**

Geflügel-Gewürzmischung

PRO PORTION
GEFLÜGEL-GEWÜRZMISCHUNG (1 EL) / OFENKARTOFFELN (PRO KARTOFFEL)

Kalorien 10/131
Fett . . . . 0,4 g/0,1 g
Kohlenhydrate   2,0 g/29,7 g
Ballaststoffe . . . 1,3 g/3,7 g
Zucker . . . . 0 g/1,3 g
Eiweiß . . . . 0,3 g/3,4 g
Weight-Watcher-Punkte 0/3

Diese deftige Kräutermischung ist mein absoluter Favorit unter den Gewürzen. Wenn es schnell gehen muss, können Sie auch Gewürzmischungen für Geflügel aus dem Supermarkt verwenden, aber achten Sie darauf, dass die Mischung keine pulverartige Konsistenz hat. Sie sollte getrocknetem Basilikum ähneln. In kleinen Mengen können Sie alternativ auch eine italienische Gewürzmischung verwenden.

5 EL

- 1 EL getrockneter Rosmarin
- 1 EL getrockneter Thymian
- 1 EL gerebelter Salbei (nicht Pulver)
- 1 EL getrockneter Majoran oder Oregano
- 1 EL getrocknete Petersilie oder getrocknetes Basilikum

Die Kräuter in einem Mörser zerdrücken, bis sie recht grobem Meersalz ähneln, aber nicht pulverisieren. In einem luftdichten Behälter aufbewahren.

Schonend gegarte Ofenkartoffeln

Anmerkung Wenn Sie ein Geflügel-Gewürzgranulat (nicht Pulver) auftreiben können (das kein Marinadegewürz ist), können Sie es anstelle der selbstgemachten Mischung verwenden. Ich mag die Eigenmarke von Cost Plus World Market.

PORTIONSGRÖSSEN VARIIEREN

Kartoffeln
Aluminiumfolie

Das hier ist eigentlich weniger ein Rezept als ein Tipp meiner Freundin Kim. (Ich weiß, ich weiß. Ich bin wahrscheinlich der letzte Mensch, der keinen Schongarer hat, aber ich habe einfach nicht die Geduld 8 Stunden auf etwas zu warten, das ich auch in 8 Minuten zubereiten kann!)

Die Kartoffeln gut waschen und trocknen lassen. In Folie einwickeln (die Kartoffeln nicht einstechen). In einen trockenen Schongarer geben und auf niedriger Stufe 6 Stunden garen. Tada! Frische Ofenkartoffeln, wenn Sie von der Arbeit nach Hause kommen.

UNTER 50 KALORIEN

✓ SOJAFREI ✓ GLUTENFREI ✓ FETTARM ✓ SCHNELL ✓ GÜNSTIG ✓ VORRAT

Hummus

Cedar's macht einen fettfreien (ölfreien) Hummus, der nur bei Whole Foods Market erhältlich ist. Viele Supermärkte verkaufen mittlerweile fettarme Hummussorten, aber die meisten enthalten immer noch Öl. Das hier ist mein Grundrezept für ölfreien Hummus ohne zugesetzte Fette; er enthält also kein Tahini (Sesampaste).

Kichererbsen, Zitronensaft, gemahlenen Kreuzkümmel, gemahlenen Koriander, Knoblauchpulver, Dijon-Senf und Miso (optional) in einen Mixer oder eine Küchenmaschine geben. Pürieren, bis die Kichererbsen zerkleinert sind. Den Mixer gegebenenfalls anhalten, die Hummusmasse von den Seiten des Gefäßes streichen und 1 EL Brühe hinzugeben. Erneut pürieren, bis die Masse geschmeidig und glatt ist. Gegebenenfalls nach Bedarf noch mehr Brühe hinzugeben. (Ich verwende normalerweise 3 ½ EL Brühe.) Eventuell müssen Sie hin und wieder den Mixer anhalten und die Masse von den Rändern des Mixgefäßes nach unten streichen. Wenn die gewünschte Konsistenz erreicht ist, nach Bedarf mit noch etwas mehr Zitronensaft oder Dijon-Senf abschmecken (vorsichtig dosieren!).

PRO PORTION
(1 EL)

Kalorien 21
Fett . . . . 0,2 g
Kohlenhydrate . . . . . . 3,3 g
Ballaststoffe . . . . 0,8 g
Zucker . . . . 0 g
Eiweiß . . . . 1,1 g
Weight-Watcher-Punkte . . 0

ETWA 250 ML

450 g	Kichererbsen (Dose), abgetropft und abgespült
	Saft von ½ kleinen Zitrone
½ TL	gemahlener Kreuzkümmel
½ TL	gemahlener Koriander
¼ TL	Knoblauchgranulat
1 TL	Dijon-Senf
¼ TL	gelbe Misopaste (weiße oder rote Misopaste sind ebenfalls geeignet; optional)
	Gemüsebrühe, nach Bedarf

SELBSTGEMACHT

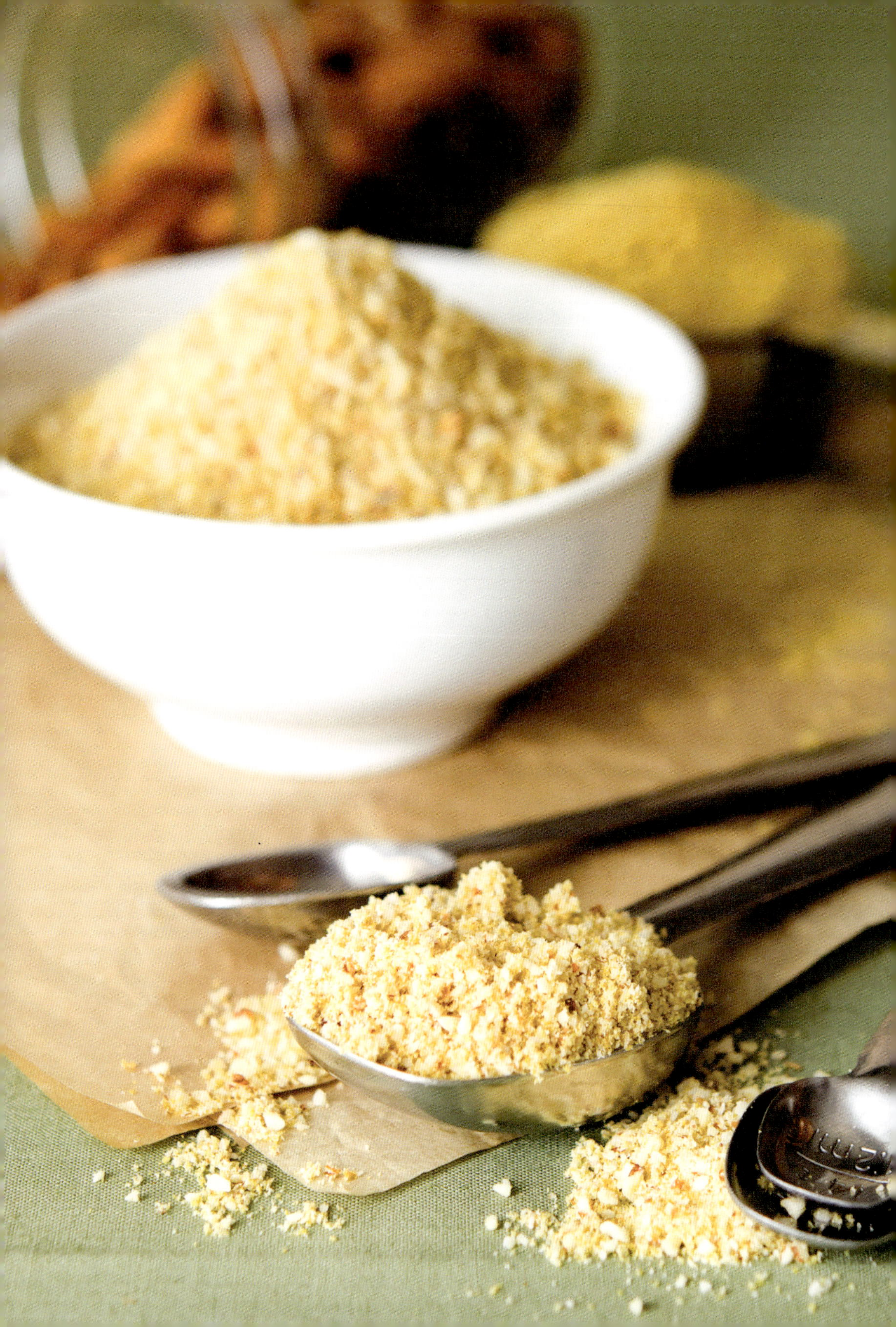

AJs veganer Parmesan

UNTER 50 KALORIEN

✓ SOJAFREI ✓ GLUTENFREI ✓ SCHNELL ✓ VORRAT

In den USA gibt es zwei kommerziell erhältliche vegane Parmesansorten: Galaxy Global und Parma. Wenn keiner davon in Ihrer Nähe erhältlich ist (oder wenn Sie eine weniger verarbeitete, selbstgemachte Variante vorziehen), ist hier ein tolles alternatives Rezept meiner Freundin AJ.

Hier sind AJs Anweisungen: „Ich gebe 130 g Nüsse und 25 g Hefeflocken in den Mixer. Dazu gebe ich 1 EL Würzpulver (ohne Salz), aber Sie können auch etwas Salz oder Knoblauchpulver und/oder Zwiebelpulver verwenden. Aber schon die Mischung aus Nüssen und Hefeflocken ist lecker. Ich verwende jegliche Nüsse, die ich gerade im Haus habe, z. B. rohe Mandeln, Cashewnüsse oder sogar Paranüsse. 50 g rohe Walnüsse und 75 g rohe Sonnenblumenkerne sind auch super geeignet!" Alles in einer Küchenmaschine zu einem feinen Pulver zerkleinern. In einem luftdichten Behälter bis zu eine Woche im Kühlschrank aufbewahren.

PRO PORTION
(1 EL, MIT CASHEWNÜSSEN)

Kalorien 45
Fett .... 2,8 g
Kohlenhydrate ...... 3,4 g
Ballaststoffe .... 1 g
Zucker .... 0 g
Eiweiß .... 2,4 g
Weight-Watcher-Punkte .. 1

155 G

130 g	Nüsse
25 g	Hefeflocken
1	Prise Salz oder Gewürzpulver (ohne Salz)

Anmerkung Online habe ich auch Rezepte gefunden, in denen Sesam verwendet wird. Alle hier erwähnten Optionen (oder sogar Mischungen verschiedener Nüsse) schmecken toll. Sie können auch erst weniger Hefeflocken hinzugeben (etwa 3 bis 4 EL), und dann gegebenenfalls mit zusätzlicher Hefe abschmecken.

DAS ZAHLENSPIEL: MEIN KAMPF MIT DER WAAGE

Nachdem ich jahrelang meine Füße mit High Heels malträtiert und einen schweren Laptop auf meiner Schulter (und noch davor, in der Schule, schwere Bücher) umhergeschleppt hatte, entwickelte ich verschiedene muskuläre Dysbalancen und andere Muskel-Skelett-Erkrankungen. Da ich schlank war und ansonsten keine Beschwerden hatte (abgesehen von gelegentlicher Steifheit und Muskelschmerzen), war mir nicht bewusst, dass ich körperliche Probleme hatte – ich dachte, mir ginge es gut. Ich wusste jedoch, dass es nicht gut für meinen Körper war, den ganzen Tag starr an meinem Schreibtisch zu sitzen, also fing ich mit Yoga an, um meine Schreibtischsteifheit loszuwerden.

Mir wurde schnell klar, dass ich nicht gerade biegsam war, aber meine Gelenkigkeit und Flexibilität wurden von Woche zu Woche besser. Springen wir ein paar Monate weiter. Ich gönnte mir eine Tiefenmassage. Mein Massagetherapeut fragte mich anschließend, ob ich häufig schwere Handtaschen oder einen Laptop mit mir herumtrug, und bemerkte, dass meine Muskeln sehr unausgeglichen waren.

Ich war überrascht und besorgt und machte kurz darauf einen Termin bei einem Physiotherapeuten, der außerdem als Fitnesstrainer arbeitete. Meine anfängliche Untersuchung war schlichtweg peinlich. Mir selbst war direkt klar, wie schlimm sie ausgefallen war. Meine Hüft- und Schultergelenke waren verdreht und mein Gang inkorrekt. Meine Unterschenkel und Kniesehnen waren stark angespannt. Meine gesamte rechte Seite war exponentiell kräftiger als meine linke (aufgrund ausgeprägter muskulärer Dysbalancen) und meine Haltung ließ einiges zu wünschen übrig (das wusste ich jedoch auch schon vor der Untersuchung).

Wir begannen sofort damit, an meinen Problemen zu arbeiten. Als Teil meiner „Therapie" musste ich verschiedene Übungen mit Gewichten oder meinem eigenen Körpergewicht (Liegestütze zum Beispiel) machen. Nach einigen Wochen merkte ich, dass ich kräftiger wurde. Ich konnte die Veränderungen sehen und spüren – endlich tat ich etwas für meinen Körper.

Aber ich erzähle Ihnen das alles nicht nur aus Jux und Tollerei! Ich dachte, dass ich durch meine neue sportliche Betätigung auch abgenommen haben müsste und sprang eifrig auf die Waage, um mein Ego zu stärken. Doch stattdessen war ich schockiert. Ich hatte 3 Kilo *zugenommen*, seit ich mit meinem Übungsprogramm begonnen hatte. Meine erste Reaktion war Panik. Ich dachte: „Wie kann ich zugenommen haben? Ich habe mich so gut ernährt!" Und das stimmte auch. Es war richtig niederschmetternd. Zwei Jahre lang hatte ich mein Gewicht ganz ohne Sport gehalten, nur indem ich mich fettarm und rein pflanzlich ernährte. Und jetzt, wo ich endlich etwas aktiver war, hatte ich an Gewicht zugelegt! Irgendwas konnte einfach nicht stimmen.

Also testete ich meinen Körperfettanteil. Er war gesunken. Ich hatte an Gewicht zugenommen, weil ich an Muskelmasse hinzugewonnen hatte – Muskeln, die ich unbedingt brauchte, um meine Haltungsprobleme zu bekämpfen! Das erinnerte mich mal wieder daran, dass Zahlen auf der Waage nicht unbedingt ein zuverlässiger Hinweise auf gute Gesundheit sind. Waagen können nützlich sein, doch Gewicht ist nur ein kleiner Teil des ganzen Puzzles. Nur weil ich 3 Kg mehr wog als 2 Monate zuvor, hieß das nicht, dass ich weniger gesund war. Tatsächlich war ich nämlich *gesünder*, weil ich damit begonnen hatte, meinen Körper zu heilen und kräftiger zu werden. Meine Kleidung passte plötzlich besser und ich bekam schöne Komplimente von Freunden und Arbeitskollegen – das war mir viel mehr wert als Zahlen auf einer Waage!

> **Zahlen auf der Waage sind nicht unbedingt ein zuverlässiger Hinweis auf gute Gesundheit.**

SPORT

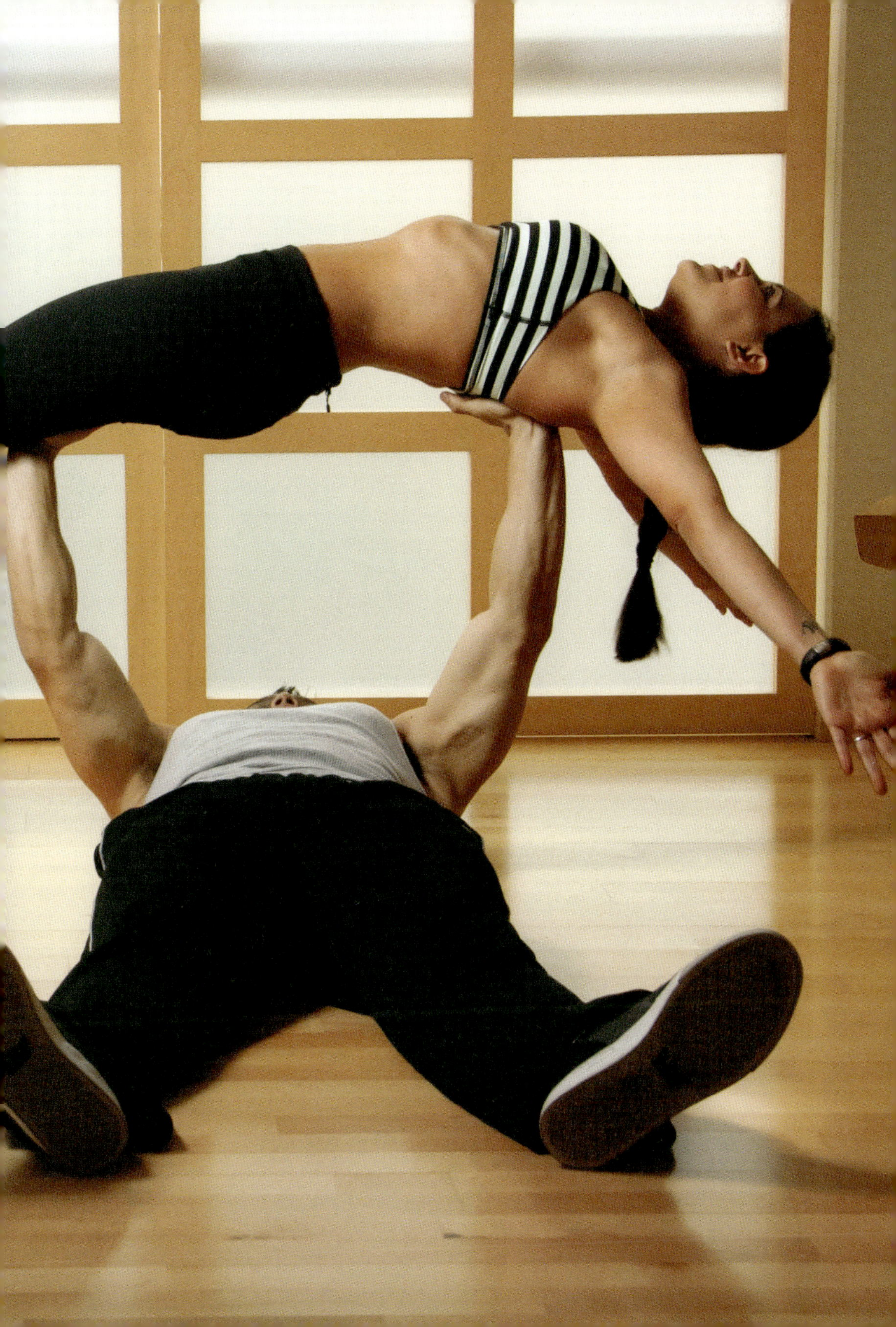

Sport – ein notwendiges Übel?

Ist Sport absolut *notwendig*, um abzunehmen? Definitiv nicht. Ich habe bereits mit Dutzenden von Leuten gearbeitet, die ohne Sport Gewicht verloren, einfach indem sie ihre Ernährungsgewohnheiten umstellten.

Meine Familie ist das beste Beispiel dafür. Meine Eltern betätigen sich körperlich kaum mehr, als für den Alltag notwendig ist, doch bereits wenige Monate nach ihrer Umstellung auf eine fettarme, vollwertige, rein pflanzliche Ernährungsweise hatten sie gemeinsam ganze 18 kg abgenommen. Meine Schwester zog letztes Jahr in meine Nähe und begann fast täglich bei mir mitzuessen. Sie machte überhaupt keinen Sport (abgesehen von den 8-minütigen Spaziergängen zwischen ihrem und meinem Haus) und nahm innerhalb von 6 Monaten mehr als 9 Kg ab. Das war ihr nicht einmal ansatzweise gelungen, als sie sich noch mehrere Tage die Woche ins Fitnessstudio schleppte. Weder meine Eltern noch meine Schwester hatten vorgehabt, abzunehmen; stattdessen waren die purzelnden Pfunde ein angenehmer Nebeneffekt ihrer Ernährungsumstellung.

DIE VORTEILE REGELMÄSSIGEN SPORTS

Es stellt sich also die Frage: Wieso soll man sich Sport dann überhaupt antun?

Viele von uns fangen aus Eitelkeit oder um abzunehmen (oder einer Kombination aus beidem) mit Sport und Fitness an, aber Sport ist entscheidend für einen gesunden Lebensstil und geht über gut oder schlecht sitzende Hosen weit hinaus. Regelmäßig Sport zu treiben verbessert unsere Gemütslage, hilft uns dabei, mit Stress umzugehen, reduziert Beklemmungen und Depressionen, stärkt unser Selbstbewusstsein, hilft, Verletzungen vorzubeugen und hält unseren Körper in Schuss.

Ein weiterer Grund, regelmäßige Fitnessübungen in Ihren Alltag einzubauen, ist, dass Sport Ihnen dabei helfen kann, Kalorien zu verbrennen (siehe Der Faktor 100–Fitness S. 282), und wenn Sie durch Sport an Muskelmasse zugenommen haben, verbrennen Sie sogar noch mehr Kalorien, wenn Sie keinen Sport machen – wodurch Sie wiederum mehr Gewicht verlieren. Das liegt daran, dass eine erhöhte Muskelmasse Ihren Ruhestoffwechsel (Grundumsatz) steigert – nämlich die Rate, mit der Ihr Körper Kalorien verbrennt. Selbst im Schlaf verbrennen wir Kalorien.

Schnellerer Gewichtverlust ist jedoch nicht der einzige Grund, weshalb ich ein Verfechter von Sport und Fitness bin. Für mich zählt nicht nur, was die Waage sagt. Ursprünglich fing ich mit Sport an, da ich Gewicht verlieren wollte. Ich machte weiter, weil ich Angst hatte, dass ich andernfalls nur wieder zunehmen würde. Als ich jedoch aufhörte und mein Gewicht trotzdem hielt, widmete ich mich schließlich wieder dem Sport, aber aus einem anderen Grund: Ich wollte die muskulären Dysbalancen meines Körpers ausgleichen.

Fitness verhalf mir definitiv zu mehr Kraft und Flexibilität, doch ich bemerkte auch andere Vorteile. Als Allererstes fiel mir auf, dass ich viel selbstbewusster geworden war. Mir fiel außerdem auf, dass sich meine Gemütslage verbessert hatte. Ich war nicht nur glücklicher, sondern generell weniger launig.

Es dauerte nicht lange, bis Fitness getarnt als „Physiotherapie" Teil meines Alltags wurde, denn diese Momente waren für mich häufig auch Momente der Selbsthilfe, in denen ich ganz allein mit meinen Gedanken und Gefühlen war. Interessanterweise stellte ich auch fest, dass ich häufig beim Sport erst auf Lösungen für Probleme kam, die mich zuvor geplagt hatten. Ich erinnere mich ganz genau an einen Tag, als ich frustriert meine Arbeit hinter mir ließ, weil ich für ein Problem einfach keine Lösung hatte. Ich ging joggen, um „meinen Kopf frei zu bekommen" und um Stress abzubauen. 25 Minuten später, als ich etwa 5 Kilometer hinter mir hatte, tauchte die Lösung ganz plötzlich in meinem Kopf auf. Die besten Ideen kommen mir beim Sport.

> Ich bin ein besserer Mensch, wenn ich regelmäßig Sport treibe; so einfach ist das.

Wenn Sie online nach den „Vorteilen regelmäßigen Sports" suchen, stellen Sie fest, dass sich sämtliche Aspekte, die ich als positiv für mich erkannt habe, nach einer Weile einfach von selbst ergeben. Ich bin ein besserer Mensch, wenn ich regelmäßig Sport treibe; so einfach ist das. Außerdem fühlen Sie sich einfach super, wenn Sie nach dem Training richtig verschwitzt und k.o. sind! Immer daran denken: selbst wenn Sie es langsam und gemächlich angehen, sind Sie den Sofasitzern immer noch überlegen! Wir müssen alle irgendwo anfangen; selbst ich. Wie in der Einleitung zu diesem Buch erwähnt, ist es gar nicht lange her, dass ich nicht einmal fit genug war, 5 Kilometer für einen guten Zweck zu gehen!

Sport ist fürs Abnehmen nicht unbedingt notwendig, aber ich habe festgestellt, dass es mir rundum am besten geht, wenn ich regelmäßig Sport treibe – und ich will, dass es *Ihnen* auch am besten geht! Lassen wir es uns gemeinsam gut gehen! Lasst uns zusammen abnehmen und glücklich sein!.

Der Faktor 100 – Fitness

Erinnern Sie sich noch an das Konzept des Faktors 100-Kalorien, das ich zu Beginn des Buches erläutert habe? Hier noch einmal die Kurzfassung: Wenn Sie täglich 100 Kalorien zusätzlich verbrennen, können Sie bis zum Ende des Jahres ganze *5 Kilo* abnehmen. Ganz ohne Besuche im Fitnessstudio!

Im Folgenden zeige ich Ihnen, wie Sie ganz einfach im Alltag auf 42 verschiedenen Wegen 100 Kalorien verbrennen können.[3] Teilweise brauchen Sie dafür weniger als 10 Minuten! Fangen Sie gleich an und *fühlen Sie, wie die Pfunde purzeln!*

P. S. Wenn Sie 34 Minuten mit Kochen verbringen, verbrennen Sie 100 Kalorien. Also wenn das keine Motivation ist, zu Hause zu essen!

> Ich erhalte viele Anfragen von Lesern und Leserinnen, die nicht abnehmen, obwohl sie sich rein pflanzlich ernähren. Einige wichtige Faktoren werden hier besprochen: http://herbi.es/WhyNoWeightLoss (englisch).

[3] Basierend auf einem Körpergewicht von 70 Kg.

30 MINUTEN ODER WENIGER

1. Bowlen – 30 Minuten
2. Golfen/Minigolf – 30 Minuten
3. Frisbee – 30 Minuten
4. Hausputz (medium intensiv) – 25 Minuten
5. Bügeln – 25 Minuten
6. Mit dem Hund spazieren gehen – 25 Minuten
7. Ein Kleinkind tragen – 24 Minuten
8. Pilates – 24 Minuten
9. Fahrradfahren (entspannt) – 23 Minuten
10. Blätter harken – 23 Minuten
11. Mit Kindern spielen – 23 Minuten
12. Fegen – 23 Minuten
13. Staubsaugen – 23 Minuten

20 MINUTEN ODER WENIGER

14. Basketball – 20 Minuten
15. Hausarbeit (gründlich) – 20 Minuten
16. Moppen – 20 Minuten
17. Rasenmähen – 20 Minuten
18. Spazierengehen (5 km/h) – 20 Minuten
19. Auto waschen – 20 Minuten
20. Yoga – 20 Minuten
21. Schlittschuhlaufen (mittlere Intensität) – 18 Minuten
22. Haus streichen – 18 Minuten
23. Softball/Baseball – 18 Minuten
24. Unkraut jäten – 18 Minuten

15 MINUTEN ODER WENIGER

25. Tanzen – 15 Minuten
26. Gartenarbeit – 15 Minuten
27. Golf (dabei Schläger tragen) – 15 Minuten
28. Gewichte heben (intensiv) – 15 Minuten
29. Schnee schippen – 15 Minuten
30. Schwimmen (mittlere Intensität) – 15 Minuten
31. Tennis (Einzel) – 15 Minuten
32. Laufen (flott) – 15 Minuten
33. Wasserski – 15 Minuten
34. Kickball – 13 Minuten
35. Fußball (entspannt) – 13 Minuten
36. Auf der Stelle joggen – 12 Minuten
37. Zumba – 11 Minuten

10 MINUTEN ODER WENIGER

38. Skifahren (Abfahrtslauf) – 10 Minuten
39. Seilspringen (mittlere Intensität) – 9 Minuten
40. Laufen (10 km/h) – 9 Minuten
41. Crosstrainer – 8 Minuten
42. Treppenlaufen – 6 Minuten

IHR FITNESSVORHABEN IN DIE TAT UMSETZEN

Durch meine Erfahrung als Personal Trainer und mein eigenes Fitnesstraining habe ich gelernt, dass es nicht einfach ist, sich im Alltag Zeit für Sport zu nehmen – es sei denn, Sie planen es von vornherein ein. Diese Tricks können Ihnen dabei helfen, Ihren Trainingsplan in die Tat umzusetzen.

#1 Planen Sie's ein. Egal, ob Sie To-Do-Listen führen, einen speziellen Trainingstermin in Ihren Kalender eintragen oder sich's auf die Hand schreiben; planen Sie Ihr Training im Voraus ein. Behandeln Sie das Training wie jedes andere wichtige Ereignis oder ein Meeting (z. B. eine Konferenz mit dem Chef oder die Geburtstagsfeier des besten Freundes). Mein Motto lautet: „Zeit für Fitness wird nicht gefunden, sondern gemacht!"

#2 Legen Sie alles bereit. Bevor Sie zu Bett gehen, legen Sie Ihre Sportklamotten auf einem Stuhl in Ihrem Schlafzimmer bereit. Einschließlich Socken, Trainingsschuhen, Wasserflasche und allem anderen, das Sie vielleicht brauchen. Wenn Ihre Sportkleidung Sie vom Stuhl aus anstarrt, drücken Sie nicht so schnell die Schlummertaste – und Sie müssen daran vorbeigehen, wenn Sie das Schlafzimmer verlassen. Dieser erste Schritt hilft mir außerdem dabei, mein Trainingsvorhaben für den nächsten Tag zu festigen. Wenn Sie nach der Arbeit Sport machen, packen Sie Ihre Sporttasche und stellen Sie sie bei der Haustür bereit, sodass Sie sie mit zur Arbeit nehmen können. Aber lassen Sie die Tasche nicht im Auto! Nehmen Sie sie mit ins Büro, sodass Sie sie nach der Arbeit wieder mitnehmen müssen – dadurch vergessen Sie auf dem Nachhauseweg nicht, dass Sie ja eigentlich noch was vorhatten, denn Sie haben Ihre Sportsachen mit den Autoschlüsseln in der Hand.

#3 Verabreden Sie sich. Jeden Sonntag um 9 Uhr – ob Regen oder Sonnenschein – gehe ich mit meiner Freundin Blyth wandern. An düsteren Tagen hätte ich zwar nichts gegen mehr Zeit im Bett, aber Blyth will ich nicht enttäuschen. Wir halten einander in Schach. Deshalb sind soziale Verantwortungen so praktisch!

Fitnessübungen

Gemeinsam mit meinem Freund Jon Warren, der selbst zertifizierter Personal Trainer und Physiotherapie-Berater ist, habe ich die folgenden einfachen, unkomplizierten Übungen entwickelt. Diese Übungen („Körperrezepte", wie ich sie gern nenne) sind sowohl für Anfänger als auch fortgeschrittene Adrenalinsüchtige geeignet und helfen ihnen dabei, schlank und gesund zu bleiben.[4]

Jon stammt ursprünglich aus Houston in Texas und hat einen Abschluss in Finanzwesen der Texas Tech University. Er arbeitet als zertifizierter Personal Trainer und Physiotherapie-Berater in Orange County, Kalifornien, wo er die Trainingsabteilung des größten Gold's Gym Fitnessstudios des Staates leitet. Er hat Zertifizierungen der National Academy of Sports Medicine (NASM) und des National Council for Certified Personal Trainers (NCCPT). Jon ist außerdem geprüft im Umgang mit Kugelhanteln und im TRX-Schlingentraining und ist speziell NASM-ausgebildet im Training zur Haltungskorrektur und Leistungssteigerung. Er nimmt derzeit am Bodybuilding-Wettbewerb des National Physique Committee (NPC) teil. Jetzt aber zur Sache ... werden Sie fit!

[4] Bitte sprechen Sie mit Ihrem Hausarzt, ehe Sie mit einem Trainingsprogramm beginnen.

Sport Marsch!

UND SO GEHT'S: Machen Sie jeden Bewegungsdurchlauf zwei- bis dreimal und machen Sie nach jedem Durchlauf 30 Sekunden Pause. Wenn Sie gerade erst damit beginnen, durchlaufen Sie alles einmal und dann nach Möglichkeit ein zweites Mal. (Anfänger: Machen Sie so viele Pausen, wie Sie brauchen!) Machen Sie die Übungen in diesem Trainingsplan zwei- bis dreimal die Woche. Versuchen Sie, ein- bis zweimal die Woche 20 bis 60 Minuten Cardiotraining einzubauen – z. B. Schwimmen, Fahrradfahren, Spazierengehen, im Wohnzimmer tanzen … Laden Sie Ihre Freunde dazu ein und sagen Sie den Pfunden gemeinsam den Kampf an!

1. AUSFALLSCHRITT

Zu Beginn stehen Sie gerade. Machen Sie einen Schritt nach vorn, sodass beide Knie gebeugt sind und der Oberschenkel des vorderen Beins parallel zum Boden ist. Das Knie Ihres hinteren Beins sollte etwa 2,5 cm vom Boden entfernt sein. Mit dem vorderen Fuß wieder nach hinten drücken und die Ausgangsposition einnehmen. (Achten Sie darauf, dass Ihr vorderes Knie nicht über Ihren vorderen Fuß oder Knöchel ragt.) 15-mal wiederholen. Nach jeder Wiederholung Bein wechseln.

ABGEWANDELT: Wiederholen Sie den Ausfallschritt fünfmal für jedes Bein (Sie können alternativ auch einen Ausfallschritt nach hinten machen; das ist einfacher).

HÄRTER: Mehr Wiederholungen und/oder mit Gewichten (z. B. 5 kg).

2. KNIELIEGESTÜTZ

Zu Beginn knien Sie auf dem Boden. Falls notwendig, legen Sie ein Handtuch unter Ihre Knie. Lehnen Sie sich leicht nach vorn (aber halten Sie Ihren Rücken gerade) und platzieren Sie Ihre Handflächen schulterbreit voneinander entfernt auf dem Boden. Halten Sie Ihre Füße zusammen, sodass sie den Boden nicht berühren. (Ihr Körper nimmt in etwa die Form des Buchstabens N an.) Beugen Sie Ihre Ellbogen und senken Sie Ihren Körper zum Boden. (Halten Sie Ihre Bauchmuskeln angespannt und Ihren Rücken gerade – nicht den Rücken krümmen!) Wenn Ihre Nase etwa 2,5 cm vom Boden entfernt ist, drücken Sie sich wieder vom Boden ab, indem Sie Ihre Arme wieder ausstrecken (aber achten Sie darauf, dass Sie nicht Ihre Ellbogen durchdrücken). Bewegen Sie Ihren Körper zurück in die Ausgangsstellung. 10- bis 15- Mal wiederholen.

ABGEWANDELT: Wandliegestütze: Stellen Sie sich vor eine freie Wand. Strecken Sie Ihre Arme gerade vor sich aus. Legen Sie Ihre Handflächen schulterbreit voneinander entfernt auf die Wand (mit den Fingerspitzen nach oben). Machen Sie ein paar Schritte zurück (je weiter Sie von der Wand entfernt stehen, desto schwieriger ist diese Übung); Ihre Ellbogen sollten sich beugen, wenn Sie sich in Richtung Wand lehnen. Halten Sie Ihren Rücken gerade (krümmen Sie Ihren Rücken nicht) und Ihre Bauchmuskulatur angespannt. Senken Sie Ihren Körper der Wand entgegen. Dann drücken Sie sich mit den Armen wieder zurück. Das ist eine Wiederholung.

HÄRTER: Machen Sie normale Liegestütze auf Ihren Händen und Zehen (Knie in der Luft!). Sie können diese Übung etwas leichter machen, indem Sie Ihre Füße ein paar Zentimeter voneinander entfernen. Sie wollen's noch härter? Machen Sie reguläre Liegestütze mit einem Bein in der Luft!

3. UNTERARMSTÜTZ

Gehen Sie zu Beginn in dieselbe Stellung wie für einen regulären Liegestütz. Stützen Sie sich dann auf Ihre Ellbogen, sodass Ihr Gewicht auf Ihren Unterarmen liegt. Sie können Ihre Hände zusammen halten (diese Übung ist schwieriger, wenn Sie Ihre Hände getrennt halten). Halten Sie Ihren Rücken und Körper vollkommen gerade (wie ein Brett) und Ihre Bauchmuskulatur angespannt. Achten Sie darauf, dass Sie nicht Ihren Rücken krümmen oder Ihre Hüften zum Boden sinken lassen. Die Position 30 Sekunden, oder solange Sie können, halten.

ABGEWANDELT: Machen Sie nach Bedarf kurze Pausen von 3 Sekunden, indem Sie kurz Ihre Knie absetzen.

HÄRTER: Halten Sie Ihre Hände getrennt. Halten Sie diese Position, solange Sie können – Sie schaffen 2 Minuten? Sie sind ein Krieger! Alternativ können Sie einen seitlichen Unterarmstütz machen. Beginnen Sie diese Übung, indem Sie sich auf Ihre rechte Seite legen und sich seitlich auf Ihren rechten Unterarm und Ellbogen stützen. Ihr linker Arm ist ausgestreckt und ruht auf Ihrem linken Oberschenkel. Ihre rechte Hüfte und Ihr rechtes Bein sollten den Boden berühren. Dann heben Sie Ihre Hüften an, sodass Ihr Körper von Kopf bis zu den Knöcheln eine gerade Linie bildet. Ihr rechter Fuß sollte seitwärts auf dem Boden liegen, Ihr linker Fuß darauf. Sie sollten den Boden mit Ihrem Ellbogen und Unterarm und der Seite Ihres Fußknöchels berühren. 15 bis 60 Sekunden halten.

4. HAMPELMANN

Zu Beginn stehen Sie gerade und halten Ihre Arme an den Seiten Ihres Körpers. Springen Sie mit den Füßen auseinander und bewegen Sie gleichzeitig die Arme in einer halbrunden Bewegung nach oben, sodass sich Ihre Hände über Ihrem Kopf treffen. Wenn Sie gelandet sind, springen Sie mit den Füßen wieder zusammen und bewegen Sie Ihre Arme in der entgegengesetzten halbrunden Bewegung wieder abwärts. Diese Bewegung entweder 50-mal oder 30 Sekunden lang wiederholen.

ABGEWANDELT: Eine Nummer sanfter: Anstatt gleichzeitig mit beiden Beinen zu springen, strecken Sie immer nur ein Bein aus, wenn Sie Ihre Hände nach oben bewegen. Wenn Sie Ihre Arme wieder senken, bringen Sie Ihre Füße zusammen und wechseln dann zum anderen Bein, wenn Sie sie wieder anheben. Versuchen Sie 20 Wiederholungen zu machen.

HÄRTER: Hampelmann und Zehen berühren: Machen Sie einen normalen Hampelmann. Am Ende der Bewegung beide Knie beugen, in die Hocke gehen und Ihre Zehen berühren. Anschließend sofort wieder einen Hampelmann machen. 20- bis 60-mal wiederholen.

5. KNIEBEUGE

Stellen Sie sich vor einen Stuhl, Ihre Füße schulterbreit voneinander entfernt. Strecken Sie Ihre Arme nach vorn. Ihr Gewicht sollte auf Ihren Fersen liegen (nicht Ihren Zehen). Lassen Sie Ihren Körper sinken, als ob Sie sich auf den Stuhl setzen wollten. Wenn Sie mit dem Po beinahe die Sitzfläche des Stuhls berühren, strecken Sie sich wieder zurück in die Standposition. Ich habe festgestellt, dass es mir leichter fällt, die korrekte Haltung zu bewahren, wenn ich diese Übung barfuß und mit hochgestreckten Zehen ausführe (aber achten Sie darauf, dass Ihre Knie nicht über Ihre Zehen hinausragen).
ABGEWANDELT: Gehen Sie über dem Stuhl in die Hocke, kurz ausruhen, dann wiederholen.
HÄRTER: Halten Sie Gewichte (z. B. 5-Kilo-Hanteln) über Ihre Schultern.

6. DIP

Setzen Sie sich auf eine Bank, die Beine nach vorn gestreckt. Ihre Füße sollten flach auf dem Boden liegen. Halten Sie sich an der Bank fest (Arme gestreckt und eng am Körper, Handflächen an der Bank mit den Fingern nach vorn und fest an der Bank), dann langsam nach vorn rutschen, sodass Ihr Po nicht länger die Bank berührt. Senken Sie Ihren Körper, bis Ihr Po fast den Boden berührt (Ihre Arme sollten jetzt einen 90°-Winkel bilden). Dann drücken Sie sich wieder zurück in die Ausgangsposition. Für beste Resultate immer gleichmäßig und kontrolliert auf und ab bewegen. 15-mal wiederholen. 
ABGEWANDELT: Platzieren Sie Ihre Füße flach auf dem Boden. Ihre Beine sollten einen 90°-Winkel zur Sitzfläche der Bank bilden. Etwas schwieriger wird diese Übung, wenn Sie sie auf Ihren Fersen (nicht auf dem ganzen Fuß) ausüben.
HÄRTER: Legen Sie Ihre Füße auf einem Stuhl oder einer Bank gegenüber von Ihnen ab und senken Sie nur Ihre Körpermitte. Sie können auch Gewichte in Ihren Schoß legen, um es noch ein bisschen schwieriger zu machen!

7. BURPEE

Zu Beginn stehen Sie gerade. Lassen Sie sich in die Hocke fallen, dann platzieren Sie Ihre Handflächen auf dem Boden (außen) neben Ihren Füßen. Stoßen Sie Ihre Beine rückwärts, als wollten Sie Liegestütze machen. Springen Sie mit den Beinen wieder vorwärts zu Ihren Händen, dann wieder die Ausgangsposition einnehmen.

ABGEWANDELT: Aus der Standposition vorwärts in den Unterarmstütz und wieder zurück in die Standposition gehen.
HÄRTER: Machen Sie einen Liegestütz, wenn Sie unten sind. Sobald Sie wieder in der Standposition sind, einmal gerade auf- und abwärts hüpfen. Immer noch nicht hart genug? Dann das Gleiche nochmal, aber auf einem Bein!

8. SEITLICHE KNIEBEUGE

Stehen Sie gerade, mit den Beinen 60 bis 90 cm voneinander entfernt. Halten Sie Ihre Zehen nach außen gerichtet wie eine Ballerina. Legen Sie Ihre Hände auf den Hüften ab und drücken Sie Ihre Hüften zurück. Senken Sie Ihren Körper, bis Ihre Oberschenkel parallel zum Boden sind. Die Position halten, dann zurück in die Ausgangsposition gehen. Das ist eine Wiederholung. 15-mal wiederholen.
ABGEWANDELT: Nehmen Sie einen Stuhl zur Hilfe.
HÄRTER: Nehmen Sie Gewichte hinzu (z. B. 5-kg-Hanteln). Legen Sie die Gewichte auf Ihren Oberschenkeln ab, aber halten Sie sie mit den Händen fest.

9. AUFRECHTES RUDERN

Wickeln Sie ein Elastik-Band um ein feststehendes Objekt (z. B. eine Stange oder einen Pfosten), sodass Sie die Griffe bis zur Mitte Ihres Oberkörpers ziehen können. Machen Sie ein, zwei Schritte zurück und beugen Sie Ihre Knie ein wenig. Halten Sie die Griffe locker in den Händen und strecken Sie Ihre Arme vollständig durch. Drücken Sie Ihre Schultern zurück und Ihre Brust durch (fast so, als würde Ihnen jemand einen Mantel anlegen). Drücken Sie Ihre Schulterblätter zusammen. Halten Sie Ihre Handflächen so, dass sie einander gegenüber liegen, dann ziehen Sie das Band zu Ihrer Körpermitte. Halten Sie Ihre Ellbogen dicht am Körper und drücken Sie Ihre Schulterblätter noch fester zusammen. Langsam in die Ausgangsposition zurückkehren, dann wiederholen.

ABGEWANDELT: Je weiter Sie von dem feststehenden Objekt entfernt stehen, desto mehr Wiederstand liegt auf den Bändern. Es gibt auch Bänder für verschiedene Stufen (mit unterschiedlichen Schwierigkeitsgraden). Sie können Ihre Knie stärker beugen und so zusätzlich die Gesäß-, Bein- und Oberschenkelmuskulatur trainieren.

HÄRTER: Stehen Sie aufrecht (mit dem Rücken gerade durchgestreckt) und halten Sie Gewichte (z. B. Hanteln, Konservendosen oder gar ein Telefonbuch) in den Händen. Halten Sie sie einfach vor Ihrem Körper, nicht ausgestreckt. Ziehen Sie Ihre Arme nach oben, sodass sich Ihre Ellbogen in Richtung der Decke bewegen und die Gewichte an Ihrer Brust unter Ihrem Kinn liegen. Die Gewichte sollten dicht an Ihrem Körper liegen, wenn Sie sie anziehen. Dann die Gewichte langsam absetzen. 15-mal wiederholen. Immer noch nicht hart genug? Verwenden Sie schwerere Gewichte!

10. VIERFÜSSLERSTAND

Legen Sie eine Matte oder ein weiches Handtuch auf dem Boden bereit. Dann auf alle Viere gehen. (Ihre Arme sollten unter Ihren Schultern liegen und Ihre Knie unter Ihren Hüften.) Sie blicken auf den Boden. Halten Sie Ihren Rücken gerade wie eine Tischplatte und Ihre Bauchmuskulatur angespannt. Strecken Sie dann Ihren linken Arm gerade vor sich aus, während Sie Ihr rechtes Bein gerade hinter sich ausstrecken. Dabei die Gesäßmuskulatur anspannen. Dann beide wieder einziehen, sodass sich Ihr Ellbogen mit dem gegenüberliegenden Knie unter Ihrem Bauch trifft. 5- bis 15-mal wiederholen. Dann Arme und Beine wechseln.
ABGEWANDELT: Strecken Sie die entgegengesetzten Arme und Beine aus, aber bringen Sie sie nicht unter Ihrem Körper zusammen. Nach jeder Wiederholung Seiten wechseln.
HÄRTER: Die abgewandelte Version auf Händen und Zehen ausführen.

11. BERGSTEIGEN

Gehen Sie zu Beginn in die Liegestütz-Position. Ihre Handflächen liegen auf dem Boden und Ihre Schultern befinden Sich direkt über Ihren Händen. Ziehen Sie Ihr rechtes Knie an Ihre Brust und setzen Sie die Zehen ab, dann stoßen Sie das Bein wieder zurück und setzen Ihre Zehen dort wieder ab. Während Sie Ihr rechtes Bein zurückstoßen, ziehen Sie ihr linkes Bein an Ihre Brust (Zehen absetzen), dann das linke Bein wieder zurückstoßen, sobald Sie das rechte Knie wieder vorziehen. Machen Sie diese Übung so schnell Sie können für etwa 30 Sekunden. Beine abwechseln. 
ABGEWANDELT: Heben Sie Ihren Oberkörper an, indem Sie sich mit den Händen nicht auf dem Boden, sondern auf einer Bank, an einem Tisch oder einem Stuhl abstützen.
HÄRTER: Machen Sie die Übung so lange Sie können, mindestens 45 Sekunden.

Lindsays Ganzkörper-Durchlauf

Ich mache diese „All-in-One"-Übung meistens, wenn ich nur begrenzt Zeit (und Platz) habe. Dieser Durchlauf ist eher etwas für Fortgeschrittene, eventuell müssen Sie also darauf hinarbeiten. Er ist mordsmäßig anstrengend, aber ich habe meinen Spaß dran, mich wie bei der Militärausbildung selbst anzutreiben, um zu sehen, wie schnell ich die Übung durchlaufen kann (mit der korrekten Körperhaltung!) und wie viele Runden ich schaffe, ehe ich kollabiere. (Normalerweise zwei, aber ich arbeite dran!)

Zu Beginn stehen Sie aufrecht. Halten Sie die Arme gerade vor sich ausgestreckt. Dann gehen Sie in die Hocke (Ihr Körpergewicht sollte auf Ihren Fersen liegen) und platzieren Ihre Hände neben Ihren Füßen auf dem Boden. Stoßen Sie Ihre Beine nach hinten weg und gehen Sie in den Unterarmstütz. Halten Sie Ihre Bauchmuskulatur angespannt und den Rücken gerade. Dann das linke Knie vorwärts zur Innenseite Ihres rechten Armes bringen und zurück in den Unterarmstütz gehen. Das rechte Knie vorwärts zur Innenseite Ihres linken Armes bringen, dann zurück in den Unterarmstütz gehen. Das rechte Knie an die Außenseite Ihres rechten Ellbogens bringen und wieder zurück in den Unterarmstütz gehen. Das linke Knie an die Außenseite Ihres linken Ellbogens bringen, dann wieder zurück in den Unterarmstütz gehen.

Machen Sie einen Liegestütz mit Ihren Zehen auf dem Boden (wenn nötig, Knie absetzen). Dann auf den Rücken rollen. Stoßen Sie nur Ihre Hüften aufwärts in eine Brückenstellung, halten Sie dabei Ihren Kopf, Ihre Schultern und Füße auf dem Boden. Fünfmal wiederholen. Dabei sollten Sie Ihre Gesäßmuskulatur ordentlich anspannen. Als nächstes legen Sie die Hände neben Ihren Ohren auf den Boden. Ihre Fingerspitzen sollten dabei auf Ihre Schultern zeigen. Die Füße fest auf dem Boden, heben Sie Ihren Körper in eine volle Rad-Brücke und halten Sie die Stellung, so lange Sie können. Dann lassen Sie Ihren Körper langsam wieder zu Boden sinken. Machen Sie ein paar Sit-Ups oder Crunches (ähnlich dem Sit-Up, jedoch nicht den ganzen Rumpf anheben, sondern nur die obere Rückenpartie), heben Sie dann Ihre Beine gerade in die Luft, sodass sie senkrecht zum Boden stehen. Spannen Sie Ihre Bauchmuskulatur an und heben Sie Po und Hüften an, sodass sich Ihre Beine gerade aufwärts bewegen. Absetzen und ein paar Mal wiederholen. Anschließend die Beine absetzen und wieder in die Ausgangsposition gehen. Dann den Durchlauf wiederholen.

Meinungen

Es haben schon viele Leute durch den Wechsel zu einer fettarmen, vollwertigen, pflanzlichen Ernährung abgenommen. Auf getmealplans.com und auch, als Teil meiner „Herbie der Woche"-Reihe, auf http://herbi.es/Herbies können Sie unzählige Geschichten von Nutzern lesen, die das belegen. Dort werden Sie auch sehen, dass die meisten dieser Erfolgsgeschichten auf keinerlei Fitness angewiesen waren, sondern einzig und allein auf einem neuen Ernährungsansatz beruhten – nämlich dem Happy-Vegan-Ansatz! Die folgenden Meinungen stammen von Nutzern meiner Meal Plans und der Happy-Vegan-Kochbücher. Wenn Sie noch mehr brauchen, werfen Sie einen Blick auf die Amazon.com-Reviews meiner Kochbücher. *Ihre Ernährungsweise zu verändern verändert alles. Das allein reicht aus, um abzunehmen und Ihr neues Gewicht zu halten, während Sie sich wohlfühlen und toll aussehen!*

„Seit ich Ihre Meal Plans befolge, bin ich richtig glücklich. Sie sind einfach super. Ich habe vor zwei Wochen angefangen; heute Morgen habe ich mich gewogen und ich habe jetzt schon fast 3 kg abgenommen!! Ich habe nichts anderes verändert, keinen Sport gemacht, aber Unmengen an leckerem Essen gegessen." (*Update: „11 Monate später habe ich mittlerweile 20 kg abgenommen!"*)

– LINDA W.

„Innerhalb von drei Monaten habe ich fast 20 kg abgenommen! Ich bin gerade mal 1,57 m groß, für mich ist das also eine ganze Menge! Außer etwas Herumlaufen bei der Arbeit mache ich keinen Sport. Ich verwende Lindsays einzelne Meal Plans."

– P. G.

„Seit ich vegan bin, habe ich über 22 kg verloren, und das habe ich Ihren Kochbüchern zu verdanken! Ich wog vorher 127 und bin jetzt bei 104 [kg] und bin noch lange nicht fertig! Sie haben mein ganzes Leben verändert!"

– APRIL GARDNER

„Wir benutzen Rezepte aus Ihren Kochbüchern und aus Ihren Meal Plans. Wir essen Happy-Vegan-Gerichte zu etwa 75% unserer Mahlzeiten. Ich habe mittlerweile beinahe 7 kg abgenommen und mein Verlobter 3 kg. Keiner von uns beiden macht Sport."

– J. B.

„Als ich anfing, die Rezepte aus den Happy-Vegan-Kochbüchern nachzukochen, war ich absolut verblüfft, wie schnell, einfach und lecker alles war! Aber das Allerbeste? Ich habe seitdem kontinuierlich abgenommen, ganz ohne Sport! Ich bleibe definitiv dabei – für mich funktioniert's!"

– JENNIE F.

„Ihre Meal Plans und Kochbücher haben mein ganzes Leben verändert. Innerhalb weniger Monate habe ich 15 kg abgenommen. Ich bin von Kleidergröße 42 auf 32 geschrumpft, und zwar ganz ohne Sport. Ich nehme außerdem keine Medikamente mehr, mein chronisches Sodbrennen und meine Verdauungsprobleme sind verschwunden und mein Cholesterinwert ist von 259 auf 140 [mg/dL] gesunken. Ich bin eine völlig neue Frau und habe mich nie besser gefühlt."

– MARSHA O.

„Ich habe durch Ihre Kochbücher 20 kg abgenommen. Ich habe Rückenprobleme und bin generell ziemlich faul, daher bewege ich mich eigentlich kaum, von Spaziergängen mit dem Hund mal abgesehen."

– CAROLYN LEONARD

„Bei dem Versuch, meine letzten 5 Kilo nach der Geburt meines Babys loszuwerden, befolgte ich treudoof einen Monat lang jeden Tag sämtliche Anweisungen einer Fitness-DVD. Als ich keinerlei Gewichtsveränderungen feststellte, gab ich entmutigt auf. Mehrere Monate später begann ich, mich nach *Happy Vegan* zu ernähren – ich strich Fleisch, Milchprodukte und Öl von meinem Speiseplan und kochte nach vielen von Lindsays Rezepten. Innerhalb weniger Monate war ich die 5 kg los – nur durch eine Umstellung meiner Ernährungsweise."

– LISA M.

„Nachdem mein zweites Kind zur Welt kam, hatte ich Schwierigkeiten abzunehmen. Mit WW [Weight Watchers] nahm ich innerhalb von 4 Monaten 4 ½ kg ab, aber die übrigen 9 verschwanden innerhalb von zwei Monaten, nachdem ich mit Happy-Vegan-Rezepten anfing! Ohne Sport!"

– SARAH B.

„Alles, was ich tun musste, um 7 kg abzunehmen, war nach den Rezepten in Ihrem Kochbuch zu kochen; so einfach war das. Ich freu mich schon darauf, noch mehr abzunehmen."

– CORY T.

„Ich hab fast 8 kg abgenommen, nur durch die superleckeren Rezepte aus den Happy-Vegan-Kochbüchern. Ich hab quasi pro Woche ein halbes Kilo abgenommen, und zwar ohne zusätzliche Bewegung. Und keine Spur von Jojo-Effekt!"

– SARA M.

„Letztes Jahr haben weder mein Mann noch ich uns sonderlich sportlich betätigt, abgesehen von dem einen oder anderen Spaziergang. Trotzdem haben wir beide sehr stark abgenommen. Ich habe 26 kg und mein Mann etwa 20 kg abgenommen. Wir kochen jede Woche Happy-Vegan-Rezepte."

– MICHELLE M.

„Wir verwenden sowohl Ihre Kochbücher als auch Ihre Meal Plans. Ohne Sport habe ich 13 kg abgenommen und konnte dadurch vor Kurzem ein kleineres Kleid bei meiner Hochzeit tragen. Ich habe einen Bürojob und sitze den ganzen Tag am Schreibtisch. Ich hätte im Traum niemals gedacht, dass Abnehmen so einfach sein könnte."

– AMANDA G.

„Ich begann mich pflanzlich zu ernähren in der Hoffnung, 5 kg abzunehmen. Das war vor 20 Monaten. Seitdem habe ich ganze 22 kg abgenommen!! Und zwar nur, indem ich meine Ernährung umstellte und nicht durch Fitness. Ich koche fast ausschließlich Happy-Vegan-Rezepte."

– CATHY H.

„Vor zweieinhalb Wochen fing ich an, Ihre Rezepte zu kochen. Ohne irgendwelche anderen Veränderungen hat mein Mann bereits fast 8 kg abgenommen!"

– E.F.

ANHANG

Zutatenverzeichnis

AGAVENDICKSAFT
Agavendicksaft ist ein natürliches, unraffiniertes Süßungsmittel, das von der Konsistenz her an flüssigen Honig erinnert. Er wird aus der Agavenpflanze gewonnen, die zufällig auch in der Tequilaherstellung zum Einsatz kommt. Agavendicksaft kann in Rezepten Honig, Zucker oder Ahornsirup ersetzen und ist insbesondere für Getränke gut geeignet.

AHORNSIRUP
Reiner Ahornsirup ist ein leckeres natürliches, unraffiniertes Süßungsmittel. Im Handel sind verschiedene künstliche Sirupsorten mit „Ahornaroma" erhältlich, die Sie jedoch nicht ohne geschmackliche Einbuße anstelle von Ahornsirup verwenden können. Agavendicksaft kann anstelle von Ahornsirup verwendet werden, er hat jedoch einen ganz anderen Geschmack.

APFELESSIG
Dieser Essig wird aus Äpfeln bzw. Apfelwein gewonnen. Er ist sehr sauer und hat einen strengen Geruch. Er wird häufig verwendet, um Pflanzendrink anzusäuern und vegane Buttermilch herzustellen. Er kann aber auch nur wegen seines Geschmacks verwendet und zum Beispiel anstelle von Ketchup zu Süßkartoffelfritten serviert werden. Apfelessig ist in den meisten Supermärkten erhältlich, Sie können aber, falls nötig, alternativ auch Zitronensaft verwenden.

BLATTKOHL
Grünes Blattgemüse ist ein ausgezeichneter Lieferant von Ballaststoffen und Vitamin C. Es ist in Naturkostläden und gut sortierten Supermärkten erhältlich. Wenn Sie die Blätter zubereiten, achten Sie darauf, vorher die Stiele zu entfernen, indem Sie mit einem scharfen Messer beidseitig daran entlang schneiden.

BRAUNER REIS
Reiskleie und der Keimling sind sehr nährstoffreiche Bestandteile des Reiskorns. Sie werden jedoch durch Polieren bzw. Schleifen entfernt, um den Reis weiß zu machen; brauner Reis ist das, was weißer Reis einmal war. Um Zeit zu sparen, sollten Sie vorgekochten braunen Reis immer vorrätig haben. Er lässt sich innerhalb von etwa einer Minute wieder aufwärmen.

BRÜHE

Sie können jede beliebige helle Gemüsebrühe, auch selbstgemacht, verwenden. Nach Möglichkeit sollten Sie eine natriumarme oder -freie Variante wählen.

FLÜSSIGES RAUCHAROMA (LIQUID SMOKE)

Flüssiges Raucharoma ist in Wasser eingefangene Rauchkondensation. Es sieht aus wie natriumarme Sojasauce, riecht aber eher nach sommerlichen Grillabenden!

GEFLÜGELGEWÜRZ

Geflügelgewürz ist eine Gewürzmischung, die hauptsächlich aus Basilikum, Rosmarin, Thymian, Salbei, Majoran und Oregano besteht. Manche Mischungen enthalten jedoch auch andere Kräuter. Sie sollten nach Möglichkeit vermeiden, Geflügelgewürz oder Marinademischungen für Hühnchen in Pulverform zu kaufen, da solche Gewürzmischungen häufig sehr salzig sind. Suchen Sie gezielt nach Geflügelgewürzgranulat oder bereiten Sie Ihre eigene Mischung zu (Rezept auf Seite 272).

GRÜNKOHL

Dieses grüne Blattgemüse ist ein ausgezeichneter Lieferant von Antioxidantien, Betakarotin, den Vitaminen K und C sowie Kalzium. Grünkohl gibt es in Naturkostläden und in den meisten gut sortierten Supermärkten. Ich mag den dunkelgrünen Palmkohl sehr gerne, der im Englischen auch gern als „Dinosaurierkohl" bezeichnet wird. Wenn Sie Grünkohl kochen, achten Sie darauf, die dicken Stiele zu entfernen, indem Sie mit einem scharfen Messer beidseitig daran entlang schneiden.

HEFEFLOCKEN

Hefeflocken ist deaktivierte Hefe. Der Unterschied zu Aktivhefe besteht darin, dass Brot beim Backen durch Hefeflocken nicht aufgehen würde. Hefeflocken enthalten alle essentiellen Aminosäuren, sind fett- und natriumarm und enthalten reichlich B-Vitamine. Sie verleihen Gerichten außerdem einen leicht käsigen Geschmack. Hefeflocken sind in Reformhäusern und Naturkostläden erhältlich. Ich empfehle immer die Marke Red Star, die in manchen Geschäften und in großen Mengen auch online erhältlich ist.

INDISCHE GEWÜRZE

Indische Gewürze wie Kurkuma, Koriander, Garam Masala, gemahlener Kreuzkümmel, Currypulver und Fenchselsamen sind in den meisten Naturkostläden erhältlich. Online oder in indischen Geschäften können sie sehr teuer sein.

ITALIENISCHE GEWÜRZMISCHUNG

Italienische Gewürzmischung besteht normalerweise aus Basilikum, Rosmarin, Thymian, Salbei, Majoran und Oregano. Falls Sie nichts anderes dahaben, können Sie alternativ die Gewürzmischung für Geflügel verwenden.

KAKAOPULVER

Die meisten ungesüßten Kakaopulver sind rein zufällig vegan. Hershey's und Ghirardelli sind zum Beispiel gute Marken.

KALA NAMAK

Kala Namak wird auch als „*schwarzes Salz*" bezeichnet. Es ist jedoch nicht zu verwechseln mit schwarzem Hawaii-Salz.

KÜRBISKUCHEN-GEWÜRZ

Diese Gewürzmischung aus Zimt, Ingwer, Nelken und Muskatnuss verleiht amerikanischem Kürbiskuchen und anderen Kürbisgerichten ihren unverkennbaren Geschmack. Am ehesten vergleichbar ist sie mit Lebkuchengewürz.

KÜRBISPÜREE

Kürbispüree ist nicht das gleiche wie eine fertige Kürbiskuchenmischung. (Solche Mischungen sollten Sie vermeiden.) Sie sollten Kürbispüree aus der Dose oder einfach das Fleisch eines frischen Kürbisses (mit wenig Wasser gekocht und püriert) verwenden. Falls Sie nichts anderes dahaben, gehen jedoch auch Süßkartoffeln oder Delicata-Kürbis aus der Dose.

MISO

Miso erhalten Sie in Reformhäusern, Bio- und Asialäden (normalerweise im Kühlregal). Die Paste wird meist aus Sojabohnen hergestellt, es gibt aber auch Miso auf der Basis von Reis, Gerste, Weizen oder Kichererbsen.

MORI-NU-TOFU

Dieser haltbare Tofu ist in den Asien-Abteilungen vieler Supermärkte erhältlich. Manchmal steht er auch in der Nähe vom Obst und Gemüse. Falls möglich, wählen Sie Mori-Nu Lite.

ÖLSPRAY
Hitzebeständiges Speiseöl in einer Sprühflasche.

PFLANZENDRINK
Soja-, Reis-, Hanf-, Hafer- und Mandeldrink sind nur einige wenige der vielen verschiedenen Sorten, die im Lebensmittelhandel erhältlich sind. Jede dieser Sorten kann in meinen Rezepten verwendet werden, daher können Sie einfach die Sorte nehmen, die Sie gerade dahaben oder Ihnen am besten schmeckt.

PUDERZUCKER
Puderzucker ist, wie der Name schon sagt, ein sehr feiner, pudriger Zucker. Sie können Puderzucker selbst herstellen, indem Sie 250 g Rohzucker mit 2 EL Speisestärke in eine Küchenmaschine geben und mahlen, bis ein sehr feines Pulver entstanden ist.

QUINOA
Quinoa gehört genau genommen zu den sogenannten Pseudogetreiden, wird aber üblicherweise zu den Getreiden gezählt. Sie hat einen nussigen Geschmack und enthält sehr viel Kalzium, Eisen und Magnesium. Quinoa enthält außerdem alle essentiellen Aminosäuren (und ist damit ein guter Lieferant vollwertigen Eiweißes) und hat eine sehr kurze Kochzeit. Dadurch ist Quinoa der perfekte Ersatz für Reis, Haferflocken und andere Getreidesorten, wenn Sie mal nicht ganz so viel Zeit haben. Die meisten US-amerikanischen Quinoa-Marken werden bereits vor dem Verpacken gewaschen, aber wenn die Körner einen kreidigen, milchig weißen Überzug haben, sollten Sie sie vor dem Kochen gründlich abspülen. Andernfalls kann das gekochte Getreide bitter und seifig schmecken.

ROHROHRZUCKER
Rohzucker ist eine natürliche Zuckersorte, die auch als Turbinado- oder Demerarazucker verkauft wird. Der Zucker wird aus Zuckerrohr gewonnen und ist unraffiniert.

TAMARISAUCE
Tamarisauce und natriumarme Sojasauce sind in allen Rezepten austauschbar. Tamarisauce ist natriumarmer Sojasauce sehr ähnlich, allerdings etwas dickflüssiger und normalerweise glutenfrei.

TEMPEH

Tempeh ist im Prinzip ein fermentiertes Sojaküchlein. Er stammt ursprünglich aus Indonesien. Tempeh ist in Reformhäusern, Bio- und Asialäden erhältlich.

TOFU

Grob gesagt, gibt es zwei verschiedene Sorten Tofu: frischen, in Wasser eingelegten Tofu, der im Kühlschrank aufbewahrt werden muss, und haltbaren Tofu, der in Tetra-Paks verkauft wird (z. B. von Mori-Nu). Tofu aus Tetra-Paks ist sehr weich und zerbrechlich. Tofu, den Sie im Kühlschrank aufbewahren, ist sehr viel fester und daher gut als Fleischersatz geeignet. Außerdem gibt es Seidentofu, der sehr zart und weich, am ehesten mit Quark zu vergleichen ist. Die Konsistenz von Tofu verändert sich außerdem durch die jeweilige Zubereitungsart, also wenn er zum Beispiel frittiert, gekocht, gebacken oder eingefroren und wieder aufgetaut wird.

VEGANE SCHOKOLADENTROPFEN

Viele Schokoladentropfen aus Zartbitterschokolade sind ganz zufällig vegan. Ghirardelli ist meine Lieblingsmarke.

VEGANER JOGHURT

Es gibt Joghurt nicht nur aus Kuhmilch, sondern auch aus Soja-, Reis-, Mandel- oder Kokosdrink. Wenn Sie eine Milchallergie haben oder vegan leben, achten Sie darauf, dass die Joghurtkulturen ebenfalls nicht auf Milchbasis gezüchtet wurden. Mit im Reformhaus erhältlichen, speziellen Joghurtkulturen lässt sich Sojajoghurt auch leicht selbst herstellen.

VITAL WEIZENGLUTEN

Gluten ist das Klebereiweiß im Weizen, das Brot seine Form und Pizzateig seine Dehnbarkeit verleiht. Gluten nimmt durch Dampfgaren, Backen, Kochen oder andere Zubereitungsarten eine sehr zähe, fleischähnliche Konsistenz an und wird dann als „Seitan" bezeichnet. Es kann auch als Bindemittel verwendet werden, zum Beispiel, um Pilzburger und Ähnliches zusammenzuhalten. Vital Weizengluten ist online und in der Backabteilung von Naturkostläden erhältlich.

ZWIEBEL- UND KNOBLAUCHGRANULAT

Wählen Sie Zwiebel- und Knoblauchgranulat anstelle von Pulver. Es sollte feinem Salz ähneln, nicht Mehl oder Puderzucker.

Zutatenalternativen

Ich verwende in meinen Rezepten lieber getrocknete als frische Kräuter und Gewürze, da sie günstiger sind, ich sie immer im Haus habe, mir so fünf Minuten Zubereitungszeit sparen kann und am Ende weniger abwaschen muss. Trotzdem liebe ich frische Zutaten (und insbesondere die, die ich selbst gepflanzt habe). Daher finden Sie hier eine praktische Tabelle zum Ersetzen, falls Sie lieber frische Kräuter verwenden. Ich kann Ihnen nicht garantieren, dass Sie so zu den gleichen Ergebnissen kommen – eventuell müssen Sie hier und da etwas nachwürzen. Ansonsten sollte es jedoch theoretisch keine Probleme geben.

FRISCHE » GETROCKNETE KRÄUTER
1 EL frisch = 1 TL getrocknet

Hinweis: Wenn ich in einem Rezept ausdrücklich frische Kräuter als Zutat auflliste, können Sie sie nicht durch getrocknete Kräuter ersetzen.

ZWIEBEL » ZWIEBELPULVER
1 kleine Zwiebel (30 g, fein gehackt) = 1 TL Zwiebelpulver
1 kleine Zwiebel (30 g, fein gehackt) = 1 EL Zwiebelflocken

KNOBLAUCH » KNOBLAUCHPULVER
1 Zehe = ½ TL gehackter Knoblauch
1 Zehe = ¼ TL Knoblauchgranulat
1 Zehe = ⅛ TL Knoblauchpulver (fein wie Mehl)

ZITRONE » ZITRONENSAFT
1 Zitrone = 2–3 EL Zitronensaft
1 Zitronenspalte = ¼–1 TL Zitronensaft

Hinweis: Frischer hat einen viel kräftigeren Geschmack als gekaufter Zitronensaft. Sie sollten nach Möglichkeit frischen verwenden und können anschließend nach Bedarf mit Zitronen- oder Limettensaft aus der Flasche abschmecken.

GETROCKNETE BOHNEN » BOHNEN AUS DER DOSE

275–385 g gekochte Bohnen = 450 g Bohnen aus der Dose

ZUCKER

Sie können die angegebene Menge Zucker in jedem Rezept problemlos um ¼ verringern. Alternativ können Sie auch eins der folgenden Süßungsmittel verwenden:

Ersatz für 200g Rohzucker	Weitere Anpassungen
130 g Gerstenmalzextrakt	Flüssigkeit um ¼ reduzieren
130 g Dattelzucker	(kein Reduzieren notwendig)
250 ml Fruchtsirup	Flüssigkeit um ¼ reduzieren
250 ml Ahornsirup	Flüssigkeit um 3 EL verringern und ¼ TL Backnatron hinzugeben
200 g Vollrohrzucker	(kein Reduzieren notwendig)
1 TL Steviapulver	(kein Reduzieren notwendig)

TIPP: Gehen Sie bedacht vor, wenn Sie Zutaten ersetzen oder Mengen verändern. Überlegen Sie immer zunächst, was die Funktion der angegebenen Zutat im Rezept ist. Fragen Sie sich: „Hat meine Ersatzzutat die gleiche Struktur, den gleichen Geschmack, die gleiche Konsistenz und Farbe wie die ursprüngliche Zutat?" Es kann passieren, dass Sie durch eine kleine Veränderung das ganze Rezept verändern.

Küchenjargon

Ich erinnere mich noch an meine Anfänge in der Küche. Ich hatte damals Unmengen an Fragen wie „Wie klein ist eine kleine Zwiebel?" oder „Was ist der Unterschied zwischen fein hacken und grob hacken?" Um Ihnen das etwas zu erleichtern, habe ich den folgenden Spickzettel für Sie zusammengestellt.

BODEN EINER PFANNE / EINES TOPFES BEDECKEN (MIT WASSER ODER BRÜHE)

Wenig Flüssigkeit in den Topf oder die Pfanne geben, sodass der Boden gerade bedeckt ist. Fangen Sie mit etwa 50 ml an.

BOHNEN

Verwenden Sie Bohnen aus der Dose (abtropfen lassen und kurz abspülen). Ausnahmen sind Rezepte, in denen ausdrücklich Trockenbohnen angegeben sind.

GEKOCHT

Gemüse, das durch Dampfgaren, Backen oder Kochen gegart wurde (falls notwendig, vor dem Kochen entkernen und/oder schälen).

[GLATT] PÜRIEREN

Alle Zutaten (z. B. in einem Mixer) gründlich vermischen, sodass eine ebenmäßige, homogene Masse entsteht.

GRÖSSTENTEILS/FAST HOMOGENER TEIG

Die Zutaten sollten nicht zu einer völlig glatten Masse vermischt werden. Wenn es um Teig geht, sollte bei einem größtenteils homogenen Teig noch etwas Mehl zu erkennen sein. Für einen fast homogenen Teig ein bisschen gründlicher vermischen – die Zutaten sollten nur so gerade und durch so wenig Rühren wie möglich vermengt werden. (Vergleiche mit „[glatt] pürieren")

HACKEN [FEIN]

Zutaten in sehr kleine Stücke zerteilen; etwa 1,5 cm oder kleiner.

HACKEN [GROB]

Zutaten in kleine Stücke hacken. Die Stücke müssen nicht gleich groß sein; die Größe ist generell relativ unwichtig (es geht hierbei eher um Ihre persönliche Vorliebe).

MIT SALZ UND PFEFFER ABSCHMECKEN
Für Rezepte für mindestens zwei Personen sind ein TL Salz und 1/8 TL Pfeffer normalerweise ein guter Anfang. Falls Sie andere salzige Zutaten verwenden, zum Beispiel Lebensmittel aus der Dose oder natriumarme Sojasauce, reduzieren Sie die verwendete Menge Salz. Nach Bedarf verdoppeln, um den gewünschten Geschmack zu erhalten.

SCHLAGEN
Die Zutaten mit einem elektrischen Mixer vermischen, bis sie zu einer gleichmäßigen, cremigen Masse geworden sind. Alternativ können Sie es auch von Hand machen; verwenden Sie dann einen Quirl.

UM-/EINRÜHREN
Zutaten durch eine kreisende Bewegung (mit oder gegen den Unterzeigersinn) verbinden oder vermischen.

UNTERHEBEN
Eine einzelne Zutat vorsichtig in ein Gemisch, z. B. Muffinteig, einrühren. Verwenden Sie einen Spatel oder großen Löffel.

ZERBRÖSELN
Die Zutat in kleinere Stücke zerteilen. Wenn es um Tofu geht, zerteilen Sie den Tofu so, dass er Ricotta oder Feta-Käse ähnelt.

ZWIEBEL
Kleine Zwiebeln haben etwa die gleiche Größe wie eine Zitrone, mittelgroße Zwiebeln die Größe einer Orange und große Zwiebeln die Größe einer Grapefruit.

Zum Nachschlagen

EMPFOHLENE LITERATUR

Die Lustfalle: Warum Gesundsein so schwerfällt und was Sie dafür tun können von Douglas J. Lisle und Alan Goldhamer; Edition Spuren (2013).

Breaking the Food Seduction: The Hidden Reasons Behind Food Cravings – and 7 Steps To End Them Naturally von Neal D. Barnard and Joanne Stepaniak; St. Martin's Griffin; reprint edition (2004).

Das Ende des großen Fressens: Wie die Nahrungsmittelindustrie Sie zu übermäßigem Essen verleitet und was Sie dagegen tun können von David A. Kessler; Goldmann Verlag (2012).

InterEssen: Ernährungswissenschaft zwischen Ökonomie und Gesundheit von T. Colin Campbell und Howard Jacobson; Systemische Medizin (2014).

AUSSERDEM EMPFEHLENSWERT

China Study: Die wissenschaftliche Begründung für eine vegane Ernährungsweise von T. Colin Campbell und Thomas M. Campbell II; Systemische Medizin (2011).

Essen gegen Herzinfarkt: Das revolutionäre Ernährungskonzept von Caldwell B. Esselstyn Jr.; TRIAS (2014).

The Engine 2 Diet: The Texas Firefighter's 28-Day Save-Your-Life Plan that Lowers Cholesterol and Burns Away the Pounds by Rip Esselstyn; Grand Central Publishing; first edition (2009).

Die High-Carb Diät: Abnehmen mit den richtigen Kohlenhydraten von John McDougall and Mary McDougall; riva (2015).

Dr. Neal Barnard's Program for Reversing Diabetes: The Scientifically Proven System for Reversing Diabetes without Drugs by Neal D. Barnard; Rodale; first edition (2006); Deutsche Ausgabe erscheint 2016 bei Unimedica.

FILME

Gabel statt Skalpell (2011)
King Corn (2007)

Stichwortverzeichnis

A

Ahorn-Vinaigrette 144
AJs veganer Parmesan 275
Amerikaner 243
Ananas
    in Ananas-Möhren-Muffins 51
    in Ananas-Pfanne 172
    in Ananas-Pfannkuchen 26
    in Ingwer-Kohl-Pfanne 171
    in Karibik-Chili 120
    in Karibische Bowl 94
Ananas-Möhren-Muffins 51
Ananas-Pfanne 172
Ananas-Pfannkuchen 26
Asiatische Bowl 92
Asiatischer Orangen-Grünkohlsalat 183
Auberginenauflauf 152

B

Bananeneis 238
Bananen-Scones mit Schokotropfen 56
Bangkok-Curry 167
BBQ-Salat 137
BBQ-Wrap 99
Blattgemüse mit Parmesan 185
Blaubeer-Joghurt-Muffins 52
Blaubeermuffin 54
Bloody Mary 255
Bowl
    Asiatische 92
    Burrito- 93
    Italienische 99
    Karibische 94
    „Mogelbowl" aus der Vorzeit 91
    Nacho- 97
Brauner Reis
    in Ananas-Pfanne 172
    in Asiatische Bowl 92
    in Bangkok-Curry 167
    in Burrito-Bowl 93
    in Carols Kohlsuppe 111
    in Grünes Thai-Curry 168
    in Ingwer-Kohl-Pfanne 171
    in Thailändische Süßkartoffel-Curry-Sauce 170
Brodys glutenfreie Mehlmischung 271
Brownies 235
Brühe
    Gemüse- 269
    Keine-Hühner- (Pulver) 268
    Keine-Rinder- 268
Burger
    Linsen-Hafer- 84
    Pesto- 76
    Pizza- 77
    Taco- 78
    Tempeh- 81
Burrito-Bowl 93
Butternusskürbis-Suppe 110

C

Carols Kohlsuppe 111
Chili
    Chipotle- 119
    Garten- 124
    Karibik- 120
    Kürbis- 122
Chipotle-Chili 119
Chipotle-Pasta 157
Chipotle-Süßkartoffel-Salat 178
Chocolate Chip Cookies 224
Chocolate Chip Muffins 48
Couscous
    in Zitronencouscous 190
    in Zitrus-Couscous 188
Cremiger Grünkohlsalat 184

D

Dressings
    Ahorn-Vinaigrette 144
    Balsamico-Dijon-Vinaigrette 141
    Goldenes 145
    Italienisches 141
    Thai-Erdnuss- 144
Dublin 252
Dunkle Schokopralinen 234

E

„Eierpunsch" 250
Einfaches Kartoffelpüree & braune Sauce 191
Eis
    Bananen- 238
    Süßkartoffel- 240
    Tofu- 241
Eiskaffee über Nacht 251
Endspiel-Kartoffel 200
Erbsen
    in Erbsenguacamole 213
    in Gelbes Curry-Dal 113
    in Ofenkartoffel-Samosas 214
    in Shepherd's Pie 126
Erbsenguacamole 213
Erdnussbutter
    in Dunkle Schokopralinen 234
    in Erdnuss-„Mogel"-Muffins 47
    in Haferbrei 300 31
    in Knuspermüsli 34
    in Skinny Pad Thai 165
Erdnuss-„Mogel"-Muffins 47
Erdnussmus
    in Erdnuss-Soba 162
    in Goldenes Dressing 145
    in Thai-Erdnuss-Dressing 144
    in Thailändische Süßkartoffel-Curry-Sauce 170
Erdnuss-Soba 162

F

Fertige Gemüsebrühe 269
Frühstücks-Tacos 29

G

Gartenchili 124
Geflügel-Gewürzmischung 272
Gelbes Curry-Dal 113
Gemüse, gemischtes
    in Hackbraten-Häppchen 83
    in Restefest-Potpie 125
    in Rührtofu 39
    in Skinny Pad Thai 165
Geröstete Kichererbsen 217
Gerösteter roter Paprika
    in Rotes Pesto 160
    in Spinat-Love-Wrap 102
    in Wrap mit geröstetem rotem Paprika 100
Goldenes Dressing 145
Grünes Thai-Curry 168
Grünkohlchips 210
Grünkohlsalat 181

H

Hackbraten-Häppchen 83
Haferbrei 300 31
Hafer-Pfannkuchen 33
Heiße Schokolade 258
Herbst-Salat 137
Hummus 273

I

Ingwer-Kohl-Pfanne 171
Irish Stew 117
Italienische Bowl 99

J

Jerk-Tofu 70

K

Karibik-Chili 120
Karibische Bowl 94
„Käse"-Kugel 204
Keine-Hühnerbrühe (Pulver) 268
Keine-Rinderbrühe 268

Ketchup 265
Kichererbsen
    in BBQ-Salat 137
    in Cremiger Grünkohlsalat 184
    in Geröstete Kichererbsen 217
    in Hummus 273
    in „Käse"-Kugel 204
    in Kichererbsen-Schnitzel 67
    in Kichererbsen-„Streichkäse" 216
    in Knackiger Thai-Salat 143
    in Mediterraner Quinoa-Salat 131
    in Sahnesauce 161
    in Skinny Puttanesca 151
    in Sonoma-„Hühnchen"-Salat 64
    in Thai-Tacos 68
    in Waldorf-Salat 134
Kichererbsen-Schnitzel 67
Kichererbsen-„Streichkäse" 216
Kidneybohnen
    in Gartenchili 124
    in Hackbraten-Häppchen 83
    in Kürbis-Chili 122
    in Mexikanische Kartoffel 199
    in Rauchige Baked Beans mit Apfelmus 176
    in Taco-Burger 78
Klassischer Gemüsewrap 100
Klassisches Maisbrot 59
Kleine Vollkorn-Salzbrötchen 37
Knackiger Thai-Salat 143
Knuspermüsli 34
Kohl
    in Carols Kohlsuppe 111
    in Ingwer-Kohl-Pfanne 171
    in Knackiger Thai-Salat 143
    in Thai-Tacos 68
Kokosnussmilch
    in Bangkok-Curry 167
    in Grünes Thai-Curry 168
    in Thai-Erdnuss-Dressing 144
Kuchen
    Schokoladen- 228
    Schoko-Überraschungsfrosting 231
    Sirup- 225
    Überraschungs-Gewürz- 227

Kürbis
    in Haferbrei 300 32
    in Kürbis-Chili 122
    in Kürbismuffin 54
    in Kürbis-Pfannkuchen 24
    in Skinny Mac ´n´ Cheese 154
Kürbis-Chili 122
Kürbismuffin 54
Kürbispfannkuchen 24

L

Linsen
    in Linsen-Birnen-Salat 132
    in Linsen-Hafer-Burger 84
    in Linsen-Joes 63
    in Shepherd's Pie 126
Linsen-Birnen-Salat 132
Linsen-Hafer-Burger 84
Linsen-Joes 63
Linsen-Tomatensauce 159

M

Maismuffins fürs Frühstück 55
Mango-Quinoa-Salat mit Kick 146
Mediterraner Quinoa-Salat 131
Mexikanische Kartoffel 199
Mikrowellen-Pfirsichauflauf 237
Minz-Mocha 258
Miso
    in Asiatischer Orangen-Grünkohlsalat 183
    in Chipotle-Pasta 157
    in Fertige Gemüsebrühe 269
    in Goldenes Dressing 145
    in Hummus 273
    in „Käse"-Kugel 204
    in Kichererbsen-„Streichkäse" 216
    in Sahnesauce 161
    in Schnelle Nachosauce 216
„Mogelbowl" aus der Vorzeit 91
Möhrensuppe 109
Mojito 257

Muffins
- Ananas-Möhren- 51
- Blaubeer- 54
- Blaubeer-Joghurt- 52
- Chocolate Chip 48
- Erdnuss-„Mogel"- 47
- fürs Frühstück, Mais- 55
- Kürbis- 54
- mit Rubinsprenkeln, Schoko- 45
- Zitronen-Zucchini- 49

N

Nacho-Bowl 97

O

Obstauflauf 232
Ofenkartoffel-Samosas 214
Ofenpommes 192
Oliven
- in Burrito-Bowl 93
- in Mediterraner Quinoa-Salat 131
- in Mexikanische Kartoffel 199
- in Nacho-Bowl 97
- in Olivensauce 38
- in Skinny Puttanesca 151
- in Verkaterte Mary 255

Olivensauce 38

P

Paprika
- in Ananas-Pfanne 172
- in Bangkok-Curry 167
- in Cremiger Grünkohlsalat 184
- in Fertige Gemüsebrühe 269
- in Gartenchili 124
- in Karibik-Chili 120
- in Linsen-Joes 63
- in Rührtofu 39

Pesto-Burger 76
Pfannkuchen
- Ananas- 26
- Hafer- 33
- Kürbis- 24

Pilze
- in Fertige Gemüsebrühe 269
- in Gartenchili 124
- in Irish Stew 117
- in Pilzsauce für jede Gelegenheit 193

Pilzsauce für jede Gelegenheit 193
Pizza-Burger 77
Pumpkin Spice Latte 260

Q

Quinoa
- in Karibische Bowl 94
- in Mango-Quinoa-Salat mit Kick 146
- in Mediterraner Quinoa-Salat 131
- in „Mogelbowl" aus der Vorzeit 91
- in Quinoa-Curry-Küchlein 72
- in Quinoa-Tackohack 71

Quinoa-Curry-Küchlein 72
Quinoa-Tacohack 71

R

Rauchige Baked Beans mit Apfelmus 176
Restefest-Potpie 125
Rosa Limonade 261
Rotes Pesto 160
Rührtofu 39
Russische „Eier" 207

S

Sahnesauce 161
Salat
- Asiatischer Orangen-Grünkohl- 183
- BBQ- 137
- Chipotle-Süßkartoffel- 178
- Cremiger Grünkohl- 184
- Grünkohl- 181
- Herbst- 137
- im Glas 139
- Knackiger Thai- 143
- Linsen-Birnen- 132

Salat ...
    Mediterraner Quinoa- 131
    mit Kick, Mango-Quinoa- 146
    Sonoma-„Hühnchen"- 64
    Süßer Grünkohl- 184
    Tropischer Taco- 134
    Waldorf- 134
Salsa
    in Burrito-Bowl 93
    in Frühstücks-Tacos 29
    in Karibik-Chili 120
    in Karibische Bowl 94
    in Mexikanische Kartoffel 199
    in Rührtofu 39
    in Scotts Burrito 105
Sämige Cajun-Maissuppe 115
Sangria-Schorle 248
Sauce
    für jede Gelegenheit, Pilz- 193
    Oliven- 38
    Schnelle braune 192
Schnelle braune Sauce 192
Schnelle Nachosauce 216
Schokoladenkuchen 228
Schokoladentropfen
    in Amerikaner 243
    in Bananen-Scones mit
        Schokotropfen 56
    in Brownies 235
    in Chocolate Chip Muffins 48
    in Heiße Schokolade 258
    in Minz-Mocha 258
    in Schokoladenkuchen 228
    in Schokomuffins mit
        Rubinsprenkeln 45
Schokomuffins mit Rubinsprenkeln 45
Schoko-Überraschungsfrosting 231
Schonend gegarte Ofenkartoffeln 272
Schwarze Bohnen
    in Chipotle-Chili 119
    in Chipotle-Pasta 157
    in Frühstücks-Tacos 29
    in Karibik-Chili 120
    in Karibische Bowl 94
    in Kürbis-Chili 122

    in Nacho-Bowl 97
    in Taco-Burger 78
    in Tropischer Taco-Salat 134
Scotts Burrito 105
Selleriesuppe 114
Shepherd's Pie 126
Sirup-Kuchen 225
Skinny Cupcake 244
Skinny Mac 'n' Cheese 154
Skinny Pad Thai 165
Skinny Puttanesca 151
Sonoma-„Hühnchen"-Salat 64
Spaghettikürbis
    in Skinny Pad Thai 165
    in Skinny Puttanesca 151
Spinat-Artischocken-Dip 203
Spinat-Love-Wrap 102
Stout
    in Dublin 252
    in Irish Stew 117
Suppe
    Butternusskürbis- 110
    Carols Kohl- 111
    Möhren- 109
    Sämige Cajun-Mais- 115
    Sellerie- 114
Süßer Grünkohlsalat 184
Süßkartoffelchips 209
Süßkartoffel-Eis 240

T

Taco-Burger 78
Tacos
    Frühstücks- 29
    Thai- 68
Tempeh
    in Ingwer-Kohl-Pfanne 171
    in Tempeh-Burger 81
    in Tempeh-Flügelchen 208
    in Tempeh-Speck 40
Tempeh-Burger 81
Tempeh-Flügelchen 208
Tempeh-Speck 40
Thai-Erdnuss-Dressing 144

Thailändische Süßkartoffel-Curry-Sauce 170
Thai-Tacos 68
Tofu
    in Ananas-Pfanne 172
    in Asiatische Bowl 92
    in Brownies 235
    in Erdnuss-Soba 162
    in Jerk-Tofu 70
    in „Käse"-Kugel 204
    in Quinoa-Curry-Küchlein 72
    in Rührtofu 39
    in Sonoma-„Hühnchen"-Salat 64
    in Tofu-Eis 241
    in Tofu-Jerky 218
    in Vegane Mayo 266
    in Vegane Sour Cream 266
Tofu-Eis 241
Tofu-Jerky 218
Tomaten
    in BBQ-Wrap 99
    in Burrito-Bowl 93
    in Chipotle-Pasta 157
    in Cremiger Grünkohlsalat 184
    in Endspiel-Kartoffel 200
    in Gartenchili 124
    in Klassischer Gemüsewrap 100
    in Linsen-Tomatensauce 159
    in Mediterraner Quinoa-Salat 131
    in „Mogelbowl" aus der Vorzeit 91
    in Nacho-Bowl 97
    in Skinny Puttanesca 151
    in Spinat-Love-Wrap 102
    in Tomatensauce 267
    in Tropischer Taco-Salat 134
Tomatensauce 267
Tropischer Taco-Salat 134

U

Überraschungs-Gewürzkuchen 227

V

Vegane Mayo 266
Vegane Sour Cream 266
Vegane Worcestershire-Sauce 270
Verkaterte Mary 255

W

Waldorf-Salat 134
Weiße Bohnen
    in Dunkle Schokopralinen 234
    in Pesto-Burger 76
    in Pizza-Burger 77
    in Quinoa-Curry-Küchlein 72
    in Rauchige Baked Beans mit Apfelmus 176
    in Sahnesauce 161
    in Spinat-Artischocken-Dip 203
    in Wrap mit geröstetem rotem Paprika 100
    in Wrap mit weißen Bohnen 104
Wrap
    BBQ- 99
    Klassischer Gemüse- 100
    mit geröstetem rotem Paprika 100
    mit weißen Bohnen 104
    Spinat-Love- 102
Wrap mit geröstetem rotem Paprika 100
Wrap mit weißen Bohnen 104

Z

Zitronencouscous 190
Zitronenspargel 187
Zitronen-Zucchini-Muffins 49
Zitrus-Couscous 188
Zucchini
    in Zitronen-Zucchini-Muffins 49
    in Zucchini-„Mozzarella"-Stäbchen 196
Zucchini-„Mozzarella"-Stäbchen 196

Danksagung

Ich bin jeden Tag so dankbar für die Unterstützung meiner Freunde, Familie und vor allen Dingen meiner Fans (ich nenne sie „Herbies"). Ohne sie wäre es mir nicht möglich, Kochbücher zu schreiben. Liebe Herbies – alles, was ich tu, tu ich nur für euch! Ihr alle habt mein Leben bereichert und es ist mir eine Ehre, an eurem Weg teilhaben zu dürfen. Vielen, vielen Dank.

Außerdem möchte ich meinem Herausgeber und dem gesamten Team von BenBella Books danken. Es haben viele Beteiligte ihre Finger im Spiel, wenn es um die Herausgabe dieser Bücher geht. Ohne ihr Talent, ihren Einsatz und ihre Unterstützung wäre mir das alles nie gelungen.

Ein besonderes Dankeschön geht an meinen Mann, Scott Nixon. Ich weiß immer noch nicht, womit ich einen so liebevollen Mann verdient habe, der mich in allem unterstützt. Verlass dich drauf: Ohne dich an meiner Seite wäre ich nie so weit gekommen. Jackie Sobon, vielen Dank, dass du meine Rezepte in deinen wunderschönen Fotos zum Leben erweckt hast; und dir, Neely Roberts, dass du Fotos zu diesem Buch und den wöchentlichen Meal Plans beigesteuert hast; und vielen Dank auch an Natala und Matt Constantine für die tollen Bilder, die ihr von mir für das Cover dieses Buches und den Abschnitt „Sport" gemacht habt.

Jon Warren, danke, dass du das Kapitel „Sport" mit mir geschrieben und mir gezeigt hast, wieviel Kraft ich habe – ich lebe mein Leben nun Hand in Hand mit der Bestie in mir! Du hast mir geholfen, mein allerbestes Ich zu finden und ich weiß, dass du durch mich zumindest ein kleines bisschen vegan wurdest.

Danke auch an meine Eltern Richard und Lenore Shay. Nichts wird mich je wieder so glücklich machen wie der Tag, an dem ihr vegan wurdet. Ein besonderes Dankeschön geht an meinen Vater für seine grenzenlose Inspiration für neue Rezepte.

Und zu guter Letzt bin ich auch all meinen Rezeptetesterinnen und -testern unglaublich dankbar – Dana Strickland, Kim und Stephen Treanor (und die Mädels), Katharina Ikels, Pragati Sawhney Coder, Becky Soubeyrand, Jared Bigman, Nita Ruggiero, Matthew Dempsey, Lisa Canada und Familie, die gesamte Familie Savage, Pam Wertz, MarieRoxanne Veinotte, Sheree Britt, Ashley und Michael Nebel, Gin Stafford, Kait Scalisi, Gayle Pollick, Leslie Conn, Dirk Wethington, Candace Sharp, Kimberly Roy, Meagan Brown, Jane Brunk, Jennifer Kent, Candy Guerra, Jenny Calderon, Suzanne Correnti und Lisa Yost. Meine Bücher würde es ohne eure harte Arbeit und Hingabe schlicht nicht geben.

Über die Autorin

LINDSAY S. NIXON ist Bestsellerautorin der Kochbuchreihe *Happy Herbivore* – auf Deutsch *Happy Vegan*. Nixon hat bereits mehr als 150.000 Kochbücher verkauft (Stand September 2012).

Sie war bereits zu Gast beim Food Network und *The Dr. Oz Show*, und hat bei Google in Pittsburgh einen Vortrag über Gesundheit, pflanzliche Ernährung und die Geheimnisse ihres Erfolgs gehalten. Ihre Rezepte wurden in *New York Times*, *Vegetarian Times* und *Shape*, *Bust*, *Women's Health*, WebMD, und zahlreichen anderen Magazinen veröffentlicht und ihre Bücher von angesehenen Vorreitern im Feld der Ernährungswissenschaften angepriesen und befürwortet, darunter Dr. T. Colin Campbell, Dr. Caldwell B. Esselstyn Jr., Dr. Neal Barnard, Dr. John McDougall und Dr. Pam Popper.

Nixon ist ein aufgehender Stern der kulinarischen Welt und wird bewundert für ihre Fähigkeit, gesunde, fettarme Rezepte aus alltäglichen Zutaten zu kreieren, die genauso lecker schmecken, wie sie gesund sind. Weitere Rezepte und Informationen finden Sie auf happyherbivore. com. Ihre „7-Day Meal Plans" können Sie auf getmealplans.com ausprobieren.

Bezugsquellen

Die meisten der im Buch erwähnten Produkte wie Curryblätter, Bananenflocken oder Vanilleextrakt sind in gängigen Naturkostläden erhältlich. Sie können sie auch direkt über unseren Online-Shop www.unimedica.de in der Kategorie „Gesunde Ernährung" erhalten.

Dort finden Sie ein großes Sortiment an Naturkostprodukten, u.a. auch seltene Produkte wie Sacha inchi und Superfoods sowie die für die Rezepte notwendigen Küchengeräte.

Abbildungsverzeichnis

S. v, 12, 16, 282, 317, 319 © Lindsay S. Nixon
S. viii-xiii, 2, 6, 8 (oben), 10, 18-101, 108-110, 112-116, 121-130, 135-198, 202-233, 236-274, 301-308 © Jackie Sobon
S. xvi, 278-279, 285-292 © Matt and Natala Constantine
S. 8 (unten) © Gts – shutterstock.com
S. 14 © Syda Productions – shutterstock.com
S. 103, 111, 118, 133, 201, 234 © Neely Ross

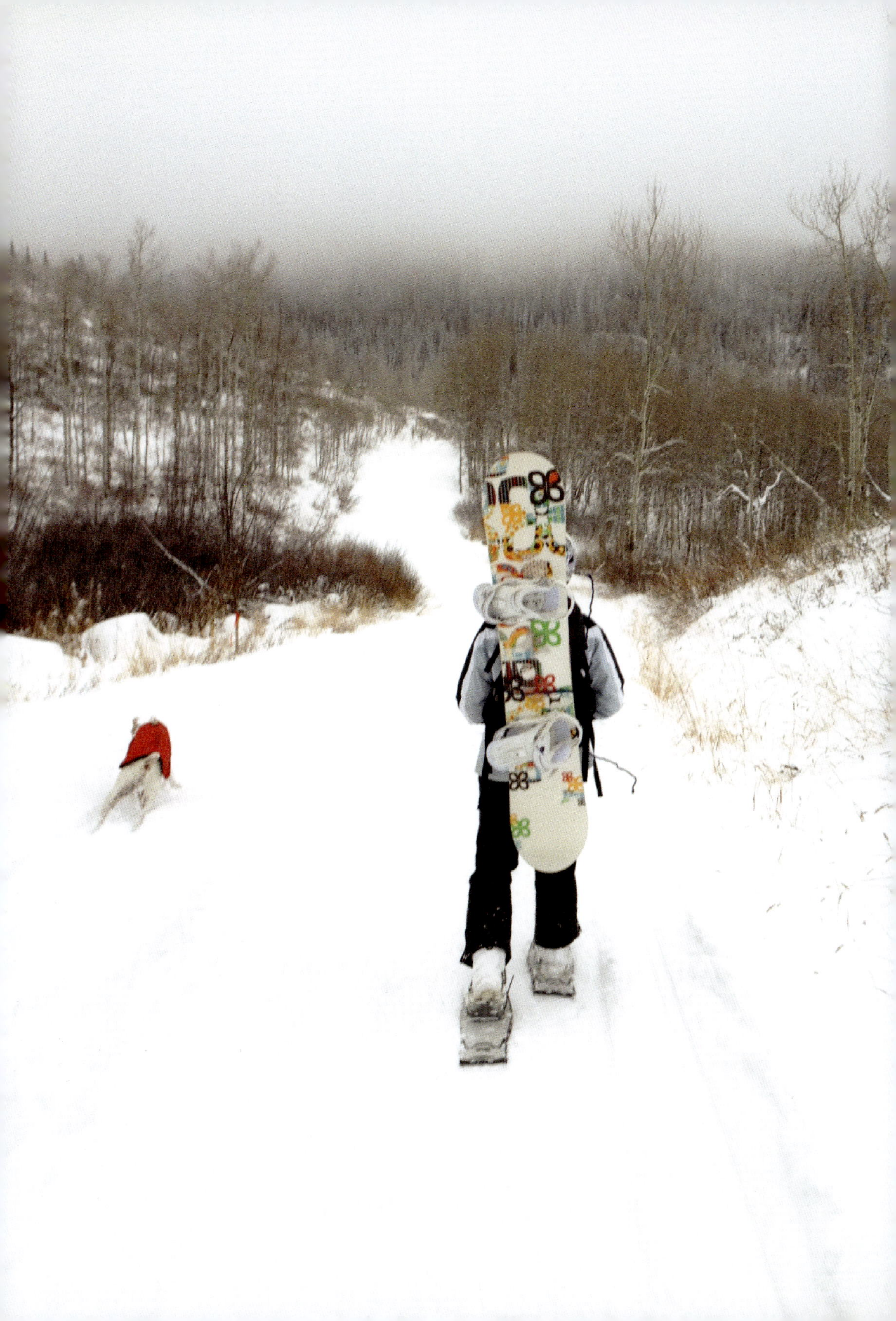

Homöopathie
Naturheilkunde
Ernährung
Fitness & Sport
Akupunktur
Mensch
& Tier

In unserer Online-Buchhandlung
www.unimedica.de
führen wir eine große Auswahl an deutschen, französischen und englischen Büchern über Fitness, gesunde Ernährung, Naturheilkunde und Homöopathie. Zu jedem Titel gibt es aussagekräftige Leseproben.

Auf der Webseite gibt es ständig Neuigkeiten zu aktuellen Themen, Studien und Seminaren mit weltweit führenden Homöopathen, sowie einen Erfahrungsaustausch bei Krankheiten und Epidemien. Ein Gesamtverzeichnis ist kostenlos verfügbar.

Unimedica

Blumenplatz 2 D-79400 Kandern Tel: +49 7626-974970-0 Fax: +49 7626-974970-9
info@unimedica.de